Barry und Lori Byrne

Liebe in der Ehe

Barry und Lori Byrne

Liebe in der Ehe

Eine tiefere geistliche, emotionale
und körperliche Einheit erleben

GloryWorld-Medien

3. Auflage 2019

Bibelzitate sind, falls nicht anders gekennzeichnet, der Elberfelder Bibel, Revidierte Fassung von 1985, entnommen.
Weitere Bibelübersetzungen:
LUT: Lutherbibel, Revidierte Fassung von 1984
REÜ: Einheitsübersetzung in neuer Rechtschreibung, 2004
GNB: Gute Nachricht Bibel, 2002

Das Buch folgt den Regeln der Deutschen Rechtschreibreform. Die Bibelzitate wurden diesen Rechtschreibregeln angepasst.

Übersetzung: rde
Lektorat/Satz: Manfred Mayer
Umschlaggestaltung: Kerstin & Karl Gerd Striepecke, www.vision-c.de
Cover-Fotos: istockphoto
Autorenfoto: Heather Armstrong Photography
Druck: arkadruk.pl

Printed in the EU

ISBN: 978-3-936322-78-1

Bestellnummer: 359278

Erhältlich beim Verlag:

GloryWorld-Medien
Beit-Sahour-Str. 4
D-46509 Xanten
Tel.: 02801-9854003
Fax: 02801-9854004
info@gloryworld.de
www.gloryworld.de

oder in jeder Buchhandlung

Stimmen zum Buch

Barry und Lori haben viele grundlegende Wahrheiten erkannt, wie Ehen geheilt und wiederhergestellt werden können. Ihre Verletzlichkeit und Transparenz sind entwaffnend, während die Wahrheit, in der sie wandeln, durch Mark und Bein geht. Sie haben etwas zu sagen von einem mächtigen Gott, der in der Lage ist, Heilung und Wiederherstellung in alle wie auch immer gearteten Situationen und Beziehungen zu bringen. Der Herr ist in LAM („Love After Marriage")[1] *am Wirken, und ständig hören wir neue Berichte über die staunenswerten Früchte des Dienstes von Barry und Lori.*

Eric und Candace Johnson
Vorstehende Leiter der Bethel-Gemeinde, Redding, Kalifornien

Barry und Lori gehören zu den führenden Ehe-Experten unserer Tage. Die dramatischen Veränderungen im Leben von Menschen, mit denen sie arbeiten, sind durchweg erstaunlich. Diese beiden schaffen zwischen Partnern, die seit Jahren verheiratet sind, ein Niveau an Intimität, Offenheit und Verletzlichkeit, das selbst die überrascht, die geglaubt haben, sie hätten eine gute Ehe. Ich empfehle ihr Buch nachdrücklich – ebenso wie alles andere, was Sie von diesen beiden begabten Leitern in die Hand bekommen können.

Danny und Sheri Silk
Mitglieder des Leitungsteams der Bethel-Gemeinde,
Autoren von „Erziehung mit Liebe und Vision"

---

[1] Die englische Bezeichnung von „Liebe in der Ehe".

Der Einfluss, den Barry und Lori Byrne auf Ehen ausüben, ist unbestreitbar. In dieser kritischen Zeit, in der es für die Ehe keine Hoffnung mehr zu geben scheint, hat Gott sie berufen und aufstehen lassen. Wohin wir auch schauen, scheint schon wieder eine Ehe gescheitert zu sein – und doch glaube ich, dass Gott dabei ist, uns neue Hoffnung für die Ehe zu schenken. Dieses Buch bietet einen erfrischenden, befreienden Zugang zu Liebe und Hingabe, der Ihre eigene Partnerbeziehung stärken und Gnade für Ihre Familie freisetzen wird. Der Dienst von Barry und Lori ist nicht nur dank der Wahrheiten, die sie lehren, voller Kraft, sondern weil ihr eigenes Leben selbst die Botschaft ist. Ich danke Gott für Barry und Lori und verdanke es ihnen, dass auch meine Ehe heute stärker und gesünder ist.

Banning Liebscher
Leiter von „Jesus Culture"

Barry und Lori Byrne haben unsere gemeindliche Kultur in der Bethel-Gemeinde außerordentlich positiv beeinflusst. In den vergangenen Jahren haben wir miterlebt, wie Gott sie gebrauchte, um buchstäblich Hunderte von Ehen wiederherzustellen. Ihr Dienst ist wirklich einzigartig. Ihre Transparenz ist entwaffnend, ihre Leidenschaft inspirierend und ihre eigene Beziehung ist eine starke Botschaft für jeden, der in einer dysfunktionalen oder langweiligen Beziehung lebt. „Liebe in der Ehe" ist mehr als bloße Lektüre – es ist ein Übungshandbuch für jeden, der sich nach einer außergewöhnlichen Liebesbeziehung zu seinem Ehepartner sehnt, und ein Ehe-Manifest für Paare, die daran interessiert sind, ihre Beziehung zueinander zu stärken. Jedem sei dieses Buch nachdrücklich empfohlen – es wird Sie begeistern, egal ob Sie nun zum ersten Mal über eine Heirat nachdenken oder schon seit vielen Jahren verheiratet sind.

Kris und Kathy Vallotton
Leitende Copastoren der Bethel-Gemeinde, Redding, Kalifornien

INHALT

WIDMUNG

Es ist etwas in Bewegung, wenn es um Ehen geht.
Gott fordert zurück, was verloren gegangen ist,
und bringt dort Wiederherstellung,
wo die Ordnung der Familie, wie wir sie kennen,
ruiniert wurde.

Wo es eine Generation
leidenschaftlicher Ehemänner und Ehefrauen gibt,
wird es unweigerlich auch
wahre Väter und Mütter geben.

Und wenn es Väter und Mütter gibt,
die einer Generation von Kindern eine von Liebe,
Akzeptanz und Vision geprägte Identität vermitteln,
wird das Unkraut der Zerstörung, das der Feind sät,
zur Siegesbeute der Familie Gottes werden.

Wir widmen dieses Buch
der Wiederherstellung von Ehen überall auf der Welt.

Dank

Unser Dank gilt

- unserem Herrn Jesus Christus: für deine überfließende Liebe und Gnade in unserer Ehe und Familie. Danke, dass wir deine Partner sein dürfen und dass du diesen Dienst durch einen Traum ins Leben gerufen hast.
- unseren vier Söhnen Caleb, Jeremy, Justin und Brendon. Ihr seid der Sonnenschein unseres Lebens, und wir sind so stolz auf das, was ihr seid, und alles, was aus euch wird.
- Barrys Eltern, Paul und Josephine Byrne, die ein so gutes Vorbild für Liebe und Hingabe in der Ehe waren.
- Loris Eltern, John und Grace Tebay: Ihr habt ein Fundament für das Leben und die Liebe in der Ehe gelegt. Ihr habt sehr viel von Gottes Liebe und Wahrheit in unser Leben, unsere Ehe und unsere Söhne hineinfließen lassen.
- unseren Pastoren Bill und Beni Johnson: Immer wieder spornt ihr uns auf unserem Weg der Vertrautheit mit dem Heiligen Geist an, und auf höchst erstaunliche Weise rüstet ihr uns fortwährend zu und fordert uns heraus.
- Danny Silk: Du hast an uns geglaubt, hast uns gefordert und eine Schau für *Love After Marriage* gehabt, lange bevor wir sie empfingen.
- Kris Vallotton: Du bist uns stets und ständig eine solche Ermutigung gewesen! Danke, dass du beim Regal-Verlag ein gutes Wort für uns eingelegt hast.
- Dutzenden von Freunden, die innig für uns gebetet haben, während wir an diesem Buch schrieben, und ebenso regelmäßig unseren LAM-Dienst im Gebet unterstützen.

- unserem Sohn Brendon sowie Justin und Jessica Collins für ihre unentbehrliche Mithilfe bei den editorischen Arbeiten an diesem Buch. Ohne euch hätten wir es nicht geschafft!
- den Hunderten von Ehepaaren, die an *Love-After-Marriage*-Workshops teilgenommen haben und unseren Dienst in ihren Ehen, Familien und Gemeinden weiterführen.
- unseren Verlegern bei Regal Books für ihren Glauben daran, dass unser Dienst es wert ist, in einem Buch dargestellt zu werden.

Vorwort

Gesunde Ehen sind lebendige Zeugnisse, die Gottes Wesen und Herz zum Ausdruck bringen. Werden Ehen recht gelebt, üben sie einen positiven Einfluss auf die Kultur aus, tragen dazu bei, über Generationen hinweg Werte und Prioritäten zu etablieren, und schaffen ein Bewusstsein für den Einen, dem wir Rechenschaft über unser Leben werden erstatten müssen. Wenn nicht, wird dadurch die Vorstellung einer Nation über Gott verdreht und verkehrt. Dann richtet sich der Fokus auf bloße Selbsterhaltung, während obendrein Dinge legitimiert werden, die noch eine Generation zuvor nicht toleriert worden wären.

Die Kraft der Ehe findet sich in der Schönheit des Einsseins inmitten gefeierter Verschiedenheit. Zwei sind nur dann besser als einer, wenn sie vereint sind – sind sie zertrennt, so sind zwei in Wirklichkeit weniger als einer allein. So wurde unser Leben erdacht. Vielleicht hilft uns diese Gleichung zu verstehen, wie es kommt, dass eine Gesellschaft so rasch veröden und niedergehen kann. Das Überleben fällt schwer, wenn man immer wieder aus der Zweiheit zu „weniger als einer allein" absteigt.

Barry und Lori Byrne haben Gottes Herz für Ehen und Familien erkannt. In Reaktion darauf haben sie ihr eigenes Leben für jedermann offengelegt, um eine Hilfe für andere sein zu können. Ihre Ehrlichkeit und Transparenz sind ebenso entwaffnend wie einladend und zugleich ernüchternd. Ihr Ansatz, zur Heilung von Menschen beizutragen, ist absolut kompromisslos. Und er funktioniert.

Love After Marriage erwuchs aus ihren eigenen Erfahrungen, wie unser Leben heil werden kann. Ihre Entdeckungen, die sie in diesem Buch dokumentieren, werden gewiss für viele Jahre einen mächtigen Einfluss auf Beziehungen ausüben. Dieses Buch ist im guten Sinne sowohl inspirierend als auch herausfordernd.

Gute Bücher enthalten Erkenntnisse, aus denen man lernt, und Geschichten, die einen anregen. Herausragende Bücher wie „Liebe in der Ehe" enthalten jedoch noch ein weiteres Element, wodurch ihnen das Potenzial für große Veränderungen innewohnt: „Werkzeuge" bzw. praktische Hilfen. Solche einfachen, der Weisheit entsprungenen Werkzeuge können einem ansonsten hilflosen Ehepaar Anstöße für lebensverändernde Entdeckungen geben. Dieses Buch nimmt den, der die Inhalte anwenden will, auf eine Entdeckungsreise zu Gott mit: zu seiner Güte, seiner ganz konkreten Leidenschaft für uns und all unsere Beziehungen, seiner Weisheit und der Rolle, die er uns zugedacht hat. Es bietet Selbstentdeckung im richtigen Sinn, nämlich ohne die Scham oder die „Ich-zuerst"-Attitüde, deren wir alle so überdrüssig sind. Es öffnet uns auf erfrischende Weise die Augen. Es ist eine Einladung zum Leben – zum wirklichen Leben!

Diese Werkzeuge werden jedem zum Erfolg verhelfen, dem es wichtig ist, etwas für gesunde Beziehungen zu tun. Selbst wenn der Schwerpunkt auf der Ehe liegt, werden viele dieser Werkzeuge Menschen in allen Beziehungsaspekten des Lebens hilfreich sein. Zuerst muss es uns und unserer Ehe gut gehen, und dann müssen wir diejenigen sein, die den sterbenden Ehen überall um uns her eine Botschaft der Hoffnung bringen. Uns ist die Aufgabe anvertraut worden, denen praktische Werkzeuge in die Hand zu geben, die einfach nicht wissen, wie man es richtig anfangen soll.

Beni und ich staunen über die Weisheit, die Gott Barry und Lori gegeben hat. Ihre Ehe-Arbeitsmaterialien haben sich als extrem effektiv erwiesen, wenn es darum geht, Paaren zu Ganzheit und Heilung zu verhelfen – effektiver als alles andere, was wir je an Materialien oder Veranstaltungen gesehen haben. Der Einfluss dieses Dienstes auf unsere eigene Gemeindefamilie ist phänomenal. Wir haben die Ergebnisse dessen gesehen, *wer sie sind* und *was sie tun*. Es ist verblüffend, wirklich das, wovon ein Pastor träumt. Die Menschen werden heil, richtig heil.

So mancher, der dieses Buch zur Hand nimmt, mag denken: „In meiner Lage gibt es keinerlei Hoffnung." Dieses Buch könnte Ihnen wie anderen, die sich in einer unmöglichen Ehesituation wie lebendig begraben fühlen, buchstäblich zum Lebensretter werden. Inspirierende Hoffnung fließt aus den Geschichten von Paaren, die in auswegloser Zerrüttung kamen, sich dann öffneten und Heilung empfingen. Lesen Sie dieses Buch, und Sie werden Hilfe finden. Und dann verbinden Sie sich als Paar mit dem Heiligen Geist und erleben, wie jeder Bereich Ihrer Ehe mit Leben und Hoffnung erfüllt wird.

Wenn Sie noch am Anfang Ihres Lebens stehen und die richtigen Werkzeuge an die Hand bekommen wollen, um in einer erfüllten und gesunden Ehe zu leben, dann wird dieses Buch Ihnen helfen, sich all das anzueignen, was Gott Ihnen zur Verfügung stellt. Es kann Ihnen Jahre des Schmerzes ersparen und Ihnen den Startschuss zur spannendsten Reise Ihres Lebens geben.

Mit großer Freude empfehlen Beni und ich dieses Buch. Und genauso gern empfehlen wir Ihnen Barry und Lori Byrne selbst. Sie leben diese Botschaft, geben sie weiter und haben einen Preis dafür bezahlt, sie uns allen zugänglich zu machen.

Bill und Beni Johnson
Hauptpastoren der Bethel-Gemeinde,
Redding, Kalifornien

Einführung

Dieses Buch haben wir geschrieben, weil wir möchten, dass Gott selbst durch die Stimme seines Geistes Ihre Ehe stärkt und kräftigt. Auf seine Stimme zu hören und ihr zu folgen, ist das, worauf es auf Ihrem Weg zu geistlichem, emotionalem und physischem Einssein in Ihrer Ehe ankommt.

Vielleicht haben Sie den Eindruck, dass Sie mit Ihrem Partner eine gute Ehe führen, dass es aber Bereiche gibt, die gestärkt werden sollten. Vielleicht möchten Sie tiefer und weiter gelangen, was das geistliche Einssein oder die emotionale bzw. körperliche Intimität angeht. Womöglich fühlen Sie sich hinsichtlich Ihrer Beziehung entmutigt und denken: *Glück in der Ehe ist für alle anderen, aber nicht für uns. Wir haben alles versucht! An unseren Problemen kann sich unmöglich etwas ändern. Es ist einfach zu viel passiert, und wir sind zu verletzt, um es noch einmal riskieren zu können, uns auf Hoffnung einzulassen.*

Wir möchten, dass Sie uns klar und unmissverständlich sagen hören: Es ist völlig egal, welche Erfahrungen Sie gemacht haben. Es kommt nicht darauf an, wie Ihre Lebensgeschichte oder Ihr Familienerbe aussieht, was auch immer in Ihrem Leben geschehen oder nicht geschehen ist. Welche Begrenzungen, welches Ausmaß an Treulosigkeit oder Gewalt Sie auch erlebt haben mögen – in unseren 32 Ehejahren und im Dienst an Tausenden von Ehepaaren haben wir entdeckt, dass es einen Weg über jedes dieser Hindernisse hinweg gibt.

Ihr Ehepartner kann unmöglich all den Schmerz und Verlust in Ihrem Leben ausgleichen, aber Jesus kann es. Er hat eine Strategie in Sie hineingelegt, wie Sie alles überwinden können, was Satan benutzt hat, um Ihnen zu schaden. Die Frage ist, ob Sie willens sind, sich weiterhin nach seiner Erlösung in Ihrem Leben und Ihrer

Ehe auszustrecken und sie so lange zu suchen, bis Sie alles empfangen haben, was Sie brauchen.

Der Herr sagt in Jesaja 45,2: *„Ich selbst werde vor dir herziehen, und bergiges Gelände mache ich flach, Türen aus Bronze zerbreche ich, und eiserne Riegel schlage ich in Stücke."* Das verdeutlicht, wer unser Gott ist. Er durchbricht die Schranken, die für uns unüberwindlich sind. Er wird Ihnen zum Durchbruch verhelfen, wenn Sie bereit sind, ganz mit ihm zusammenzuarbeiten. Es ist egal, wie lange Sie schon festsitzen oder wie schlecht es um Ihre Ehe bestellt ist – unser Gott wird für Sie das Unmögliche tun.

Was auch immer Sie sich für Ihre Ehe wünschen, der Herr möchte Ihnen zum Durchbruch verhelfen und Ihrer Ehe eine neue Qualität geben. Gerade jetzt lädt er Sie ein, ihm in dieser lebensverändernden Gelegenheit – zu einer Ehe kommen, die Ihre Vorstellungskraft weit übersteigt – Ihr Vertrauen zu schenken.

Gottes Stimme hören

Ehen werden revolutioniert, wenn Paare den Heiligen Geist reden hören und seinem Reden Folge leisten. Gott möchte intimen Anteil an Ihrer Ehe nehmen. Er wartet darauf, dass Sie ihn willkommen heißen und auf ihn hören. Seine Stimme erreicht uns auf vielerlei Weise, und deshalb müssen Sie lernen, wie Sie ihn mit Ihrem Geist hören. Indem Sie seine Stimme hören, erlangen Sie göttliche Stärkung für Ihre Beziehung.

Gottes Stimme zu hören und ihr zu gehorchen, hat seine Gegenwart und Kraft in unserer Ehe gewaltig vermehrt. Nachdem wir zwanzig Jahre unseres Erwachsenenlebens dem Herrn nachgefolgt waren, begegneten wir ihm auf eine unerwartete Weise, die uns die geistlichen Ohren öffnete, sodass wir spezifische Worte über unser Leben hörten wie nie zuvor. Seine Stimme zu hören, erschloss uns völlig neue Dimensionen der Weisheit und Offenbarung, um Gott zu erkennen und in unserem Ein-Fleisch-Sein zu wachsen.

Wir müssen Gottes Wort aus der Bibel kennen – das ist unser Wahrheitsfundament. Doch hat uns Jesus gesagt, sein Heiliger Geist, der Geist der Wahrheit, werde uns künftige Dinge zeigen und uns Jesus und den Vater offenbaren (vgl. Joh 16,13-15).

Als Christen reden wir davon, wie wichtig es sei, Gottes Stimme zu hören, und doch haben Lori und ich herausgefunden, dass viele Paare nicht imstande sind, etwas über ihre Ehe von ihm zu hören. Deshalb verpassen diese Paare die lebenspendende, übernatürliche Hilfe, die ihnen zur Verfügung steht. In Lukas 1,37 heißt es: *„Denn für Gott ist nichts unmöglich."* Im Griechischen steht eigentlich: „Für Gott wird kein *Wort* unmöglich sein." Das bedeutet: Was auch immer Gott sagt, er wird einen Weg finden, es in die Tat umzusetzen. Deshalb ist es so wichtig, seine Stimme zu hören, denn sobald er spricht, steht der ganze Himmel hinter seinen Worten. An uns ist es, seiner Stimme zu lauschen, an dem festzuhalten, was der Heilige Geist sagt, und es zu glauben.

Wir möchten nicht, dass Sie auf unser Wissen, unsere Erfahrungen und unsere Lehren beschränkt bleiben. Beim Lesen dieses Buches werden sich Ihnen viele Gelegenheiten eröffnen, Gottes Worte für Sie und Ihre Ehe zu hören. Sollten Sie mit dem Hören auf seine Stimme nicht vertraut sein, so werden Sie etliche Gelegenheiten finden, dies einzuüben und zu erlernen. Wir sind schon ganz gespannt darauf, was passiert, wenn Sie diese innige Verbindung zum Herrn eingehen.

Es ist an Ihnen

Um so viel wie irgend möglich von diesem Buch zu haben, müssen Sie mehr tun, als es gemeinsam durchzulesen. Wenn Sie die praktischen Übungen und Hausaufgaben gewissenhaft ausführen, werden Sie zweifellos miteinander einige gute, intime Erfahrungen machen, selbst wenn dies mit einigen anstrengenden Gesprächen verbunden ist. Aber wenn Sie über die Übungen in diesem Buch hinausgehen, indem Sie sie regelmäßig im täglichen Leben praktizieren, kann Ihre Ehe völlig verändert werden! Das haben wir sehr oft miterlebt.

Wir empfehlen Ihnen, dass Sie sich jede Woche genügend Zeit reservieren, um *jeweils nur ein Kapitel zu lesen und die dazu gehörenden praktischen Übungen zu machen.* Für den Rest der Woche brauchen Sie dann noch genügend Zeit, um die Hausaufgaben zu erledigen. Nehmen Sie sich so viel Zeit, wie Sie brauchen. Je nach Ihren spezifischen Bedürfnissen werden Sie sich mit einigen

Kapiteln intensiver befassen als mit anderen. Laden Sie den Heiligen Geist ein, an allem teilzuhaben, was Sie tun, und machen Sie das gemeinsame Gebet zu einem regelmäßigen Teil Ihrer Kommunikation. Konzentrieren Sie sich darauf, einander zu verstehen und gut darin zu werden, eine intime, liebevolle Beziehung zu leben – geistlich, emotional und körperlich.

Wir segnen Sie dazu, all das an Fortschritten, Überraschungen und Wundern zu empfangen, was der Vater Ihnen geben möchte, wenn Sie sich nun voll und ganz mit ihm auf dieses Ehe-Abenteuer einlassen.

In Liebe und Zuneigung

Barry und Lori Byrne

Vorbemerkung

Barry und ich lagen auf der offenen Ladefläche eines großen Lastwagens. In dem Traum waren wir nackt und liebten uns. Der Lkw stand in der Straße meiner Eltern, direkt vor ihrem Haus! Ich sah die Straße hinunter und bemerkte, dass auf beiden Straßenseiten Männer auf Leitern standen, die Bäume beschnitten.

O nein!, dachte ich. *Sie kommen immer näher und werden uns bald sehen können!* Plötzlich hatte ich es ganz eilig und rief: „Wir sollten uns besser beeilen!"

Meinen Blick nicht von den Gärtnern wendend, bemerkte ich, dass es keine normalen Bäume waren, die sie da beschnitten. Einer der Bäume, an denen sie arbeiteten, war total auf den Kopf gestellt, sodass seine Wurzeln bloß lagen und in den Himmel ragten. Die Männer waren mit Kettensägen zugange, um die Wurzeln abzuschneiden. Ein paar weitere Arbeiter waren dabei, das Astwerk eines anderen Baumes auszudünnen, am nächsten wurden Zweige gekürzt und so weiter ...

Bei jedem Baum machten sie etwas anderes.

Dann wachte ich auf ...

Die Einladung

Als ich aus dem Traum erwachte, drehte ich mich im Bett um, um nach dem Wecker zu schauen: halb sechs Uhr morgens. Was sollte ich mit diesem seltsamen Traum anfangen? Sich *vor aller Augen* lieben – was um alles in der Welt konnte das bedeuten? Normal klang es jedenfalls nicht.

Barry war schon auf. Er grinste mich an, und ich war mir sicher, mein Gesichtsausdruck verriet ihm, dass ich einen echten Traum von Gott mitzuteilen hatte. Barry und mir macht es Spaß, uns einander unsere Träume zu erzählen. Sollte einer die Bedeutung nicht verstehen, erkennt sie normalerweise der andere. Ich erzählte ihm den Traum und wartete gespannt ab, in der Hoffnung, dass er den Traum deuten könnte. Als er seine Gedanken aussprach, flammte in mir die heiße Hoffnung auf, dass dieser Traum tatsächlich von Gott war.

„Ich weiß genau, was das bedeutet. In diesem Traum geht es um die Ehearbeit, wegen der wir den Herrn gefragt haben."

Barry legte mir weiter seine Gedanken dar. Er glaubte, es sei eine Einladung, einen Dienst für Ehen zu starten! Dass wir uns im Traum geliebt hatten, symbolisierte die Tatsache, dass diese Ehearbeit in die tiefsten Tiefen ehelicher Liebe und Intimität hineinreichen würde. Gott lud uns ein, unser Leben dafür einzusetzen, anderen Ehepaaren auf unglaublich verletzliche und intime Weise seine Liebe nahezubringen.

Die Bäume standen für die Paare, denen wir einmal helfen würden. Bei einigen Ehebeziehungen würde man an die Wurzeln gehen müssen. Bei anderen würde es darauf ankommen, dass die Partner einander besser verstünden. Hier und da würde Versöhnung nötig sein. Und schließlich würde es Paare geben, die verzweifelt nach hilfreichen Ratschlägen suchten. Jede Ehebeziehung würde ihre ganz eigenen dringenden Bedürfnisse haben, genau wie jeder Baum seine individuelle Behandlung brauchte.

Wir erkannten: Gott würde genau das geben, was jedes Paar brauchte, aber wir und die Ehepaare würden flexibel sein müssen, um es dem Heiligen Geist zu erlauben, seine Pläne zur Wiederherstellung umsetzen zu können. Er hatte Pläne und Strategien, wie jede Ehe nicht nur überleben, sondern gedeihen konnte!

Es war interessant, dass Barry und ich die Bäume nicht persönlich bearbeiteten. Diesen Aspekt verstanden wir erst später; aber die Arbeiter, die an den Bäumen zugange waren, standen für die Teilnehmer an unseren Workshops, bei denen jedes Paar einen Platz in einer von vielen Kleingruppen zugewiesen bekommt. Im Verlauf des Workshops wird jede dieser Gruppen zu einer außerordentlich vertrauten geistlichen Familie, und dadurch, dass sich die Paare gegenseitig dienen, geschieht viel an Heilung.

Dass ich ausrief, wir müssten uns beeilen, brachte zum Ausdruck, wie dringend es dem Herrn war, wie sehr er bereit war,

Ehen zu heilen, egal, wie hoffnungslos die Partner ihre Situation empfinden mochten. Es war eine Verheißung, dass Paare, die zu rückhaltloser Ehrlichkeit bereit waren und Gottes Antworten für ihre Ehe suchten, dramatische Veränderungen erleben würden.

Auch die Tatsache, dass sich all dies in der Straße meiner Eltern abspielte, hatte eine Bedeutung. Gott hat die Ehebeziehung meiner Eltern gesegnet. Sie haben sich wirklich lieb; genauso bedeutsam jedoch ist die Tatsache, dass sie sich nach 57 Ehejahren *immer noch* mögen und ihr Miteinander genießen. Gemeinsam üben sie einen vollmächtigen geistlichen Dienst aus, und mit 75 und 79 Jahren haben sie *immer noch* Spaß an ihrer sexuellen Beziehung. Indem der Traum in ihrer Straße spielte, sagte Gott uns, dass dieser Dienst auf dem Fundament ruhen würde, das meine Eltern gelegt hatten. Das Fundament stand für die Mühe, die sie in ihre eigene Ehe investiert hatten, und ebenfalls für das, was sie Hunderten von Ehepaaren durch ihren treuen Pastorendienst weitergegeben haben. Glücklicherweise hatten und haben wir in ihnen gute Vorbilder, von denen wir lernen können.

Kaum hatte Barry die Auslegung des Traumes ausgesprochen, flossen uns vom Herrn auch schon jede Menge Ideen zu, wie dieser Dienst konkret aussehen sollte. Wir konnten beim Aufschreiben kaum mithalten, so viel gab er uns. Als wir mit dem Notieren fertig waren, waren wir so begeistert, dass wir in unserem Schlafzimmer herumtanzten. Aus dieser Traumoffenbarung wussten wir, wir sollten eine Ehearbeit aufbauen, die sich auf das gründete, was wir in unserem eigenen Leben gelernt hatten – unsere Lebensgeschichte, unsere Fehlschläge, unsere Erfolge … und sogar unser Sexualleben, o Schreck! Wir wussten, dass der Traum eine Antwort auf unser Gebet war; er schenkte uns eine größere Leidenschaft und Strategien, um Gottes Plan in die Tat umzusetzen.

Ein paar Monate später empfing Barry den Namen für unsere Arbeit, und zwar in einem weiteren Traum: *Love After Marriage* („Liebe in der Ehe“, abgekürzt: LAM). Schon wieder führte Gott uns durch einen Traum. Niemals würden wir es wagen, irgendeinen Dienst aufzunehmen, wären wir uns nicht der Führung Gottes gewiss. Matthew Henry schreibt in seinem Bibelkommentar: „Göttliche Führung ist einer der besten Nachweise göttlicher

Gunst."[1] Welch ein unbeschreibliches Geschenk ist es doch, wenn man durch göttliche Führung befähigt wird, Partner Gottes zu sein!

Gottes Bestätigung

„Was können wir für Ehen im Leib Christi tun?" Das war die Frage, die wir immer wieder mit Danny Silk, unserem für Familienarbeit zuständigen Pastor an der Bethel-Gemeinde in Redding, Kalifornien, besprochen hatten.

In der Bethel-Gemeinde erleben wir, wie der Heilige Geist in einer Art und Weise wirkt, von der wir vorher nur träumen konnten. Täglich bewirkt Gott wundersame Heilungen, und das nicht bloß durch die Leiter, sondern auch durch „normale" Gemeindeglieder sowie die Schüler an der „Schule des übernatürlichen Dienstes". Dank der Dienste, die im Bereich der inneren Heilung angeboten werden, erleben viele Menschen große persönliche Durchbrüche, und fast jeder wirkt in der Gabe der Prophetie. Inspirierte Lehre ist der Regelfall. Doch trotz dieser übernatürlichen Geschehnisse gab es immer noch viele Ehepaare, die in Schwierigkeiten steckten, und auf der Ebene des ehelichen Lebens spiegelte sich nicht derselbe übernatürliche Einfluss wider wie in so vielen anderen Bereichen.

Da wollten wir helfen. Barry ist seit dreißig Jahren Ehe- und Familientherapeut sowohl im kirchlichen als auch im säkularen Sektor. Oft haben wir zusammen in der Seelsorge gedient. Ich selbst habe jahrelange pastorale Erfahrung im Umgang mit verschiedenen Methoden der inneren Heilung. Wir hätten einfach das machen können, was wir beherrschten, indem wir eine innergemeindliche Ehearbeit ins Leben gerufen hätten. Aber wir brauchten etwas anderes: einen Schlüssel zur Wiederherstellung von Ehen, der über Seelsorge hinausgehen würde. Wir brauchten etwas, das Gottes Gegenwart und Kraft anziehen würde. Ohne den Faktor Gott, das wussten wir, würde womöglich nur viel harte Arbeit mit mageren Ergebnissen dabei herauskommen.

---

[1] M. Henry, *Matthew Henry's Commentary on the Whole Bible*, Peabody, MA 1996; z. St. 2. Mose 33,12.

Die Ehe ist ein bevorzugtes Ziel der Angriffe des Feindes. Weltweit hören wir von Christen und Gemeinden, dass es nicht gut um die Ehen steht. Viele scheitern. Es gefällt unserem Feind ganz besonders gut, ebendie Beziehung zu zerstören, die Jesus benutzte, um seine Beziehung zur Gemeinde zu beschreiben: er als der Bräutigam und die Gemeinde als seine Braut.

Als wir mit LAM anfingen, gingen wir davon aus, dass wir an vorderster Front kämpfen würden. Da der Angriff auf die Ehe heftig ist und weltweit geschieht, war uns klar, dass wir Abdeckung im Gebet brauchten. Wir gingen zu einer Freundin, die einen vollmächtigen Fürbittedienst hat, und fragten sie, ob sie bereit wäre, unseren Dienst im Gebet abzudecken.

Überraschenderweise antwortete sie: „Ach, deshalb ..." Sie sagte uns, in der Vorwoche habe ihr der Herr Visionen gegeben, in denen wir sie in ihrem Haus besuchten. Ehe wir sie auch nur angesprochen hatten, hatte sie gefragt: „Herr, wieso kommen Barry und Lori in mein Haus?"

Der Herr sagte ihr: „Ich tue etwas in Barrys und Loris Liebe, das um die ganze Welt gehen wird, und ich möchte, dass du für sie betest."

Noch bevor wir gefragt hatten, hatte sie schon begonnen, für uns zu beten! Ohne Frage war Gott an der Arbeit; er wollte unsere Aufmerksamkeit gewinnen, um uns in unserer Entscheidung zu bestätigen.

Diese kostbare, gehorsame Dame erzählte uns noch etwas, das ihr der Herr gesagt hatte:

> Der Einfluss dieses Dienstes werde weit über einfaches Lehren hinausgehen – wir sollten vermitteln und weitergeben, was der Herr uns geschenkt hatte. Er wolle, dass wir alles Gute weggaben, das er uns auf unserem Weg hin zum Einssein und zur Intimität gelehrt hatte.

Und was noch besser ist: Gott wollte, dass wir für *Sie* beten und in *Ihnen* etwas freisetzen und *Ihnen* weitergeben, was wir haben.

Immer und immer wieder durften wir miterleben, wie Gott Paaren überfließende Gnade zur Intimität schenkte, die bereit waren, darauf einzugehen. Viele begeisterte, eifrige Paare haben die LAM-Workshops bereits durchlaufen und darin zu einem Niveau von geistlicher, emotionaler und sexueller Intimität gefunden, das Ihnen zuvor unbekannt war.

Wir möchten nicht, dass Sie dieses Buch als reine Informationsquelle sehen. Genau wie in unseren Workshops möchten wir, dass es zu *einer interaktiven Erfahrung zwischen Ehepartnern* führt. Wir möchten, dass Sie als einzelner Mensch und als Paar unmittelbar vom Heiligen Geist hören und empfangen. Jesus freut sich so sehr darüber, dass Sie sich beim Durcharbeiten dieses Buches einander und ihm hingeben, dass er Ihnen „entgegenlaufen" wird, um Ihnen zu begegnen. Ihre Ehe, Ihr Einssein sind schon seit langem eine Priorität seines Herzens. Wenn Sie ihm zuhören und das befolgen, um was er Sie bittet, werden Sie darüber staunen, wie er den Himmel in Bewegung setzt, um Ihnen zu helfen.

Sind Sie dazu bereit? Wir wollen anfangen, indem wir beten und über Ihnen all das freisetzen, was er Ihnen geben möchte, während Sie gemeinsam dieses Buch durcharbeiten.

Unser Gebet für Sie

Liebe ....,

lieber ....[2]

wir rufen Ihren Geist auf,
sich über Ihren Körper und Ihre Seele zu erheben.

Wir segnen Sie, dass Sie dem Heiligen Geist vertrauen,
dass er Sie in alle Wahrheit leiten wird.

Wir segnen Sie mit dem unablässigen Verlangen,
die Wahrheit zu erkennen, die Sie frei machen wird –
die Wahrheit über Ihren himmlischen Vater,
Sie selbst und Ihre Ehe.

Wir setzen über Ihnen eine Atmosphäre der Sicherheit,
Verletzlichkeit und Offenheit frei,
während Sie dieses Buch gemeinsam lesen.

Möge der Geist Gottes Ihren Geist an einen Ort des Friedens,
der Ruhe und der Offenheit führen,
an dem Sie weder etwas verstecken noch etwas fürchten müssen.

Jesus, du kennst dieses kostbare Paar,
kennst jedes Detail ihres Lebens,
seit du sie im Leib ihrer Mutter geformt hast.

Wir bitten dich, dass du anfängst,
Hoffnung und Erwartung freizusetzen.
Versetze sie in die Lage, den Durchbruch zu erleben,
den sie brauchen.

Im Namen Jesu segnen wir Sie,
dass Sie alles empfangen und festhalten,
was der Herr auf diesem Weg hin zu wachsender Vertrautheit
und zum Einssein für Sie bereithält.

Amen.

---

[2] Setzen Sie hier Ihre Namen ein.

Kapitel 1

Gott ist für Ihre Ehe

„Sag es ihr jetzt!", sprach der Heilige Geist zu Bill. Sara und Bill waren allein und aßen zusammen zu Abend, es war der erste Tag ihres LAM-Workshops[1]. Bill wusste ohne jeden Zweifel, was er gerade gehört hatte. Und er wusste auch, dass zu diesem Workshop eine Atmosphäre völliger Offenheit und Verletzlichkeit gehörte. Obwohl ihm etwas mulmig zumute war, war seine Entschlossenheit, sich zu öffnen und Sara mitzuteilen, was der Heilige Geist ihn gebeten hatte, noch größer. Aber er hatte nicht damit gerechnet, dass er so eindrücklich hören werde, *jetzt* sei es an der Zeit, seine Affäre mit einer anderen Frau zu beichten. In seinem Geist wusste er, es war Gott, der zu ihm redete, und er war bereit, alles zu tun, was der Heilige Geist von ihm forderte.

Bill setzte sein Vertrauen auf die Stimme des Herrn und kämpfte sich durch übermächtige Wellen von Scham und Schuldgefühlen, um Sara endlich die Wahrheit zu präsentieren. Auch wenn es keine sexuelle Affäre im vollen Sinne war, hatte er eine fortdauernde emotionale Affäre, die auch unangemessene körperliche Kontakte einschloss.

Sara war am Boden zerstört. Sie hatte einen schleichenden Verdacht gehabt, dass es eine andere Frau gab, aber sie hatte einfach nicht glauben wollen, dass Bill tatsächlich die rote Linie übertreten

[1] LAM steht hier und im Folgenden für „Love After Marriage" („Liebe in der Ehe").

könnte. Sie hatte das Gefühl, als breche ihr ganzes Leben krachend zusammen. Stechende Gefühle – Schock, Trauer, Wut und Enttäuschung – wirbelten in ihr herum wie ein schwindelerregender Tornado, der nichts als Zerstörung und Chaos hinter sich zurückließ.

Am Ende des Tages unterrichteten uns Bill und Sara von dem Wirbelsturm, der gerade durch ihre Beziehung gefegt war. Bill sagte, er habe die illegitime Beziehung bereits beendet und unterhalte nur noch eine „Arbeitsbeziehung" zu der Frau. Wir machten ihm klar, es sei reine Selbsttäuschung, wenn er meinte, er könne eine „Arbeitsbeziehung" zu ihr aufrechterhalten, und sprachen ein Bußgebet mit ihm. Währenddessen schluchzte Sara ununterbrochen.

Dann kam der Punkt, dass ich Sara direkt in die Augen sah und kühn sagte: „Wenn du denkst, das alles sei ganz allein seine Schuld und du hättest nichts damit zu tun, dann werdet ihr nichts von dem bekommen, was der Heilige Geist in dieser Woche in eurer Ehe tun möchte." Ich konnte nicht glauben, was da gerade aus meinem Mund gekommen war! Wie konnte ich etwas so Direktes und scheinbar Unsensibles sagen? Schließlich hatte doch Sara gerade etwas erfahren, das so verheerend war, dass es sich anfühlte, als breche ihre ganze Welt zusammen. Doch ehe ich zurückrudern konnte, hörte sie auf der Stelle auf zu weinen, beruhigte sich und nickte ein paarmal leicht. Da wusste ich, sie hatte voll und ganz verstanden, was der Herr ihr durch mich sagen wollte. Wir verbrachten noch ein paar weitere Minuten im Gebet und schickten sie dann heim.

Während der darauffolgenden Tage und Nächte kam der Herr zu dieser kostbaren Frau und redete wiederholt zu ihr, wodurch sie einiges verstand und eine neue Perspektive gewann. Erst vor Kurzem war ihr geistlich gedient worden, damit sie von einem Geist der Kontrolle, Manipulation und Kritik frei würde, der seit langem in ihrem Leben vorgeherrscht hatte. Und jetzt lauerte diese Finsternis erneut vor ihrer Tür und setzte alles daran, sich in ihr breitzumachen. Doch sie hielt stand und gab nicht nach. Als ihr klar wurde, dass es die alten Denk- und Verhaltensmuster waren, die wieder die Oberhand gewinnen wollten, tat sie auf der Stelle Buße und bat auch ihren Mann um Vergebung.

Auf eine sehr liebevolle, nicht verdammende Weise offenbarte der Herr, dass sie und ihr Mann niemals wirklich eine gute emotionale Beziehung zueinander gehabt hatten. Sie kapierte, dass es diese mangelnde innere Verbundenheit war, die eine andere Frau zur attraktiven Alternative zu ihrer toten Ehebeziehung machte. Auch wenn Sara ihren Mann als emotional unzugänglichen *Workaholic* gesehen und er gegen ihren Ehebund verstoßen hatte, musste sie trotzdem begreifen, dass sie beide zum Zerbruch ihrer Ehe beigetragen hatten und somit auch beide Teil des Wiederherstellungsprozesses sein mussten.

In dieser sensiblen Zeit erzählten sie auch ihrer Workshop-Kleingruppe von den schmerzlichen Neuigkeiten in ihrer Beziehung. Die Atmosphäre wahrhaftiger, liebevoller Annahme erwies sich als heilsamer Balsam und trug maßgeblich zu ihrem Wiederherstellungsprozess bei. Das Gebet und der prophetische Dienst durch die Kleingruppe wurden zu einem Strom der Liebe und Wahrheit Gottes, der ihnen Hoffnung für ihre Zukunft gab.

Ein paar Tage später erschienen sie mit hoffnungsvollen, freudigen Gesichtern zur Morgensitzung. Sara strahlte sogar! Eifrig hob sie die Hand, als wir fragten, ob jemand ein Zeugnis darüber geben wolle, was Gott in seiner Ehebeziehung tat. Sie stellte sich vor alle Workshop-Teilnehmer und berichtete, wie tief ihr Mann sie verletzt hatte. Dann erzählte sie, der Herr sei ihr gnädig begegnet und habe ihr offenbart, was sie noch brauche, um neue Hoffnung für ihre ramponierte Ehe schöpfen zu können. Sie war in der Tat eine wandelnde Transformation!

Wir waren völlig verblüfft von dieser neuen Frau, die da vor uns stand. Sie sprühte vor Leben und Hoffnung. Als Sara und Bill während der Woche den Lehreinheiten zugehört hatten, hatte der Heilige Geist immer wieder zu ihnen geredet und jeden Problembereich ihrer Beziehung mit Wahrheit und Liebe erfüllt. Sie hatten nicht aufgehört zu reden, Buße zu tun und sich zu versöhnen. Die anderen aus ihrer Kleingruppe hatten sie dabei unterstützt und für sie gebetet.

Am Ende des fünftägigen Workshops traten sie gemeinsam vor die ganze Gruppe und erklärten, was für große Dinge Gott in so wenigen Tagen an ihnen getan hatte. Bill war so berührt, dass er vor Freude weinte, während er der Gruppe sein Zeugnis gab. Sara hüpfte vor Freude herum und war völlig aus dem Häuschen wegen der emotionalen Verbundenheit, die sie mit Bill jetzt erlebte. Sie beendeten den Workshop mit großen Erwartungen für ihre Ehe und einem tieferen geistlichen und emotionalen Einssein, als je zuvor in den 31 Jahren ihrer Ehe. Gott hatte sie aus dem Schutt gezogen und auf einen Felsen der Liebe und Hoffnung gestellt.

Das war vor zwei Jahren. Bill und Sara waren überglücklich über alles, was Gott in ihrem Leben tat; was sie aber damals nicht erkannten, war, dass Gott sie zurüstete und in die Lage versetzte, dass sie nach der Rente anderen dienen konnten. Heute arbeiten sie als Teil eines Leitungsteams ihrer Gemeinde daran, Ehen zu stärken. Darüber hinaus führt Gott sie in den Aufbau einer Arbeit für Missionare hinein. Vor Kurzem sagte eine langjährige Freundin zu Sara: „Ihr zwei seid so verändert – ein ganz anderes Paar. Jetzt arbeitet ihr einmütig zusammen, als ein Team, und man sieht ohne weiteres, dass ihr beide so viel größeren Frieden habt als früher!"

Uns gefällt die Geschichte von Bill und Sara so sehr, weil sie die wunderbare Art und Weise zeigt, in der Gott sich in Ehen offenbaren möchte. Sogar angesichts der tiefsten Verzweiflung infolge der Untreue eines Ehepartners gebrauchte Gott ihre Situation, um einen Prozess zu starten, der ihre Ehe transformierte. In unseren LAM-Workshops ist Gott noch stets jedem Paar begegnet, das nach seiner Hilfe schrie, und hat bewiesen, dass ihm nichts unmöglich ist. Keine Situation ist zu abgedreht, keine Ehe zu hoffnungslos, als dass Gott die Dinge nicht wenden könnte!

Bei Gott ist nichts unmöglich

Wie steht es um Ihre Ehe? Gott hat die Ehebeziehung geschaffen, und sein Herzenswunsch ist: *Jede* Ehe soll ein lebendiges Beispiel dafür sein, wie es ist, wenn seine überwältigende Liebe zwischen zwei Menschen fließt, die in einem lebenslangen Bund stehen. Während der vergangenen drei Jahre haben wir das Vorrecht genossen mitzuerleben, wie Hunderte von Paaren den Durchbruch erfuhren, nach dem sie sich so verzweifelt gesehnt hatten. Im Folgenden führen wir nur ein paar Beispiele für Hindernisse auf, die durch Gottes Liebe überwunden wurden. Kommt Ihnen das eine oder andere davon nicht vertraut vor?

- Eine Frau sagte uns, sie liebe ihren Mann nicht, fühle sich nicht zu ihm hingezogen und habe Angst, die falsche Person geheiratet zu haben.
- Ein Paar wollte mehr für seine Ehe, wusste aber nicht, wie das zu bewerkstelligen sein könnte.
- Ein Mann, der seit seiner Jugend an Pornografie gebunden war, fühlte solche Verzweiflung, Scham und Hoffnungslosigkeit, dass er weder zum Frieden mit Gott noch zur Intimität mit seiner Frau finden konnte.
- Eine außergewöhnlich schöne Frau sah sich jedes Mal, wenn sie in den Spiegel schaute, als fett und hässlich.
- Eine Frau, die bereits in frühester Jugend von Angst gequält war, entwickelte ein manipulatives Kontrollverhalten, das zu Distanz und Ablehnung von den Menschen führte, die sie liebte.
- Ein Mann berichtete, er habe „seine Männlichkeit verloren" und bringe sexuell nichts mehr zustande.
- Eine Frau fühlte sich emotional von ihrem Mann isoliert. Wie sie selbst sagte, wanderte sie in Gedanken „immer, wenn wir uns liebten, irgendwohin und konnte nicht bei der Sache bleiben". Genauso ging es ihr jedes Mal, wenn sie sich bemühte, die Nähe Gottes zu suchen, und auch, wenn sie die Wahrheit hörte.
- Eine Frau konnte sich ihrem Mann infolge einer Vergewaltigung, die sie als Teenager erlitten hatte, sexuell nicht hingeben.
- Ein Pastor sagte uns am dritten Tag eines fünftägigen Workshops, er habe eine Affäre und habe seiner Frau noch nichts davon erzählt.
- Ein Paar hatte in mehr als zwanzigjähriger Ehe jemals weder emotionale Intimität erfahren noch sexuelle Intimität genossen.
- Ein Mann war als kleiner Junge sexuell missbraucht worden. Dadurch war er in der sexuellen Beziehung zu seiner Frau wesentlich gehindert – er konnte es noch nicht einmal zulassen, dass sie ihren Kopf an seine Brust lehnte.

- Eine junge Frau, von Angst beherrscht, hatte jedes Mal, wenn sie mit ihrem Mann schlief, alarmierendes Herzrasen, wobei die Ärzte keinerlei Defekt an ihrem Herzen finden konnten.
- Eine Frau hatte soeben eine Affäre beendet und hatte keinerlei Hoffnung, jemals wieder mit ihrem Mann ins Reine zu kommen.
- Ein Paar konnte weder miteinander kommunizieren noch zusammenfinden. Als Folge davon lebten sie in fortdauernder Frustration, in Schmerz und Hoffnungslosigkeit.
- Ein Mann litt jedes Mal, wenn er mit seiner Frau schlief, unerträgliche Schmerzen.
- Eine Frau hasste ihren Körper und hatte Angst, sich ihrem Mann nackt zu zeigen.
- Ein Paar an der Schwelle zur Scheidung hatte sich infolge andauernder Ehestreitigkeiten bereits getrennt; sie lebten jeder für sich, als sie zum Workshop anreisten.
- Ein junger Mann war emotional vollkommen verschlossen. Er erkannte, wie sehr er dadurch seine Frau verletzte, wusste aber nicht, wie er sich verändern oder frei werden konnte.
- Ein Paar, das lediglich mit der Absicht zu LAM kam, zu lernen, wie man anderen Paaren dient, entdeckte, dass Gott auch für ihre eigene Ehe noch Größeres auf Lager hatte.
- Ein Mann hatte eine sehr gute geistliche Verbindung zu seiner Frau, hatte aber totale Probleme im sexuellen Bereich.

Jedes dieser Beispiele steht für eine oder mehrere Ehen, die der Herr angerührt, geheilt und auf wunderbare Weise wiederhergestellt hat! In den folgenden Kapiteln werden wir Ihnen berichten, wie der eine oder andere dieser Fälle ausgegangen ist, und außerdem noch viele weitere Geschichten davon erzählen, wie der Herr Ehepaare mit seinem übernatürlichen Durchbruch und mit Heilung beschenkte. Als wir die Früchte des LAM-Dienstes ansahen, gelangten wir zu der unumstößlichen Überzeugung, dass der Herr wirklich *jede* Ehe verändern, wiederherstellen und stärken möchte. Jetzt hat er uns aufgetragen, LAM in Buchform zu präsentieren, um Ihre Ehe zu transformieren! Nach allem, was er getan hat, harren wir in großer Erwartung und Hoffnung darauf, von den Dingen zu hören, die er in Ihrer Ehebeziehung tun wird. Hat Gott es einmal getan, wird er es auch wieder tun!

Die Kraft des Zeugnisses

Bill Johnson, unser Pastor, nennt das „die Kraft des Zeugnisses". In diesem Buch werden wir immer wieder Geschichten und Zeugnisse erzählen, weil sie *in Ihnen Hoffnung freisetzen können.* In Bills Buch „Und der Himmel bricht herein" erzählt er eine staunenswerte Geschichte, die demonstriert, wie die Kraft des Zeugnisses wirkt. In einer Versammlung wurde für einen kleinen Jungen mit Klumpfüßen gebetet. Seine Füße waren oben wundgescheuert, weil sie so schief standen, dass er mit dem Spann über den Boden schleifte, wenn er zu gehen versuchte. Nach dem Gebet war dieser Dreijährige in der Lage, seine Füße flach auf den Boden zu stellen! Vorher hatte er nicht rennen können, aber jetzt fing er an, im Kreis herumzurennen, und schrie: „Ich kann rennen!"

Kurze Zeit später erzählte Bill Johnson diese Geschichte, während er in der Bethel-Gemeinde über die Kraft des Zeugnisses lehrte. Unter den Zuhörern saß eine Familie, die aus einem anderen Bundesstaat zu Gast war. Ihr zweijähriges Mädchen hatte Füße, die in einem 45-Grad-Winkel schräg standen, sodass sie darüber stolperte, wenn sie rannte. Als die Mutter das Zeugnis von der Heilung des kleinen Jungen mit den Klumpfüßen hörte, sagte sie in ihrem Herzen: „Das nehme ich für meine Tochter in Anspruch!" Am Ende des Gottesdienstes holte sie ihre Tochter aus der Kinderbetreuung ab und sah, dass deren Füße vollkommen gerade waren![2]

Wir haben gesehen, wie die Kraft des Zeugnisses jede Art von Heilung bewirken kann, ob beziehungsmäßig, körperlich, emotional, sexuell oder geistlich – und zwar dann, wenn Menschen daran glauben, dass sich die Güte Gottes in ihren eigenen Lebenssituationen manifestieren möchte. Auch in diesem Buch werden wir öfter die Kraft des Zeugnisses freisetzen. Wenn Sie es also gemeinsam lesen, dann machen Sie Schritte des Glaubens und vertrauen darauf, dass Gott Ihnen gibt, was Sie brauchen. Glauben

---

[2] Bill Johnson, *Und der Himmel bricht herein,* Vaihingen 2007.

bewegt den Herrn so sehr. Es ist seine Freude und sein Wunsch, seinen Kindern gute Gaben zu geben. Er sehnt sich danach, Ihnen seinen Geist und sein Reich zu schenken, sodass Ihr Leben und Ihre Ehe ihn widerspiegeln.

Mit dem Heiligen Geist zusammenarbeiten

In Römer 8,26 sagt uns Paulus, der Heilige Geist nehme sich unserer Schwachheiten an. Ich weiß noch, wie mein Vater einmal über diesen Text predigte, als ich noch eine junge Frau war. Das griechische Wort, das mit „sich einer Sache / eines Menschen annehmen" übersetzt wird, lautet *synantilambanomai* mit der wörtlichen Bedeutung „einander helfen/beistehen". Damit werden zwei Personen beschrieben, die jeder an einem Ende eines gefällten Baumstammes stehen. Stellen Sie sich nun vor, dass eine davon der Heilige Geist ist und die andere Sie. Der Baumstamm stellt die Blockade dar, die Sie bisher an einem Durchbruch gehindert hat. Damit Sie diesen beim Durcharbeiten des Buches erleben, wird der Heilige Geist einen Teil der Last tragen, aber auch Sie werden einen gewichtigen Teil übernehmen müssen. Unser mächtiger Gott wird Ihnen gewaltige Durchbrüche und herrliche Wunder schenken, wenn Sie ihn Ihrer Ehe wegen bestürmen. Genauso wichtig werden die Dinge sein, die *Sie* anpacken müssen, wenn Sie mit dem Heiligen Geist zusammenarbeiten.

Vom Heiligen Geist hören

Wie sieht das konkret aus, wenn man mit dem Heiligen Geistes zusammenarbeitet? Zunächst einmal müssen Sie seine Stimme hören. Das ist einer unserer größten Wünsche für die Leser dieses Buches wie auch für die Teilnehmer unserer LAM-Workshops. Wir möchten, dass Ehepaare in Bezug auf alles, was sie betrifft, die Stimme des Heiligen Geistes hören, insbesondere hinsichtlich ihrer Ehen. Er möchte nicht nur zu Ihnen reden, sondern Sie auch leiten und in alle Wahrheit führen. Durch die folgende praktische Übung möchten wir Ihnen die Gelegenheit geben, direkt vom Heiligen Geist etwas über Ihre Ehe zu hören.

Übung

Legen Sie kontemplative Instrumentalmusik auf. (Im weiteren Verlauf werden wir diese Musik als *Soaking-Musik*[3] bezeichnen, weil Sie beim Zuhören alles, was der Herr zu Ihnen sagt, in sich aufnehmen sollten.) Machen Sie es sich bequem. Halten Sie Stift und Papier bereit, um sich Notizen machen zu können. Später können Sie dann die Antworten festhalten, die Sie am Ende des vorliegenden Kapitels geben werden.

Wir segnen Ihren Geist, dass er sich über Ihre Seele und Ihren Körper erhebt. Wir segnen Sie, dass Sie alles hören und aufnehmen, was der Heilige Geist Ihnen offenbart. Denken Sie daran: Er wird Sie in alle Wahrheit leiten, und wenn Sie ihn um Brot bitten, wird er Ihnen keinen Stein geben.

Also gut, fangen wir an. Stellen Sie Ihre *Soaking-Musik* an. Es wird nötig sein, dass einer von Ihnen beiden das Folgende laut vorliest und die Zeit im Blick behält.

1. Schließen Sie Ihre Augen, um nicht abgelenkt zu sein, und bitten Sie den Heiligen Geist, er möge Ihnen helfen, sich an eine Zeit Ihres Lebens zu erinnern, in der Sie seine Gegenwart sehr stark spürten oder empfanden. Das kann ein Moment gewesen sein, in dem er ein Gebet erhörte, Ihnen einen Traum schenkte, zu Ihrem Herzen redete oder Ihnen während einer Lobpreiszeit besonders kraftvoll begegnete. Vielleicht sind Sie einfach eines Morgens aufgewacht und spürten seine Nähe, die Ihnen Hoffnung und Freude gab. Was auch immer Ihnen in den Sinn kommt, bitten Sie ihn, Sie zu diesem Augenblick zurückzuführen, damit Sie ihn wieder neu erleben. Während Sie sich erinnern, erlauben Sie Ihrem Geist, sich voll Dankbarkeit zum Herrn zu erheben. Verharren Sie ein paar Minuten an diesem Ort der Dankbarkeit. Und damit weiter zu Punkt 2.
2. Bitten Sie Jesus darum, genau jetzt bei Ihnen zu sein, ebenso wie er in der Erinnerung bei Ihnen war, die er Ihnen gerade eingegeben hat. Sobald Sie beide seine Gegenwart spüren, fahren Sie mit Punkt 3 fort.

---

[3] Im Englischen: to soak in = einsaugen (Anm. d. Hrsg.).

3. Fragen Sie Jesus: „Was willst du mir über meine Ehe sagen oder zeigen?“ Nehmen Sie sich zum Zuhören so viel Zeit, wie Sie brauchen, seien es nur ein paar Sekunden oder auch mehrere Minuten. Notieren Sie auf einem Blatt Papier, was Sie hören.[4]
4. Teilen Sie einander mit, was Sie gerade vom Herrn gehört haben. Nehmen Sie sich Zeit, um Gott zu danken und miteinander über die Dinge zu beten, die er Ihnen soeben gezeigt hat.

Hinweis: Sollten Sie Probleme mit dem gemeinsamen lauten Beten haben und diese überwinden wollen, so versuchen Sie es bitte mit den folgenden vier Schritten. Vergessen Sie nicht: Bei Gott geht es nicht darum, dass Sie besonders beredsam oder mit erhabenen Worten beten. Er möchte einfach nur, dass Sie mit ihm über das reden, was in Ihrem Herzen ist, genau so, wie Sie mit einem nahestehenden Freund reden würden, der Ihnen in tiefer Sympathie zugetan ist.

5. Beten Sie jeder leise für sich und halten sich dabei an den Händen. Bitten Sie Jesus, er möge Ihnen helfen, gemeinsam laut zu beten.
6. Sprechen Sie nacheinander je einen Satz, in dem Sie dem Herrn sagen, wofür Sie in Ihrer Ehe dankbar sind. Beginnen Sie mit seinem Namen: „Jesus, danke für …“ Wiederholen Sie das dreimal.
7. Und nun sprechen Sie abwechselnd je einen Satz, in dem Sie den Herrn um etwas bitten, das Sie sich in Ihrer Ehe wünschen: „Jesus …“
8. Nun kehren Sie wieder zu Punkt 4 zurück und versuchen Sie, einander die Dinge mitzuteilen und dafür zu beten, die Ihnen der Herr vorher gezeigt hat. Nach dem Mitteilen sprechen Sie wieder abwechselnd je einen Satz, in dem Sie dem Herrn für das danken, was er Ihnen gezeigt hat, und fangen Sie einfach an, mit ihm darüber zu reden. Beginnen Sie mit seinem Namen: „Jesus, danke, dass du mir gezeigt hast …“

---

[4] Diese Übung haben wir von Dr. Karl Lehman übernommen. Er nennt sie den „Immanuel-Ansatz“. Wenn Sie Näheres darüber wissen möchten, gehen Sie auf www.kclehman.com

Manchmal kann der Durchbruch zum lauten Beten darin bestehen, dass man es einfach tut. Vielleicht fühlt es sich zuerst unbeholfen und ungewohnt an, aber wenn Sie entschlossen sind, es zu tun, und dranbleiben, wird das gemeinsame Gebet zu einer machtvollen Angriffswaffe werden. Ihre vereinten Gebete steigen zum Thron Gottes hinauf und bewirken viel!

Wir haben bemerkt, dass viele Paare Probleme mit dem gemeinsamen Gebet und besonders mit dem lauten Beten haben. Wenn Sie jetzt die Entscheidung treffen, für die restliche Zeit Ihrer Beschäftigung mit diesem Buch laut zu beten, werden Sie ganz gewiss einen Sieg in diesem Bereich erleben. Wir stehen hinter Ihnen und beten auch für Sie.

Hausaufgabe

Verbringen Sie dreimal in dieser Woche je eine gemeinsame Gebetszeit. Wir gehen gerne morgens zusammen spazieren und beten, aber wenn es bei Ihnen mit dem Gehen nicht klappt, dann finden Sie heraus, was bei Ihnen am besten funktioniert. Das sollte Teil Ihres Lebensstils werden, also bitten Sie den Herrn, Ihnen zu zeigen, wie das gemeinsame Gebet sich in Ihre Alltagsroutine einfügen kann.

Notizen

KAPITEL 2

Nichts Verborgenes

Wahrhaftigkeit und Ehrlichkeit müssen zu den höchsten Werten meines Lebens zählen. Bin ich nicht ehrlich mir selbst gegenüber, so kann ich auch nicht ehrlich mit anderen sein. Bin ich nicht ehrlich mit anderen, so werde ich mich am Ende auch selbst betrügen.

Es war während einer Morgenandacht auf der *High School*, dass mir (Barry) diese Gedanken kamen. Damals hatte ich keine Ahnung, wie weit ihr Einfluss reichen sollte, und ich erkannte Gottes Stimme nicht, aber im Rückblick weiß ich, dass er zu mir sprach. Diese Worte brannten sich sehr tief in mein Herz ein, sodass ich sie niemals vergaß, und darüber hinaus wurden sie zu einer führenden Kraft in meinem Leben. Natürlich gab es auch Momente, in denen ich nicht hundertprozentig ehrlich war, aber Wahrhaftigkeit wurde zu einem absoluten Grundwert für mich. Deshalb geht mir der Ruf voraus, sehr gradlinig und mitunter zu direkt zu sein.

In meinem Verlangen danach, zu verstehen, was *Wahrheit* ist, beschäftigte ich mich genauer mit der biblischen Bedeutung dieses Wortes. Im Neuen Testament ist das ursprüngliche Wort für „Wahrheit" von zwei griechischen Wörtern abgeleitet, die „nicht verborgen" und „nicht heimlich" bedeuten. Es scheint klar zu sein, dass das biblische Konzept von Wahrheit weitaus mehr bedeutet, als dass man bloß nicht lügt. Soll mein Umgang mit meiner Frau von *Wahrheit* geprägt sein, dann werde ich keinerlei Information vor ihr verbergen oder verschleiern, die sie irgendwie betrifft oder ihr Leben beeinflusst. Leider meinen viele in unserer Gesellschaft, auch Christen, wir sollten Dinge verbergen, die jemanden beunruhigen oder einen Konflikt hervorrufen könnten. Das klingt zwar gut, verdreht aber eine grundlegende Charaktereigenschaft der Gottheit. Gott ist Wahrheit, und wir sollen ihm immer ähnlicher werden, indem wir in das Bild seines Sohnes verwandelt werden.

Das Verbergen oder Abändern wichtiger Tatsachen und Gefühle schafft mehr Beziehungsprobleme, als es jemals lösen kann. Wie wirkt sich das in einer Ehe aus? Wenn ich meiner Frau irgendetwas berichte, wird mich die Wahrheit anhalten, das so genau wie irgend möglich zu tun, damit sie dieselbe Erfahrung machen kann, die ich gemacht habe. Ich werde weder über- noch untertreiben, um womöglich besser dazustehen.

Im Jahre 1963 lud mich eine Familie aus der Nachbarschaft ein, mit ihnen zusammen den Film „Beach Party" anzuschauen. Darin waren Mädchen in Bikinis zu sehen, was seinerzeit für manche Leute hart an der Grenze zur Pornografie war. Als Junge von zehn Jahren machte ich mir wenig aus Mädchen in Bikinis und fand den Film an sich ganz lustig. Als ich an diesem Abend nach Hause kam, fragten mich meine Mutter und meine ältere Schwester, was für einen Film ich mir angesehen hätte. Als ich sagte: „Beach Party", erwiderte meine Mama: „Und, der war nicht gerade gut, oder?" An ihrem Tonfall erkannte ich, dass der Film nicht unbedingt auf ihr Wohlgefallen traf, also antwortete ich instinktiv: „Nee." In Wahrheit hatte mir der Film richtig gut gefallen und war für mein zehnjähriges Gemüt nicht im Geringsten unmoralisch gewesen. Leider fehlte es mir damals an innerer Stärke, um zu sagen, was ich fühlte. Stattdessen entschied ich mich für eine Antwort, von der ich wusste, dass sie für meine Mutter akzeptabel war.

Wenn Sie Ihrem Ehepartner aus Angst heraus eine Antwort geben, die Missbilligung vermeiden soll, schaffen Sie eine Atmosphäre, in der Ihre Fähigkeit erstarrt, einander wirklich zu erkennen und zu sehen. Riskieren Sie es aber – möglichen Konflikten zum

Trotz –, ehrlich zu sein, dann schaffen Sie Raum für eine sichere, erfreuliche Beziehung.

Sie könnten sich auch versucht fühlen, der ganzen Wahrheit aus dem Weg zu gehen, indem Sie innere Gedanken und Gefühle „umfrisieren", sodass Sie auf eine bestimmte Weise wahrgenommen werden. Wenn ich z. B. gefragt werde, ob ich jemanden mag, der mir auf die Nerven geht, könnte ich in Versuchung geraten, so zu antworten, wie ich meine, dass man als Christ antworten müsse, indem ich sage: „Klar, den finde ich in Ordnung." Ich unterdrücke dann mein vorherrschendes Gefühl der Abneigung und kehre ein schwächeres der Akzeptanz hervor.

Eine ehrlichere Antwort könnte lauten: „Ich gebe mir wirklich Mühe mit ihm, aber irgendwas an seiner Persönlichkeit trifft bei mir den falschen Nerv." Wir müssen eine Möglichkeit finden, unsere inneren Gedanken und Gefühle jederzeit im Leben so wiederzugeben, dass wir nicht in Versuchung kommen, die Wahrheit gerade dann zu bemänteln, wenn es am meisten auf sie ankommt.

Wahrheit und Liebe

Die Wahrheit ist niemals absichtlich vage oder ausweichend. Wir dürfen aber nicht vergessen, dass die Wahrheit in Liebe gesagt sein will. Das ist eine Herausforderung und außerdem eine Kunst, die wir im Laufe der Zeit einüben und entwickeln müssen. Schlicht gesagt, kommen wir nicht schon mit Weisheit und Taktgefühl auf die Welt. Leider lernen wir oft, eher Halbwahrheiten zu sagen, als dass wir es riskierten, die Wahrheit in Liebe zu sprechen (vgl. Eph 4,15). Wenn Sie sich Ihr Vorgehen überlegen, denken Sie daran, dass eine „kalte" oder „harte" Form der Wahrheit normalerweise grausam, zerstörerisch und lieblos ist. Oft ist es so, dass sich Menschen, die sich etwas darauf einbilden, „brutal ehrlich" zu sein, sich in Wirklichkeit von ihren eigenen Gefühlen abschirmen. Sie konzentrieren sich ausschließlich auf Fakten, um dadurch Gefühle zu unterdrücken. Umgekehrt kann eine humanistische Liebe, die sich ungeachtet der Wahrheit nur um die Gefühle eines anderen dreht, ebenso zerstörerisch sein. Weder durch brutale Ehrlichkeit noch durch den Schutz der Gefühle eines anderen auf Kosten der

Wahrheit können wir Gott angemessen widerspiegeln, weil er *sowohl* Wahrheit *als auch* Liebe *ist*.

Während eines dreitägigen LAM-Workshops in der Schweiz erlebten wir wieder einmal die mächtigen Auswirkungen, die es hat, wenn wir die Wahrheit in Liebe reden. Während unserer ersten Sitzung forderten wir wie immer die teilnehmenden Paare heraus, sich einander zu öffnen und über jeden verborgenen Bereich von Bedeutung zu reden, von dem sie sich noch nie zuvor etwas erzählt hatten. Da sagte der Pastor der gastgebenden Gemeinde zu uns: „Das pflegen wir hier in der Schweiz nicht zu tun. Wir sind normalerweise sehr reserviert und verschlossen."

Am nächsten Morgen fragte eine sechzigjährige Dame, ob sie vor der Gruppe ein Zeugnis geben könne. Sie erzählte, dass sie seit mehr als dreißig Jahren mit ihrem Mann verheiratet war und dass sie am Vortag erstmals über Dinge geredet hätten, die vor ihrer Ehe passiert waren. Sie offenbarte ihm das schmerzliche Geheimnis, als junges Mädchen sexuell missbraucht worden zu sein. Indem sie dies ihrem Mann mitteilte, legte sie ein lebenslang gehütetes Geheimnis bloß, das sie in ihrem inneren Denken fortwährend angeklagt und mit Scham erfüllt hatte. Sie schloss ihr Zeugnis mit den Worten: „Letzte Nacht haben mein Mann und ich uns geliebt. Es war das erste Mal in meinem Leben, dass Sex etwas Schönes und keine schmutzige, hässliche Erfahrung war."

Dadurch, dass sie sich ihren Ängsten gestellt und die von Scham besetzten, verborgenen Bereiche ihres Lebens ans Licht gebracht hatte, wurde ihre Ehebeziehung über Nacht auf eine neue Ebene der Intimität katapultiert. Die Lüge, dass Sex etwas Schändliches sei, war wie weggeblasen! Ihre Offenheit resultierte in einer Freiheit, die ihre gesamte Beziehung durchzog und sogar ihr Sexualleben beeinflusste. Endlich war sie in der Lage, die gottgegebene Schönheit ihrer sexuellen Vereinigung zu genießen. *Obendrein* hatte sie die Freiheit, sich kühn hinzustellen und ihre intime Geschichte göttlicher Befreiung zu erzählen, und das inmitten einer Kultur, die es lieber privat hat!

Denken wir einmal über Folgendes nach: Wie konnte es sein, dass ein offenes Gespräch mit ihrem Mann solch dramatische Folgen zeitigte? Wie konnten fünfzig Jahre der Scham und falscher Schuldgefühle an einem einzigen Tag weggefegt werden, einfach dadurch, dass sie sich ihrem Mann offen anvertraute? Die Antwort finden wir in Epheser 4,15: *„Lasst uns aber die Wahrheit reden in Liebe und in allem hinwachsen zu ihm, der das Haupt ist, Christus"* (Rev. Elberfelder Übersetzung; im folgenden REÜ). Als sich dieses Paar dazu entschied, in liebevoller Weise wahrhaftig zu sein, konnten sich Scham und falsche Schuldgefühle nicht halten. Diese Offenheit erlaubte es dem Charakter und Wesen Christi selbst, in die tiefsten Bereiche ihrer Ehe hinein freigesetzt zu werden.

In Liebe wahrhaftig zu sein ist unerlässlich dafür, dass wir reif und Christus ähnlicher werden. Dabei ist es wichtig, im Kopf zu behalten, dass nicht jeder über Nacht in derselben Weise Veränderung erfahren wird wie diese Frau. Ob die Veränderung jedoch rasch kommt oder langsam: Liebevoll und wahrhaftig zu sein setzt eine Ehebeziehung stets frei. Das ist, was Christus möchte. Das erlebte auch besagtes Paar. Ihre Beziehung wurde zu einem Ort der Liebe, Freiheit und Freude.

Ein Gesamtpaket

Eine Gott wohlgefällige, liebevolle Ehe erfordert die Qualitäten Offenheit, Transparenz und Verletzlichkeit, verbunden mit der Gegenwart des Heiligen Geistes. Lori und ich haben uns bemüht, unsere Ehe und Familie auf diesen Grund zu stellen; und es sind diese Konzepte und Werte, die all unser Lehren in den LAM-Workshops durchziehen. Ich möchte Ihnen nun ein paar der Vorzüge vorstellen, die jedes Paar erleben kann, wenn es sich eines wahrhaftigen und liebevollen Lebensstils befleißigt.

Freiheit

Nichts ist so befreiend wie ein Leben, in dem man nichts zu verbergen hat.

Als Lori und ich uns kennenlernten, brauchten wir etwa vier Wochen, um festzustellen, dass wir uns wirklich mochten. Lori legte großen Wert auf Jungfräulichkeit und hatte ihre sexuelle Reinheit treu bewahrt. Deshalb dachte ich nach ein paar Monaten, es sei wichtig, ihr zu erzählen, dass ich mit einer meiner vorherigen Freundinnen schon sexuelle Beziehungen unterhalten hatte. Ich dachte, sie müsse das wissen, weil das Thema für sie so wichtig war. Und ich selbst musste wissen, ob sie mich immer noch haben wollte, wenn sie von diesem schmerzlichen Teil meiner Vergangenheit wusste.

Inzwischen mochte ich sie *wirklich* und hatte deswegen große Angst, als ich ihr mein Geständnis machte. Ich wusste, dass diese Information das Potenzial hatte, unsere Beziehung zu belasten. Als ich erfuhr, dass meine Vergangenheit kein Problem für sie darstellte, atmete ich erleichtert auf. Und ich war nicht nur erleichtert, sondern Loris Antwort steigerte den Respekt und die Anerkennung, die ich für sie empfand, enorm. Sie entschied sich, darauf zu schauen, wer ich war, nicht darauf, was ich in meiner Vergangenheit getan hatte. Hätte ich ihr diese Information bis nach der Heirat vorenthalten, so wäre sie für viele kommende Jahre ein Anlass zum Argwohn hinsichtlich meiner Wahrhaftigkeit und Vertrauenswürdigkeit gewesen.

> *„... ihr werdet die Wahrheit erkennen, und die Wahrheit wird euch frei machen“* (Joh 8,32).

Als jungverheiratetes Paar lernten Lori und ich die Stimme des Heiligen Geistes zu hören. Schon bald erkannten wir, dass der Heilige Geist über tagtägliche „Kleinigkeiten“ mit uns reden und zuweilen Dinge offenbaren wollte, von denen wir nichts wussten.

Eines Tages sprach der Herr während ihrer Stillen Zeit mit Lori über einen jungen Mann namens Matthew, einen Angestellten in dem Supermarkt, in dem sie immer einkaufte. Lori fing an zu „empfinden“, dass dieser junge Mann mit Scham und Untreue zu kämpfen hatte. Sie wusste nichts über ihn, außer dass seine Frau vor Kurzem ihr erstes Kind zur Welt gebracht hatte, einen kleinen Jungen. Lori betete einige Monate darüber, um sich ganz sicher zu werden, dass der Herr wirklich zu ihr geredet hatte; auch brauchte sie Weisheit, um dieses Thema mit Matthew in einer Weise zur Sprache zu bringen, die liebevoll und freundlich war. In dieser Zeit ihres Lebens war Lori es noch nicht gewohnt, den Herrn klar reden zu hören. Deswegen war sie sehr aufgeregt und unsicher, als sie in dem Supermarkt endlich auf Matthew zuging.

„Reden Sie manchmal mit Gott?“, begann Lori.

„Nein! Gott würde niemals mit mir reden!“, antwortete er.

„Hm, ich rede mit Gott, und manchmal redet er auch mit mir. Manchmal kriege ich es richtig mit, manchmal auch nicht."

„Wieso – hat Gott Ihnen etwas über mich gesagt?", fragte Matthew mit unverkennbarer Beunruhigung in der Stimme.

Lori holte tief Luft und sprang ins kalte Wasser. „Ich habe den Eindruck, Gott sagt, Sie schämen sich. Gott möchte Ihnen vergeben und Ihnen einen Neuanfang schenken. Ich meine von Gott gehört zu haben, dass Sie in der Vergangenheit eine Affäre hatten und dass Sie derzeit zwar nicht in einer stecken, aber wieder darüber nachdenken, eine zu beginnen."

„Wer hat Ihnen das gesagt? Woher wissen Sie das von mir?", fragte er ganz verdattert.

Matthew leugnete die Untreue, gab aber eine Amphetamin-Abhängigkeit sowie tiefe, schon lange Zeit bestehende Schamgefühle zu. Später fanden wir heraus, dass er auch eine starke sexuelle Abhängigkeit aufwies, die ihn in Situationen und Verhaltensweisen führte, durch die sich bestätigte, was der Herr Lori gesagt hatte.

Wir fingen an, uns mit Matthew zu treffen, und bauten eine enge Beziehung zu ihm und seiner Frau auf. Als er sein Leben dem Herrn übergab, veränderten sich die Dinge allmählich. Während wir Matthew und seiner Frau dabei halfen, wieder zu einer Familie zu werden, ließ uns der Herr sein Herz für Matthew spüren und führte uns so, dass wir ihn einluden, bei uns und unseren vier Söhnen zu wohnen.

Im Laufe des nächsten Jahres setzte sich Matthew mit seiner Drogenabhängigkeit auseinander und wurde zum ersten Mal, seit er 14 Jahre alt gewesen war, frei von Drogen! In seinem zweiten Jahr als Christ ging es für Matthew um das Bollwerk seiner sexuellen Gebundenheit. Zu der Zeit besuchte er eine Jüngerschaftsgruppe für Männer, die sich frühmorgens bei uns zu Hause traf. Eines Morgens kam er in die Gruppe und teilte den Männern aufgeregt mit: „Ich bin ein freier Mann! Ich hab meiner Frau alles erzählt, was ich immer vor ihr verborgen hatte! Jetzt gibt es für mich nichts mehr zu verstecken!"

Mit einer Begeisterung, die er kaum unterdrücken konnte, sagte er: „Wenn mir jemand vor einem Jahr gesagt hätte, wie befreiend es sein würde, die ganze Wahrheit zu sagen, hätte ich es niemals geglaubt!" Matthew entdeckte die Freiheit, die daraus fließt, wenn man in der Wahrheit Jesu verharrt und darin lebt. Mit seiner Frau erlebte Matthew größere Nähe und Freiheit als je zuvor. Bis heute ist er wie ein Sohn für uns.

Vertrauen in der Ehe

Wahrhaftigkeit ist in jeder Beziehung eine Grundlage von Vertrauen – ganz besonders aber gilt dies für die Bündnisbeziehung der Ehe. Wenn Sie geloben, bei Ihrem Ehepartner zu bleiben, „bis dass der Tod uns scheide", räumen Sie dem Partner eine große Macht ein, Ihr Leben zu beeinflussen. Das bedeutet, dass Sie auch die Macht haben, einander tief zu verletzen. Gleichzeitig wohnt diesem Bundesverhältnis die Kraft inne, dass Sie eine tiefere Freude und Liebe erleben als in irgendeiner Beziehung außerhalb dieses Bundes.

Sie beeinflussen einander in erster Linie durch Ihre Worte und ihr Tun. Wenn Sie nicht sagen, was Sie meinen, oder sich nicht Ihren Worten gemäß verhalten, wird Ihr Partner Ihnen nicht vertrauen können. Jedes Mal, wenn Sie nicht tun, was Sie gesagt haben, hintergehen Sie das Vertrauen Ihres Partners. Jedes Mal, wenn Sie die Wahrheit verdrehen, öffnen Sie in Ihrer Ehe Tür und Tor für Zweifel und Argwohn. Worte, aus denen Klarheit und Zutrauen fließen sollte, werden so zu einer Quelle von Verwirrung. Sobald Sie verheiratet sind, wird alles, was Sie tun und sagen, auf irgendeine Weise Ihren Ehepartner beeinflussen – zum Guten oder zum Schlechten.

Ehe ich Lori traf, war ich mit einer jungen Frau befreundet, bei der ich mich auch schon mit Heiratsgedanken trug. Es gab jedoch irgendetwas, das mich beunruhigte, ohne dass ich es so richtig greifen konnte – jedenfalls hielt es mich davon ab, ihr einen Antrag zu machen. Kurz vor dem Ende unserer Beziehung tauchte eine Sache auf, die zeigte, dass sie mich durch Halbwahrheiten an der Nase herumgeführt hatte. Ich fühlte mich total enttäuscht und hintergangen. Ich hatte alles riskiert, indem ich offen und ehrlich zu ihr war, aber sie konnte sich mir nicht ebenso öffnen. Vor den Kopf geschlagen, sagte ich Ihr: „Du hast mich belogen!" Sie versicherte mir im Brustton der Überzeugung, belogen habe sie mich nie.

In diesem Augenblick ging mir auf, dass ihr Wahrheitsstandard ein anderer war als meiner. Für sie war die Verschleierung bestimmter Dinge keine Lüge und deshalb akzeptabel. In meinen Augen war es alles andere als in Ordnung, dass sie mich irregeführt hatte. Es entsprach nicht meiner Definition von Wahrheit und den Worten, die der Herr zu meinem Herzen gesprochen hatte: „Wahrhaftigkeit und Ehrlichkeit müssen zu den höchsten Werten meines Lebens zählen." Mein Standard für Wahrhaftigkeit musste für mich höchste Priorität behalten. Nachdem ich mitbekommen hatte, was Julia unter Wahrheit verstand, erkannte ich, wieso ich so verwirrt gewesen war und mich nie sicher darin gefühlt hatte, ihr voll und ganz zu vertrauen. In dieser Beziehung wäre ich niemals zu dem Vertrauen und der Intimität gelangt, die Gott für uns als Eheleute vorgesehen hat. Und genauso ist es, wenn es in Ihrer Ehe Halbwahrheiten gibt: Sie begrenzen Ihre Fähigkeit zur Gemeinschaft mit Ihrem Partner und schaffen eine unsichere Atmosphäre, in der Vertrauen nicht leichtfällt.

Erst als ich Lori traf, begriff ich, was wirkliches Vertrauen war. Während ich sie kennenlernte, gelangte ich zu der Einsicht, Lori darin vertrauen zu können, dass sie genau die Person war, als die sie sich in ihren Worten darstellte. Ich lernte es, ihr voll und ganz zu vertrauen, ob wir nun zusammen oder getrennt waren, weil ich wusste, dass sie eine Frau war, die zu ihrem Wort stand. Meine vorherrschenden Gefühle an dem Tag, an dem ich Lori heiratete, waren Frieden und Vertrauen, und so ist es in den 32 Jahren unserer Ehe geblieben.

Jede Ehe verlangt völlige Ehrlichkeit. Wir sind dazu gemacht, dass wir die Freiheit haben, den Worten unseres Partners ohne Zweifel oder Argwohn zu vertrauen. Daraus entstehen die Freude und das Vertrauen, die Gott von jeher Eheleuten zugedacht hat.

Im Licht sein

Sich verstecken öffnet in der Ehe die Tür für Scham, Schuldgefühle, Verwirrung und Trennung.

Nach 28-jähriger Berufspraxis als Ehe- und Familientherapeut bin ich (Barry) zu dem Schluss gekommen, dass der einzige wirklich effektive Weg, Scham zu überwinden, darin besteht, schambesetzte Gedanken und Gefühle in einer liebevollen, wahrhaftigen Umgebung offenzulegen. Es ist natürlich, Dinge zu verbergen, wegen derer wir uns schämen, aber dadurch wird es uns nur schlechter gehen. Bringen wir sie ans Licht und machen die Erfahrung, dass jemand in der Wahrheit, Liebe und Annahme Gottes darauf reagiert, fangen wir an, uns selbst mit Gottes Augen der Liebe zu sehen. Das durchbricht die Macht der Furcht, aus der Scham erwächst. Weil Scham in unserem Leben so zerstörerisch wirkt, ist es aber genauso wichtig, dass wir uns keinem Menschen öffnen, der uns verdammend oder anklagend begegnet. Das würde nur noch mehr Schamgefühle hervorrufen.

Oft höre ich in meinen Seelsorgesitzungen jemanden sagen: „Das hab ich noch nie jemandem erzählt ..." Es ist bedauerlich, wie viele Menschen mit schambewehrten Geheimnissen leben. Die garantierte Vertraulichkeit in der professionellen Seelsorge ermöglicht es vielen Menschen, über Dinge zu sprechen, die zu offenbaren sie sich ansonsten niemals trauen würden.

Hier nun ein Beispiel dafür, wie der Feind verschwiegene, schambesetzte Ereignisse im Leben benutzte, um eine Ehe zu zerstören, und wie der Ehemann in eine völlig neue Freiheit gelangte, nachdem das Schamproblem angegangen worden war. Cliff suchte mich mit seiner Frau Nancy auf, um Hilfe für ihre Ehe zu finden. Nancy wollte sich scheiden lassen, Cliff nicht. Sie waren in mein Büro gekommen und nun hörte ich ihnen zu. Nancy erzählte mit ruhiger Stimme, Cliff sei emotional unerreichbar und könne weder gut kommunizieren noch ihre Gefühle verstehen. Sie beharrte darauf, dass er außerstande sei, eine emotionale Beziehung zu ihr aufzubauen. Als ich Cliff bat, auf die Vorwürfe seiner Frau zu reagieren, sagte er mehrmals kleinlaut: „Ja, es stimmt." Nach ein paar Sitzungen lag es auf der Hand, dass wir so nicht weiterkamen, weswegen ich Einzelgespräche mit Cliff vereinbarte.

Zum ersten Mal sprach er dann über seine verheerende Kindheit. Sein Vater hatte die Familie verlassen, als er noch sehr klein war. Seine Mutter war Alkoholikerin und überließ ihn der Obhut seiner zwölfjährigen Schwester, um sich ihren Saufgelagen hingeben zu können. Voll Angst und Scham ging Cliff Tag für Tag in zerschlissenen Klamotten, ungewaschen und mit Löchern in den Schuhen zur Schule. Schon bald wurde er zur Zielscheibe von Hänseleien. Ununterbrochen provoziert, wurde er tagtäglich in Schlägereien verwickelt. Mit sieben war sein Leben ein einziges Kriegsgebiet. Er hatte keinen Ort, an dem er sich sicher fühlte, und keinerlei Unterstützung. Schließlich fand er heraus, wie man in diesem brutalen System ohne fremde Hilfe überleben konnte. Er erkannte, dass diejenigen, die auf den weniger Glücklichen herumhackten, die obersten Ränge der sozialen Hierarchie einnahmen.

Aus purer Verzweiflung ersann Cliff einen Plan, von dem er sich ein besseres Leben versprach. Er kannte ein anderes Kind, das noch schlechter dran war als er. Cliff nahm ein Messer mit in die Schule, weil er dachte, es würde ihm ein bisschen Respekt einbringen, wenn er diesen anderen, noch unglücklicheren Jungen verletzen konnte. Cliff wurde erwischt, ehe er dem anderen Jungen irgendwas hatte zuleide tun können, und von da an als „böses Kind" bezeichnet. Mit sieben Jahren war sein Leben ein einziges Chaos an Verwirrung. Nichts funktionierte, und nichts ergab Sinn. Er war überall von Menschen umgeben und fühlte sich doch vollkommen allein. Die Schule wurde zu einem Schreckensort, an dem man fünf Tage die Woche ausharren musste und wo er immer weniger lernte.

Als er in der dritten Klasse war, traf seine Mutter die Entscheidung, Cliff zu seinem Vater und der Stiefmutter zu schicken, in der Hoffnung, diese könnten ihm vielleicht besser auf die Sprünge helfen. Damit lebte Cliff in einem anderen Bundesstaat und besuchte eine neue Schule, aber das änderte nichts. In permanenter Angst und mit dem Gefühl, innerlich tot zu sein, saß Cliff einfach nur in der Klasse, verabscheute jede Minute und krümmte keinen Finger. Seine Lehrerin nahm Kontakt zu Vater und Stiefmutter auf und beraumte ein Elterngespräch an, in dem sie erklärte, Cliff lasse alle ihre Bemühungen, ihn für irgendwas zu interessieren, ins Leere laufen. Er tue nichts und gebe sich keine Mühe. Vater und Stiefmutter nahmen ihn ins Gebet, und Cliff dachte, er könne es ja mal versuchen. Da er ein sehr begabter Junge war, beschleunigte er über Nacht von null auf hundert und merkte, dass die Schule ihm leichtfiel, wenn er nur wollte.

Bald lud die Lehrerin zu einem weiteren Elterngespräch ein. Sie konnte nicht glauben, dass Cliffs Wandlung wirklich echt war, und erzählte seinen Eltern von der sofortigen, dramatischen Veränderung in seiner schulischen Leistung. Sie kam zu dem verhängnisvollen Schluss, dem alle drei Erwachsenen Glauben schenkten: Cliff spiele ihnen etwas vor. Cliffs zarter Hoffnungsballon platzte. Wieder einmal wurde er in eine Schublade gesteckt. Einmal mehr konnte er sich nicht darauf verlassen, dass die Erwachsenen in seinem Leben ihn verstanden und unterstützten. Das altvertraute Gefühl, tot zu sein, machte sich aufs Neue in seinem Geist breit. Er gab auf.

Die folgenden neun Jahre, von der dritten Klasse bis zum *High-School*-Abschluss, waren eine einzige Qual. Cliff lebte in extremer Verwirrung. Er hatte das Gefühl, irgendwas in seinem Leben laufe völlig schief, aber er wusste nicht, was es war.

Obwohl der Mann, der jetzt vor mir saß, beliebt war, lebte er in fortdauernder Angst vor Ablehnung. Im Zuge des Seelsorgeprozesses gingen wir einige Schritte der inneren Heilung. Wir luden Jesus ein, ihm etwas zu seiner Kindheit, seinen emotionalen Verletzungen und den Schlussfolgerungen zu sagen, die er im Blick auf sich selbst gezogen hatte. Zum ersten Mal drangen die Liebe und Wahrheit Jesu in diese Bereiche ein, die Cliff verborgen und derer er sich so lange geschämt hatte. Er fing an, sich aus Gottes Perspektive zu sehen, und ließ Gnade und Annahme in sein Herz hinein. Der Heilige Geist ersetzte die Lügen der Finsternis durch Gottes mitfühlendes Herz und sein Ja zu ihm. Diese positiven Gefühle verdrängten mit der Zeit die starken Scham- und Minderwertigkeitsgefühle, an die er sich so gewöhnt hatte.

Eines Tages kam Cliff zur Seelsorge und sagte zu mir: „Ich hab immer geglaubt, mein Leben sei dem Kaputtmachen und der Aggression gewidmet, aber als ich neulich im Auto saß, kam mir der Gedanke: ‚Ich bin dazu geschaffen, zu lieben und geliebt zu werden.'" Die erstorbenen, hoffnungslosen Bereiche seines Herzens und Sinnes wurden von Hoffnung und Liebe überflutet. Das Leben blühte auf!

Bald danach bekam Cliff auch eine andere Sicht von seiner Ehe. Er gab sich nicht länger die Schuld an allem und hörte auf, die Probleme seiner Frau zu seinen eigenen zu machen. Kurz nach diesen Veränderungen erzählte er mir etwas Neues. Im vergangenen Jahr hatte ihn seine Frau an den meisten Wochenenden allein gelassen und mit ihren alten Schulfreunden Partys gefeiert. In der Hoffnung, sie damit glücklich zu machen, hatte er Tausende von Dollar für ihre Schönheitsoperationen ausgegeben. Im Gegenzug hatte er nichts als Beschuldigungen und Kritik geerntet. Als Cliff anfing, seiner Frau die Meinung zu sagen und ein paar gesunde Grenzen zu setzen, wurde sie endlich ehrlich ihm gegenüber und gab zu, dass sie eine Affäre gehabt hatte.

Solange Cliff von Scham erfüllt war, glaubte er, er sei schlecht und verdiene Ablehnung. Er gab seiner Frau in all ihren Anschuldigungen einfach Recht, bestätigten doch ihre Worte ohnehin nur das, was er von sich selbst glaubte. Der Feind benutzte jene traumatischen, zerstörerischen Erfahrungen in seiner Kindheit dazu, ihm Lügen hinsichtlich seines Charakters und seiner Identität einzureden. Solange seine schmerzvollen Erfahrungen verborgen blieben, hörten die Scham- und Ablehnungslügen nicht auf, ihr lebensraubendes Werk zu tun. Nachdem sie ins Licht der Liebe und Wahrheit gerückt worden waren, verschwanden die Schuldgefühle und das innere Durcheinander. Jetzt, nachdem nichts mehr verborgen war, konnte Cliff anfangen, sich selbst so zu lieben, wie Gott ihn liebte.

Zwar trieb Cliffs Frau die Scheidung weiter voran, doch veränderte sein persönlicher Kampf gegen die Scham sein Leben total zum Besseren. Indem er lernte, sich selbst mit der Liebe Gottes zu lieben, konnte er auch andere besser lieben. Am Arbeitsplatz fühlte er sich sehr viel sicherer und zuversichtlicher. Er erlangte die Fähigkeit, eine gesunde Selbstsicherheit aufzubauen, und konnte sich gegen unfaire Kritik und Anklagen zur Wehr setzen. Schließlich ging er eine neue Beziehung ein, die ganz anders war als seine Ehe, weil sie auf gegenseitiger Unterstützung, Liebe und Respekt gründete. Zum ersten Mal in seinem Leben kam Cliff wirklich zur Ruhe und konnte in einer Beziehung ganz er selbst sein.

Sicherheit in der Beziehung

Wenn Sie in Ihrer Ehe wirkliche Sicherheit erleben wollen, ist es wichtig, Ihrem Partner ein komplettes, volles Bild der Person zu geben, die Sie sind. Wenn Sie es nicht riskieren zu zeigen, wer Sie wirklich sind, werden Sie niemals den inneren Frieden haben, der aus der Gewissheit fließt, bedingungslos angenommen zu sein. Sie müssen bereit sein, Ihre inneren Gedanken und Gefühle ebenso mitzuteilen wie das, was Sie gegenwärtig gerade empfinden. Nur über die Vergangenheit zu reden reicht nicht aus.

Ein Paar, mit dem ich kürzlich arbeitete, hatte exakt in diesem Bereich zu kämpfen. Anfangs war es ein wirklich frustrierender Fall, weil ich nicht darauf kommen konnte, warum Bill und Sue feststeckten und keinen Schritt vorwärtskamen. Mehrere Monate lang quälten wir uns durch ermüdende und verwirrende Sitzungen, ehe wir den Schlüssel zu ihrem Durchbruch fanden. Bills Angst davor, seine Ehe zu verlieren, brachte ihn schließlich zu dem Punkt, an dem er Sue seine wahren Gedanken und Gefühle anvertraute. In seinem Leben gab es keine tiefen dunklen Geheimnisse oder verborgenen Sünden. Das Problem lag auch nicht in Ereignissen der Vergangenheit, derer Bill sich geschämt hätte. Er hatte einfach Angst davor, über Dinge zu sprechen, von denen er glaubte, sie würden ihn in den Augen seiner Frau nicht gut aussehen lassen. Diese Furcht vor Ablehnung war so stark, dass er sich halsstarrig sogar dann noch weiter versteckte, als er drauf und dran war, seine Ehe zu verlieren. Einerseits sagte er die richtigen Worte, um seine Frau zu überzeugen, dass er sich ändern wollte; andererseits leugnete er sogar offensichtliche Fehler, weil er panische Angst davor hatte, zurückgewiesen zu werden, wenn er sie zugäbe. Für seine Frau brachte dieses Verhalten Jahre voller Frust mit sich.

Bill liebte Sue und tat keinerlei schreckliche Dinge – er fand nur einfach nie den Mut, das Risiko einzugehen, er selbst zu sein, und dieses Ausweichen belastete ihre Beziehung in hohem Maße. Sobald Bill aber dann den Mut gefunden hatte, die Lösung zu akzeptieren, nämlich nichts mehr zu verbergen, indem er sich seiner Frau völlig öffnete, stellte es für ihn kein Problem mehr dar. Er durchbrach seine Angst vor Ablehnung. Nicht nur Bill verspürte die Erleichterung und Sicherheit, die es einer Ehe einbringt, wenn es keine Geheimnisse mehr gibt. Auch Sue schöpfte Hoffnung, dass sie und Bill es schaffen würden, in einer ganz neuen Tiefe der Verbundenheit miteinander zu leben.

Solange Sie vor Ihrem Ehepartner Ereignisse oder Gefühle verbergen, derer Sie sich schämen, werden Sie stets mit der Frage leben, was der andere wohl dächte, wenn er wüsste, wie ängstlich, ungenügend oder unsicher Sie sich tatsächlich fühlen. Oder aber Sie fragen sich: *Was, wenn er/sie etwas von den schlimmen Dingen wüsste, die ich früher getan habe?* Erst wenn Sie ohne Geheimnisse leben können, werden Sie es Ihrem Ehepartner erlauben, Sie voll und ganz zu kennen. Heimlichtuerei verhindert es, dass Sie in Ihrer Ehe all das erlangen und sein können, was Gott Ihnen zugedacht hat. Ihr Leben und Ihre Ehe werden dann viel weniger darstellen, als sie sein könnten.

Man sollte schon vor der Heirat damit beginnen, ohne Geheimnisse zu leben. Offenheit sollte ein ganz normaler Teil einer gesunden, wachsenden Beziehung darstellen. Es ist unmöglich, eine gute, fundierte Entscheidung zu treffen und sich sicher darin zu fühlen, jemanden heiraten zu wollen, wenn der Betreffende einem wichtige Informationen vorenthält. Erst wenn Sie alles mitteilen, was es in Ihrem Leben an Wichtigem gibt, und dabei Liebe und Wertschätzung erfahren, können Sie innerlich zur Ruhe kommen und Frieden genießen. Sie werden sich dann sicher fühlen, weil der andere Sie wahrhaftig kennt und annimmt. Und Sie werden darauf vertrauen können, dass Ihre Beziehung ein Ort ist, an dem Sie offen, ohne Verwerfung oder Kritik, zeigen dürfen, wer Sie sind.

Beachten Sie bitte: Wenn ich darüber spreche, sich sicher zu fühlen, indem man in der Ehe ohne Geheimnisse voreinander lebt, setze ich voraus, dass der Ehepartner, der sich öffnet und sein Innerstes mitteilt, sich auch bemüht, jedes negative Verhalten abzulegen. Bekennt sich ein Ehepartner freimütig dazu, etwas Verkehrtes getan zu haben, unternimmt dann aber nichts, um sich zu ändern, dann werden Schmerz, Zorn, Misstrauen und Enttäuschung nur umso größer werden.

Ein schon lange Jahre verheiratetes Paar, das Kinder großzieht, geht ein weitaus größeres Risiko ein, wenn es sich erst dann verborgene, heikle Dinge mitteilt. Nun gibt es keine Investition ohne Risiko, doch je größer das Risiko, umso höher der Ertrag. Wenn man sich wirklich verletzlich macht, kann das sowohl zerstörerische Folgen haben als auch die Beziehung enorm vertiefen und bereichern. Echte emotionale Verbundenheit – Sicherheit, Angenommen- und Geliebtsein –, die innerhalb der Ehe gelebt wird, gehört zu den allerkostbarsten Besitztümern dieser Welt.

Im Glauben leben

Es ist ein Akt des Glaubens, unser Leben in Wahrhaftigkeit und in Liebe zueinander zu führen, da wir dann Gott und seinen Wegen vertrauen und nicht unseren eigenen Vorstellungen. Damit bringen wir unseren Glauben an ihn zum Ausdruck. Wenn wir ihm vertrauen, können wir uns darauf verlassen, dass die Macht der Wahrheit Gottes Freiheit in unser Leben bringen wird. Jesus sagt: *„Wenn ihr in meinem Wort bleibt, seid ihr wirklich meine Jünger, und ihr werdet die Wahrheit erkennen, und die Wahrheit wird euch frei machen"* (Joh 8,31-32). Die Wahrheit erkennen wir nur, wenn wir in den Worten Jesu bleiben. Nur auf diesem Wege kann man die Wahrheit erkennen – die einzige Wahrheit, die uns frei macht.

Jesus bezeichnet sich selbst als „die Wahrheit" (Joh 14,6) und den Heiligen Geist als „den Geist der Wahrheit" (Joh 14,17; 16,13). Wann immer wir nicht die Perspektive Jesu haben, der die Grundlage der Wahrheit ist, verbinden wir uns auf die eine oder andere Weise mit dem Vater der Lügen, dem Teufel. Führt es zu negativen oder schmerzlichen Konsequenzen, dass wir uns entschieden haben, in der Wahrheit zu wandeln, dann können wir uns versucht fühlen, es bleiben zu lassen. An genau diesem Punkt wird unser Glaube an die Wahrheit Gottes auf die Probe gestellt. Entscheiden wir uns dazu, die Wahrheit in Liebe zu sagen, selbst wenn es uns eine Menge kostet, so bestärken wir uns im Vertrauen auf die Wege Gottes statt auf unsere eigenen.

Sind Sie bereit für das Wagnis, in Liebe wahrhaftig zu sein, ungeachtet all dessen, wovor Sie sich fürchten oder was Sie sich wünschen? Gott ist Wahrheit. Sind Sie bereit, Gott, seine Wahrheit und seine Wege über alles zu stellen, wovor Sie Angst haben oder was Sie sich in Ihrer Ehe wünschen? Sind Sie bereit, Ihre Ängste und Wünsche hinter sich zurückzulassen und alles bloßzulegen, was auch immer bloßgelegt werden muss, damit man Sie wirklich kennen kann?

Vergessen Sie nicht: Wahrheit ohne Liebe ist grob und zerstörerisch; Liebe ohne Wahrheit hat keine Substanz. Wir brauchen Wahrheit *mit* Liebe.

Übung

1. Erzählen Sie das Beste, was Ihnen heute passiert ist.
2. Erzählen Sie das Schlimmste, was Ihnen heute passiert ist.
3. Erzählen Sie etwas, das Ihnen der Herr heute gezeigt hat.

Hausaufgabe

Wiederholen Sie obige Übung an drei verschiedenen Tagen dieser Woche.

Notizen

Unser gegenseitiges Versprechen beim Durcharbeiten dieses Ehebuches

Legen Sie *Soaking-Musik* auf und nehmen Sie sich ein paar Minuten Zeit, um das nachfolgende Versprechen gemeinsam mit Ihrem Partner laut zu lesen.

Ich verspreche dir,
mich ganz auf diese Ehe-Erfahrung einzulassen,
um alles zu lernen, was unsere Ehe weiterhin
wachsen und gedeihen lässt.
Ich bin bereit, Neues an mich heranzulassen,
etwas zu riskieren und mich in Bereiche vorzuwagen,
die mir normalerweise unangenehm sind.

Ich verspreche dir, mein Möglichstes zu tun,
um mich dir bereitwillig zu öffnen.
Ich werde nicht von dir verlangen,
mir die Dinge aus der Nase zu ziehen.

Ich entscheide mich, Schritte zu gehen,
um mit dir ein Leben in Wahrhaftigkeit und Offenheit zu leben.
Ich werde nichts zurückhalten, was dem Gelingen unserer Ehe dient,
und nichts verbergen, was unserer Ehe schadet.

Ich will dich ehren, indem ich die Beziehung zu dir vertiefe.
Ich werde die Initiative ergreifen,
wenn es darum geht, dir Dinge mitzuteilen,
die für Gott, für dich und für das Wohlergehen
unserer Familie von Bedeutung sind.

Ich lade den Herrn ein, mir zu helfen,
transparenter und verletzlicher zu werden,
alles zu erwarten, was er mit unserer Ehe vorhat,
und mich neue Wege zu lehren, dich zu lieben.

Ich bitte Jesus,
in mir eine neue Leidenschaft für dich zu entfachen
und in mir neu das Verlangen zu wecken,
dich so zu sehen und so zu lieben, wie ER es tut!

Nehmen Sie sich nun bei den Händen, schauen sich in die Augen und halten dem Blick des anderen stand. Rufen Sie sich in Erinnerung, weshalb Sie zueinander ja gesagt haben.

Kapitel 3

Ein Traum der Hoffnung für Sie

Bald nachdem Barry und ich uns entschlossen hatten, dieses Buch zu schreiben, war ich eines Nachts immer wieder am Beten für diejenigen, die es lesen würden. (Der Herr hat mir Sie, lieber Leser, und Ihre Ehebeziehung aufs Herz gelegt.) Jedes Mal, wenn ich ins Bad ging oder mich im Bett umdrehte, stellte ich fest, dass ich den Herrn bat, Sie zu berühren und Ihnen in Ihrer Ehe den Durchbruch zu schenken, den Sie brauchen. Natürlich kenne ich nicht Ihre ganz spezifischen Hoffnungen bzw. die Veränderungen und Durchbrüche, die nötig sind, damit Ihre Ehe in Übereinstimmung mit den Zielen Gottes kommt – er aber kennt sie. Und er wollte, dass ich für Sie betete!

Morgens in jener Nacht hatte ich folgenden Traum: Ich sah eine goldene menschliche Figur an einer der Wände mitten in unserem Haus hängen. Sie schmückte die längste Wand unseres Esszimmers. Ich wusste nicht, ob es eine männliche oder weibliche Gestalt war, obwohl die Figur keine Kleidung zu tragen schien. Mit weit offenen Armen breitete die Gestalt ein großes Fischernetz aus. Es sah aus, als würde sie es übers Wasser auswerfen, so wie jemand, der auf einem Fischerboot arbeitet. Es gab aber weder ein Boot noch Wasser, nur die goldene Figur und das Netz. Als ich aus dem Traum erwachte, hörte ich in meinem Geist die Worte „das Netz auf der anderen Seite auswerfen“. Dies ist ein sehr wichtiger Traum, der mir geschenkt wurde, um Sie zu ermutigen und Ihnen etwas für die Lebenszeit mitzugeben, in der Sie sich gerade befinden.

Ehe ich Ihnen die Auslegung mitteile, die der Herr uns schenkte, möchten wir Sie bitten, sich ein paar Minuten Zeit zu nehmen und den Heiligen Geist zu bitten, er möge Ihnen helfen, die Bedeutung dieses Traums zu erkennen. Sobald Sie dazu etwas gehört zu haben meinen, teilen Sie Ihre Gedanken mit Ihrem Ehepartner, ehe Sie weiterlesen.

Anmerkung: Nur zu gern spricht der Herr auf so viele verschiedene Arten zu uns; Träume sind eine davon. In unseren Workshops teilen wir oft wichtige Träume mit, die einer von uns beiden hatte, und bitten dann den Heiligen Geist, er möge kommen und den Teilnehmern die Auslegung schenken. Es macht so viel Spaß, wenn andere dann Dinge sagen, auf die wir selbst im Hinblick auf den jeweiligen Traum nie gekommen wären. Zugleich finden wir darin die Dinge bestätigt, die wir wahrgenommen haben. Häufig gibt uns der Herr einen Traum, der die geistlichen Bollwerke offenbart, mit denen Paare in einem bestimmten LAM-Workshop zu kämpfen haben. Das ist eine ungeheure Hilfe für uns, gewinnen wir doch durch die Träume Einsichten, auf die wir von selbst niemals kommen könnten. In einem der weiteren Kapitel werden wir noch ausführlicher auf Träume eingehen; hier wollten wir Ihnen nur den Mund wässrig machen.

Die Auslegung

Nachdem „das Netz auf der anderen Seite auswerfen" ein Satz aus der Bibel ist, schlugen wir die zwei Evangelientexte auf, in denen er vorkommt, und lasen die jeweiligen Berichte. Beide Male hatten die Jünger die ganze Nacht durchgearbeitet und versucht, Fische zu fangen, aber vergeblich. Völlig erschöpft und mutlos schleppten sie sich auf den Strand. Sie hatten jeden Trick ausprobiert, jede Technik, einfach alles, was ihnen in diesem ihrem ureigensten Geschäft zur Verfügung stand. Lukas 5,4 berichtet, dass Jesus sagte: *„Fahr jetzt weiter hinaus auf den See; werft dort eure Netze zum Fang aus!"* In Johannes 21,6 sagt er ihnen: *„Werft das Netz auf der rechten Seite des Bootes aus! Ihr werdet sehen, dass ihr etwas fangt!"* Mit hoher Wahrscheinlichkeit dachten die Jünger:

Jesus, wir haben schon alles versucht. Wir sind ins tiefe Wasser gefahren, ebenso wie ins flache. Wir haben rechts und wir haben links ausgeworfen – aber es gab keinen Fisch. Wir glauben nicht, dass dein Plan funktioniert, aber da du es bist, der uns sagt, wir sollten es noch mal versuchen, machen wir's halt.

Als ich aus dem Traum erwachte, hatte ich den starken Eindruck, dass der Herr uns etwas zum Thema Ehe sagen wollte. Genau wie die Jünger, die die ganze Nacht fischten und erfolglos alles versuchten, sind wir immer wieder Paaren begegnet, die seit Jahren an ihren Ehen gearbeitet hatten, ohne dass es zu den Durchbrüchen gekommen wäre, nach denen sie sich sehnten. Vielleicht gehören auch Sie zu diesen Paaren, die „alles versucht" haben. Sie haben Eheseminare besucht, es mit Seelsorge probiert, Bücher gelesen und gebetet und sind doch immer noch unglücklich in Ihrer Ehe. Womöglich fühlen Sie sich ausgelaugt und möchten am liebsten aufgeben. Vielleicht kommt es Ihnen, genau wie den Jüngern, wie eine lange, harte, unproduktive „Nacht" vor.

Möglicherweise haben Sie das Gefühl, alles in Ihrer Ehe läuft schief und Sie kriegen es nicht auf die Reihe, oder Sie brauchen in Ihrer Ehe nur in ein paar wenigen Bereichen einen Durchbruch. Vielleicht haben Sie bereits in den Überlebensmodus geschaltet, was Ihnen vielleicht hilft zusammenzubleiben, aber im Laufe der Zeit schwinden Leidenschaft und Intimität. Womöglich haben Sie einfach das Gefühl, in Ihrer Ehe fehle es an etwas, wissen aber nicht, was es ist. Sie sind nicht allein. Wir haben zahlreiche Paare erlebt, deren letzter Strohhalm vor einer Trennung oder Scheidung der Besuch eines LAM-Workshops war. Wenn wir unsere LAM-Workshops abhalten, sei es nun in den USA oder in anderen Ländern, hören wir immer und immer wieder dasselbe: „Unsere Ehe hat es wirklich nötig!"

Was auch immer Ihre Umstände sind: Sie haben noch nicht alle Hoffnung fahren gelassen, sonst würden Sie nicht gemeinsam dieses Buch lesen. Das Lesen dieses Buches gleicht dem erneuten Auswerfen des Netzes ungeachtet des Umstandes, dass Sie längst alles für Ihre Ehe getan haben, was Ihnen irgend eingefallen ist. Es wird Ihnen genauso ergehen wie den Jüngern: Wenn Sie auf Jesus hören und bereit sind, es noch einmal zu probieren, indem Sie mit Ihrem Ehepartner dieses Buch durcharbeiten, wird Ihnen der Herr begegnen. Wenn Sie beide weiterhin hoffen und Zeit und Mühe in Ihre Ehe investieren, sind wir überzeugt, dass Sie staunen werden, was der Herr für Ihre Ehebeziehung tut. Wir sind verblüfft darüber, wie oft wir miterlebt haben, dass hoffnungslose Paare ein inniges Verhältnis zueinander fanden, als sie sich auf den LAM-Prozess einließen.

Im Traum konnte ich nicht ausmachen, ob die Gestalt an der Wand männlich oder weiblich war. Die Tatsache, dass ich keine körperlichen Details erkennen konnte, steht dafür, dass die Figur sowohl Mann als auch Frau repräsentierte. Dass der Körper unbekleidet war, drückt die Notwendigkeit für Sie und Ihren Partner aus, transparent und offen zu sein, während Sie dieses Buch lesen und die Übungen ausführen. Dass Figur und Netz golden waren, steht für den Prozess der Läuterung bzw. Veredelung, den Gott in Ihnen durchführen möchte. Ein Teil davon wird geschehen, wenn Sie miteinander über die persönlichen Probleme sprechen, die zum Misslingen Ihrer Ehe geführt haben. Während Sie dieses Buch durchgehen, sollten Sie dem Läuterungsprozess Raum geben, indem Sie den Heiligen Geist bitten, Ihnen zu einem wahrhaftigen Blick auf sich selbst zu verhelfen. Er überführt Sie nicht, ohne Ihnen zugleich Hoffnung auf Veränderung und die Kraft dafür zu schenken.

Auch wenn es möglicherweise nicht leicht ist, wird dieser Prozess dafür sorgen, dass Sie und Ihr Ehepartner schneller eins werden. Befinden Sie schon lange im Feuer, wird es Zeit, dass der Prozess vollendet wird und dass Ihre Ehe, genau wie alle christlichen Ehen, vor den Augen einer einsamen, verzweifelten Welt wie Gold zu glänzen beginnt.

Ein wunderhaftes Eingreifen

Bruce und Pam hatten sich alle Mühe gegeben, durch eine lange dunkle Zeit ihrer Ehe hindurchzukommen, aber sie hatten keinen Durchbruch erlebt. Sie hatten nur noch ein Senfkorn an Glauben und so gut wie keine Hoffnung mehr, als sie dem Drängen des Herrn Folge leisteten und noch ein letztes Mal das Netz um ihrer Ehe willen auswarfen. Lassen Sie zu, dass Hoffnung und Erwartung Ihre Ehe durchströmen, wenn Sie nun ihr Zeugnis lesen und erfahren, auf welch spektakuläre Weise ihnen der Herr begegnete.

Liebe Lori und lieber Barry,

während der letzten paar Jahre hatten meine Frau und ich uns so weit voneinander entfernt, dass wir wie Feinde waren. Unsere Kommunikation war auf ein paar kurze Worte zusammengeschrumpft, die sich um praktische Dinge drehten: Termine und unsere drei kleinen Kinder. Ich wagte es nicht, irgendetwas mitzuteilen, was sich in meinem Herzen abspielte – ich hatte viel zu viel Angst, kritisiert zu werden oder mir nachsagen zu lassen, ich sei egoistisch oder im Irrtum. Ich bin sicher, Pam ging es genauso.
Die ganzen 19 Jahre unserer Ehe hindurch hatten wir Seelsorge in Anspruch genommen, ohne bleibende Durchbrüche oder Veränderungen zu erfahren. Wir probierten wirklich alles aus! Wir fasteten, beteten, studierten Gottes Wort und engagierten uns in der Gemeinde. Wir baten um Rat, beteten noch mehr, flehten und schrien zu Gott und bettelten ihn an. Wir versuchten es sogar damit, dass einer das Haus verließ und wir einander durch Schweigen manipulierten. Wir lasen Bücher, riefen die Ältesten, fasteten noch mehr, beteten mehr, besuchten Eheseminare, schlossen uns Hauskreisen und Zellgruppen an.
Wir dachten, vielleicht werde die Lösung ja durch mehr Selbstaufopferung, Zuhören, Warten oder Hoffen kommen. Am Ende aber waren wir immer nur einmal mehr im Kreis gelaufen, gaben es auf, fielen, standen wieder auf, gingen wieder jeder unsere eigenen Wege, schrien einander an, beteten erneut … wieder und wieder und wieder … 19 Jahre lang. Es funktionierte einfach nicht, und wir wussten es.
Trotz allem, was wir getan hatten und immer noch taten, spürte ich, dass unsere Ehe todgeweiht war, und konnte nichts dagegen tun. Das war das Schmerzhafteste, was ich mir jemals hätte träumen lassen oder vorstellen können. Unsere Ehe, von der wir uns einst so viel versprochen hatten, brach in Stücke. Die Situation machte unsere Herzen und auch die unserer drei wunderbaren Kinder kaputt. Wir konnten nur noch dem Niedergang zuschauen und fühlten uns hoffnungslos, während uns der Grund unter den Füßen zerbröselte.
Um meinen Frust komplett zu machen, war ich auch noch ausgebildeter Psychiater. Vielen anderen Menschen hatte ich geholfen,

ihr Leben auf die Reihe zu kriegen, aber mit meinem eigenen kam ich nicht zu Rande. In meinem Schmerz überwältigten mich Süchte, Lüste und Versuchungen. Ich begann den Gedanken zu rechtfertigen, ich könnte doch eine Affäre eingehen, genauso wie ich meinen Kampf mit Pornografie und die vielen anderen Bewältigungsstrategien rechtfertigte, derer ich mich bediente. Schuldgefühle, Scham und Furcht bestimmten alles, was ich tat, und jeder Bereich meines Lebens kam mir unbeherrschbar vor. Ich erlebte extreme Stimmungsschwankungen; manchmal weinte ich stundenlang. Während des ganzen letzten Jahres konnte ich nichts anderes mehr tun, als verzweifelt vor Gott zu weinen, während mir die Hoffnung mehr und mehr schwand.

Was ich am meisten hasste, waren die ständigen Träume von Sex mit anderen Frauen, die ich jede Woche vier- bis sechsmal hatte. Ich wachte dann jedes Mal auf und fühlte mich krank vor Scham. Ich wünschte mir so sehr, ein dynamischer Christ zu sein und eine tiefe geistliche Verbindung zu Gott zu unterhalten. Stattdessen hatte mir der Verkläger Tag für Tag, wenn ich aus dem Schlaf erwachte, wieder neue Wunden geschlagen. Ich glaubte, der vielleicht schlimmste Sünder zu sein, den ich kannte. Meine Schlafzeiten wurden zur Hölle auf Erden. Die ganze Nacht wälzte ich mich schweißgebadet in Träumen, Ängsten, Schrecken und Sorgen herum. Selbst meine Gesundheit begann Schaden zu nehmen; monatelang litt ich an chronischem Husten. Nur dank Gottes Gnade verlor ich meine Stelle nicht.

Angesichts des Verfalls meiner geistlichen, emotionalen und körperlichen Gesundheit traf ich den Entschluss, jedem gegenüber rückhaltlos ehrlich und einfach nur ich selbst zu sein, für wie verabscheuungswürdig ich mich auch immer hielt. Es kam mir vor, als gefalle Gott das und als sage er: „Jetzt hab ich dich da, wo ich dich haben wollte!" An dieser Stelle kam LAM ins Spiel. Eure schlichte Ehrlichkeit fesselte meine Aufmerksamkeit durch und durch. Es fing damit an, dass uns ein Ehepaar, das wir letztes Jahr trafen und dem es nicht anders ergangen zu sein schien als uns, von einem Workshop namens Love After Marriage (LAM) erzählte, in dem sie echte Hilfe gefunden hatten. Verzweifelt wie ich war, schob ich meine Zweifel an Eheseminaren beiseite und entschloss mich, es noch ein letztes Mal zu versuchen.

Bei LAM haute es mich um, als ich euch beide erlebte! Ihr wart total echt. Echtheit gefällt mir! Ich staunte über die Tatsache, dass ihr beide älter seid als wir, erwachsene Kinder habt, sehr verschieden und dennoch 32 Jahre beieinandergeblieben seid. Faszinierend! Trotzdem fragte ich mich, ob ihr uns wohl dasselbe erzählen würdet, was wir schon so viele Male vorher gehört hatten. Mitnichten! Ihr sagtet mir etwas ganz anderes!

Ihr habt euch ohne Furcht meine Gefühle angehört. Ihr habt mich wissen lassen, dass ich nicht allein war und meine Gefühle Schlüssel zum Verständnis meiner geistlichen Kämpfe darstellten. Ihr habt mich anerkannt und mir nichts vorgepredigt. Ihr wart ehrlich und habt in radikaler Verletzlichkeit eure eigenen Kämpfe preisgegeben. Ihr sagtet Dinge, von denen ich in meinem Herzen wusste, dass sie zutrafen, die ich aber nie zuvor aus dem Mund eines Christen gehört hatte. Ihr hattet den Mut, von der Wahrheit zu reden, ohne euch zu schämen. Ihr habt auch erkannt, wie unbeschreiblich wichtig es war, dass ihr uns euer Leben aufgeschlossen habt, worin sich das unsere so vielfältig widerspiegelte.

Innerhalb von vier kurzen Tagen habt ihr an uns beiden eine Operation am offenen Herzen durchgeführt, indem ihr das getan habt, was Gott euch gezeigt hatte. Ihr habt Gott gehorcht und seid in die Welt hinausgegangen, um die Gefangenen freizusetzen. Ihr habt ein Risiko – und zwar ein großes – auf euch genommen, indem ihr Leiter wart, die auf geistliche und zugleich menschliche Weise über Sex und Liebe gesprochen haben. Ihr habt etwas getan, was meine Frau und ich nie zuvor gesehen hatten – weder in Büchern noch im wirklichen Leben: Ihr habt Sex mit dem Geist Gottes verknüpft. Das war ein Schlüssel zur Bewältigung unserer Kämpfe, sowohl persönlich als auch in unserer Ehe. Wir liebten Gott und wollten ihn in jedem Bereich unseres Lebens haben, aber wir litten beide an Schamgefühlen – ich ganz besonders –, die uns in absoluter Gebundenheit hielten.

Noch heute, acht Monate später, kann ich die Transformation nicht glauben, die mein ganzes Leben erfasst hat! Wir haben begonnen zu erfahren, was es bedeutet, ein Ehebett ohne Scham zu haben. Ich komme mir vor, als seien wir Kinder, die mit den Freuden herumexperimentieren, die Gott uns zugedacht hat. Viel zu lange hatten wir unseren Geschlechtsverkehr überreligiös ausgeübt – jetzt nicht mehr! Es macht Spaß, es ist lebendig, kreativ, frei, und es geschieht – wichtig für mich – häufig. Meine Sexträume haben sich in Luft aufgelöst und sind nicht wiedergekommen. Ich wache auf und spüre Liebe zu meiner Frau und möchte sie umarmen, anstatt Morgen für Morgen schnell das Weite zu suchen. Ich habe gelernt, mit Pam in einer Weise umzugehen, die ihr etwas bedeutet; ihr Bedürfnis nach meiner Aufmerksamkeit und Anerkennung schreckt mich nicht mehr ab, ebenso wenig wie sie von meinem Bedürfnis nach regelmäßigem, häufigem Sex abgestoßen ist.

Und es gibt noch etwas Erstaunliches. Es ist schockierend und faszinierend zugleich, wie diese Freiheit schlagartig meine Empfindsamkeit für den Geist Gottes geweckt hat. Ich verspüre eine neue Bereitwilligkeit, für die Führung des Geistes offen zu sein. Ich erlebe größere Zuversicht auf meinem Weg mit Gott, worüber Pam total begeistert ist. Ich bin jetzt nicht nur eher bereit, sondern auch mehr in der Lage, der geistliche Leiter zu sein, als den sie mich von jeher haben wollte. Jetzt, wo meine Scham weg ist, gibt es in meinem Herzen Raum für Gott und seinen kostbaren Heiligen Geist. Ich kann nur noch den Kopf schütteln, wenn ich zurückschaue und sehe, wie viel von meinem Leben von Scham erfüllt war und wie sehr dies das Wirken des Geistes in mir verhinderte. Unglaublich!

Wir beten jetzt regelmäßig zusammen, und ich bete für mein Leben gern mit ihr. Das ist eine große Veränderung! Wir haben uns von der rigiden religiösen Lebensweise gelöst, die kritisch und fordernd war. Wir haben sie durch eine Liebe ersetzt, die von Freundlichkeit, Vertrauen und Annahme geprägt ist. Wir haben es nicht mehr nötig, miteinander zu konkurrieren; wir finden im täglichen Leben geistliche Einheit und erleben, dass Gott uns gemeinsam, als Team, gebrauchen kann und will. Heute bringen wir unsere Konflikte zu Ende, indem wir uns gegenseitig mitteilen, wie wir eine Situation empfinden, was dazu führt, dass sich jeder von uns angehört und verstanden fühlt. Das ist kein kleines Wunder, denn das Gefühl, dass der andere einem nicht wirklich zuhört, war eines unserer größten und tiefsten Probleme.

Wir könnten immer so weitererzählen, aber um es auf den Punkt zu bringen: Gott hat LAM benutzt, um in unserem Leben ein Wunder zu tun. Wir sind ganz hin und weg, wenn wir daran denken, welches Ausmaß an Transformation binnen vier Tagen stattgefunden hat! Ehrlich gesagt, hätte ich das niemals für möglich gehalten. Unsere Ehe wurde durch eure Bereitschaft gerettet, einen Weg zu gehen, auf den sich nur wenige Paare wagen würden.

Dem Herrn sei Dank!

Bruce und Pam

Gebet

Wir segnen Sie im Namen Jesu, die Hoffnung von Gott zu empfangen, das Netz noch einmal „auf der anderen Seite auszuwerfen". Selbst wenn Sie schon alles getan haben, was zu tun Ihnen bewusst ist, hat Jesus immer noch etwas Übernatürliches für Sie auf Lager. Wir segnen Sie mit dem Mut, sich auf den Prozess der Läuterung einzulassen, während Sie auf den Heiligen Geist hören und seiner Führung folgen. Danke, Jesus, dass du uns einen überfließenden, wunderbaren Fang machen lässt, der all unsere Erwartungen weit übersteigt, wenn wir dir bereitwillig folgen und gehorchen!

Seht, geh ich nach Osten, so ist er nicht da, und nach Westen, so erkenne ich ihn nicht. Wirkt er im Norden, so erblicke ich ihn nicht, verbirgt er sich im Süden, so sehe ich ihn nicht. Er aber kennt meinen Weg, wenn er mich prüfte, wäre ich wie Gold (Hi 23,8-10).

Übung

1. Notieren Sie Ihre Antwort auf folgende Frage: Was wünschen Sie sich vom Herrn für Ihre Ehe, während Sie dieses Buch lesen?
2. Teilen Sie einander mit, was Sie aufgeschrieben haben.
3. Machen Sie einen Spaziergang, nehmen Sie sich bei den Händen und bitten Sie den Herrn, das zu tun, was Sie von ihm erbitten.

4. Bitten Sie den Herrn, Ihnen Hoffnung zu geben.
5. Verbringen Sie den Rest des Spaziergangs damit, Dankgebete zu sprechen.

Hausaufgabe

Während Sie diese Woche dreimal einen Gebetsspaziergang machen: Hören Sie nicht auf, Gott zu bitten, er möge Ihnen seine Hoffnung schenken, dass in Ihrer Ehe geschieht, was Sie von ihm erbitten.

Notizen

KAPITEL 4

Tiefere Kommunikation wagen

Einer der Hauptgründe dafür, dass Paare einen LAM-Workshop besuchen, ist ihr Mangel an emotionaler Verbundenheit miteinander. Sie haben die Freude daran verloren, miteinander zu reden und etwas über den anderen zu erfahren. Ihr Ehepartner ist nicht mehr der vertraute Freund bzw. die vertraute Freundin, mit dem bzw. der sie alles teilen. Das führt normalerweise zu einem Gefühl der Einsamkeit und Langeweile in einer Ehe, in der Mann und Frau eher Hausgenossen geworden sind, als dass sie noch Liebende wären.

Wenn zwei Menschen ein romantisches Interesse daran haben, einander kennenzulernen, verbringen sie normalerweise nur allzu gern Zeit damit zu reden, zuzuhören und etwas vom anderen zu erfahren. Allzu oft geschieht es nach der Heirat und dem Kinderkriegen, dass die Kommunikation von den *Alltäglichkeiten* des Lebens gewissermaßen aufgebraucht wird und ein Paar aufhört, sich Persönliches zu erzählen, sodass ein Partner nicht mehr viel über den anderen erfährt. Sie reden über die Arbeit, die Kinder, ihre Verpflichtungen und Termine. Wer holt heute die Kinder aus der Schule? Wer bringt sie zum Fußball-Training? Wer zum Zahnarzttermin? Sie reden über Geld: Können wir es uns leisten, ein Haus oder neue Möbel zu kaufen? Können wir uns ein größeres Haus erlauben? Sie sprechen über Dinge, die sie sich anschaffen wollen. Sie reden über die Nachbarn, die Gemeinde, Urlaubspläne, nehmen sich aber nur selten Zeit, um sich persönlich auszutauschen.

Ich erinnere mich an ein christliches Ehepaar, das mich in den frühen Jahren meiner Seelsorgepraxis aufsuchte. Sie gingen nicht böse oder gemein miteinander um. Sie waren auch nicht hoffnungslos, was ihre Ehe betraf, sondern brauchten nur eine bessere innere Verbundenheit miteinander. Verglichen mit anderen Paaren, die voller Hass aufeinander zur Seelsorge kamen, schienen ihre Probleme winzig zu sein. Während der Gespräche gingen wir diese Probleme durch, und sie schienen Verständnis füreinander zu finden.

Da ich damals als frischgebackener Seelsorger noch voller Idealismus war, nahm ich fälschlicherweise an, sie übten sich zu Hause darin, auf diese Weise miteinander zu kommunizieren. Doch nach einigen Monaten der Seelsorge schien sich immer noch nichts verändert zu haben. Ich stellte ihnen eine Frage: „Wie viel reden Sie außerhalb Ihrer Seelsorgesitzungen miteinander über diese Themen?"

„Gar nicht", antworteten sie. „Wir reden nur über Alltagskram."

Sie waren gut darin, über das zu reden, was ich die *Geschäftigkeit* des Lebens nenne. Den besten Teil aber ließen sie aus! Sie lebten zusammen, waren aber eigentlich jeder für sich allein. Sie hatten damit aufgehört, eine persönliche innere Verbindung zu unterhalten. Sie erfuhren nichts mehr übereinander.

Viele von uns, besonders Männer, haben keine Naturbegabung im guten Zuhören. Vor ein paar Jahren unterhielt ich mich mit meinen Söhnen, als einer von ihnen die Bemerkung machte: „Papa, ich bin überrascht, dass du in deinen Seelsorgesitzungen den ganzen Tag lang Leuten zuhören kannst, weil du doch gar keine oberflächlichen Gespräche magst."

Darüber hatte ich auch schon nachgedacht. Es stimmt, ich bin aufgabenorientiert, aber ich bin an Menschen echt interessiert und helfe ihnen gern. Einen Seelsorger suchen Menschen ja gezielt aus dem Grund auf, dass sie sich Hilfe in ihren Problemen versprechen. Da ich in der Seelsorge ein klares Ziel vor Augen habe, kann ich den ganzen Tag lang Menschen zuhören, wohingegen ich Mühe mit dem Zuhören habe, wenn Leute einfach so daherreden. Auf diesen Wesenszug bin ich nicht stolz. Meine Frau und ich reden viel darüber, was in unserem Inneren vorgeht, aber sie ist darin viel besser als ich.

Übung

Nehmen Sie sich ein paar Minuten Zeit und stellen Sie sich folgende Frage: „Wie gut kann ich zuhören und mich mitteilen, wenn es sich um intime, persönliche Dinge handelt?" Bewerten Sie sich auf einer Skala von 1 bis 10, wobei „1" die schlechteste und „10" die beste Bewertung darstellt. Tauschen Sie sich mit Ihrem Partner über Ihre Antwort aus; sagen Sie ihm, wieso Sie sich so eingestuft haben. Nehmen Sie ausschließlich eine Selbsteinschätzung vor; beurteilen Sie nicht Ihren Ehepartner! Geben Sie ihm nur dann eine Rückmeldung, wenn er Sie ausdrücklich darum bittet.

Ideen zur Vertiefung der Kommunikation

Im Folgenden führen wir einige Ideen an, die Ihnen in Ihrem Bemühen, Ihre Ehe zu stärken, helfen können, persönlicher und intimer zu kommunizieren.

1. Sprechen Sie über Ihre Träume und Hoffnungen.

Reden Sie über die Dinge, die Sie begeistern, besonders über diejenigen, um die Ihre Gedanken immer wieder kreisen. Wussten Sie, dass es mit hoher Wahrscheinlichkeit der Heilige Geist ist, der Ihnen diese aufregenden Gedanken eingibt? Sie sollten aufmerksam sein, wenn etwas in Ihnen Enthusiasmus auslöst. Ein Wörterbuch liefert als erste Definition für „Enthusiasmus": „der Glaube an besondere Offenbarungen des Heiligen Geistes"[1]. Etymologisch kommt das Wort „Enthusiasmus" von zwei griechischen Wörtern, die so viel wie „in Gott" bedeuten. Achten Sie auf Gedanken, die Sie begeistern, besonders auf solche, die immer wiederkommen – es kann der Heilige Geist sein, der Ihnen damit etwas Wichtiges über Sie selbst oder Ihren Ehepartner mitteilt.

---

[1] *Merriam Webster Collegiate Dictionary*, s. v. *Enthusiasm.*

Ich werde niemals eine Bemerkung vergessen, die mein Schwiegervater vor vielen Jahren machte. „Immer wenn ich höre", sagte er, „dass eines meiner Kinder für irgendeine Sache eine ganz ungewöhnliche Begeisterung an den Tag legt, passe ich besonders auf, denn das kann ein Schlüssel dafür sein, wer sie wirklich sind." Sie müssen achtsam sein, wenn Sie Enthusiasmus in sich finden, und darüber reden. Ihre Gefühle mit Ihrem Ehepartner durchzusprechen und zu hören, was er dazu sagt, ist ein guter Weg zur Unterscheidung, ob es Gott ist, der zu Ihnen redet, oder ob nur Ihr Fleisch irgendetwas will. So oder so ist es wichtig, den Unterschied zu kennen und miteinander darüber zu sprechen. Das tun Lori und ich fortwährend, und es gehört zu unseren schönsten gemeinsamen Momenten, über die Träume zu reden, die uns der Heilige Geist ins Herz legt. Unsere Hoffnungen und Träume miteinander zu teilen, lässt uns vereint bleiben, während wir auf unsere gemeinsame Zukunft hinarbeiten.

2. Reden Sie darüber, was Ihre Beauftragung und Bestimmung als ein in der Endzeit lebendes Ehepaar sein könnte.

Es passiert so leicht, sich der Tyrannei des Dringlichen zu unterwerfen und damit das Gesamtbild wie auch unsere geistliche Lebensbeauftragung aus dem Blick zu verlieren. Wir alle sollten unser Alltagsleben gut bewältigen, aber für uns als Paare hat Gott weit mehr als das bereit. Erinnern Sie sich gegenseitig an die prophetischen Worte, die über Ihr Leben ausgesprochen worden sind und sich bestätigt haben. Sprechen Sie über die höheren Ziele, die Gott für Sie als Paar hat. Suchen Sie gemeinsam nach Gottes Führung. Es schweißt ungemein zusammen, wenn man gemeinsame geistliche Ziele verfolgt.

3. Sprechen Sie über Offenbarungen, die der Herr Ihnen gibt.

Öffnen Sie sich und reden Sie über die Dinge, die der Herr in Ihr Herz hineinspricht. Das können Dinge sein, die er Ihnen beim Bibellesen, während eines Gottesdienstes oder einfach so irgendwann am Tag sagt. Reden Sie nicht intellektuell daher, indem Sie Wahrheiten runterleiern, die Sie zwar kennen, aber nicht leben. Reden Sie von den Dingen, die der Herr Ihnen ganz persönlich über ihn und Sie zeigt. Schenkt der Herr Ihnen wichtige Erkenntnisse, während Sie von Ihrem Ehepartner getrennt sind, so machen Sie sich eine Notiz im Kalender oder legen eine Erinnerung in Ihrem Telefon an, damit Sie daran denken, mit Ihrem Partner darüber zu sprechen, sobald Sie nach Hause kommen. Miteinander über die Erkenntnisse zu sprechen, die der Herr Ihnen gibt, hilft Ihnen, sich auf seine Führung für Ihr Leben und Ihre Ehe zu konzentrieren.

4. Sprechen Sie über das, was Sie lernen.

Es ist völlig in Ordnung, über Dinge zu reden, die Sie auf der Arbeit oder in der Schule lernen, aber eine intime Beziehung fußt auf dem Reden über die ureigensten persönlichen Erfahrungen. Warten Sie nicht so lange, bis Sie gelernt haben, was Sie zu lernen hatten, um dann Ihrem Partner großartig mitzuteilen, was Sie dazugelernt haben, sondern kommunizieren Sie das, was Sie gerade lernen, schon während des Lernprozesses selbst. Lassen Sie sich im Lernprozess von Ihrem Partner unterstützen. Sie öffnen sich weit mehr, wenn Sie etwas über laufende Lernprozesse erzählen, als wenn Sie erst hinterher das Gelernte mitteilen. Der Herr legt uns oft aufs Herz, genau das in den LAM-Workshops in Bezug auf unsere eigenen Lernprozesse zu tun. Wenn wir uns selbst noch mit irgendeiner Sache in unserer Beziehung auseinandersetzen und dies mitteilen, macht das mitunter sehr verletzlich und kann einen demütigen, zugleich aber ist es ein machtvolles Instrument, durch das andere verändert werden.

5. Sprechen Sie über nächtliche Träume und deren Auslegung.

Wenn wir Träume haben, die wir als vom Herrn empfinden, schreiben wir diese immer wieder auf, selbst wenn wir sie nicht gleich verstehen. Gott möchte zu uns reden und uns Wegweisung geben, während wir schlafen, aber es kann – wie im Buch Hiob ausgedrückt – sein, dass niemand es bemerkt: *„Einmal redet Gott und ein zweites Mal, doch man achtet nicht darauf. Im Traum, im Nachtgesicht, wenn tiefer Schlaf auf die Menschen fällt, im Schlummer auf dem Lager, da öffnet er das Ohr der Menschen und erschreckt sie mit seiner Warnung. Er will den Menschen abbringen von seinem Tun und dem Mann seinen Hochmut austreiben"* (Hi 33,14-17). Wenn Sie Träume verstehen wollen, müssen Sie die Sprache des Geistes erlernen, ist es doch ein tragischer

Verlust, etwas zu verpassen, das Gott Ihnen sagen möchte. In einem späteren Kapitel wollen wir erzählen, wie Gott uns durch Träume zu grundlegenden Entscheidungen in Bezug auf unsere Familie geführt hat.

6. Betrachten und diskutieren Sie prophetische Worte, die Sie gehört haben.

Ein prophetisches Wort ist eine Einladung, in Gottes Berufung hineinzukommen, die weit größer ist als Sie selbst. Prophetische Worte tragen die ermächtigende Kraft Gottes in sich, Dinge zu vollbringen, die Sie aus eigenem Vermögen niemals vollbringen könnten. Abraham, der Vater unseres Glaubens, empfing Gottes Verheißungen, weil er sie wollte und weil er ihnen vertraute, auch als alles in seinem Leben genau entgegengesetzt zu dem verlief, was Gott ihm gesagt hatte (vgl. Röm 4,18-21). In 1. Timotheus 1,18-19 weist Paulus den Timotheus an, den guten Kampf des Glaubens zu kämpfen und sich auf die Weissagungen zu stützen, die über ihn ausgesprochen worden waren. Wir müssen dasselbe tun wie die Männer und Frauen des Glaubens, die uns vorangegangen sind. Wie könnten Sie den Glauben Ihres Ehepartners besser stärken als dadurch, dass Sie sich gegenseitig ermutigen, an die Weissagungen zu glauben, die Gott zu Ihnen gesprochen hat?

7. Sprechen Sie auf gute Weise über Ihre Kinder, Angehörigen und Freunde.

Man gewöhnt sich allzu leicht an, über die Probleme der Leute zu reden, die uns am nächsten sind, statt über das, was gut ist und was Gott in deren Leben gerade tut. Als Eltern sollten Sie Ihren Kindern ein geistlicher Schutz sein. Es ist extrem lohnend zu erkennen und zu segnen, was Gott in Ihren Kindern tut. Genauso wichtig ist es, sich der bösen Pläne bewusst zu sein, die der Feind gegen Ihre Kinder schmiedet, und sich gemeinsam mit ihnen dagegenzustellen. Es geschieht allzu leicht, dass sich Ihre Gespräche über Familienangehörige und Freunde nur um die Dinge drehen, die Sie frustrieren. Entscheiden Sie sich, Ihre Gespräche aufbauend und lebenspendend zu gestalten.

8. Reden Sie über das, was Sie fühlen – sei es gut oder schlecht.

Das Reden über Gefühle fügt Ihrer ehelichen Kommunikation eine weitere vitale Dimension hinzu. Es ist nicht gesund, allein den Gefühlen die Hoheit über Ihre Entscheidungen und Ihr Verhalten einzuräumen; wenn Sie jedoch einer dem anderen Ihre Gefühle mitteilen, wird Sie das zu einem tieferen gegenseitigen Verständnis führen. Im Allgemeinen ist es so, dass Frauen ein größeres Bedürfnis danach haben, in ihren Gefühlen verstanden zu werden, als Männer; und meistens sind sie auch geschickter darin, ihre Gefühle mitzuteilen. Mit Geduld können Frauen ihre Männer darin unterstützen, in dieser Fähigkeit voranzukommen. Als Lori und ich unseren ersten LAM-Workshop durchführten und über das Mitteilen von Gefühlen sprachen, kam ein Mann auf uns zu und sagte: „Es wäre hilfreich, eine Liste von Ausdrücken zu haben, mit denen man Gefühle beschreiben kann. Ich kriege das nämlich nicht auf die Reihe, selbst wenn ich es versuche." Deshalb führen wir am Schluss dieses Kapitels eine einfache Liste gefühlsbezogener Ausdrücke auf, die Ihnen helfen sollen, diese Dinge einzuüben.

9. Sprechen Sie darüber, wie es Ihnen geistlich geht.

Wie wir weiter unten noch im Einzelnen darlegen werden, liebt es der Feind, Menschen auseinanderzubringen und anzuklagen. Sobald Ihnen aufgeht, was er im Schilde führt, können Sie sich ihm gemeinsam entgegenstellen, statt sich von ihm im gegenseitigen Anklagen benutzen zu lassen. Reden Sie über das, womit Sie geistlich zu kämpfen haben, ebenso wie über die Bereiche, in denen Sie geistlich wachsen. Üben Sie sich darin, eine angenehme Atmosphäre zu schaffen, in der Sie sich sicher fühlen, einander Einblick in Ihr geistliches Innenleben zu geben.

10. Sprechen Sie über das, was Sie aneinander schätzen.

Oftmals habe ich Männer sagen gehört, sie dächten darüber nach, wie sehr sie ihre Frauen schätzten, wenn diese einmal nicht da seien, sie würden aber das irgendwie nie laut aussprechen, wenn sie mit ihnen zusammen seien. Einander freundliche, zärtliche Worte zu sagen, kann sich genauso verletzlich anfühlen, wie sich in Bereichen zu öffnen, derer man sich schämt. Nun mag es sehr schwierig sein, zärtlich miteinander zu sprechen, wenn es in einer

Ehe zu beträchtlichen emotionalen Verletzungen gekommen ist, ohne dass Versöhnung und Wiederherstellung geschehen sind. Sie dürfen nicht zulassen, dass ungeklärte Verletzungen zärtliche und freundliche Worte von Ihrer Ehe fernhalten, sind doch gerade diese Worte dazu gedacht, tiefes Vertrauen und Nähe zu fördern.

11. Beten Sie zusammen.

Auch wenn dieser Punkt als letzter auf der Liste steht, ist er keineswegs der unwichtigste. Lori und ich haben in den vergangenen 22 Jahren niemals aufgehört, miteinander spazieren zu gehen und dabei zu beten (durchschnittlich etwa fünfmal pro Woche). Wir gehen, beten und reden miteinander. Wir beten für unsere Ehe. Manchmal müssen wir uns dabei mit einer Streitfrage auseinandersetzen. Häufig beten wir uns durch gerade aktuelle geistliche Kämpfe hindurch. Jeden Morgen sprechen wir über die schwierigen und erfreulichen Dinge im Leben unserer Jungen und beten für sie. Wir beten auch gerne für die Leiter in unserer Gemeinde, für unsere geistlichen Söhne und Töchter, unsere Familienangehörigen und unsere Nachbarschaft. Wir reden einfach mit Gott über das, was uns gerade am meisten auf dem Herzen liegt, und während wir freimütig mit ihm sprechen, geschieht gleichzeitig etwas, das unseren Geist kraftvoll zusammenschweißt.

Wir beide beten gerne beim Spazierengehen, wodurch wir zugleich auch etwas für unseren Körper tun. Finden Sie einfach heraus, was bei Ihnen am besten funktioniert – aber sorgen Sie dafür, dass es sich leicht in Ihre Alltagsroutine einbauen lässt. Vielleicht trinken Sie ja gerne Kaffee – Sie könnten Ihre gemeinsame Gebetszeit also z. B. auf der Veranda oder vor dem Kamin halten und dabei Kaffee trinken. Allerdings sollte Ihre Gebetszeit nicht oberflächlich sein und regelmäßig stattfinden. Dann werden Sie sich schon bald darauf freuen und etwas vermissen, sobald Sie nicht zusammen beten können.

Hörübung

Nehmen Sie sich jetzt jeder für sich etwas Zeit, um die nun folgende *Hörübung* zu praktizieren. Am Ende dieses Abschnitts finden Sie eine Aufstellung gefühlsbezogener Ausdrücke, die Ihnen weiterhelfen kann.

Der Zweck der Übung besteht schlicht darin, eine Verbindung zu Ihrem Ehepartner herzustellen, indem Sie verstehen, was er sagt und fühlt. Wenn Sie auf Ihren Partner reagieren, versuchen Sie bitte, soviel wie möglich individuelle Gefühlsausdrücke zu benutzen und nicht lange, wortreiche Erläuterungen. Es ist nicht erlaubt, Probleme zu benennen oder Ratschläge zu erteilen. Es gibt eine Zeit zum Lösen von Problemen, aber es ist nicht diese! Der Mann ist als Erster dran und soll die Übung dann mit seiner Frau wiederholen, indem er einen bestimmten Punkt anspricht.

1. Ehemann: Beschreiben Sie kurz einen Teil irgendeines Problems, das Sie beschäftigt.

Das sollte nicht länger als zwanzig Sekunden dauern und aus maximal drei, vier Sätzen bestehen. Reden Sie über irgendwas, das in Ihrem Inneren vorgeht, sei es in Bezug auf Ihre Ehebeziehung oder irgendeine sonstige Situation oder Thematik, die Ihnen wichtig ist. (Falls nötig, bedienen Sie sich der Liste von *Gefühlsausdrücken* am Ende des Kapitels, um zu beschreiben, was Sie fühlen.)

2. Ehefrau: Hören Sie auf das, was Ihr Mann *sagt und fühlt*.

a) Nachdem Ihr Mann gesprochen hat, sollten Sie ihm mit Worten antworten, die ihn wissen lassen, dass Sie ihn verstanden haben: was er fühlt und weshalb ihm dies wichtig ist.

b) Sobald Sie geantwortet haben, bitten Sie wiederum ihn um eine Reaktion, damit Sie merken, wie genau Sie ihn verstanden haben.

c) Wenn Sie's gut gemacht haben, sollte Ihr Mann Sie wissen lassen, dass er sich von Ihnen verstanden fühlt.

d) Haben Sie ihn nicht gut verstanden, so bitten Sie um nähere Erläuterung (die wiederum nicht mehr als zehn bis zwanzig Sekunden in Anspruch nehmen sollte) und versuchen dann erneut zu antworten.

e) Fahren Sie mit diesem Prozess fort, bis Ihr Mann sagen kann: „Ja, du verstehst mich und weißt, wie ich mich fühle."

3. Bitten Sie Ihren Mann, Sie wissen zu lassen, wie es für ihn war, dass ihm zugehört wurde und dass er verstanden wurde.

Wenn Sie dies beide korrekt und mit wechselnden Rollen durchgeführt haben, wird diese Übung einen soliden Grund dafür legen, dass Sie einander auf selbstlose Weise verstehen und dass derjenige von Ihnen, der etwas von sich mitteilt, tief angerührt wird.

Gefühlsausdrücke

Wenn es Ihnen Mühe bereitet, das auszudrücken, was Sie fühlen, können Sie Wörter aus dieser Liste benutzen.

Zuneigung

nahe	liebevoll	leidenschaftlich	sexy
zärtlich			

Zorn

verärgert	bitter	aufgebracht	frustriert
wütend	voller Hass	empört	erzürnt
genervt	irritiert	fuchsteufelswild	verletzt
ausgerastet			

Zweifel

unterlegen	misstrauisch	argwöhnisch	hilflos
zögernd	hoffnungslos	machtlos	skeptisch
beunruhigt			

Eifer

begierig	enthusiastisch	begeistert

Angst

angespannt	ängstlich	verängstigt	entsetzt
nervös	bange	erschrocken	bedroht

Furchtlosigkeit

kühn	tapfer	mutig	wagemutig
entschlossen			

Verletztheit

schmerzvoll	bedrückt	betrogen	zerstört
Not leidend			

Glück

vergnügt	sorglos	heiter	entzückt
hingerissen	beschwingt	begeistert	erheitert
froh	ausgelassen		

Interesse

neugierig	begeistert	fasziniert	gebannt

Traurigkeit

völlig fertig	enttäuscht	entmutigt	niedergeschlagen
deprimiert	sorgenvoll	unglücklich	

Hausaufgabe

Wiederholen Sie die *Hörübung* in dieser Woche dreimal, wobei sowohl Sie selbst als auch Ihr Ehepartner etwas Wichtiges mitteilen sollten, das in Ihnen vorgeht.

Notizen

KAPITEL 5

Sünde geistlich überwinden

Hector wuchs in einem Elendsviertel in Kalifornien auf. In dieser von Gewalt und Armut geprägten Umgebung war es schwierig für ihn, ein normales Leben zu führen. Unser Sohn Jeremy hatte mit ihm zusammen den Kindergarten besucht. Selbst als er noch klein war, mussten Hectors unschuldige Augen jede Menge Gewalt mit ansehen. Er erzählte uns vom Alkoholismus und den Wutanfällen seines Vaters sowie von Schießereien und Todesfällen, die er in seiner Straße mitbekommen hatte. Für Hector war dies einfach das „normale Leben". Nach der sechsten Klasse besuchten Jeremy und Hector verschiedene weiterführende Schulen, sodass Hector keinen regelmäßigen Kontakt mehr zu unserer Familie hatte; nur ab und zu kam er noch mal zu Besuch.

Jahre später, als Hector bereits studierte, trafen wir ihn bei der Arbeit in einem örtlichen Restaurant. Wir redeten ein bisschen, brachten uns gegenseitig auf den neuesten Stand, und dann fragte Hector: „Kennt ihr irgendjemand, mit dem ich mal über Gott reden könnte – einen Pastor oder sowas?"

Diese Gelegenheit konnten wir nicht vorübergehen lassen, also sagten wir: „Wir hätten große Lust, mit dir über Gott zu sprechen. Willst du nicht mal zum Abendessen zu uns kommen?"

Noch in derselben Woche saß Hector abends mit uns als Familie am Esstisch und erzählte aus seinem Leben. Er war damals ständig am „Partymachen". Er trank viel und schlief mit etlichen Mädchen, aber was ihn beunruhigte, war ein wachsender Zorn, den er in sich spürte. Das machte ihm Angst. Er sagte: „Ich bin ja eigentlich ein netter Kerl, aber ich habe Angst, die Kontrolle über meine Wut zu verlieren und etwas zu tun, was ich nicht tun will. Ich habe Angst, ich könnte jemand richtig verletzen."

Wir fingen an, ihm zu erklären, wie gern Jesus Menschen helfen möchte, die Gefühle wie Wut in sich spüren. Nachdem das Gespräch eine ganze Weile hin und her gegangen war, fragten wir Hector: „Möchtest du Jesus gern bitten, die Kontrolle über dein Leben zu übernehmen, damit er dir mit deinem Zorn und bei allem anderen, was du brauchst, helfen kann?"

„Absolut!", antwortete er auf der Stelle.

Wir wechselten vom Esstisch auf die Couch im Wohnzimmer. Dort konnten wir beten. Lori und ich nahmen Hector in die Mitte, um ihm beide die Hände auflegen zu können, während wir beteten. Ich sprach ihm ein Gebet vor, in dem er seine Sünde bekannte und Jesus in sein Leben aufnahm. Dann fragte ich: „Was fühlst du jetzt in dir?"

Hector zögerte einen Augenblick und sagte dann: „Ich möchte dir ja keine Angst machen, aber ich könnte dich gerade erwürgen."

Das hatte ich nicht erwartet. Eine Sekunde lang blitzte Furcht in mir auf, aber dann redete der Heilige Geist: *Natürlich möchte er dich erwürgen. Der Feind will dich zum Schweigen bringen. Du hast ihm gerade den Schlüssel in die Hand gegeben, mit dem er sich aus dem Reich der Finsternis und von einem Geist der Wut befreien kann!*

Ich fing mich wieder und wiederholte ruhig, was ich gerade vom Herrn gehört hatte. Dann fragte ich: „Können Lori und ich wegen dieser Wut mit dir beten?" Wieder stimmte er eilfertig zu. Gemeinsam banden wir einfach die Geister der Wut und des Zornes und befahlen ihnen dann im Namen Jesu Christi, Hector zu verlassen.

Zum zweiten Mal fragte ich Hector, was in seinem Inneren vorgehe. Ruhig und aufgeregt zugleich sagte er: „Ich habe mich immer gefragt, ob es Gott wirklich gibt. Jetzt weiß ich, dass er da ist – meine Wut und mein Zorn sind fort!"

Was Hector erlebte, war eine geistliche Auswechslung. Ein Geist des Zornes (den er nicht wollte) wurde hinausgeworfen und ersetzt durch die Frucht des Heiligen Geistes (Frieden und Glauben).

Was für ein herrlicher Tausch! Hector musste trotzdem noch viele Dinge lernen und in die Praxis umsetzen, aber das geistliche Reich der Finsternis, das sich als Wut und Zorn manifestiert hatte, war niedergerungen und durch den Geist Gottes ersetzt worden.

Als Hector uns an jenem Abend aufgesucht hatte, hatte er weit mehr als nur „Gefühle" des Zorns verspürt: Er hatte mit einem *Geist* des Zorns zu tun, der ihn zu beherrschen trachtete. Hinter den Gefühlen, die ihn bedrängten und beunruhigten, stand eine Kraft. Sosehr er sich auch wünschte, die Wut möge weichen, und sosehr er sich darum bemühen mochte – es hatte nichts geholfen. Erst die Kraft des Namens Jesu vertrieb sie. Hector war nun dafür verantwortlich, zu bewahren, was Gott in ihm getan hatte, als er ihn von dem Geist der Wut befreite. Wenn der Zorn wieder an ihn herantreten und ihn in Versuchung führen würde, konnte er ihm widerstehen oder sich ihm öffnen. Hector war nicht „von Dämonen besessen", aber die Wut hatte in seinem Leben ein Bollwerk errichtet, gegen das man etwas unternehmen musste. Sie war in seinem Inneren am Wirken und er fühlte, dass sie sich in Form von körperlicher Gewalt Bahn brechen wollte.

Geister und Gefühle

Es scheint folgendermaßen zu sein: Wenn wir in unserem äußeren Verhalten Ordnung schaffen, stürzt sich der Feind umso stärker auf unser Inneres und greift unsere Gedanken an. Tag für Tag müssen wir uns mit verschiedenen geistlichen Versuchungen auseinandersetzen, die uns angreifen: Frustration, Zorn, Entmutigung, Enttäuschung, Zukunftsangst, Angst vor dem, was andere denken, Unruhe, Sorgen über Dinge, die wir nicht kontrollieren können, Stolz, Egoismus, Niedergeschlagenheit, Hoffnungslosigkeit usw. Diese und viele andere geistliche Mächte machen sich täglich über Menschen her, zuweilen viele Male an einem Tag.

Diese Erfahrungen sind selbst solchen Gläubigen vertraut, die sich ernsthaft darum bemühen, im Geist Gottes zu wandeln. Doch keine Sorge: Erlauben Sie es dem Wirken des Feindes nicht, Ihnen Angst zu machen. Es gibt immer einen Weg, das zu überwinden, was der Feind Ihnen entgegenschleudert. Im nächsten Kapitel werden wir Sie über einfache, aber göttlich-geistliche Waffen unterrichten, die auch Sie bei sorgfältiger Anwendung zum Überwinder machen werden.

Nun denken Sie vielleicht: *Augenblick mal! Ich dachte immer, Furcht, Zorn, Sorgen, Unruhe, Niedergeschlagenheit, Hoffnungslosigkeit und dergleichen seien* Gefühle, *keine* Geister!

Ja, wir erfahren sie zwar als Gefühle, aber meist liegt die Quelle dieser Gefühle nicht in uns, sondern außerhalb von uns. Einer der Gründe für meine Überzeugung, dass diese Gefühle ihren Ursprung außerhalb von uns haben, ist, dass so viele Menschen diese Gefühle erleben, obwohl sie jahrelang große und schmerzliche Anstrengungen unternommen haben, sie loszuwerden. Die Gefühle suchen uns heim, ohne dass wir sie wollten. Sie kommen gerade dann, wenn wir sie am allerwenigsten wollen, ja selbst dann, wenn wir mit aller Macht gegen sie ankämpfen. Sie gehen nicht, nur weil wir wollen, dass sie gehen. Sie besitzen eine ganz eigene Kraft.

Oft ist es so, dass unsere negativen, quälenden Gefühle die Tatsache offenlegen, dass wir es mit einer geistlichen Macht der Finsternis zu tun haben, sei es nun Zorn, Angst, Sorge, Niedergeschlagenheit, Entmutigung oder Hoffnungslosigkeit. Wir müssen lernen zu erkennen, woher das kommt, und den richtigen Kampf dagegen kämpfen. Kämpfen wir gegen uns selbst, obwohl die Quelle unserer Schwierigkeiten eine geistliche ist, so werden wir uns nur im Kreis bewegen und uns besiegt fühlen.

Eine persönliche Erfahrung

Ich (Barry) musste in meinem Leben lange Zeit gegen Zorn und Wut ankämpfen. Ich übte nie körperliche Gewalt aus und schrie oder brüllte meine Frau oder meine Kinder auch nicht an. Weder fluchte ich noch beschimpfte ich sie. Aber allzu oft geschah es, dass ich genervt und mürrisch wurde, und zwar so sehr, dass der Rest der Familie mir lieber aus dem Weg ging, vor allem wenn ich am Arbeiten war. Ich hatte keine Geduld und war wirklich kein erfreulicher Umgang.

Mein Wesen begann sich zu verändern, als ich anfing, einige der geistlichen Prinzipien einzuüben, die wir im folgenden Kapitel erläutern werden. Es war ein allmählicher Prozess, der sich über ein paar Jahre hinzog, aber ich wurde sehr viel geduldiger. Eines der größten Komplimente, die ich je zu hören bekam, machte mir mein Sohn Justin. Eines Abends, es war vor etwa zehn Jahren, standen wir als Familie in der Küche und unterhielten uns, als Justin unerwarteterweise bemerkte: „Papa, ich freue mich, dass du gelernt hast, Sünde als einen Geist aufzufassen. Ich hab gesehen, wie du mit deinem Zorn fertig geworden bist." *Wow* – fühlte es sich gut an, das von meinem Sohn zu hören! Er sah, was sich in mir verändert hatte. Das gefällt mir, wenn Menschen eine Veränderung an uns erkennen, ohne dass wir ein Wort darüber verlieren müssen.

Sünde als Geist verstehen

Ist Sünde in erster Linie ein Geist oder eine Verhaltensweise? Zum ersten Mal erwähnt wird das Wort „Sünde" in der Bibel in 1. Mose 4, als Gott mit Kain über dessen Zorn gegen seinen Bruder Abel spricht. Abel und sein Opfer wurden von Gott angenommen ...

> *... aber auf Kain und auf seine Opfergabe blickte er nicht. Da wurde Kain sehr zornig, und sein Gesicht senkte sich. Und der HERR sprach zu Kain: Warum bist du zornig, und warum hat sich dein Gesicht gesenkt? Ist es nicht [so], wenn du recht tust, erhebt es sich? Wenn du aber nicht recht tust, lagert die Sünde vor der Tür. Und nach dir wird ihr Verlangen sein, du aber sollst über sie herrschen* (1 Mo 4,5-7).

Der Herr erklärte Kain, er stehe in einem Kampf gegen die *Sünde*. Er sagte ihm nicht: „Du hast gesündigt und musst Buße tun." Ferner stellte der Herr die *Sünde* als absichtsvolle, zielgerichtete, geschickte Kreatur dar, die Pläne für Kain hegte: *„... nach dir wird ihr Verlangen sein ..."* Gott stellte klar: Die Sünde kam in Form von Zorn zu Kain. Einer würde diese Schlacht gewinnen: entweder Kain oder die Sünde. Gott sagte Kain, er müsse der Sünde Herr werden, die vor seiner Tür lauerte.

Beim Lesen der Geschichte sehen wir, dass Kain die Sünde nicht bezwang, als sie ihn versuchte; ihr Verlangen nach ihm wurde erfüllt. Dieses Verlangen zielte darauf, Kains Zorn in mörderische Wut umschlagen zu lassen. Die Sünde führte Kain dahin, seinen

Bruder zu erschlagen, worin wir Wesen und Werk des Feindes erkennen, der stiehlt, tötet und das überfließende Leben zerstört, das der Herr uns anbietet (vgl. Joh 10,10).

Die Sünde begann ihr Werk in der Welt, nachdem Adam und Eva ihr Tür und Tor geöffnet hatten, indem sie auf Satans Stimme hörten. Als geistliche Macht des Zorns verführte die Sünde Kain dahin, Satans Handlanger zu sein. Der Herr warnte Kain, sein Kampf gegen die Sünde habe in dem Moment begonnen, als er von Gefühlen des Zorns versucht wurde. Bis dahin hatte sich Kain noch keiner Sünde schuldig gemacht. Erst nachdem er es nicht geschafft hatte, Herr über die Versuchung durch die Sünde zu werden, sondern ihr nachgab und tat, was sie wollte, wurde er der Sünde schuldig.

Es ist wichtig, sich klarzumachen, dass Sünde zuallererst ein Geist ist, der sich gegen uns aufmacht. Erst in zweiter Linie stellt sie eine Verhaltensweise dar. Überwinder lernen, der Sünde zu widerstehen und sie zu bezwingen, sobald sie als Versuchung auftritt. Sie geben der Versuchung also gar nicht erst nach und müssen dann auch keine Buße tun. Je mehr wir es lernen, das Wirken der Sünde zu erkennen und zu überwinden, wenn sie als Versuchung uns bedrängt, desto weniger Buße werden wir tun müssen.

Geistliche Überwinder schaffen es mehr und mehr, der Versuchung zu *widerstehen*, weswegen sie immer weniger *Buße tun* müssen. Ich spreche sowohl von den inneren Versuchungen unseres Gedankenlebens als auch von denjenigen, die darauf abzielen, dass wir sündhaftes Verhalten in die Tat umsetzen. In unseren Gedanken können wir durch Angst, Zorn, Hass, Unruhe, Hoffnungslosigkeit, Niedergeschlagenheit, Verzweiflung oder Sorge versucht werden, ohne dass wir diese Dinge ausleben. Aber sie hindern uns daran, in der Freiheit und Frucht des Geistes zu leben, die Gott uns zugedacht hat.

Versucht zu werden, macht einen nicht schuldig; aber wir müssen unseren geistlichen Kampf erkennen, der ebendann beginnt, wenn wir versucht werden. Jesus wurde in allem versucht wie wir und blieb doch völlig ohne Sünde (vgl. Hebr 4,15). Wenn wir es uns zur Regel setzen, dann überwunden zu haben, wenn wir keine Versuchung mehr erleben, legen wir die Latte für uns höher, als Gott sie für Jesus legte. Machen wir uns den Gedanken zu eigen, ein „reifer Christ" erlebe keine Versuchung, so geraten wir entweder in konstante Selbstverdammung, weil wir wissen, dass wir versucht werden, oder wir reduzieren unser christliches Leben auf ein paar Regeln, die wir halten können, nur damit wir ein gutes Gefühl über uns selbst haben. Darüber hinaus werden wir uns wahrscheinlich damit brüsten, die Fehler der anderen wahrzunehmen, während wir unseren eigenen gegenüber blind sind.

Da wir alle versucht werden, kommt es in Wirklichkeit auf das an, was wir tun, wenn uns Versuchung ereilt. Wir müssen uns darauf konzentrieren, eine Gott wohlgefällige Antwort auf Versuchung zu finden, anstatt uns damit abzukämpfen, die Versuchung von unserem Leben fernhalten zu wollen.

Überwinder

Werden wir versucht, so überwinden wir dadurch, dass wir im Einklang mit dem Geist Gottes reden und handeln. Der alttestamentliche Prophet Nehemia verstand dieses Prinzip. In Nehemia 6,13 lesen wir, wie ein Prophet angeheuert wurde, um ihn anzulügen, indem er ihm sagte, bestimmte Leute legten es darauf an, ihn zu töten, *„sodass ich mich fürchten und so handeln und mich versündigen sollte"*. Nehemia handelte nicht der Versuchung gemäß und folgte nicht dem Geist der Furcht. Wahrscheinlich verspürte er Angst, aber sein Handeln ließ er kühn vom Glauben bestimmen und sündigte nicht. Hätte er der Versuchung nachgegeben und sich gefürchtet, so hätte er sich versündigt, woraufhin er Buße hätte tun müssen.

Wenn Sie es lernen, das Wirken der Sünde in dem Moment zu erkennen, in dem es Sie als Versuchung ereilt, und wenn Sie dann geistlich damit umgehen, können Sie verhindern, dass die Versuchung auch Ihren Ehepartner ergreift und Ihre Ehe beschädigt. Erinnern Sie sich? Als der Herr weder Kain noch sein Opfer beachtete, wurde dieser wütend auf seinen Bruder Abel, dem sich der Herr zugewandt hatte (vgl. 1 Mo 4,4). Es ist interessant, dass Kains Wut sich gegen seinen Bruder richtete, statt dass er gegen Gott wütete. In Ihrer Ehe müssen Sie einen klaren Blick für die Finsternis haben, die sich gegen Sie aufmacht, und wissen, wie man mit ihr umgeht. Sonst dringt sie in Ihre Ehe ein und schiebt sich zwischen Sie und Ihren Partner. Dann wird die Finsternis alles tun, was in ihrer Macht steht, um auch noch den Rest Ihrer familiären Beziehungen zu infiltrieren, zu entzweien und zu zerstören.

Es ist nicht in Ordnung, wenn Sie einfach passiv abwarten und hoffen, dass die in Form von Versuchung auftretende Sünde wieder verschwinden wird. Die Bibel stellt klar, dass wir dem Teufel widerstehen und in unserem Glauben festbleiben müssen, bis er flieht (vgl. 1 Pt 5,8 f.; Jak 4,7 f.) Wir müssen uns dem Wirken des Teufels mittels Versuchung unmittelbar stellen; sowohl dieser Kampf als auch seine Waffen sind geistlich und nicht natürlich. Genau wie Kain werden wir es entweder lernen, die Sünde zu erkennen und ihr zu widerstehen, sobald sie in Form der Versuchung auftritt, oder wir werden nicht anders können, als der Versuchung nachzugeben, sodass wir im Nachhinein Buße tun müssen. Wir haben die Wahl.

Indem Sie der Sünde aktiv Widerstand leisten, sobald sie Ihnen als Versuchung entgegentritt, trainieren Sie Ihre „Muskulatur" des geistlichen Unterscheidungsvermögens, sodass Sie im Laufe der Zeit auch die subtileren Differenzen zwischen Gut und Böse werden unterscheiden können (vgl. Hebr 5,12 ff.). Überwinder sind weitaus mehr mit Widerstehen als mit Bußetun beschäftigt, haben sie doch ihr Unterscheidungsvermögen dadurch entwickelt, dass sie gelernt haben, im Moment der Versuchung das Richtige zu tun. Christen mit Unterscheidungsvermögen wissen, dass ihr geistlicher Kampf an dem Punkt beginnt, wo die Versuchung zum ersten Mal auftritt.

Der Recycler

Vor etwa zehn Jahren, nachdem ich große Fortschritte darin gemacht hatte, das Zornproblem in meinem Leben unter die Füße zu bekommen, machte ich eine Erfahrung, die mir deutlich die geistliche Aufgabe vor Augen führte, der Sünde als einem sich gegen mich erhebenden Geist zu widerstehen. Eines Freitagabends nahm ich mir auf dem Heimweg von der Arbeit eine Ausgabe des *Recycler* mit, eines Anzeigenblattes, in dem Gebrauchtartikel zum Kauf angeboten werden. Ich wollte meinem ältesten Sohn Caleb ein gebrauchtes Mountainbike besorgen. Zuhause legte ich den *Recycler* auf den Esszimmertisch, weil ich an dem Abend keine Zeit mehr hatte, hineinzuschauen. Interessanterweise war ich gerade mit den Vorbereitungen dafür beschäftigt, am nächsten Tag an einer christlichen Universität exakt diese Botschaft über die Sünde zu lehren.

Als ich am nächsten Morgen mit meinen Vorbereitungen fertig war, suchte ich nach dem *Recycler*. Er lag nicht mehr auf dem Esszimmertisch und war auch sonst nirgendwo zu sehen.

„Hast du den *Recycler* gesehen?", fragte ich Lori.

„Oh, den hab ich in den Müll geschmissen", antwortete sie so nebenbei.

Nachdem ich eine Weile im Müll herumgesucht hatte, fand ich den *Recycler* wieder – durchnässt und mit den Überbleibseln des Abendessens vom Tag vorher besudelt. Ich wurde wütend und dachte: *Wenigstens fragen hätte sie mich können, ehe sie ihn wegschmiss! Hätte sie nicht sehen können, dass er noch völlig ungelesen war?* Und dann gingen meine Gedanken noch weiter: *Als sie mir sagte, sie habe ihn in den Müll geschmissen, hörte sich das so an, als hätte es ihr noch nicht mal was ausgemacht, was sie getan hat!*

In dem Moment sprach der Heilige Geist sanft zu mir und erinnerte mich: „Das ist jetzt wieder Zorn, der dich gerade anspricht, erinnerst du dich?"

Und ob ich mich dieses alten Feindes erinnerte! Nach Jahren der Vertrautheit mit ihm sowie des bewussten geistlichen Kampfes gegen ihn sprach ich den Geist des Zorns direkt an: „Zorn, ich weiß, was du mit mir vorhast. Ich werde es *nicht* zulassen, dass du beurteilst, was meine Frau zu mir gesagt hat. Ich lasse nicht zu, dass dieser Geist des Zorns mich davon überzeugt, ich hätte ein Recht, sauer zu sein, und mir sagt, wie ich mit meiner Frau umgehen soll! Herr, durch deine Gnade will ich geduldig statt sauer sein."

Kaum hatte ich in meinem Inneren diese Worte ausgesprochen, als der Zorn entfloh und der Herr mir eine weitere Ebene innerer geistlicher Angriffe offenbarte. Als mir der Feind den Gedanken eingab: *Es schien ihr noch nicht mal was auszumachen, als sie mir sagte, sie habe ihn weggeschmissen,* wollte er mich davon überzeugen, Lori habe das mit Absicht gemacht. Nachdem ich mich jedoch dem Zorn gestellt hatte, konnte ich wieder klar denken und sprach den Feind erneut an: „Das ist eine Lüge! In unseren mehr als zwanzig Ehejahren hat Lori nicht ein einziges Mal etwas getan, um mich bewusst zu verletzen."

Wenn es dem Feind erst einmal gelingt, uns eine seiner Lügen anzudrehen, wird er ausprobieren, wie weit er es treiben kann. Nachdem er es geschafft hatte, dass ich seiner Versuchung zum Zorn nachgab, versuchte er mich obendrein davon zu überzeugen, Lori anzuklagen, sie habe mich bewusst ärgern wollen. Sobald wir den Lügen des Feindes glauben, umwölkt sich unser Denken, sodass wir die nächste Täuschung dann umso eher glauben. Deswegen müssen wir uns aktiv der Waffen unseres Kampfes bedienen, die einfach, aber von göttlicher Kraft sind, um Bollwerke niederzureißen. Wir müssen jeden Gedanken unter den Gehorsam gegen Christus gefangen nehmen. Die Waffen unseres Kampfes sind nicht fleischlich, sondern geistlich (vgl. 2 Kor 10,3 ff.).

Wir stehen nicht mehr unter dem Gesetz, d. h. wir sind nicht mehr auf die Kraft unseres Fleisches beschränkt, um gut zu werden. Wir haben jetzt einen Neuen Bund der Gnade und einen Helfer, den Heiligen Geist, der uns die Augen für die geistlichen Dinge öffnet und uns dann stark macht, alles zu überwinden, was sich geistlich gegen uns erhebt. Wir müssen es lernen, die Stimme des Heiligen Geistes zu hören und zu gebrauchen, statt uns nur auf unser natürliches Erkennen und Verstehen zu verlassen. Wir besitzen die Autorität, geistlichen Mächten der Finsternis zu befehlen (vgl. Mk 16,17). Wenn wir nichts tun, ziehen sie sich vielleicht eine Zeit lang in den Hintergrund zurück, aber wir werden in geistlichen Dingen kein bisschen Boden gutmachen.

Bei der gerade erwähnten Geschichte mit dem *Recycler* entbrannte der Kampf ausschließlich in meinen Gedanken. Lori hatte mir nichts Verkehrtes oder Gemeines angetan. Als ich ins Haus zurückging, waren mein Herz und meine Gedanken gefestigt. Glauben Sie mir, wäre ich zornig ins Haus zurückgekehrt, hätte Lori das auf der Stelle gemerkt. So aber spürte sie an mir keinerlei Zorn, Frust oder Vorwurf, und folglich hatte der Geist des Zorns keinerlei Chance, von mir auf Lori überzugehen.

Um des Lernens willen wollen wir das Szenario einmal dahingehend abwandeln, Lori wäre sauer auf mich gewesen und hätte den *Recycler* tatsächlich absichtlich weggeschmissen, um mich zu ärgern. Dann hätte ich denselben Kampf gegen den Geist des

Zorns führen müssen, wie ich ihn gerade geschildert habe, gleichzeitig aber hätte ich eine Sache mit Lori zu klären gehabt. Hätte ich mich nicht zuerst um den Zorn gekümmert, so hätte er sich gegen Lori gerichtet.

Im Allgemeinen ist es weit besser, unsere Herzensdinge zuerst mit Gott zu klären, ehe wir sie untereinander auszumachen versuchen. Das ist unerlässlich, denn alles, was in unserem Herzen ist, wird irgendwann aus unserem Mund kommen. Jesus sagt: *„Denn wie der Mensch in seinem Herzen denkt, so redet er"* (Mt 12,34). Trage ich nach wie vor Zorn in mir, wenn ich auf Lori zugehe, um unsere Differenzen zu klären, besteht die Möglichkeit, dass der Zorn einen Weg findet, sich durch meine Worte und Haltungen ihr gegenüber Ausdruck zu verschaffen. Selbst wenn ich noch so sehr versuche, geduldig zu sein, wird der Zorn aufwallen und sich seinen Weg nach außen suchen.

Stetiges Überwinden

Vor ein paar Wochen versuchte ich mit Lori über etwas ins Gespräch zu kommen, das sie gesagt hatte und das ich als richtend und herablassend mir gegenüber empfand. Ich tat mein Bestes, die kommunikativen Fertigkeiten zu gebrauchen, die ich selbst lehre. Ich versuchte ruhig zu sprechen, ohne sie meinerseits zu verurteilen. Sie tat ihr Bestes, um zuzuhören und mich zu verstehen; doch alles, was sie von mir hörte, war Kritik, während ich mich meinerseits missverstanden und kritisiert fühlte. Auch wenn wir beide nicht laut wurden, fühlten wir uns doch sehr frustriert und verletzt.

Schließlich brach Lori ob der Frustration, die sie fühlte, in Tränen aus und schlug verzweifelt vor: „Lass uns beten." Ich willigte ein. Sie betete laut, und ich stimmte still überein, als sie gegen einen Geist der Verwirrung und Anklage betete, der die Worte, die wir einander sagten, fehlinterpretierte und verdrehte. Als sie fertig war, kam es mir vor, als hätte sich die Atmosphäre zwischen uns völlig verändert. Der Schleier der Verwirrung war fort, sodass wir einander wieder klar sehen und verstehen konnten. Es war definitiv eine geistliche Realität, die da zwischen uns am Werk gewesen war.

Lori und ich sind absolut überzeugt vom Wert guter Kommunikationstechniken. Wir praktizieren und lehren sie. Doch wenn es sich um einen Kampf handelt, der seinem Wesen nach geistlich ist, kann es mitunter sein, dass unsere natürlichen Fähigkeiten nicht zum Durchbruch kommen. Indem wir gute Kommunikationsmethoden anwenden und gegen geistliche Mächte beten, können wir lernen zu unterscheiden, wann wir eine geistliche Intervention brauchen und wann wir eher natürliche Mittel anwenden sollten. Meist geht es um eine Kombination aus beiden.

Im nächsten Kapitel stellen wir Ihnen einfache, aber mächtige geistliche Werkzeuge vor, die Sie benutzen sollten, wenn der Kampf in Ihrer Ehe geistlicher Natur ist.

Notizen

KAPITEL 6

Der praktische Umgang mit Sünde als einem Geist

In diesem Kapitel werden Sie mit der Anwendung eines methodischen Werkzeugs namens *1-2-3-UND-WEG-DAMIT* vertraut gemacht, das Sie leicht in Ihr tägliches Leben einbauen können. Dieses Werkzeug wird Sie in die Lage versetzen, Ihre Gedanken gefangen zu nehmen, um die Sünde zu überwinden, die sich gegen Sie erhebt. Wie schon gesagt, ist Sünde ja etwas, das außerhalb von Ihnen ist und kommt, um zu stehlen, zu töten und Sie schließlich zu zerstören. Sünde ist eine geistliche Macht, die der Feind sendet, damit Sie all das Gute verpassen, das Gott für Sie hat.

Hier nun einige Beispiele für Sünde als einem Geist, der sich gegen Sie wendet: Frustration, Ungeduld, eine kritische Haltung, Anklage, Angst, Sorge, Minderwertigkeitsgefühle, Großmannssucht, Enttäuschung, Hoffnungslosigkeit, Niedergeschlagenheit, Überforderungsgefühle, Verwirrtheit, Unglaube, Zweifel, Rückzug, Vereinsamung, Groll, Bitterkeit, Gekränktsein – und vieles mehr. Ich bin mir sicher, dass Sie in Ihrem Leben bereits mehr als eine dieser Mächte erfahren haben, die eine mehr, die andere weniger. Die gute Nachricht ist: Sie haben es nicht nötig, sich von irgendeinem dieser Sündengeister beherrschen zu lassen.

Einführung in 1-2-3-UND-WEG-DAMIT

(Wir stellen Ihnen dieses Werkzeug zuerst vor; weiter hinten in diesem Kapitel gibt es eine praktische Übung dazu.)

Segnen Sie als Erstes Ihren Geist, dass er sich über Ihre Seele und Ihren Körper erhebt, während Sie die nachstehenden Fragen beantworten und den Anweisungen folgen.

1. Was greift Sie geistlich an?
2. In welcher Weise beeinträchtigt es Sie, und was versucht es Ihnen zu rauben? Erinnern Sie sich an unser Beispiel, als „Zorn" versuchte, Barry gegen Lori aufzubringen, weil sie den *Recycler* weggeworfen hatte.
3. Arbeiten Sie jetzt für jeden Gedanken, den Sie auf Ihrer persönlichen Liste geistlicher Angriffe aufgeführt haben, das *1-2-3-UND-WEG-DAMIT*-Werkzeug durch.

Das *1-2-3-UND-WEG-DAMIT*-Werkzeug

a) Im Namen Jesu nagle ich .... ans Kreuz.
Die Gedanken können als ein Gefühl erscheinen (Zorn, Niedergeschlagenheit, Hoffnungslosigkeit, Ablehnung, Selbstschutz usw.). Es können auch Worte oder Gedanken sein, die Sie innerlich hören, wie: „Es wird sich ja doch nichts ändern" oder: „Das ist unmöglich" oder: „In Wirklichkeit ist gar nichts passiert." Setzen Sie oben das Gefühl / den Gedanken ein, das/der sich gegen Sie stellt. Es kann sein, dass Sie mehr als einen Punkt einzutragen haben.

b) Ich breche jede Übereinkunft, die ich mit .... getroffen habe, sei es bewusst oder unbewusst, und tue Buße darüber, mich mit .... verbunden zu haben.

c) Ich bitte dich, Vater, ... von mir wegzuschicken.

d) Vater, was möchtest du mir anstelle von .... geben? (Hier ist entscheidend, dass Sie sich aufschreiben, was der Vater zu Ihnen sagt, damit Sie seine Worte nutzen können, um Ihren geistlichen Kampf zu gewinnen.)

Unterscheiden lernen, was uns geistlich angreift

Wenn Sie der Sünde widerstehen wollen, die Sie angreift, müssen Sie zuerst erkennen, worin sie besteht. Sünde beginnt als Gedanke, der in unserem Kopf herumschwirrt. Wenn Sie sie nicht einfangen, entlarven und sich mit ihr auseinandersetzen, fängt die Sünde als Geist an, Ihr Leben zu deuten und Ihre Beziehungen zu beeinträchtigen. Es reicht nicht, zu sagen: Das ist der Teufel oder ein Angriff. Das wäre genauso, als würden Sie sagen: „Ich bin krank", ohne aber zu wissen, woran Sie eigentlich leiden. So, wie es notwendig ist zu wissen, an welcher Krankheit man leidet, damit man sich für die richtige Behandlung entscheiden kann, muss man auch lernen, die Strategien des Feindes genau zu erkennen, um sich angemessen gegen sie zur Wehr setzen zu können.

Es ist hilfreich, sich klarzumachen, auf welche spezielle Weise der Feind sich meistens an Sie heranmacht: Geschieht das beispielsweise durch Versagensängste, Angst vor Kritik oder Angst, verlassen zu werden? Statt einfach zu sagen: „Ich habe Angst" und es dabei zu belassen, werden Sie einen Prozess durchlaufen müssen, um das Problem genau zu erkennen. Im Folgenden ein Beispiel für diesen Prozess aus Loris Leben.

Vor einem Jahr war ich mir nicht sicher, was Barrys Verhältnis zu einer anderen Frau anging. Anfangs war mir einfach nicht wohl zumute, so als würde irgendwas schieflaufen, aber ich konnte nicht wirklich ausmachen, was ich da fühlte. Mein erster Gedanke war, mir genauer anzusehen, was Barry meiner Meinung nach verkehrt machte. Ich fing an, ihm zu sagen, er solle im Umgang mit jener Frau bestimmte Grenzen ziehen. Aber darum ging es gar nicht wirklich. Schließlich wurde mir klar, dass ich Eifersucht verspürte. In all den Jahren unserer Ehe hat Barry mir nie einen Grund zur Eifersucht gegeben – jetzt aber war ich tatsächlich eifersüchtig. Das war ein neues, ungewohntes Gefühl für mich, aber die Empfindung war unglaublich real und die Eifersuchtsgedanken wirkten sehr überzeugend.

Die Eifersucht hatte mehr mit meinem geistlichen Kampf als mit dem zu tun, was zwischen Barry und jener Frau vorging. Als Barry und ich mehrfach darüber redeten und beteten, erkannten wir, dass dies nicht nur ein Gefühl war – es war ein Geist der Eifersucht.

Die Eifersucht redete zu mir und versuchte mich davon zu überzeugen, dass ihre von außen auf mich eindringenden Gedanken in Wirklichkeit meine eigenen seien. Gedanken wie „Er interessiert sich mehr für sie als für mich" wollten mich dazu verleiten, gemeinsame Sache mit der Eifersucht zu machen. Solange ich unter dem Einfluss von Furcht und Eifersucht stand, besaß ich kein angemessenes Unterscheidungsvermögen. Es war absolut notwendig für mich, meine inneren Empfindungen laut mit Barry durchzugehen. Indem wir meine Gefühle ehrlich durchsprachen, konnten wir herausfinden, was der Feind mir auf hinterhältige Weise hatte einpflanzen wollen.

Immer wenn Sünde in dieser Weise Ihre Gedanken besetzen will, wird es auch Täuschungsmanöver geben. Satan wird als „Verführer" und „Vater der Lüge" bezeichnet. Wenn Sie Ihren geistlichen Kampf nicht aus eigener Kraft gewinnen können, lassen Sie sich von Ihrem Ehepartner oder einer sonstigen Person Ihres Vertrauens helfen, bei der Wahrheit zu bleiben.

Was versucht dieser Geist zu stehlen?

Wegen der Eifersucht, die zwischen Barry und mich trat, fühlten wir beide uns frustriert, entzweit und einfach mies. Die Geister der Eifersucht und der Angst stifteten mich dazu an, Barry als nicht vertrauenswürdig anzuklagen, so als wäre er mein Feind. Ihr Ziel war, unsere Beziehung zu untergraben und Zwietracht in unsere normalerweise harmonische Ehe hineinzutragen.

Je mehr unsere LAM-Ehearbeit wächst, desto häufiger stellen wir diese Art von Angriffen auf Ehen fest. Was uns betrifft, haben diese Mächte, die uns angreifen, mittlerweile mehr im Sinn, als nur unsere private Ehebeziehung zu beeinträchtigen. Der Feind möchte, dass wir uns schuldig fühlen, Eheleuten in aller Welt zu dienen, während ja unsere eigene Ehe unter Beschuss steht. Aber durch die Überwindung dieser Versuchungen werden wir zugerüstet und befähigt, unseren Dienst noch vollmächtiger zu tun. Unsere Vollmacht rührt ja nicht daher, dass wir über den Feind Bescheid wissen, sonders dass wir inmitten aller Versuchung treu dem Herrn nachfolgen.

Ich wende 1-2-3-UND-WEG-DAMIT an

Irgendwann war mir klar, was ich zu tun hatte, auch wenn alles in mir „Nein!" schrie. Ich fühlte Zorn und wäre am liebsten heulend und schreiend aus dem Zimmer gerannt. Der Kampf war so schwer! Ich konnte nicht glauben, wie viel Widerstand ich in mir überwinden musste, um dieses schlichte Instrument anzuwenden und die entsprechenden Gebete zu sprechen.

Wenn Sie durch diese Art geistlicher Angriffe gehen, genügt es nicht, den Geist der Eifersucht, Furcht oder was immer es ist, das sich gegen Sie erhebt, einfach zu identifizieren, um frei zu werden. Sie müssen zum nächsten Schritt voranschreiten und gegen die geistlichen Mächte geistliche Waffen zur Anwendung bringen.

Meinen extremen Gefühlen, meinem Verlangen zu schreien und wegzurennen zum Trotz, entschied ich mich dabei zu bleiben und setzte alles daran, es durchzuziehen. Ich zwang mich, laut nachzusprechen, als Barry mich durch die *1-2-3-UND-WEG-DAMIT*-Methode führte, wie wir sie am Anfang dieses Kapitels vorgestellt haben:

1. „Im Namen Jesu nagle ich den Geist der Eifersucht und Angst ans Kreuz." (Jesus ist dafür gestorben, dass wir *jeden* Geist der Sünde überwinden können, der sich je gegen uns erhebt. Dieser erste Schritt verhilft uns dazu, uns anzueignen, was uns längst gehört, indem wir uns der Autorität erinnern, die sein Blut uns erworben hat. Eifersucht und Furcht müssen sich dem König der Könige beugen!)
2. „Ich breche jede Übereinkunft, die ich mit den Geistern der Eifersucht und der Furcht getroffen habe, sei es bewusst oder unbewusst." (Das Einzige, was schlimmer ist, als auf die Lügen des Feindes zu hören, ist, ihnen zuzustimmen, denn dann kommen wir dahin, dass wir anstelle der Wahrheit Gottes den Lügen Satans glauben und unter seiner Macht leben. Als sich der Teufel Eva im Garten Eden als Schlange näherte, hatte er so lange keinerlei Macht über sie, bis sie ihm Recht gab. Sobald sie aber nachgab und statt der Wahrheit Gottes Satans Worten beipflichtete, erlangte Satan Autorität. Jesus hat am Kreuz alles Nötige getan, aber wenn wir mit den Lügen des Feindes übereinstimmen, werden diese Lügen zu unserer Realität.)

3. „Ich bitte dich, Vater, die Geister der Eifersucht und der Furcht von mir wegzuschicken." (In 1. Johannes 1,9 steht: *„Doch wenn wir unsere Sünden bekennen, erweist Gott sich als treu und gerecht: Er vergibt uns unsere Sünden und reinigt uns von allem Unrecht, das wir begangen haben."* Wenn wir offen aussprechen, was sich gegen uns erhebt und was es mit uns macht, kommt das dem Bekennen unserer Sünde gleich, noch während die Sünde lediglich Versuchung ist. Bekennen wir unsere Sünden diesem Bibelzitat gemäß, so *wird* der Vater sie vergeben. Das Wort „vergeben" geht auf ein griechisches Wort zurück, das „wegschicken" bedeutet. Wann immer wir einen Geist, der sich gegen uns stellt, erkennen und entlarven, schickt der Vater ihn weg. Das ist eine geistliche Gewissheit, auf die wir zählen können.)

Den Vater bitten, uns etwas anderes zu geben

Ich bat den Vater, mir zu zeigen, was er mir anstelle der Eifersucht und Angst geben wollte, die er soeben weggeschickt hatte. Er sagte zu mir: „Das warst nicht du. Es war ein Geist, der geschickt wurde, um Barry und dich auseinanderzubringen." Damit brachte er seine Sicht und seine Wahrheit zum Ausdruck, und in der Folge kehrte sein Friede zurück und ich fühlte mich beinahe auf der Stelle erleichtert.

Wenn Sie den Herrn bitten, zu Ihnen zu reden, mag er Ihnen einen Gedanken eingeben, so wie er es bei mir tat. Er mag Ihnen ein inneres Bild zeigen oder Ihnen einen Eindruck oder ein Gefühl vermitteln. Wenn er die Lüge durch seine Wahrheit ersetzt, wird er den besten Weg finden, zu Ihnen zu reden. Das *gesprochene* Wort des Herrn zu empfangen und zu glauben, ist unerlässlich, wenn es darum geht, in Ihrem Kampf gegen die Sünde den Sieg zu erlangen. Halten Sie an dem fest, was er Ihnen zeigt, schreiben Sie es nieder und proklamieren Sie es, sooft es nötig ist.

Zu den wichtigsten Aspekten der Gabe der Geisterunterscheidung gehört, dass wir Gottes spezifische Worte an uns hören und ihnen Glauben schenken. Wahrzunehmen, was der Feind im Schilde führt, bzw. zu bestimmen, was andere verkehrt machen, ist nur ein Teil der Geisterunterscheidung. Ein reifer Christ zeichnet sich dadurch aus, dass seine Sinne in der Unterscheidung von Gut und Böse geübt sind (vgl. Hebr 5,14). Sind wir nicht in der Lage, das gute Wort Gottes zu erkennen, wird es uns auch an der Kraft seines Wortes mangeln, das Böse zu überwinden.

Im weiteren Verlauf des Tages konnte ich in meinem Geist klarer erkennen und verstehen, was die Eifersucht hatte erreichen wollen. Als ich mich erst einmal aus der Täuschung der Eifersuchts- und Angstgeister befreit hatte, konnte ich das ganze Szenario völlig anders sehen. Als wäre ich aus einer Nebelwand ins Licht getreten, erkannte ich, dass zwischen Barry und jener Frau überhaupt nichts Unangemessenes vorging.

In den ganzen 32 Jahren unserer Ehe hat Barry niemals einer anderen Frau gegenüber die Anstandsgrenzen verletzt. Ich vertraue ihm durch und durch. Der Herr hat uns in diesem Bereich treu behütet und bewahrt. Als ich mich aber mit der Eifersucht eins machte, nahm ich alles nur noch durch deren Brille wahr. Eifersucht und Angst stellten in Frage, was mir als Wahrheit bewusst war. Der Feind legte es darauf an, meinen Frieden zu stehlen und zwischen Barry und mir Zwietracht und Misstrauen zu säen. Darüber hinaus wollte er auch unsere Beziehung zu der anderen Frau in Mitleidenschaft ziehen. Nachdem ich die Schlacht gewonnen hatte, sah ich, dass die Eifersucht ein riesengroßer Lügner war und die Angst nichts als eine Einbildung.

Die Kosten geistlicher Unwissenheit

Stellen Sie sich bitte mal einen Moment lang vor, was mit unserer Ehe geschehen wäre, hätten wir diesen geistlichen Angriff nicht als solchen erkannt und überwunden. Was wäre mit unserer Beziehung geschehen, wenn ich dem Geist der Eifersucht weiterhin erlaubt hätte, zu bestimmen, was mit Barry und seinem Verhalten mir gegenüber los sei? Was, wenn ich ihm weiterhin gesagt hätte, er müsse sich engere Grenzen setzen, obwohl es in Wirklichkeit an seinem Umgang mit Frauen nicht das Geringste auszusetzen gab?

In ähnlicher Weise können Sie sich vorstellen, was mit unserer Beziehung geschähe, wenn Barry weiterhin glaubte, ich würde Dinge tun, um ihn absichtlich zu verletzen, wie zum Beispiel den

Recycler in den Müll zu werfen, obwohl ich weiß, dass er ihn noch lesen will. Was, wenn diese Lügen übereinander niemals überwunden worden wären und Gottes Wahrheit über jeden von uns ersetzt hätten? Wahrscheinlich würden wir dann – wie viele andere Paare – aufgeben, das Richtige zu tun, weil wir immer noch das Gefühl hätten, dass man uns beschuldigt und beargwöhnt. Und genau wie viele andere Paare hätten wir angefangen, ein Verhalten an den Tag zu legen, das im Einklang mit den Lügen stünde, die über uns ausgesprochen wurden. Das würde zur völligen Zerstörung unserer Intimität und Verbundenheit führen.

Auch wenn ich in meinen Gedanken verwirrt war und nicht sofort wusste, was los war, wusste ich doch, dass etwas nicht stimmte. (Das Gefühl „etwas stimmt nicht" ist ein erstes Warnschild, das Sie dazu bringen sollte, innezuhalten und herauszufinden, was gerade vorgeht.) Meine Gefühle begannen meine Gedanken zu beeinflussen, und die schlechten Gefühle nahmen zu, als ich meinen Gedanken freien Lauf ließ. Mein Friede war dahin! Ich konnte mich nicht darauf verlassen, von meinen Gefühlen recht geleitet zu werden – vertrauen konnte ich nur auf den Heiligen Geist. An diesem Punkt angelangt, musste ich *1-2-3-UND-WEG-DAMIT* anwenden, auch wenn mir gar nicht danach war. Erst als ich tatsächlich den dritten Schritt von *1-2-3-UND-WEG-DAMIT* gegangen war, begann ich zu spüren, dass meine Gefühle sich von Eifersucht und Furcht wegverlagerten.

Vergessen Sie nicht: Die Unterscheidung dessen, was Sie angreift, beginnt damit, dass Sie sorgsam auf Ihre Gedanken und Gefühle achthaben. Wenn der Friede Sie verlässt, ist das eine große rote Warnflagge, die Ihnen signalisiert, dass Sie diese Gedanken ergreifen und untersuchen sollten. Dabei muss Ihnen klar sein, dass Ihre Gefühle nicht unbedingt Ihre Freunde sind. Geistliches Unterscheidungsvermögen setzt da an, wo wir Gottes Stimme hören und ihr gehorchen.

Die geistliche Welt ist real

Wir haben eine gute Bekannte, die Gott in einer Art und Weise sieht und hört, wie Barry und ich sie nicht kennen. Sie sieht mit offenen Augen Visionen, so ähnlich wie sie der Apostel Johannes von seiner Zeit auf der Insel Patmos beschreibt (vgl. das Buch der Offenbarung) oder wie Daniel sie empfing, als er am Ufer des Stromes Tigris stand (vgl. Dan. 10). Eines Tages saßen sie und ihr Mann in einer Pizzeria, als sie eine wabernde grüne Masse sah, die sich unter der Decke durch den Raum bewegte. Sie beobachtete dieses Phänomen eine Weile und fragte dann den Herrn, was es damit auf sich habe. Er sagte ihr, sie sehe einen Geist der Verwirrung. Kaum hatte der Herr unserer Freundin diese Worte gesagt, als ein Mann in der Küche plötzlich mit lauter Stimme rief: „Ich bin so durcheinander!"

Der Herr offenbarte ihr diesen Geist, indem er ihr gestattete, ihn in der geistlichen Realität zu sehen, ehe er sein Vorhandensein in der natürlichen Welt bestätigte. Als der Herr unserer Freundin gegenüber den Geist der Verwirrung entlarvte, betete sie, schickte den Geist fort und sah, wie er verschwand!

Ob der Herr Ihnen nun eine schäumende grüne Masse zeigt oder Sie einfach spüren, dass etwas sich nicht richtig anfühlt, es ist Gott, der die geistlichen Mächte entlarven möchte, die sich gegen Sie erheben. Er möchte Ihnen geistliches Unterscheidungsvermögen geben. Wenden Sie, sobald Sie den Widersacher und sein Vorhaben erkannt haben, das *1-2-3-UND-WEG-DAMIT*-Werkzeug an, um sich der Autorität über die Finsternis zu bedienen, die Christus Ihnen gegeben hat.

Er hat uns die Vollmacht verliehen, jeden Geist der Sünde loszuwerden, der uns bedrängen will. Wo wir dem Feind widerstehen, muss er fliehen. Und sobald der Vater ihn weggeschickt hat, fragen Sie ihn, was er Ihnen anstelle dessen geben möchte. Halten Sie sich an das Wort, das er Ihnen zuspricht – es hat Macht!

Übung

Befolgen Sie gemeinsam mit Ihrem Partner die nachstehenden Anweisungen, um diese Wahrheiten in Ihrem Leben zu aktivieren.

1. Beginnen Sie damit, dass Sie Ihren Geist segnen. Er soll sich über Ihre Seele und ihren Körper erheben und die Führung übernehmen. Nehmen Sie sich einen Augenblick Zeit und bitten Sie den Heiligen Geist, Ihnen eine Sache in Erinnerung zu rufen, die

Sie heute, in der vorigen Woche oder vor längerer Zeit bedrängt hat (wie z. B. Zorn, Selbstkritik, Gekränktsein, Sorge oder Furcht) und die Sie noch nicht verarbeitet haben. Fallen Ihnen dabei mehrere Dinge ein, schreiben Sie sie alle auf, aber picken Sie sich für den Augenblick nur eine einzige Sache heraus, um diese Übung durchzuführen. Wir bitten den Heiligen Geist, er möge Ihnen bei der Auswahl helfen. Er weiß ja genau, durch was er Ihnen in diesem Moment hindurchhelfen möchte, damit Sie davon frei werden.

2. Notieren Sie jeder die eine Sache auf, sobald sie Ihnen klar ist.
3. Blättern Sie zurück zum *1-2-3-UND-WEG-DAMIT*-Werkzeug am Anfang dieses Kapitels.
   - Die Ehemänner sollten anfangen und ihre Frauen durch die einzelnen Schritte führen.
   - Bei den Schritten 1 und 2 sollte der Ehemann die Anweisungen laut vorlesen und die Frau die Fragen beantworten lassen. In Schritt 3 sollte sie ihm die vorgegebenen Gebetssätze nachsprechen.
   - Nehmen Sie sich auf jeden Fall genug Zeit, dass der Herr zu Ihnen reden kann.
4. Es ist ein sehr wichtiger Punkt, dass Sie den Herrn nun darum bitten, den Geist zu ersetzen, der von Ihnen geflohen ist. Wenn der Herr Sie von etwas befreit, das Sie bedrängt hat, möchte er Ihnen immer etwas schenken, das dessen Stelle einnimmt. Er wird die Lügen des Feindes durch seine Wahrheit ersetzen. Er mag Ihnen etwas sagen, Ihnen ein Bild zeigen, ein Gefühl geben, Sie an einen Traum oder an sonst etwas erinnern, das Sie gesehen oder getan haben. Er redet auf vielerlei Weise zu uns. Achten Sie nicht gering, was Sie vom Herrn her empfinden. Sie bitten ja schließlich den Heiligen Geist, Ihnen die Gedanken Jesu und des Vaters zu offenbaren (vgl. Joh 16,13-15) Wenn wir ernsthaft und mit den richtigen Motiven bitten, dürfen wir darauf vertrauen, dass der Heilige Geist uns das Herz Gottes offenbart.

Ist der Mann damit fertig, seine Frau durch das Schema zu führen, dann soll dies nun seine Frau mit ihm machen.

Ein Plan, um den Sieg zu behalten

Wo Sie den Feind überwinden, wird er es im Normalfall darauf anlegen, sich aufs Neue einzuschleichen, weswegen Sie ihm anhaltend widerstehen müssen (vgl. Eph 6,13). Der Feind hat keinen Spaß daran, einfach so sein Bollwerk aufzugeben, umso weniger, wenn er Sie über lange Zeit darin gefangen gehalten hat. Es kann sein, dass Sie eine Zeit lang das *1-2-3-UND-WEG-DAMIT*-Werkzeug zwanzigmal am Tag anwenden müssen, um Ihren Sieg zu vollenden. Um Ihnen zu zeigen, wie wichtig es ist, dass Sie an Ihren Durchbrüchen festhalten, möchte ich Ihnen die verblüffende Geschichte einer Freundin von mir erzählen. Niemals werde ich vergessen, wie sie in Treue am Wirken Gottes in ihrem Leben festhielt.

Lauren hatte eine Krebsgeschwulst im Hals. Sie hatte bereits zwei Operationen hinter sich und war am Boden zerstört, als die Ärzte ihr sagten, der Krebs sei zurückgekommen und sie müsse sich einem dritten Eingriff unterziehen. Die Überlebenschance nach der Operation bezifferten die Ärzte auf fünfzig Prozent, und selbst dann würde sie definitiv keine Stimme mehr haben. Als Lauren diese Aussagen hörte, schrie sie zum Herrn und fragte ihn voller Verzweiflung, was sie tun solle. Er antwortete dadurch, dass er einer Freundin von ihr aufs Herz legte, einige Gläubige zu versammeln, um für Heilung zu beten. Auch ich wurde eingeladen, an der Gebetszeit teilzunehmen.

Während wir beteten, fing Lauren an zu keuchen und zu husten. Dadurch würgte sie einen schleimartigen Pfropfen hervor. Einige der Frauen, die sich mit dieser Art von Heilungsdienst gut auskannten, fingen an, in dem Schleimpfropfen herumzustochern, den sie auf den Fußboden gespien hatte. Ich war entsetzt – so etwas hatte ich noch nie erlebt. Ich war total angewidert, als sie anfingen, an der ekligen Substanz herumzufingern.

Schließlich sagte eine von ihnen: „Jawoll! Hier ist er."

War ich zuerst entsetzt gewesen, so erlebte ich jetzt den ultimativen Schock. Sie hatten den Tumor gefunden, nach dem sie gesucht hatten. Lauren, die ihre dritte Krebsoperation schon im Terminkalender stehen hatte, hatte ihren Tumor auf übernatürliche Art und Weise direkt vor meinen Augen herausgewürgt! Ich dachte bei mir selbst: *Das kann nicht sein ... Menschen werden nicht frei von Krebstumoren, indem sie sie einfach ausspucken.* Aber sie spürte auf der Stelle die Wandlung in ihrem Körper und vertraute darauf, dass der Herr sie wahrhaftig von dem Krebs geheilt hatte, gegen den sie seit Jahren hatte ankämpfen müssen.

Als Lauren ihren Arzt zu einer Zwischenuntersuchung aufsuchte, konnte er nicht glauben, was er sah. Seine Tests zeigten, dass sie vollkommen *krebsfrei* war! Ist das nicht unglaublich? Jedes Mal wenn ich diese Geschichte erzähle, staune ich aufs Neue darüber, welch mächtigem, liebenden Gott wir dienen. Passen Sie beim nächsten Teil der Geschichte gut auf: Er enthält Ermutigung und Kraft für Sie, ebenfalls an Ihren Durchbrüchen festzuhalten.

Ungefähr eine Woche nachdem Lauren von ihrem Arzt ohne Befund entlassen worden war, spürte sie, wie alle Symptome erneut auftraten. Der Feind lauerte auf ihrer Schwelle und flößte ihr Gedanken ein wie: *Du bist gar nicht wirklich geheilt. Es kommt alles wieder.* Lauren nahm kein einziges Wort an, das der Feind zu ihr sagte. Sie wusste genau, was sich abspielte. Sie zog ein pinkfarbenes T-Shirt mit dem Aufdruck „Ich bin eine Verheißung" an. Dann stellte sie sich auf die Wahrheit dessen, was Gott gesagt und getan hatte. Gott hatte sie geheilt, und ihr war gesagt worden, sie habe keinen Krebs mehr. Ein Tag, zwei Tage, drei Tage gingen vorüber, ohne dass sich etwas änderte. Stellen Sie sich vor, wie es gewesen sein muss, jeden Morgen aufzuwachen und aufs Neue all die altvertrauten Symptome der Müdigkeit und des Schmerzes zu spüren, die sie aus ihrem jahrelangen Kampf gegen den Krebs kannte. Das stellte ihren Glauben an die göttliche Heilung auf die äußerste Probe.

Auch wenn sie sich innerlich vom Krebs bedroht fühlte – vier Tage, fünf Tage, sechs Tage gingen vorüber –, ließ Lauren in ihrem Glauben nicht nach, dass Gott sie geheilt hatte. Unnachgiebig stellte sie sich gegen diese Gedanken vom Feind, bis am siebten Tag der Geist der Furcht vor Krebs ihr den Rücken kehrte und sich aus dem Staub machte. Sie hielt weiter an der Wahrheit fest und blieb standhaft. Sie entschied sich zu glauben und ergab sich nicht dem, was sie fühlte oder sah. Sieben Tage lang saßen ihr die Geister des Zweifels, des Unglaubens und der Angst vor Krebs im Nacken, aber sie hielt sich an das, was Gott gesagt hatte, und glaubte daran, dass er gehandelt hatte. Am achten Tag waren sämtliche Symptome restlos fort und Lauren blieb frei von Krebs. Laurens Glaube funktionierte, weil sie treu an dem festhielt, was Gott getan hatte und was von den Ärzten bestätigt worden war. Danke, Jesus!

Ich habe es erlebt, dass Menschen mein Sprechzimmer verließen, nachdem sie einen ungeheuren Durchbruch vom Herrn her erlebt hatten, nur um in ihrem Inneren Worte zu hören wie: *Es ist gar nicht wirklich etwas passiert,* oder: *Das wirst du nicht behalten können.* Dieser Zweifel und Unglaube ist ein Geist, der durchs Fenster wieder hereinzuklettern versucht, nachdem der Herr ihn eben durch die Tür hinausgeworfen hat. Es ist unerlässlich für uns, die uns von Jesus übertragene Verantwortung und unser Recht zu erkennen, an unseren Durchbrüchen festzuhalten, genau wie Lauren Satans Lügen und Illusionen zum Trotz an ihrer Heilung festhielt.

Unser Gebet über Ihnen

Wir bitten den Herrn, in Ihrem Geist die Gabe der Geisterunterscheidung freizusetzen, damit Sie anfangen zu sehen, wie er sieht. .... *und* .... [setzen Sie hier bitte Ihre Namen ein], *wir segnen Sie mit dem Sinn Christi, damit Ihre geistlichen Augen für jegliche Wahrheit, Erkenntnis und Weisheit empfänglich sind. Wir beten darum, dass der Herr das geistliche Werk der Finsternis entlarvt, das sich gegen Sie stellt, sodass Sie es klar von Ihren eigenen Gedanken und Emotionen unterscheiden können. Wir erbitten, dass sämtliche Geister und Lügen, die Ihnen vertraut sind und normal erscheinen, sich nicht länger normal anfühlen. Wir bitten um geistliche Sehschärfe, damit Sie diese Eindringlinge rasch entdecken können. Wir bitten Jesus, er möge Sie lehren, seine Stimme unmissverständlich wahrzunehmen.*

Danke, Herr, für die Kraft und Salbung, die du diesem Paar gegeben hast, jeden Gedanken gefangen zu nehmen. Reiße jedes Bollwerk nieder, das du ihnen offenbarst, und ersetze es durch deine Freiheit. Im Namen Jesu erbitten wir dies. Amen!

Hausaufgabe

Hier nun ein paar Hausaufgaben für diese Woche, die Ihnen helfen sollen, in den Prozess des „Gefangennehmens der Gedanken" einzusteigen, und zwar nicht als einmalige Übung, sondern als Lebensstil (vgl. Hebr 5,12-14). Diese Aufgaben sollten Sie jeder für sich lösen, sich aber darüber austauschen, wenn Sie fertig sind.

1. Unterziehen Sie Ihr Leben einmal täglich einer Überprüfung und fragen Sie sich: Hat sich heute geistlich etwas gegen mich erhoben, gegen das ich noch nichts unternommen habe? Beispiele wären Zorn, Frustration, Ungeduld, Lügen, eine kritische Haltung, Anklage (gegen Gott, sich selbst, andere Menschen), Angst, Sorge, Unruhe, Selbstmitleid, Minderwertigkeitsgefühle, Versagensängste, Anspruchsdenken, Enttäuschung, Verzweiflung, Hoffnungslosigkeit, Niedergeschlagenheit, Überforderungsgefühle, Verwirrung, Unglaube, Zweifel, Rückzugstendenzen, Einsamkeit, Verschlossenheit, Groll, Bitterkeit, Gekränktheit ...
2. Wenden Sie das *1-2-3-UND-WEG-DAMIT*-Werkzeug an!
3. Falls Sie keine unmittelbaren Resultate sehen, haben Sie es eventuell mit einer geistlichen Macht zu tun, die schon länger auf Sie einredet, und Sie brauchen womöglich Ausdauer, um diese Macht zu überwinden. Vergessen Sie nicht: Ihre Beharrlichkeit wird Sie geistlich stärken.

Ihr Ziel ist es, ein Überwinder zu werden. Wenn Sie stetig durchhalten und doch keine einschneidende Veränderung sehen, bitten Sie Ihren Ehepartner, sich im Gebet mit Ihnen eins zu machen und sich gegen diese Sache zu stellen. Wenn es auch nach Ihrem gemeinsamen Gebet noch nicht zu einem Durchbruch kommt, bitten Sie den Herrn, Ihnen ein anderes Paar Ihres Vertrauens zu zeigen, das sich im Gebet mit Ihnen und dem Heiligen Geist vereint, um gegen die Dinge zu beten, die Sie bedrängen. Der Herr liebt es, durch Gemeinschaft Durchbrüche zu wirken. Das haben wir ihn in unseren Workshops immer und immer wieder tun sehen. Geben Sie ihm die Gelegenheit, das auch bei Ihnen zu tun. Das macht Sie zwar verletzlicher, aber wenn Sie willens sind, einen Schritt nach vorne zu gehen, wird er Ihnen entgegenkommen.

Notizen

KAPITEL 7

Den Ehepartner mit Gottes Augen sehen

Können Sie sich vorstellen, wie das Leben wohl wäre, wenn wir einander genauso sehen könnten, wie Gott uns sieht? Wie wären unsere Ehen beschaffen, wenn wir füreinander so empfinden könnten, wie Gott für uns empfindet? Denken Sie darüber nach, was wir in unseren Beziehungen erleben würden, wenn wir einander so kennten und verstünden, wie Gott uns kennt und versteht. Jesus möchte wirklich, dass wir einander genauso sehen, wie er es tut. Das ist ein Geschenk, das er uns gerne geben möchte, und wenn wir es haben wollen, gehört es uns.

Immer wieder benutzt der Herr das nachstehende Zeugnis und die daran anknüpfende Übung, um viele Paare in den erstaunlichen Stand zu versetzen, einander mit den Augen Gottes zu sehen. Es ist sein Wunsch, auch Sie dahin zu bringen!

Die Liebe aufwecken

Einer unserer Workshops wurde von einem hochgewachsenen, prächtigen Paar in den Sechzigern besucht. In ihrer Kleingruppe waren die beiden stetig, hilfreich und eine echte Kraftquelle. Als wir uns dem Ende des Workshops näherten, erklärte sich dieses Paar freiwillig bereit, vor die ganze Gruppe zu treten, um sich für eine sogenannte Paarcoaching-Sitzung zur Verfügung zu stellen. In dem Land, aus dem sie kamen, war es kulturell nicht üblich, einander offen seine Emotionen mitzuteilen, geschweige denn dies vor einem ganzen Saal voller Menschen zu tun. Es hätte sie also in helle Aufregung versetzen müssen, sich vor der ganzen Teilnehmergruppe coachen lassen zu sollen, aber sie waren beide fest entschlossen, ihren Durchbruch zu empfangen, und vertrauten ganz und gar darauf, dass die Furcht nicht die Oberhand über sie gewinnen werde.

Während sie ihre Geschichte erzählten, fühlten wir uns vom Herrn geleitet, vielerlei Punkte anzusprechen und dafür zu beten. An einer Stelle ließ uns der Mann an einem folgenreichen Teil seines Lebens teilhaben. Als junger Mann hatte ihm sein geistlicher Mentor geraten, die Freundschaft mit einer schönen jungen Christin, die das Aussehen eines Filmstars hatte und die er leidenschaftlich liebte, zu beenden. Der Mentor sagte ihm, die Leidenschaft, die er für diese Frau fühle, gefalle Gott nicht; sie müsse unterbunden und auf ein heiligeres Ziel gelenkt werden.

Als Mann von Integrität und mit dem Wunsch, ein hingegebener Nachfolger Jesu zu sein, dachte er, er müsse diesem „tugendhaften" Rat des Mannes Gottes Folge leisten, dem er sich unterstellt hatte. Gebrochenen Herzens beendete er die Beziehung zu der jungen Frau, obwohl sie bereits verlobt waren. Leider verinnerlichte er auch die Auffassung, die ihm eingeimpft worden war, eine leidenschaftliche Liebesbeziehung sei sowohl unmoralisch als auch fleischlich. Infolgedessen ließ er sich danach bei seiner Suche nach einer gottesfürchtigen Frau vom Kopf und nicht vom Herzen leiten. Das führte fünf Jahre später zu seiner Heirat. In dem Glauben, sich nicht auf sein Herz verlassen zu können, ließ er Pflichtbewusstsein und Gehorsam den Platz von Gefühl und Verlangen einnehmen. Obendrein machte er sich die Lüge zu eigen, Leidenschaft, Spaß und Genuss passten nicht wirklich in eine christliche Ehe. Vielleicht ahnen Sie schon, wohin das Ganze führte.

Seine schöne junge Braut trat voll Erwartung in die Ehe ein; sie träumte von Liebe und einer lebendigen, reizenden Familie mit dem wundervollen Mann Gottes, den der Herr ihr geschenkt hatte. Als ihr dann aber bewusst wurde, dass ihr Mann wenig Leidenschaft und kaum Verlangen nach ihr zeigte, begann sich in ihrer Seele eine zwar untergründige, aber doch sehr harte Realität breitzumachen. Als Folge davon bildeten sich Lügen heraus, die ihr zuriefen: „Du bist nicht hübsch" und: „Du bist als Frau, Gattin und Geliebte nicht begehrenswert." Als starke, gottesfürchtige Frau strengte sie sich an, das Beste aus ihrer leidenschaftslosen Ehe zu machen, wie es so viele Paare tun. Sie schaltete in den Überlebensmodus und betete darum, dass ihre Enttäuschung und der riesige Schock über ihre Ehewirklichkeit nicht in einer Katastrophe enden würden.

Als Ehepaar kriegten sie das Leben schon mehr oder weniger auf die Reihe. Sie gaben sich alle Mühe, das Richtige zu tun, schafften es, als Partner effektiv zusammenzuarbeiten und ihre Kinder großzuziehen, dienten anderen Menschen und machten alles so, wie man es als gottesfürchtiges Ehepaar tut. Doch wenn sie miteinander schliefen, spielte sich emotional nicht viel zwischen ihnen ab. Weder sahen noch kannten sie einer den anderen richtig. In die inneren Bezirke ihres Lebens ließen sie einander nicht schauen, was zur Folge hatte, dass sie neben den Themen und Anforderungen des täglichen Lebens nur sehr wenig Anteil am Leben des anderen hatten.

Aber nun nahmen sie an diesem Workshop teil und waren sogar bereit, das Risiko einzugehen, sich zu Beginn ihres Lebensherbstes außergewöhnlich verletzlich zu machen. Irgendwie war es dem Geist Gottes gelungen, in diesem wunderbaren Ehepaar allen falschen Ratschlägen und den vielen Jahren der Einsamkeit zum Trotz die Hoffnung am Leben zu erhalten, und nun war die Zeit gekommen, in der Gott den Wunsch nach mehr in ihnen erweckte.

Als Erstes stellten wir uns den Lügen über das Selbstbild und Selbstwertgefühl der Frau, die ihr schon lange vor der Ehe so viel genommen hatten. Diese Lügen betrafen den innersten Kern ihres Seins als Frau: ihren Wert, ihre Schönheit, Fraulichkeit und Attraktivität. Wir baten Jesus, ihr zu zeigen, wo diese Lügen ihren Anfang genommen hatten. Als der Herr Erinnerungen in ihr aufsteigen ließ, luden wir ihn in diese Erinnerungen ein. Seit sie ein junges Mädchen gewesen war, hatte der Feind diese schmerzhaften Erinnerungen benutzt, um ihre Weltsicht zu prägen – jetzt aber sprach Jesus ihr die Wahrheit zu. Er durchbrach die Scham, das Versagen und Bedauern, das ihre Beziehung bestimmt hatte. An jenem Tag war es mit den Lügen zu Ende und sie wurde von Gottes Güte, Freude und Leidenschaft erfüllt.

An einer Stelle spürte Barry, dass er jenem Herrn – der zehn Jahre älter und ungefähr 15 Zentimeter größer war als er – einen väterlichen Segen erteilen sollte. Sein ganzes Leben lang hatte sich dieser liebenswürdige Mann nach dem Wort und Segen eines Vaters gesehnt. Dass er in seinem Leben kein Vorbild an Vaterschaft gehabt hatte, gehörte zu den Ursachen dafür, dass er Religiosität, Pflichtbewusstsein und -erfüllung mit wahrem Vatersein verwechselte. Später erzählte uns der Mann, wie wichtig Barrys „Vatersegen" für ihn gewesen war, hatte er ihm doch den Durchbruch beschert, nach dem er sich zu der Zeit so verzweifelt gesehnt hatte. Niemals hatte er den Segen eines Vaters empfangen oder verspürt, also schenkte ihm der Herr diesen Segen an Ort und Stelle und gebrauchte Barry als Vaterersatz.

Nachdem die beiden nun von so vielen Lügen und falschen Vorstellungen frei geworden waren, fragte Barry, ob sie sich nicht aufs Neue einander versprechen wollten. Er las ihnen ein Ehegelübde vor, das sie nachsprachen. An dieser Stelle gerieten wir alle aus dem Häuschen! Als dieser Mann die Hände seiner Frau ergriff, ihr in die Augen sah und voller Zuneigung, mit Tränen in den Augen, ihren Namen aussprach, konnten wir an seinem Gesicht ablesen, dass etwas in ihm erwachte. Es war, als sähe er sie zum ersten Mal: das Erkennen ihrer Schönheit; verschüttete Leidenschaft, die in ihm aufkeimte; emotionale, sexuelle und geistliche Verbundenheit – all das floss in einem Blick zusammen, als er endlich seine Geliebte erblickte. Beide setzten sie den Prozess fort und brachten ihr neues Ehegelübde vor Gott und Menschen zu Ende.

Der Moment, in dem sie sich ihre neu erwachte Liebe erklärten, war so intim und leidenschaftlich, dass sie beide weinten. Ebenso erging es allen anderen, im ganzen Raum blieb kein Auge trocken. Endlich sahen sie einander so, wie der Herr es von jeher gewollt hatte. Nach mehr als dreißig Jahren sahen sie einander erstmals mit den Augen Gottes!

Wir alle jauchzten, kreischten und schrien gerade so, als hätten sie sich soeben das Jawort gegeben. Und niemand musste ihnen sagen: „Sie dürfen die Braut jetzt küssen." Würde man Leidenschaft auf einer Skala von 1 bis 10 messen, lag dieser Kuss mindestens bei

15. Es war, als wären wir anderen gar nicht mehr im Raum. Sie schienen nicht im Geringsten mehr zu bemerken, dass sie in einem Raum voller Menschen waren. Sie ließen ihrer Leidenschaft freien Lauf. Es war ein „Kuss des Jahrhunderts", mit dem sie alles nachholten, was sie all die Jahre verpasst hatten – was für eine wunderbare Transformation, was für ein Beispiel für das Erwachen von Liebe und Leidenschaft! Niemand, der dabei war, wird es je vergessen.

Eine Einladung

Es liegt etwas sehr Kraftvolles darin, wenn Sie Ihren Ehepartner so sehen, wie der Herr ihn sieht, also aus der Perspektive des Himmels. Der Feind wird alles tun, was in seiner Macht steht, um uns davon abzuhalten, dass wir unseren Schmerz, unser Verletzt- und Gekränktsein hinter uns lassen. Er möchte mit allen Mitteln verhindern, dass wir einander wirklich ins Herz schauen. Selbst wenn ihm das Ihr ganzes Leben lang gelungen ist und er Sie von dem Wunsch abbringen konnte, das Herz Ihres Ehepartners zu verstehen und zu erkennen, sollten Sie dem Herrn genau jetzt eine Chance geben. Er möchte mit der Offenbarung und Wahrheit zu Ihnen durchbrechen, wer Ihr Mann bzw. Ihre Frau ist. Dies ist eine Einladung: Möchten Sie Ihren Ehepartner so sehen, wie Gott ihn sieht?

Gebet

Herr, wir bitten darum, dass du über dem wunderbaren Paar, das dieses Buch liest, Gnade und Salbung freisetzt. Wir bitten darum, dass sie gerade jetzt von dir die Gnade empfangen, einander mit deinen Augen zu sehen, und wir beten, dass die Kraft dieses Zeugnisses sich über ihre ganze Ehe ergießen möge.

Nachtrag

Ungefähr ein halbes Jahr später hatte ich das Vorrecht, zwei der bildhübschen Töchter dieses Ehepaares zu treffen. Sie erzählten uns davon, wie sehr der Herr die Beziehung ihrer Eltern verändert hatte und wie dankbar sie dafür waren. Wie Sie sich vorstellen können, hatte das niemanden in der Familie unberührt gelassen. Weinend saßen wir beieinander, während ich den Töchtern die Einzelheiten dessen erzählte, was an jenem Tag geschehen war, als der Herr alles veränderte und es ihren Eltern schenkte, einander mit seinen Augen zu sehen.

Und heute, mehr als zwei Jahre später, hören wir von diesem lieben Paar, dass sie sich nach jener überwältigenden Coachingsitzung entschlossen hatten, der beste Freund und Geliebte des anderen zu werden. Sie erfreuen sich nun weit größerer Liebe, Fürsorge und Offenheit – geistlich, emotional und sexuell –, und selbst das gemeinsame Beten fällt ihnen jetzt leichter. Wie groß sind doch die Güte und Treue Gottes. Er gibt niemals auf, bis wir in der Fülle dessen wandeln, was er für uns bereit hat! Dies ist eine ungemein begeisternde Geschichte davon, wie Gott gewirkt hat, um eine Ehe zu heilen, und wie er einem gebrochenen Paar half, die Leidenschaft in ihrer Liebe zueinander wiederzugewinnen, die er ihnen schon immer zugedacht hatte.

Übung

Es gibt nichts Schöneres, als wenn man in der Lage ist, sich gegenseitig so zu sehen, wie Gott einen sieht. Würden Sie Ihren Ehepartner gern mit den Augen Gottes sehen? Wenn Sie bereit sind, den Weg mit ihm zu gehen und sich von ihm leiten zu lassen, wird er Sie dahinein führen.

Ein Wort der Ermutigung: Wir haben erlebt, wie Gott bei der Durchführung der nachfolgenden Übung zahllosen Ehepaaren zum Durchbruch verholfen hat. Wie schlimm ihre Verletzung oder ihre Lebensgeschichte auch war: Paare, die sich während dieser Übung wirklich mit dem Heilige Geist eins gemacht haben, erlebten dabei eine übernatürliche Begegnung mit Gott, sodass Bollwerke niedergerissen wurden und sie das Herz ihres Ehepartners neu sehen konnten.

Legen Sie Anbetungsmusik auf, die Ihnen hilft, sich Gott zu öffnen.

1. Fertigen Sie eine Liste mit den gottgegebenen Stärken, Fähigkeiten, Gaben und Talenten Ihres Ehepartners an. Sprechen Sie miteinander über Ihre beiden Listen. (Nehmen Sie sich zum Aufschreiben und Durchsprechen mindestens zehn Minuten Zeit.) Tun Sie das in Ruhe; es geht nicht darum, dass Sie hier einfach nur ein paar Dinge aufschreiben. Bitten Sie den Heiligen Geist, er möge Ihnen helfen, all das Gute zu sehen, das Gott in Ihren Partner hineingelegt hat. Sobald Sie damit fertig sind, Ihre beiden Listen gemeinsam durchzusprechen, machen Sie mit Punkt 2 weiter.
2. Schreiben Sie einen Brief Gottes an Ihren Ehepartner auf. Lesen Sie dazu nachstehende Richtlinien. (Wenn Sie möchten, können Sie die fertig geschriebenen Briefe auf die für Notizen vorgesehene Seite am Ende des Kapitels übertragen. Dadurch werden Sie sie behalten!)
   - Bitten Sie den Herrn, seinen Brief an Ihren Ehepartner zu verfassen – Sie schreiben auf, was er sagt.
   - Fangen Sie einfach mit dem Schreiben an und lassen Sie die Worte in der ersten Person fließen. Gott wird direkt zu Ihrem Ehepartner reden. Hinterfragen Sie nicht, was Sie hören; schreiben Sie einfach. Wo wir um den Heiligen Geist bitten, trickst er uns nicht aus, indem er uns etwas anderes zukommen lässt als sich selbst.
   - Nehmen Sie sich beide genügend Zeit zum Schreiben. Haben Sie keine Angst, dazusitzen und zu warten, bis Sie alles gehört haben, was Gott Ihrem Ehepartner sagen möchte.
   - Sobald Sie beide mit dem Schreiben fertig sind, lesen Sie sich nacheinander Ihre Briefe laut vor.
   - Beten Sie über Ihrem Ehepartner und über die Dinge, die Gott ihm gesagt hat. Segnen und bestätigen Sie die Worte des Herrn.

Barry und ich haben diese Übung mehrfach praktiziert, und es war dermaßen ermutigend! Als ich meinen ersten Brief an Barry schrieb, fing ich an zu bewerten, was ich schrieb, und dachte: *Das stimmt ja nicht! Das ist gar nicht Barry. Er denkt noch nicht mal an so was!* Obwohl es aus meiner Sicht gar nicht zu Barry passte, schrieb ich einfach weiter und las es ihm dann vor. Als ich fertig war, sagte er, was ich geschrieben hätte, sei erstaunlich. Ich hatte ähnliche Details niedergeschrieben, wie sie der Herr Barry persönlich gesagt hatte, ohne dass er bislang die Gelegenheit gefunden hatte, mir davon zu erzählen. Er sagte mir, als ich ihm meinen Brief vorlas, sei das eine Bestätigung dessen gewesen, was er von Gott gehört hatte. Das ermutigte ihn sehr. Es hat wirklich Spaß gemacht, von Gott als Botschafterin für meinen lieben Barry gebraucht zu werden!

Wenn wir diese Übung in den Workshops machen, ist es meist so, dass Männer und Frauen überall im Raum teils unter Tränen von der wunderbaren, lebenspendenden Botschaft berührt sind, die der Herr ihnen übermittelt.

Gebet

Wir segnen Ihren Geist, dass er die Oberhand hat. Seele und Körper müssen nun beiseite treten. Wir segnen Ihren Geist, dass er sich mit dem Heiligen Geist vereint und alles empfängt, was der Herr für Sie und Ihren Ehepartner hat, während Sie schreiben und voneinander und vom Liebhaber Ihrer Seele empfangen.

Hausaufgabe

1. Teilen Sie Ihrem Partner jeden Tag drei Dinge mit, durch die Sie Gott in ihm gesehen haben. Das können z. B. sein: Schönheit, Kreativität, Ordnung, Befähigung, Großzügigkeit, die Frucht des Geistes, Opferbereitschaft, Begabung, Mitleid …
2. Schreiben Sie täglich auf, was Sie Ihrem Ehepartner sagen, und händigen Sie es ihm am Ende der Woche aus.
3. Danken Sie Gott tagtäglich für die guten Dinge, die Sie in Ihrem Partner sehen. Das können Sie während Ihrer Gebetszeit laut tun.
4. Hören Sie nicht auf, täglich gemeinsam zu beten.
5. Praktizieren Sie die *Hörübung* aus Kapitel 4 in dieser Woche zweimal.

Notizen

KAPITEL 8

Emotionale Intimität

Es gibt nur wenige Freuden, die der Gegenwart des Menschen gleichkommen, dem wir zutiefst vertrauen.

George MacDonald

Wenn wir in der Ehe zur Intimität gelangen wollen, müssen wir es riskieren, uns verletzbar zu machen. Entscheiden wir uns, die Tiefenschichten unseres Herzens verborgen zu halten, so erlangen wir vielleicht Sicherheit, fühlen uns aber unverändert einsam und leer. Denn jedem Menschen wohnt das fundamentale Verlangen inne, tief zu erkennen und tief erkannt zu werden. Ebenso wie eine Pflanze Sonnenschein, frische Luft und Regen braucht, benötigen auch wir eine gewisse Offenheit, wenn wir wachsen wollen. Wahrhaftigkeit und Verletzlichkeit in Liebe bringen Heilung und Ganzheit in die Ehe.

In den Ohren solcher, die durch Erfahrungen des Lebens tief verwundet worden sind, mag es dumm oder furchterregend klingen, sich verletzbar machen zu sollen. Wieso sollte man sich noch mehr Schmerz aussetzen? Doch jedem menschlichen Herzen ist das Verlangen angeboren, von wenigstens einer Person in der Tiefe erkannt und geliebt zu werden. Es gibt nur einen Weg, die Erfüllung dieses Verlangens zu erleben: indem Sie den Schutzschild niederlegen, den Sie aufgerichtet haben, um Schmerz von sich fernzuhalten. Indes tragen sich in unserer gebrochenen Welt viele Menschen: „Wie sieht *gesunde* Intimität aus, und wie können wir sie in unseren Beziehungen pflegen?" Mir kommt insbesondere die Geschichte eines bestimmten Paares in den Sinn, das einen LAM-Workshop aufsuchte, um ebendiese Antwort zu finden.

William und Julie hingen in einem allzu vertrauten Teufelskreis fest: Sie lebten in einer Ehe, in der es keine wirkliche emotionale Intimität gab. William ging es sehr schlecht – er hielt sich für unfähig, seine Frau glücklich zu machen, sosehr er sich auch nach einer echten, liebevollen Verbindung mit ihr sehnte. Leider ließ sich William von der Angst anstecken, seine Ehe werde scheitern, und kaum kam es einmal zu einem etwas schwierigeren Gespräch mit Julie, fand diese Angst neue Nahrung. Hoffnung wurde für ihn sowohl gefährlich als auch unerreichbar. Er war überzeugt, nie im Leben der Mann sein zu können, den Julie brauchte, sosehr er sie auch liebte.

Beherrscht von seinen Unzulänglichkeiten, kam William mit jedem Problem zu Julie. Aufgrund der Bürden, die sie mit in die Ehe gebracht hatte, nahm sie die überschwere Last der Verantwortung für alles und jedes in ihrer Beziehung auf sich.

Je mehr die Spannungen zwischen ihnen zunahmen, umso mehr auch die Distanz. In ihrem verzweifelten Bemühen, einen Draht zueinander zu finden, nahmen sie immer wieder einen Anlauf, die Dinge durchzusprechen, aber es kamen immer nur neue Missverständnisse und Schmerzen dabei heraus. William ging dann mit dem Gefühl seiner Wege, ein Versager zu sein – als Mann und in seiner Ehe. Wieder einmal hatte er kein Gehör gefunden und es nicht geschafft, eine Verbindung zu der einen Person in seinem Leben herzustellen, nach der er sich so sehnte. Julie brach in ihrem Gefühl der Überforderung und Überlastung in Tränen der Hoffnungslosigkeit aus, weil ihre Bemühungen, die Dinge zu lösen, nie fruchteten.

Diese Art, miteinander umzugehen, hatten sie jahrelang kultiviert. William und Julie wussten, dass sie Hilfe von außen brauchten, um davon loszukommen, also beschlossen sie, den „Liebe-in-der-Ehe"-Workshop auszuprobieren, den ihre Gemeinde anbot.

Das allererste Thema, das wir im LAM-Workshop ansprechen, ist die Kraft der Transparenz und Verletzlichkeit: das Prinzip, nichts zu verstecken. Die grundlegendste Komponente einer Intimbeziehung, nämlich zu erkennen und erkannt zu werden, setzt voraus, dass ein Paar keine Geheimnisse voreinander hat. Jeder der Ehepartner muss sowohl verstehen als auch verstanden werden. In unseren Workshops fordern wir die Teilnehmer auf, auf den Heiligen Geist zu hören und bereitwillig mitzuteilen, was immer er ihnen eingibt – nicht mehr und nicht weniger.

Als von „nichts verstecken" die Rede war, spürte William einen bohrenden Schmerz in seiner Magengrube. Es war die erste Workshop-Sitzung, und die Teilnehmer waren aufgefordert zu beten und weiterzusagen, was auch immer Gott ihnen an verborgenen Dingen hatte in den Sinn kommen lassen. Wie eine Sirene, die in seinem Gewissen heulte, schrie ihn der Pornokonsum an, dem er sich in den vergangenen zwei Jahren hingegeben hatte. Er hatte den Redner sagen hören, wenn er jene Verbindung zu seiner Frau haben wolle, nach der er sich so tief sehnte, dürfe er keine Geheimnisse haben. Während ihm das Herz im Leibe brannte, entschloss er sich, Julie seine Porno-Abhängigkeit zu gestehen, die ihn auslaugte. Auch wenn er zutiefst verängstigt war, war das genau der Punkt, an dem Gott von ihm erwartete, aktiv zu werden, wenn er und Julie vorankommen wollten.

Während sie an ihren wöchentlichen Hausaufgaben saßen, wagte sich William aus der Deckung und fragte: „Schatz, gibt es irgendwelche tiefen, dunklen Geheimnisse, die du vor mir verbirgst und über die du mit mir reden solltest?" Dahinter steckte die Hoffnung, dass nicht nur er was zu offenbaren haben würde. Julie dachte sorgfältig über die Frage nach und antwortete dann, da gebe es nichts. Mit verknotetem Magen wusste William, dass er jetzt an der Reihe war. Entschlossen, seinen Überzeugungen getreu zu handeln, erzählte er ihr alles und verschwieg nichts. Er hatte sich seines Pornokonsums geschämt, abgesehen davon, dass ihn diese Gewohnheit sehr aufgezehrt hatte. Auch wenn es ihm schwerfiel, seine Sünde zu enthüllen, war dies für seinen Geist eine große Erleichterung. Auf dieser Welle der Transparenz hoch am Wind segelnd, erinnerte sich William noch einer weiteren beschämenden sexuellen Erfahrung aus der Zeit vor seiner Heirat und riskierte es, auch diese mitzuteilen. Endlich war alles heraus, und das fühlte sich so gut an! Alles Versteckspielen – all seine

Gedanken, ungenügend und widerlich zu sein und sich schämen zu müssen – war nun vorüber. Die Erleichterung tat ihm gut. Er fühlte sich wie neugeboren.

Das Risiko feiern

Das Leben mit Gott soll voller Freiheit sein! Gott ist begeistert, wenn wir etwas riskieren, weil wir ihm nachfolgen und wahrhaftig in der Liebe sein wollen. William ging ein gewaltiges Risiko ein, als er sich seiner Frau gegenüber rückhaltlos öffnete. Er überwand sowohl seine Verlegenheits- und Schamgefühle als auch seine Furcht vor Julies Wut und Zurückweisung. Bis er bereit war, diesen Schritt zu gehen, standen seine Scham- und Schuldgefühle wie eine unsichtbare Trennwand zwischen ihnen, die jedes Vorankommen in puncto Intimität verhinderte. Williams Eingeständnis zeigt jene Art von Glauben, Wagemut und Vertrauen, die Gottes Gegenwart und Kraft in eine Ehe hineinzieht. Doch das Geständnis ist nur das Anfangsrisiko.

Nachdem William seine verborgene Sünde offengelegt hatte, empfand Julie keineswegs dasselbe Hochgefühl wie er. Sie wusste, dass William das alles hatte sagen müssen, aber dieses Wissen wog den niederschmetternden Schmerz und Schock nicht auf, den sie empfand. Sie hatte sich immer sehr viel Mühe gegeben, jeden Mangel in ihrer Ehe auszugleichen, und jetzt sah sie sich nicht nur bitter betrogen, sondern hatte auch das Gefühl, versagt zu haben. Obwohl William endlich die Hoffnung und das Leben ausstrahlte, das sie sich immer gewünscht hatte, fühlte sich die Last, die jetzt auf ihr lastete, drückend und überwältigend an. Und was die Sache noch schlimmer machte: William fiel es schwer, nachzuvollziehen, welch tiefen Schmerz Julie empfand, schwelgte er doch selbst in der Euphorie über seine neu gewonnene Freiheit.

Julie brauchte etwas Abstand, um mit all dem fertig zu werden, was zutage getreten war. Zum Glück traf sie bewusst die Entscheidung, eine Freundin aufzusuchen, von der sie wusste, dass sie ihr geistlich beistehen würde. Der Freundin gelang es, Julie einfühlsam an einen Punkt zu führen, an dem sie glauben und darauf vertrauen konnte, dass Gott in ihrer Ehe wirken werde. Nachdem sie einen ganzen Nachmittag hindurch mit ihrer Freundin geweint, gebetet und diese Sache durchgearbeitet hatte, bemerkte Julie, dass hier etwas Größeres passierte als der Schmerz, den sie fühlte. Ihrem verwundeten Herzen zum Trotz konnte sie Gottes Plan erkennen, und sie kehrte hoffnungsvoll und in der Entschlossenheit nach Hause zurück, zu der Intimität durchzubrechen, die sie am Horizont heraufdämmern sah.

Mit dieser neuen Perspektive versehen, konnte Julie ihre Gefühle der Kränkung hinter sich lassen und sich mit William darin eins machen, Gottes Ziele für ihre Ehe zu verfolgen. Immer noch überstürzten sich in ihrem Kopf die Fragen: *Kann es sein, dass diese wahrhaftige, verletzliche Kommunikation tatsächlich zu dem führt, wonach wir immer gesucht haben? Kann ich mich darauf verlassen, dass William wahrhaftig bleibt? Wird dieser Schmerz jemals verschwinden? Kann es sein, dass wir uns wirklich auf dem Weg in eine tiefe, erfüllte Ehebeziehung befinden?* Trotz all der Fragen und Ungewissheiten entschied sie sich, das Risiko zu „feiern", das William eingegangen war, und auch selbst etwas zu riskieren.

In der Ehe werden wir regelmäßig mit Entscheidungen konfrontiert, und eine der maßgeblichsten ist die, ob wir unseren Ehepartner mit Gottes Augen sehen wollen oder nicht, und ob wir bereit sind, unser Augenmerk auf das Gute zu richten. Der Apostel Paulus lehrt in 1. Korinther 13 über die Liebe und sagt in Vers 6, diese freue sich *„mit der Wahrheit"*. Im Weiteren sagt er, die Liebe *„erträgt alles, sie glaubt alles, sie hofft alles, sie erduldet alles"* (V. 7), um sodann den berühmten Schlusspunkt zu setzen: *„Die Liebe vergeht niemals"* (V. 8; alle Zitate nach REÜ). Wenn wir uns der Wahrheit erfreuen und uns entscheiden, die Wahrheit Gottes über unseren Ehepartner zu glauben, wird Hoffnung unser Herz darin bestärken, immer tiefer in seine unerschöpfliche Liebe einzudringen. Dabei demonstrieren wir aktiv unseren Glauben und unser Vertrauen in Gott.

An diesem Punkt fand sich Julie vor einer entscheidenden Frage: „Herr, kannst du mir bitte helfen, wirklich zu sehen, was in Williams Herzen ist?" Julie entschied sich klugerweise dafür, auf Gottes Herz und seine Gedanken über ihren Mann und die Situation zu hören, anstatt sich ihren überwältigenden Gefühlen der Verletztheit, der Kränkung und des Betrogenseins hinzugeben.

Das war ein entscheidender Punkt für einen positiven Ausgang ihrer traumatischen Ehekrise.

Denken Sie daran: Wenn Sie sich in einer Phase der Krise und der Traumatisierung befinden, sind Ihre Gefühle nicht Ihre Verbündeten. Was wäre passiert, wenn Julie ihren Gefühlen gefolgt wäre und eine Freundin aufgesucht hätte, die sich mit ihrem Schmerz und ihrer Kränkung verbündet hätte? Sie hätte Munition gesammelt, um ihren Ehemann zu beschuldigen und anzuklagen, was die Trennung nur verschlimmert hätte. Die Entscheidung zum Glauben und zur Hoffnung ist nicht ohne Risiko, aber sie ist Gottes Weg zum Vertrauen, zur Liebe und zu der Freiheit, nach der wir uns so verzweifelt sehnen.

Gesunde Intimität

Hier kommt die Definition gesunder Intimität, die wir anwenden:

> *Gesunde Intimität findet man in einer Beziehung zwischen zwei Personen, die sich beide auf eine sehr persönliche und tiefgehende Weise kennen und in dieser Weise auch vom anderen erkannt werden. Sie reden offen über dieses tiefgehende persönliche Kennen und gehen vertrauensvoll und respektvoll damit um.*

Gesunde Intimität weist also drei Hauptbestandteile auf:

1. Es muss ein tiefes, persönliches Erkennen gegeben sein, und zwar beidseitig.
2. Es muss so sein, dass die Partner sich bewusst über dieses tiefe, persönliche Erkennen austauschen.
3. Dieses miteinander geteilte tiefe, persönliche Erkennen muss mit Vertrauen und Respekt behandelt werden.

Tiefes, persönliches Erkennen

Sich verletzlich zu machen und jemandem den uneingeschränkten Zugang zum eigenen Herzen zu gewähren, ist vermutlich das größte Risiko, das Sie jemals eingehen werden. Viele Menschen nehmen lieber körperliche und finanzielle Risiken auf sich, als dass sie es jemals wagten, ihr Herz aufzuschließen. Andere gehen sogar so weit, eher sexuelle als emotionale Intimität zu wagen. Die Wahrheit ist, dass gesunde Intimität niemals mit sexuellem Kontakt beginnen sollte, sondern mit dem Erkennen.

Vor Kurzem kam eine Frau zu mir und erzählte, sie habe ihren Mann lange im Verdacht gehabt, eine Affäre zu haben. Weil sie sich so verzweifelt nach Liebe sehnte und sich vor Ablehnung fürchtete, konnte sie es nicht wagen, ihn direkt danach zu fragen. Immer wenn sie versucht hatte, etwas aus ihm herauszuholen, hatte er sehr kritisch und abwertend reagiert – also gab sie sich damit zufrieden, nur das zu hören, was sie hören wollte. Am meisten befürchtete sie aber, ihr Mann sei ihr womöglich nicht treu.

Während ihrer LAM-Teilnahme entschloss sie sich zur Kühnheit und wagte es, rückhaltlos ehrlich zu werden. Endlich stellte sie ihren Mann zur Rede und hörte die Wahrheit, die sie längst kannte: Er *hatte* eine Affäre. Nach dieser Eröffnung erkannte sie, wie sehr sie sich von Angst hatte beherrschen und lähmen lassen. Jahrelang hatte sie nie richtig gewusst, wer sie bzw. wer ihr Mann war – so lange, bis sie anfing auszusprechen, was sie wirklich dachte. Das musste sie tun, auch wenn er ihr noch so oft aggressiv antwortete und falsche Beschuldigungen gegen sie vorbrachte. So schrecklich es für sie auch war, sich ihren Ängsten zu stellen, so brachte es sie doch endlich dahin, es nicht länger mit all den Lügen und Halbwahrheiten auszuhalten. Nachdem sie sich zur rückhaltlosen Wahrhaftigkeit entschieden hatte, gingen ihr die Augen auf und sie konnte klar sehen, dass sie in ihrer Ehe nie eine authentische Intimität entwickelt hatten.

Leider endete diese Ehe in Scheidung, da der Mann von seiner Affäre und seiner Selbsttäuschung nicht lassen wollte. Sie hatte keine Macht über die Entscheidungen ihres Mannes, aber sie entschied für sich selbst, es zu riskieren, lieber in der Wahrheit als in Angst zu leben. Trotz der Scheidung ist diese Frau dankbar dafür, dass sie es gelernt hat, in Liebe wahrhaftig zu sein. Mit einem neuen Bewusstsein ausgestattet, ist sie sowohl in ihrem Selbstvertrauen aufgeblüht als auch in ihren Beziehungen zu Freunden und Verwandten sprunghaft gewachsen.

Bewusst miteinander reden

Vor Jahren suchte mich eine gläubige Familie auf, um sich Rat im Blick auf ihre drei heranwachsenden Töchter zu holen. Auf die Frage, wie es um die Kommunikation in ihrer Familie stehe, brach es aus der ältesten, etwa 18-jährigen Tochter heraus: „In unserer Familie wird nicht wirklich geredet, es läuft alles über Stimmungen." Sie versäumten es, sich einer der größten Gaben zum Aufbau gesunder, intimer Beziehungen zu bedienen: des bewussten, zielgerichteten Gesprächs. Stattdessen mussten sie anhand der „Stimmungen" erraten, was in der Familie Sache war.

Manchmal mag es Ihnen so vorkommen, als verstünden Sie Ihren Ehepartner einfach deshalb, weil sie ihn jahrelang beobachtet haben. Nun kann man gewiss eine Menge durch Beobachtung lernen, aber wirkliche Intimität verlangt es, dass Sie offen reden. Fällt Ihnen das Kommunizieren schwer? Können Sie über Ihre eigenen, persönlichen Gedanken und Gefühle sprechen, über das, was nur Sie selbst wissen? Nur durch offenes, ehrliches Reden können Sie wirklich gemeinsam an Dingen arbeiten, die Ihre Ehe beeinflussen. Nur im offenen, ehrlichen Gespräch können Sie bestätigt finden, was Sie über Ihre Ehepartner zu wissen meinen.

- Falls es Ihnen schwerfällt, die Wahrheit in Liebe auszusprechen, lesen Sie folgendes Gebet bitte laut zusammen: *Herr, wir bitten dich, dass du uns zu dem Wunsch und Willen verhilfst, das Vertraute, Bequeme hinter uns zu lassen und zu tiefer, persönlicher Kommunikation vorzudringen. Falls einer von uns in Sachen Kommunikation stärker und besser begabt ist, hilf uns bitte, geduldig zu sein und einander zu unterstützen, unsere Begabung zu nutzen, um dem Partner zu helfen. Wir beten um Mut, wo wir uns unzureichend fühlen, sodass wir bewusst immer mehr Risiken auf uns nehmen und uns immer mehr öffnen können, damit wir es lernen, die Wahrheit in Liebe zu reden. Amen.*
- Als Nächstes beten Sie bitte laut so: *Im Namen Jesu Christi nagle ich die Angst, mich zu öffnen und Verletzlichkeit zu riskieren, ans Kreuz Jesu Christi. Ich breche jede Übereinkunft mit dieser Angst, die ich in meinen Gedanken getroffen habe bzw. die Folge meiner Entscheidungen ist. Im Namen Jesu breche ich jede*

bewusste oder unbewusste Übereinkunft mit dieser Angst. Vater, schicke diese Angst von mir weg. Herr, ich erlaube dir, mich zu lehren, das Risiko der Verletzlichkeit einzugehen. Vater, was möchtest du mir anstelle dieser Angst vor Verletzlichkeit geben?

- Und jetzt hören Sie bitte hin, was der Herr Ihnen anstelle der Angst geben will.

Mit intimen Informationen vertrauenswürdig und respektvoll umgehen

In der ganzen Zeit unserer Ehe haben Lori und ich es uns nie erlaubt, den anderen anzuschreien, uns zu beschimpfen oder über den anderen zu fluchen. Interessanterweise sind wir seit Beginn der LAM-Seminare mit größeren Herausforderungen in unserer Beziehung konfrontiert, als wir sie in den dreißig Jahren davor jemals erlebt hatten.

Vor ein paar Monaten hatte ich mit ein paar Verletzungen und Missverständnissen zu kämpfen, die zwischen uns aufgetreten waren. Dem Feind stand eine Tür offen, mich einen ganzen Tag lang mit bösen, gemeinen Gedanken über Lori zu beschießen. Ich fühlte mich schrecklich! Einen solchen Zorn gegen sie hatte ich vorher noch nie verspürt. Bis wir die Möglichkeit hatten, diese Sache durchzuarbeiten, blieb mir nichts anderes, als mich davor zu hüten, die destruktiven Worte auszusprechen, die meine Gedankenwelt attackierten. Ich wusste, dass ich die Gefühle, die in mir waren, nicht einfach so herauslassen konnte – das hätte Lori zu Boden geschmettert. Manchmal kann es sein, dass wir das Sperrfeuer der Gefühle nicht verstehen, das in uns wütet. In solchen Zeiten ist es wichtig, dass wir nicht nach dem handeln, was wir fühlen, vielmehr betend in unsere Herzen hineinschauen. Wir können es uns schlicht nicht erlauben, das Wissen und die Einflussmöglichkeiten, die wir haben, zur Verletzung unseres Ehepartners zu benutzen und so unsere eheliche Verbundenheit zu beschädigen.

Zur Zeit jener speziellen Prüfung unterrichteten wir gerade einen LAM-Workshop in der Bethel-Gemeinde in Redding, Kalifornien.

Am Sonntagmorgen teilten wir der Teilnehmergruppe mit, was wir gerade erlebten. Danach fragten wir, wie viele aus der Gruppe derzeit dieselbe Art des Ansturms von Zorn erlebten oder eine solche Erfahrung in ihrer Ehe schon einmal gemacht hatten. Mehr als die Hälfte der teilnehmenden Paare erhob sich. Wir beteten, dass der Herr diese zerstörerische Macht in den Ehen der Betroffenen genauso brechen möge, wie er es für uns in jener Woche getan hatte.

Lori und ich haben herausgefunden, dass solche ungewöhnlichen Erfahrungen oftmals eine Art „Wort der Erkenntnis" darstellen. Es macht keinen Spaß, sie durchzumachen, aber der Herr offenbart uns durch diese Lebenserfahrungen unerlässliche Informationen. Er zeigte uns, was viele der teilnehmenden Paare regelmäßig erlebt hatten oder gerade erlebten. Dadurch, dass wir in unserer Ehe diese Prüfungen überwunden haben, hat der Herr uns die Autorität verliehen, anderen zu helfen. Als Leiter oder Lehrer müssen wir selbst belehrbar bleiben und in der Lage sein, in unserer eigenen Ehe die Prinzipien zu praktizieren, die wir anderen beibringen wollen.

Gegenüber dem Ehegatten das eigene Herz zu öffnen ist ein kostbares Geschenk, das wir sowohl geben als auch empfangen. Einer der Wege, wie man aufblühende Intimität im Handumdrehen zunichte machen kann, besteht darin, die persönlichen Informationen, die einem anvertraut werden, zu benutzen, um den Menschen zu verletzen, den man liebt. Wenn man jedoch die Verbundenheit schätzt, die durch Intimität entstanden ist, schützt man die verletzlichen Bereiche, die der Ehepartner einem in Liebe mitgeteilt hat. Nur so gedeihen Intimität, Vertrauen und Respekt auf nahrhaftem Boden und können gute Frucht tragen.

Gesunde Vertrautheit pflegen

Sich selbst zu kennen und sich zu der Wahrheit über sich selbst zu stellen, ist Voraussetzung dafür, mit einem anderen Menschen vertraut werden zu können. Es kommt sehr darauf an, sich der eigenen Stärken wie Schwächen bewusst zu sein. Solange Sie Ihre Stärken und guten Qualitäten nicht anerkennen und einsetzen, können Sie diese Qualitäten niemals in Ihre Ehe einbringen, und als Folge davon wird Ihre Ehe nicht ihr eigentliches Potenzial erreichen.

Wenn Sie sich Ihren Schwächen und Fehlern nicht rückhaltlos stellen, führt das typischerweise dazu, dass Sie ebendiese negativen Attribute Ihrem Ehepartner zuschreiben. In der Psychologie nennt man diesen Vorgang Projektion. Wenn Sie in Ihrer Ehe die Defensivtaktik der Projektion anwenden, schreiben Sie Ihrem Gatten die negativen Eigenschaften zu, für die Sie nicht persönlich die Verantwortung übernommen haben.

James und Christy suchten meine Praxis auf, weil sie einige Probleme in ihrer Ehe aufarbeiten wollten – zumindest sagten sie das. Nachdem wir uns monatelang getroffen hatten, war nur sehr wenig Fortschritt bei ihnen zu sehen. Während ich auf meinem Stuhl saß und mir wieder einmal anhörte, wie James seine Frau Christy kritisierte, konnte ich nicht umhin, mich irgendwie genervt zu fühlen. In den Sitzungen tat James nichts anderes, als sämtliche Fehler seiner Frau hervorzuheben, während Christy sich alle Mühe zu geben schien, die Ehe in Schuss zu halten, obwohl sie verletzt und verwirrt war. Irgendwas passte hier nicht zusammen.

Nach einiger Zeit kam die Wahrheit endlich ans Licht. James steckte mitten in einer Affäre mit einer Frau aus ihrer Gemeinde. Infolge des inneren Kampfes gegen seine Schuldgefühle hatten die Verteidigungsmechanismen der Selbstrechtfertigung und Projektion ihn blind für die Wahrheit über sich selbst gemacht. In seinem Herzen gab er seiner Frau die Schuld an all ihren Problemen und konnte seine eigenen Fehler nicht sehen. Solange James nicht willens war, ehrlich zu sein, was sein eigenes Leben anging, konnte er nichts anderes sehen als Christys Fehler. So absurd das klingen mag, es passiert am laufenden Band. Ich könnte Dutzende ähnlicher Geschichten erzählen, in denen einer der Beteiligten seine eigenen Probleme nicht sieht und sie buchstäblich dem Ehepartner anhängt, diesen also der eigenen Probleme bezichtigt.

Zum Glück nahm sich dieser Mann ernstlich vor, die Dinge in Ordnung zu bringen, sobald die Affäre einmal ans Licht gekommen war. Er bekannte sich rückhaltlos zu seinem Ehebruch und räumte der Leiterschaft der Gemeinde das Recht ein, einen Plan zur persönlichen und ehelichen Wiederherstellung zu erarbeiten. Interessanterweise sah er sich selbst und seine Frau schon bald nachdem er seinen Ehebruch bekannt und Buße darüber getan hatte in einem völlig anderen Licht. Endlich konnte er erkennen, dass seine Frau trotz ihrer Kämpfe mit Co-Abhängigkeit ihr Bestes gab, um ihn zu lieben und ihm zu dienen. Er sah, wie schön ihr Herz für ihn tatsächlich war. Nachdem er Buße getan hatte, konnte er auch erkennen, wie tief er seine Frau, seine Gemeindefamilie und Gott verletzt hatte. Die meisten dieser Wahrheiten blieben ihm verborgen, solange er den Irrweg des Ehebruchs noch beschritt. James' und Christys Ehe wurde wiederhergestellt, und bis heute leben sie in tieferer Einheit und größerer Freude als je zuvor.

Bekenntnis und Buße

Geistlich gesprochen gibt es eine einfache Lösung für die Blindheit, die aus Projektion entsteht: Man nennt sie Bekenntnis und Buße. In der Bibel sind es die Pharisäer, die uns ein deutliches Beispiel für Projektion liefern. Blind durch Selbstgerechtigkeit und Stolz, entschieden sie sich, den Dienst Johannes' des Täufers abzulehnen. Diese wichtige Tatsache wird uns in drei Evangelien berichtet (vgl. Mt 21,25; Mk 11,30-31; Lk 20,1-4). Johannes predigte eine Taufe der Buße und des Sündenbekenntnisses, um Vergebung zu erlangen. Diese Taufe war die präzise Vorbereitung, die notwendig war, damit Menschen das Reich Gottes in Jesus erkennen konnten. Die Vielzahl der Sünder, die die Taufe des Johannes angenommen und ihre Sünden bekannt hatte, konnte erkennen, dass Jesus von Gott kam. Die Pharisäer konnten das nicht.

Es ist nicht ohne Ironie, dass die Pharisäer, die geistlichen Leiter Israels, versagten, als es darum ging, die Salbung und Berufung Gottes in Johannes dem Täufer wie auch in Jesus zu sehen. Als sie Jesus beim Austreiben von Dämonen beobachteten, beschuldigten sie ihn, seine Kraft von Beelzebub, dem Herrscher der Dämonen, zu beziehen (vgl. Mk 3,22). Die Pharisäer betitelten Jesus als Sünder (vgl. Joh 9,24). Ferner wird von ihrer Überzeugung berichtet, Johannes der Täufer habe einen Dämon, während Jesus für sie „ein Schlemmer und Säufer", ein „Freund der Zolleinnehmer und Sünder" war (Lk 7,34).

Jesus machte deutlich, dass die Pharisäer keine geistlichen Leiter, sondern vielmehr Heuchler, Narren, blinde Führer, Söhne der Hölle, Schlangen und Otterngezücht waren, die dem Höllenfeuer nicht entgehen würden (vgl. Mt 23,13). Natürlich wissen wir, dass Jesus hier die Wahrheit aussprach – aber schauen wir uns das mal unter seelsorgerlichem Blickwinkel an. Wer hatte recht? Jesus und die Pharisäer waren gleichermaßen überzeugt, im Recht zu sein! Leider projizierten die Pharisäer auf Jesus und Johannes die Sünden, die sie selbst niemals bekannt und durch Buße bereinigt hatten. Am Ende waren die Pharisäer, die gegen Jesus intrigierten, ihm übel nachredeten und ihn schließlich ermordeten, überzeugt, dass er der Böse sei, während sie für das Recht einstanden. Ihre nicht bekannte Sünde führte zu so nachhaltiger Selbsttäuschung, dass sie voll und ganz davon überzeugt waren, Gott und dem Volk Israel zu dienen, indem sie Jesus umbrachten!

Wie bereits gesagt, ist eine Vorbedingung für Vertrautheit, dass man Verantwortung für die eigenen Schwächen und Fehler übernimmt. Sündhafte, zerstörerische Haltungen und Verhaltensweisen in unserem Leben müssen *eingestanden* und *bearbeitet* werden (*Bekenntnis* und *Buße*), wenn wir nicht dahin kommen wollen, dass wir ebendiese Dinge unserem Ehepartner anheften und vorwerfen. Wo das geschieht, kommt es nie zur wirklichen Intimität und auch nicht zum tiefen Erkennen des anderen. Vielmehr wird die Ehe dann von Co-Abhängigkeit gekennzeichnet sowie von Verwirrung darüber, welche Probleme einem selbst und welche dem Ehepartner zuzuschreiben sind. Gesunde Intimität verlangt, dass Sie sich selbst kennen und sich mit jeder geistlichen Finsternis auseinandersetzen, unter deren Einfluss Sie stehen. Aus diesem Grund nehmen Lori und ich uns auf den LAM-Seminaren so viel Zeit dafür zu betonen, wie wichtig es ist, Sünde als eine geistliche Macht zu überwinden. Wenn Paare es nicht lernen, die geistliche Finsternis zu erkennen und zu überwinden, die sich gegen ihre Ehen wendet, wird das zur Folge haben, dass sie ihren Ehepartner als Feind betrachten.

Dem Feind liegt ungemein viel daran, die großartigste menschliche Verbindung auseinanderzubringen, die Gott geschaffen hat: die Ehe. Wenn wir dem Feind erlauben, uns in gegenseitige Beschuldigungen zu verstricken, verscherzen wir uns die Intimität und die Einigkeit, die Gott für uns vorgesehen hat. Wir müssen lernen zusammenzustehen und gegen unseren wirklichen Widersacher zu kämpfen, damit es ihm nicht gelingt, uns unseren Partner zum Feind zu machen, und wir müssen lernen, die Machenschaften des Teufels gemeinsam zu überwinden, damit unserer Intimität nichts im Wege steht.

Es kommt nicht nur darauf an, wer wir sind, sondern auch darauf, was wir tun

Der letzte Schritt, um Vertrautheit zu erleben und zu pflegen, besteht darin, dass wir lernen, so zu leben, dass wir vor Gott ein gutes Gewissen haben. Wenn wir bei irgendetwas, das wir tun, Schuldgefühle haben, lassen wir niemand wirklich an uns ran. Die Scham möchte die Dinge im Verborgenen halten!

Erinnern Sie sich an James und Christy? James verbarg seinen Ehebruch vor seiner Frau. Die echte Wirklichkeit der Sünde zeigt sich darin, dass er zwar jeweils für einen Moment in dem Hochgefühl von illegitimem Sex schwelgte, sich aber die meiste Zeit fürchterlich elend fühlte. Jeder Tag war eine Qual für ihn, schlug er sich doch permanent mit Schuldgefühlen und der Angst vor Entlarvung herum. Jedes Mal, wenn er seine Kinder ansah, fühlte er sich tief beschämt, weil er sich für einen zerstörerischen Weg der Befriedigung seiner sündhaften fleischlichen Gelüste entschieden hatte, anstatt ehrbar zu leben und sich alle Mühe zu geben, die Bündnisbeziehung zu seiner Frau zu stärken. Als Christ konnte er mit diesem Gespaltensein zwischen seinem Glauben und seinem Verhalten nicht leben und sich dabei auch noch gut fühlen. Wenn Sie im Bereich Ihrer innersten Werte und moralischen Haltungen Kompromisse eingehen, setzen Sie Ihrer Fähigkeit zu vertrauten Beziehungen, vor allem in der Ehe, enge Grenzen.

Bitte denken Sie nicht, ich wolle sagen, wir könnten immer vollkommen leben, ohne je einen Fehler zu begehen. Vielmehr sollte uns klar sein: Unsere Werte und Worte müssen von solchem Gewicht sein, dass sie sich in den Entscheidungen widerspiegeln, die wir im Leben treffen, seien sie nun groß oder klein. Immer wieder hört man Aussagen wie: „Es kommt darauf an, wer du bist, nicht darauf, was du tust" oder: „Gott geht es nicht um das, was du leistest, sondern um dein Herz." Nun, solche Sätze halte ich nicht für wahr! Es geht weder allein um Ihr Herz noch ausschließlich um das, was Sie tun – es geht um *beides!* Ja, Gott schaut auf unser Herz, um uns gerecht zu beurteilen, aber es ist unser Handeln, das offenbart, was in unseren Herzen ist.

Werfen wir noch einmal einen Blick auf Johannes den Täufer. Er war auserwählt, eine Botschaft zu überbringen, die die Menschen darauf vorbereiten sollte, das Reich Gottes in der Person Jesu Christi zu sehen und zu empfangen. Indem er die Pharisäer und Sadduzäer, die zu ihm kamen, um sich taufen zu lassen, ermahnte, und indem er sagte: *„Bringt Frucht, die zeigt, dass es euch mit der Umkehr ernst ist"* (Mt 3,8), macht er uns klar, dass Worte der Buße einfach nicht ausreichen – es muss mehr geben, nämlich wahre Buße, also eine Sinnes- und Verhaltensänderung, die mit unserem Bekenntnis einhergeht. Wahre Buße wird stets echte Veränderung mit sich bringen und gute, erstrebenswerte Frucht zur Folge haben.

Eine Bemerkung zum Schluss: Wir betrügen uns selbst und hintergehen das Vertrauen anderer, wenn wir fortwährend das Richtige sagen, ohne aber uns selbst zu prüfen, ob wir auch tatsächlich das Richtige tun. Noch einmal: Ich fordere Sie nicht auf, perfekt zu sein und nie einen Fehler zu machen. Ich unterstreiche die Wichtigkeit ernsten Bemühens darum, mit Ihrem Ehepartner so zusammenzuleben, dass Ihr Leben Ihre Worte nicht Lügen straft. Die meisten Ehepartner sind zufrieden, wenn sie nur echtes Bemühen sehen. Sie brauchen keine Vollkommenheit, nur ehrliches, anhaltendes Bemühen. Gott setzt alles daran, dass Sie die Vertrautheit erleben, nach der Sie sich sehnen. Haben Sie verstanden, dass es Gottes Wunsch für uns alle ist, Sünden zu bekennen und davon umzukehren, damit wir die Freiheit haben, unseren Ehepartner ins Innerste unseres Herzens einzuladen? Dieser Weg ist notwendig, damit wir Intimität mit dem Herrn und miteinander erfahren (vgl. 1 Joh 1,7).

Gebet

Vater, ich bete um die Gnade, die jeder der Leser braucht, um dir und deinen Wegen zu vertrauen. Ich bete für sie um die Demut, dir und ihrem Ehepartner jeden Bereich zu bekennen, in dem sie die Finsternis beherrscht. Ich bete um die Gnade, dass sie über ein bloßes zerknirschtes Lippenbekenntnis hinaus sich von Herzen dazu entschließen, sich immer wieder dir zuzuwenden und dich bleibende Veränderung bringen zu lassen. Das bete ich im Namen Jesu. Amen.

Übung

1. Benennen Sie jeden Bereich in Ihrem Leben, in dem Sie bedeutende Gefühle, Gedanken, unbehagliche Empfindungen, Seelenqualen, Ängste oder Sorgen verspüren, denen Sie noch nie auf den Grund gegangen sind.
2. Welche Gedankenmuster, Gewohnheiten oder Verhaltensweisen in Ihrem Leben lassen Sie mit sich selbst unglücklich sein?

Hausaufgaben

1. Nur mal so zum Spaß: Denken Sie sich drei interessante Tatsachen aus, die Sie selbst betreffen und von denen Ihr Ehepartner nichts weiß! Dann reden Sie mit ihm darüber.
2. Bleiben Sie dran, dreimal in dieser Woche einen Gebetsspaziergang zu machen (oder was immer für Sie passend ist).
3. Wenn Sie in dieser Woche miteinander beten, bitten Sie Gott, Ihnen mehr über die Dinge zu offenbaren, die Sie mit sich selbst unglücklich sein lassen. Beten Sie gemeinsam über diese Dinge. Wenden Sie gegebenenfalls das *1-2-3-UND-WEG-DAMIT*-Werkzeug an (vgl. Kap. 6).
4. Praktizieren Sie in dieser Woche zweimal die *Hörübung* aus Kapitel 4.

Notizen

Kapitel 9

Schritte zur Versöhnung

Obwohl ich (Barry) 33 Jahre älter bin als mein jüngster Sohn, Brendon, kommen er und ich in vielerlei Weise gut miteinander klar. Wir haben einen sehr ähnlichen Musikgeschmack. Er ist ein Denker, genau wie ich, und beide lassen wir uns sehr stark von unseren Überzeugungen leiten. Er studiert Psychologie im Hauptfach, genau wie ich es einst getan habe. Im Laufe der Jahre hat es Probleme und Missverständnisse zwischen uns gegeben, aber alles in allem war unsere Beziehung von großem gegenseitigem Respekt geprägt und wir kamen gut miteinander zurecht. Deswegen verblüffte mich ein Wortwechsel, der sich letzten Herbst zwischen uns ereignete.

Eines Abends saß ich am Esstisch, als Brendon auf dem Weg in sein Zimmer den Raum durchquerte. Es war Mitte August, und plötzlich schoss mir durch den Kopf: *Brendon hat noch überhaupt nichts darüber gesagt, dass er sich fürs Herbstsemester zurückgemeldet hat.* Mit fiel ein, dass Brendon im Frühling den Entschluss getroffen hatte, zu Hause zu bleiben und arbeiten zu gehen, um sich das Geld für sein Studium zusammenzusparen. Also fragte ich ihn, ob er sich fürs Herbstsemester zurückgemeldet hatte. Ziemlich kurz angebunden und ohne nähere Erläuterung verneinte er. Ich spürte bei ihm einen gewissen Widerstand, fragte aber vorsichtig weiter, ob er denn plane, Vorlesungen zu besuchen. Er ließ mich wissen, er wolle erst ein paar Anträge auf Studienförderung stellen und sich dann im Frühjahr wieder einschreiben. Darauf fragte ich ihn, etwas irritiert durch seinen Widerstand: „Weißt du denn, bis zu welchem Termin du diese Anträge gestellt haben musst?" Unverändert knapp sagte er „Ja" und ging seines Weges.

Verwirrt und ein bisschen erschrocken fragte ich Lori, die die Unterhaltung mit angehört hatte: „Kam Brendon dir irgendwie verärgert vor?"

„Ja, schon", antwortete sie.

Es dauerte nicht lange, bis Brendon wieder durchs Esszimmer kam, also ergriff ich die Gelegenheit beim Schopf und sagte: „Brendon, hast du dich geärgert, als ich dich nach deiner Rückmeldung an der Uni gefragt habe?"

Er überlegte einen Moment und antwortete dann: „Nee, nicht wirklich. Ich hatte nur das Gefühl, ich müsste dir die richtige Antwort geben, damit du dich nicht ärgerst." Nach ein paar weiteren Worten stellte er fest: „Es kommt mir halt so vor, als dürfte ich bei dir nicht versagen oder einen Fehler machen."

Einmal mehr war ich über seine Antwort verblüfft und wusste, dass ich mich bemühen musste, das zu verstehen. Wahrscheinlich hatte ich unbemerkt irgendetwas gesagt, das Brendon dieses Gefühl mir gegenüber vermittelt hatte. Mit einer gewissen Spannung fragte ich: „Wie kommst du darauf, dass es bei mir nicht okay ist zu versagen oder einen Fehler zu machen?"

„Na ja", sagte er, „das geht wahrscheinlich auf meine ersten Jahre zurück."

Wir gerieten in eine Debatte, die uns beide extrem frustrierte. Wir fanden einfach nicht zusammen, und keiner von uns beiden fühlte sich verstanden. Er sagte mir ein Beispiel: „Wie damals, als du mir beigebracht hast, den Rasentrimmer zu benutzen. Ich hab angefangen, damit zu arbeiten, und dann hast du ihn mir aus der Hand genommen, hast den größten Teil der Arbeit selbst erledigt und ihn mir dann wieder in die Hand gedrückt. Ich hatte das Gefühl, ich müsse es ganz genauso machen wie du, sonst wäre es nicht gut genug."

Ich verteidigte mich damit, dass ich Jahre davor eine Fernsehsendung gesehen hatte, in der es hieß, Vormachen sei eine gute Art zu lehren. Das fand ich gut. Ich dachte, ich würde ihm helfen, wenn ich ihm zeigte, was ich über Rasentrimmen gelernt hatte. Aber meine Erklärung half kein bisschen weiter. Damals bemerkte ich es nicht, aber meine Selbstverteidigung erweckte in Brendon den Eindruck, ich sei unzufrieden mit ihm! Ich gab mein Bestes, um ihm zuzuhören, wollte aber gleichzeitig, dass er mich verstand. Es war wirklich eine qualvolle Sache, mein Bedürfnis nach Verstandenwerden beiseite zu lassen und einfach zuzuhören. Auch wenn im Zimmer eine gespannte Atmosphäre herrschte, redeten wir eine ganze Weile ruhig weiter, fanden aber nach wie vor nicht zusammen.

Lori hörte unserer Diskussion schweigend zu.

An einer Stelle raffte ich – trotz meinem Frust, missverstanden zu werden – all meine Kompetenz und Energie zusammen und versuchte Brendons Gefühle zu verstehen. Was er darauf sagte, frustrierte mich nur umso mehr.

„Papa, du hast nichts von dem verstanden, was ich dir klarzumachen versuche!"

Das gab mir den Rest. Soweit ich mich erinnern kann, kam es zum ersten Mal vor, dass ich mitten in einer Unterhaltung sagte: „Das halte ich jetzt nicht mehr aus!" (Innerlich dachte ich: *Bei all meinen Klienten schaffe ich das sehr wohl, also kann es doch wohl nicht allein an mir liegen!*) Dann stand ich auf und ging in Richtung Küche.

Entnervt rief Brendon: „Jetzt geh nicht! Ich geb mir doch alle Mühe! Manchmal baue ich halt Sch..., aber ich versuch's doch wenigstens!" So redete er normalerweise nicht. Es ließ mich erschrecken und aufhorchen. Endlich vernahm ich sein Herz. Trotz der ungeheuren Frustration bei uns beiden, wusste ich, dass er sich genauso wie ich bemühte und sein Bestes tat, damit unsere Kommunikation gelang.

Endlich verschaffte sich eine Stimme des gesunden Menschenverstandes Gehör, als Lori vorschlug: „Wieso geht ihr nicht gemeinsam die *Schritte zur Versöhnung* durch?"

Da ging mir ein Licht auf! Welch eine originelle Idee! Warum nicht eines der Mittel benutzen, die ich sowohl in meiner Seelsorge als auch bei LAM lehre?

Ich setzte mich wieder an die eine lange Tischseite, während Brendon am Tischende saß. Ich sah ihn direkt an und begann, indem ich sagte, ich hätte ihn verletzt, indem ich ihn so behandelte, als könne er mir nichts gut genug machen, was ihm das Gefühl gab, er dürfe sich bei mir keinen Fehler erlauben. Diese Aussage traf ich ohne irgendeine Erklärung oder Rechtfertigung für mein Verhalten.

In einem früheren Stadium unserer Unterhaltung war mir völlig entgangen, dass ich durch meine Selbstverteidigung Frust und das Gefühl des Unverstandenseins in Brendon hervorrief. Diesmal suchte ich keine Entschuldigung, auch wenn ich ihn wirklich unabsichtlich verletzt hatte.

Als Nächstes versuchte ich es erneut mit Empathie: „Ich sehe ein, dass du nie das Gefühl hattest, es sei okay, etwas falsch zu machen. Ich sehe ein, dass mein Verhalten dir Angst vor dem Versagen einflößte. Es tut mir leid, dass du dich damit so viele Jahre herumplagen musstest."

Als Drittes sagte ich Brendon, wie sehr es mir zu schaffen machte, dass ich ihm diesen Schmerz und diese Unsicherheit so lange zugemutet hatte. An diesem Punkt legte er seinen Kopf in die auf dem Tisch verschränkten Arme und fing an zu schluchzen. Ich wartete ein paar Sekunden ab, rutschte dann zum Ende des Tisches und legte meinen Arm um seine Schulter. Er weinte noch eine Zeit lang weiter, bevor er sich umdrehte, mich umarmte und an meiner Schulter weiterschluchzte. „Ich liebe dich", sagte er zu mir.

„Ich dich auch", antwortete ich. Ich fragte ihn, ob er mir den Schmerz verzeihen könne, den ich ihm aufgebürdet hatte.

„Ja", sagte er.

Jetzt war die Atmosphäre völlig verändert. Ich hatte Zugang zu dem Schmerz in seinem Herzen finden müssen – dann hatte ich ihm endlich geben können, was er seit Jahren brauchte. Keiner von uns hatte wirklich gewusst, woran es haperte; wir stolperten in die Sache hinein, indem wir unser Bestes taten, um ins Gespräch zu kommen. Er hatte es einfach gebraucht, dass ich den Schmerz verstand, den ich ihm bereitet hatte ... und dass ich mich darum kümmerte, und zwar ohne jede Selbstrechtfertigung meinerseits.

Die neue Qualität von Vertrauen und Nähe zwischen Brendon und mir zu erleben, war gewaltig. Doch über das Gefühl größerer Nähe und das neue Einvernehmen hinaus gab es auch eine geistliche Veränderung. Dieser Vorgang ließ unsere gegenseitige Liebe und den Respekt füreinander wachsen, wir konnten einander auf neue Weise ehren und Ehre voneinander empfangen. In diesem

Gespräch befreite Gott Brendon von Scham. Und als er mir erzählte, was er dabei lernte, empfing auch ich Befreiung von Scham in meinem Leben.

Authentische Versöhnung

Wahre Versöhnung ist durch Liebe zum anderen und echte Betroffenheit von dessen Schmerz motiviert. Wir müssen den Schmerz des anderen nachempfinden und diese Empfindungen dann in Worte fassen. In der Kommunikation mit Brendon war es notwendig, dass ich meinen Schmerz, mich nicht verstanden zu fühlen, hinter mir zurückließ und den Schmerz nachempfand, unter dem er seit Jahren gelitten hatte. Ich musste den Schmerz fühlen, der aus der Einsicht erwuchs, dass ich in all meinen gutgemeinten Bemühungen, ihn als Vater zu lieben und gut zu erziehen, ihn mitunter nicht wirklich verstanden hatte. Es war nötig, dass ich ihn einfach nur verstand und mich von dem berühren ließ, was er fühlte, ohne das Gespräch auf mich zu lenken. Schließlich war ich ja derjenige, der ihn aufgefordert hatte, sich zu öffnen und mir zu sagen, was ihn bedrückte.

Um einem Menschen zu helfen, sich verstanden zu fühlen, müssen wir Worte finden, die den Bereich in ihm berühren, der verletzt ist. Das Beste ist, Gefühlsausdrücke zu benutzen, die den Schmerz des anderen auf den Punkt bringen, wie z. B.: „Wahrscheinlich hast du dich ungeliebt / betrogen / unsicher / verlegen / erniedrigt / einsam / ungewollt / ängstlich / erschrocken / wertlos / gefangen / kontrolliert / unerwünscht ... gefühlt."

Es kann einiges an Überlegung und Mühe kosten, die richtigen Worte zu finden, die präzise zum Ausdruck bringen, dass Sie den Schmerz Ihres Ehepartners wirklich verstanden haben und nachempfinden können. Doch ist dies ein außergewöhnlich machtvolles Mittel zur Wiederherstellung von zwei Herzen, die durch verletzende Worte oder Taten auseinandergebracht worden sind. Mit Worten des Verstehens schaffen Sie Intimität. In Sprüche 24,26 lesen wir: *„Einen Kuss auf die Lippen gibt, wer richtig antwortet."* Wenn Sie einfach mit den richtigen, verständnisvollen Worten auf die Gefühle Ihres Partners reagieren, kann das ebenso intim sein wie ein Kuss.

Übrigens, einfach zu sagen: „Ich verstehe das", heißt nicht, dass Sie wirklich verstehen. Sie müssen Worte wählen, die ausdrücken, was der andere innerlich fühlt, damit er merkt, dass Sie tatsächlich verstehen, was er durchmacht.

Mehr als „Tut mir leid"

Mir ist oft aufgefallen, dass es nicht genügt, einfach nur „Tut mir leid" oder „Bitte, verzeih mir" zu sagen, um ein Unrecht, eine Kränkung wieder in Ordnung zu bringen. Wo wir es mit sehr tiefen Wunden oder wiederholtem Verletztwerden zu tun haben, erfordert die Versöhnung einen eingehenderen Prozess. Brendon brauchte mehr von mir, als dass ich einfach sagte: „Tut mir leid."

Vielleicht haben Sie es auch schon erlebt, dass „Tut mir leid" nicht die notwendige Heilung brachte, dass die Gefühle von Schmerz und Verletztheit blieben oder sogar zunahmen. Ein Grund für bleibenden Schmerz, nachdem jemand „Tut mir leid" gesagt hat, besteht darin, dass derjenige, der verletzt wurde, nach wie vor nicht weiß, ob es dem, der sich entschuldigt, wirklich wichtig ist oder ob er nur versucht, halt das Richtige zu tun. Wenn jemand sagt: „Tut mir leid, verzeih mir bitte", *kann* es ihm durchaus in erster Linie darum gehen, sich selbst aus der Schusslinie zu nehmen. Es kann richtig klingen und doch egoistisch motiviert sein.

Wenn es um echte Versöhnung geht, muss uns der Schmerz, den wir beim anderen verursacht haben, wichtiger sein als unser eigenes Wohlergehen. Wenn wir über das einfache „Tut mir leid" hinausgehen und es zulassen, dass wir selbst den Schmerz empfinden, den wir unserem Ehepartner bereitet haben, und uns auch darum kümmern, dann sorgen wir uns nicht mehr nur über das, was *wir* falsch gemacht haben, sondern um das, was wir unserem Partner angetan haben. Dies ist der Schritt vom bloßen „das Richtige tun" zum Lieben. Als ich Brendons Gefühle nachempfand, fühlte er sich in der Tiefe verstanden und geliebt. Seine ersten Worte an mich waren: „Ich liebe dich."

Jesus sagt: *„Wenn ihr mich liebt, werdet ihr meine Gebote halten"* (Joh 14,15). Damit sagt er: Liebe ist der größte Antrieb für Gehorsam. Der größte Antrieb für Veränderung ist Liebe, nicht ein pflichtgemäßes Befolgen dessen, was richtig ist. Wenn wir aus echter Liebe und Sorge um unseren Ehepartner die Versöhnung suchen, wird dieser am ehesten darauf vertrauen können, dass die Veränderung anhalten wird, eben weil sie aus der Liebe erwächst. Wenn die Motivation unseres Herzens darin besteht, selbst aus dem Schlamassel rauszukommen, werden unsere Worte und Taten mehr mit uns selbst als mit dem Menschen zu tun haben, den wir verletzt haben. Das wird nie die heilende Berührung mit sich bringen, die notwendig ist, um das Herz des anderen zu heilen.

Versöhnung und Konfliktlösung

Es gibt einen Unterschied zwischen Versöhnung und Konfliktlösung. Im Versöhnungsprozess mit unserem Ehepartner ist es schlicht und einfach so, dass wir ohne Wenn und Aber die Verletzung anerkennen, die wir dem anderen zugefügt, bzw. das Unrecht, das wir ihm gegenüber begangen haben. Versöhnung stellt verwundete Herzen wieder her, aber sie löst keine Probleme. Konfliktlösung ist der Prozess, zu einer Übereinstimmung zu gelangen und Entscheidungen gemeinsam zu treffen. Kann ein Paar sich nicht darüber einigen, wo es seinen Sommerurlaub verbringen und wie viel Geld es dafür ausgeben will, ist Konfliktlösung gefragt. Hier geht es um eine Lösung. Es ist am besten, jedwede Verletzung auszusöhnen und eine Herzensverbindung wiederherzustellen, ehe man den Versuch unternimmt, einen Konflikt zu bearbeiten.

Jesus sagt: *„Denn wie der Mensch in seinem Herzen denkt, so redet er"* (Mt 12,34). Das heißt: Alles, was wir in unserem Herzen fühlen, wird sich in irgendeiner Weise in unseren Worten ausdrücken. Wenn wir unsere Herzen nicht aussöhnen, ehe wir versuchen, einen Konflikt zu lösen, ist es nur natürlich, dass wir die Verletzungen verbalisieren, die noch in unseren Herzen nisten. Der Versuch, einen Konflikt zu bearbeiten, solange unser Herz noch voll Verletztheit und Kränkung ist, ist einer der Gründe dafür, dass Menschen sich im Kreis drehen und immer wieder in denselben Themen stecken bleiben.

Kürzlich traf ich mich mit einem Ehepaar, das schwerwiegende Vertrauensprobleme hatte. Jedes Mal, wenn sie versuchten, über

Gelddinge zu reden, verfingen sie sich in denselben Themen, ohne Fortschritte zu machen. Sie mussten sich erst in Bezug auf ihren Groll und ihr Misstrauen gegeneinander versöhnen, ehe sie in der Lage waren, ihren Konflikt zu lösen. Sobald sie sich versöhnt hatten, fiel es ihnen viel leichter, eine Lösung für ihren Konflikt zu finden. Sie konnten jetzt viel mehr Geduld aufbringen und vom anderen das Beste denken. Ein Herz voll Liebe und Sorge für den Ehepartner wird Heilung bewirken. Eine tiefgreifende Versöhnung verbindet die Ehepartner auf der Herzensebene.

Es folgt nun eine Versöhnungsmethode, die Sie anwenden können, um die Herzensverbindung zu Ihrem Ehepartner wiederherzustellen, wenn Sie ihn verletzt haben.

Schritte zur Versöhnung

Wenn Ihr Ziel wahre Versöhnung ist, muss es Ihnen mehr um den Schmerz gehen, den Sie ausgelöst haben, als um Ihr eigenes Wohlergehen. *Deswegen müssen Ihre Antworten aus klaren, präzisen Aussagen ohne jede Erklärung oder Rechtfertigung Ihres eigenen Verhaltens bestehen.* Die nachfolgende Liste enthält die fünf Schritte zur Versöhnung und den allgemeinen Kontext für das, was Sie sagen sollten:

1. Was ich falsch gemacht habe, bzw. was ich getan habe, das dich verletzt hat, ist dies: ....
2. Der Schmerz, den ich dir mit dem, was ich getan habe, zugefügt habe, ist aus meiner Sicht dies: ....
   Infolge meines Handelns hast du dich so gefühlt:
   .... (Bitten Sie den anderen um eine Rückmeldung, um sicherzugehen, dass Sie seinen Schmerz wirklich genau beschrieben haben.)
3. So fühle ich mich dabei, dir diesen Schmerz zugefügt zu haben:
   ....
4. Drücken Sie Ihren ernsthaften Wunsch und Ihre Absicht aus, dieses Verhalten zu ändern und die Beziehung künftig nicht mehr mit diesem Schmerz zu belasten.
5. Sehen Sie den anderen an und sagen Sie: „Kannst du mir vergeben, dass ich dir diesen Schmerz zugefügt habe?" bzw.

„Kannst du mir vergeben, dass ich dir dieses Unrecht angetan habe?"

Anmerkung: Wenn Sie diese Übung nur als Lippenbekenntnis durchführen und Sie Ihren Worten nicht das ernsthafte und sorgfältige Bemühen folgen lassen, sich zu verändern, werden Sie nichts anderes erreichen, als Ihren Partner aufs Neue zu enttäuschen und sein Vertrauen zu Ihnen zu missbrauchen.

Nun wollen wir uns die Schritte ein wenig eingehender ansehen.

Anweisungen

Die Anweisung am Anfang, „mit klaren, präzisen Aussagen ohne jede Erklärung oder Rechtfertigung Ihres eigenen Verhaltens" zu antworten, ist äußerst wichtig. Es erfordert eine Menge Selbstdisziplin, diese Übung durchzuführen, ohne das eigene Verhalten zu erklären oder zu rechtfertigen. So mancher hat das Empfinden, er müsse viele Worte machen und alles sehr eingehend erklären, um verstanden zu werden. Im Gegenteil kommt es darauf an, sich klar und doch so kompakt wie möglich auszudrücken, denn je mehr Worte Sie machen, während jemand Schmerz empfindet, umso wahrscheinlicher ist es, dass Sie diesen Schmerz nur vermehren. Sagen Sie gerade so viel, dass Sie sich klar ausdrücken.

Der Grund dafür, dass man keinerlei Erklärung oder Rechtfertigung für das eigene Verhalten abgibt, besteht darin, die Versöhnung auf den Schmerz des anderen ausgerichtet zu halten und nicht auf die eigene Person. Sobald Sie anfangen, sich selbst zu erklären oder zu rechtfertigen, dreht sich die Kommunikation um Sie und nicht mehr darum, wie Sie den anderen verletzt haben. Wenn Sie sich selbst erklären oder rechtfertigen, muss der andere sich bemühen, Sie zu verstehen, statt dass Sie ihn voll und ganz verstehen. Diese Übung ist eine Einbahnstraße. (Sie können den Versöhnungsprozess in der anderen Richtung durchlaufen, sobald die erste Person damit fertig ist.)

Bei der Versöhnung geht es ausschließlich darum, die volle Verantwortung für die Verletzung zu übernehmen, die man dem anderen zugefügt hat. In dem Beispiel meines Gesprächs mit meinem Sohn Brendon wäre es sehr einfach und auch sachlich richtig gewesen, wenn ich gesagt hätte: „Ich hatte nicht die Absicht, dich zu verletzen. Ich war sogar der Meinung, mich gut dabei angestellt zu haben, dir was beizubringen." Das wäre eine zutreffende Aussage gewesen, aber es hätte mich in den Mittelpunkt der Konversation gerückt, statt dass ich *ihn* voll und ganz verstanden hätte. Es hätte zur Folge gehabt, dass Brendon zunächst einmal mich hätte verstehen müssen und nicht ich ihn. Immer wenn wir uns rechtfertigen, richten wir den Scheinwerfer auf uns selbst, was es erforderlich macht, dass der andere seinen Schmerz zurückstellt und sich unserem Bedürfnis widmet, verstanden zu werden. Das schränkt den Versöhnungsprozess nachhaltig ein.

Was ich falsch gemacht habe

Schritt 1 verlangt von der Person, die Versöhnung sucht, schlicht und unzweideutig auf den Punkt zu bringen, was sie falsch gemacht und womit sie den Partner verletzt hat. Wenn wir etwas Schwerwiegendes falsch gemacht haben, z. B. untreu geworden sind oder ein anhaltendes destruktives Suchtverhalten an den Tag legen, ist es einfach zu erkennen, was geschehen muss, um Versöhnung zu erlangen. Der Fehler könnte jedoch auch in etwas Alltäglichem wie einer „kleinen" Lüge, schlechter Laune oder herrschsüchtigem Verhalten bestehen. Seien Sie sich bewusst, dass Versöhnung auch dann hilfreich ist, wenn Sie noch nicht mal etwas verkehrt gemacht, sondern dem anderen unabsichtlich wehgetan haben. Ich hatte Brendon nichts Verkehrtes oder Böses angetan, sondern nur nicht gesehen, wie ich ihn mit meinem Verhalten verletzte. Und doch lebte er mit dem Schmerz des Gefühls, er dürfe bei mir nichts verkehrt machen. Ich hatte die Wahl, mich entweder zu verteidigen und zu erwarten, dass er mich verstünde, oder mich damit auseinanderzusetzen, auf welche Weise ich ihn verletzt hatte. Denn dann (im letzterem Fall) werde ich mir auch die Zeit nehmen, den Schmerz des anderen zu verstehen und ihm zu helfen, ihn zu überwinden.

Was du gefühlt hast

Dieser Schritt ist wohl der schwerste für uns, weil es etwas kostet, den Schmerz nachempfinden zu wollen, den man dem anderen zugefügt hat. Handelt es sich bei der anderen Person um unseren Ehepartner oder sonst jemanden, den wir lieben, wird es uns selbst Schmerz bereiten zu erkennen, dass wir einem geliebten Menschen Schmerzen zugefügt haben. In meinem Erlebnis mit Brendon machte ich ein paar Aussagen, mit denen ich den Schmerz auszudrücken versuchte, den ich ihm zugefügt hatte: „Ich sehe ein, dass du nie das Gefühl hattest, es sei okay, etwas falsch zu machen. Ich sehe ein, dass mein Verhalten dir Angst vor dem Versagen einflößte. Es tut mir leid, dass du dich damit so viele Jahre herumplagen musstest."

Schritt 2 lässt sich am besten bewältigen, wenn wir Worte benutzen, die Gefühle und – wo nötig – einfache Klärungen ausdrücken. Das Ziel ist, Worte zu finden, die möglichst genau zum Ausdruck bringen, was der andere infolge dessen, was wir getan hatten, innerlich empfand. Man kann z. B. gut zeigen, dass man den Schmerz des anderen nachzuvollziehen vermag, indem man sagt: „Was ich gemacht habe, hat dir vielleicht das Gefühl gegeben, ... zu sein." Hier sollte man einen Ausdruck einfügen, der ebendieses Gefühl beschreibt, wie z. B.: gedemütigt, betrogen, wertlos, ungeliebt, einsam, hoffnungslos, machtlos, abgelehnt, herabgesetzt, unwichtig, unsichtbar, entmutigt, am Boden zerstört, verängstigt. Am besten vermeidet man ausufernde Beschreibungen des Gefühle des anderen. Versuchen Sie, sich wirklich auf das zu konzentrieren, wie sich der andere gefühlt hat, also nicht auf die Empfindungen, die er *Ihnen* gegenüber hat (vgl. die Liste der Gefühlsausdrücke in Kap. 4).

Es geht mir nicht gut dabei, dich verletzt zu haben

Der dritte Schritt ist eine einfache Feststellung Ihrer Empfindungen, nachdem Ihnen klar ist, welchen Schmerz Sie dem anderen zugefügt haben. Ich sagte Brendon, dass ich mich sehr schlecht darüber fühlte, dass mein Verhalten zur Folge hatte, dass er in Unsicherheit und mit Versagensängsten lebte. In diesem Schritt geht es darum, dem anderen mitzuteilen, dass es Ihnen wehtut zu wissen, einen geliebten Menschen verletzt zu haben. Greifen Sie dabei nicht auf selbsterniedrigende Phrasen zurück wie: „Ich bin ein solcher Trottel" oder: „Ich fühle mich wie ein Depp." Solche

Aussagen bewirken, dass der andere Mitgefühl mit Ihnen hat. Es ist ein Abschweifen von den Gefühlen des *anderen*.

Ich will mich verändern

Schritt 4 ist eine ernstgemeinte Absichtserklärung, dass man die Beziehung nie wieder mit diesem Schmerz belasten will. Damit drückt man echte Buße aus. Wenn schwerwiegende Verfehlungen vorgefallen sind wie Ehebruch, Kindesmissbrauch oder Gewaltanwendung, muss es zu einer völligen und sofortigen Veränderung kommen. Geht es um weniger schwerwiegende, aber wiederkehrende Verhaltensmuster, so empfehle ich, keine Aussagen zu treffen wie: „Ich verspreche, ich werde nie wieder sauer auf dich sein." Besser ist es, Sie bringen Ihren ernstgemeinten Wunsch und die Absicht zum Ausdruck, dass Sie sich ändern wollen, und ziehen es dann auch durch. Jeder vernünftige Ehegatte lässt sich im Normalfall von ehrlichem, anhaltenden Bemühen ermutigen und erwartet keine sofortige Totalverwandlung. Sie könnten zum Beispiel so etwas sagen: „Ich verspreche, ich werde alles tun, was ich kann, um nicht zu vergessen, wie ich dich verletzt habe. Und ich werde jede nur mögliche Hilfe in Anspruch nehmen, um dich in Zukunft nicht wieder mit meinem Zorn zu verletzen."

Bitte beachten Sie bei meiner Beispielgeschichte mit Brendon, dass ich Schritt 4 ausließ, weil ich mein Verhalten bereits geändert hatte. Alles, was er brauchte, war, dass ich seinen Schmerz verstand und mich darum kümmerte. Einer Verhaltensänderung meinerseits bedurfte es gar nicht mehr.

Kannst du mir verzeihen?

Dies ist die klare Bitte, Vergebung für den Schmerz zu erlangen, den man seinem Ehepartner zugefügt hat. Vergebung zuzusprechen setzt den Schuldigen von dem Unrecht frei, das er getan hat, und ebenso von dem Schmerz, den der von dem Unrecht Betroffene erlitt. Vergebung lässt auch jedes Verlangen, sich zu rächen, los. Angenommen, Lori hat etwas Respektloses zu mir gesagt, und sie versteht dann, wie sie mir wehgetan hat, und tut Buße. Wenn ich ihr diese Sache dann vergebe, muss ich meinerseits jeden Impuls loslassen, mich zwecks Selbstschutz von ihr zurückzuziehen. Ich werde sie dann nie mehr an das erinnern, was sie mir angetan hat –

sonst wäre das ein Versuch, sie zu kontrollieren. Vergebung bedeutet: Ich entscheide mich, so zu reagieren, wie es für Lori am besten ist, und lasse mich nicht von meinen verletzten Gefühlen leiten.

Vergebung ist nicht dasselbe wie Vertrauen. Liegt ein langanhaltendes Muster von Fehlverhalten und Verletzungen vor, so ist es weise, zunächst einmal abzuwarten, ob sich Frucht der Buße zeigt – echte, bleibende Veränderung –, und erst in dem Maße, wie das der Fall ist, allmählich wieder Vertrauen zu investieren. Vergeben müssen wir trotzdem, aber möglicherweise müssen wir einsehen, dass wir den Worten eines Ehegatten nicht trauen können, der zwar verspricht, sich zu ändern, es aber nicht tut.

Manche Eheleute treten in die Falle, immer wieder dem gesprochenen Wort zu vertrauen, ohne abzuwarten, ob es auch in die Tat umgesetzt wird. Zu wiederholten Malen schenken sie den Worten ihres Partners Vertrauen, auch wenn sie gar keine wirkliche und bleibende Veränderung bei ihm sehen. Solche mehrfach gebrochenen Versprechen führen zu tiefer Frustration. Andere dagegen tun sich schwer damit, sich wieder verwundbar zu machen, selbst wenn es zu echter Buße und bleibender Veränderung gekommen ist. Wenn der „Schuldige" sich echt verändert und sein falsches oder verletzendes Verhalten beendet, müssen wir es irgendwann riskieren, wieder zu vertrauen.

Anmerkung: Versöhnung muss ernsthaft geschehen und man muss konkret daran arbeiten, sonst wird die vorgeschlagene Methode, die dazu gedacht ist, zerbrochene Herzen zu verbinden, nur noch mehr Verletzung und Misstrauen hervorrufen. Es wäre heuchlerisch, den Ehepartner mit freundlichen, verständnisvollen Worten zum Vertrauen zu überreden, ohne sich ernstlich Mühe zu geben, sein Verhalten zu ändern.

Der Heilige Geist hilft uns, uns zu versöhnen

Letztes Jahr besuchte ein Paar aus Europa eines unserer Workshops. Während des Workshops gaben sie uns die Erlaubnis, sie öffentlich, vor den 52 anderen teilnehmenden Paaren, zu „coachen". Der Mann suchte die Hilfe Gottes für ein langfristiges Aggressionsproblem. Nachdem er den Herrn gebeten hatte, ihm zu zeigen, woher sein Zorn rührte, sah er sich vor seinem inneren Auge als kleiner Junge. „Ich sehe, wie ich mich nach meinem Vater ausstrecke, aber da ist niemand“, sagte er. Daraufhin stieß er einen markerschütternden Schrei aus und fing auf der Stelle an zu schluchzen. Dann schwankte er etwa eine Viertelstunde zwischen Heulen und Lachen hin und her. Diese Erfahrung war so intensiv, dass er mitten unter den Leuten zu Boden fiel. Als es vorbei war, lag er ausgestreckt mit geschlossenen Augen und einem Lächeln im Gesicht auf dem Rücken und sagte ruhig: „Es ist fort!“ Der Herr tat ein verblüffendes übernatürliches Werk an diesem Mann, und er war wirklich frei! Das Aggressionsmuster war durchbrochen.

Einen oder zwei Tage später meldeten sich dieser Mann und seine Frau erneut, um vor die Teilnehmergruppe zu treten und die *Schritte zur Versöhnung* durchzugehen. Der Mann hatte das Bedürfnis, sich mit seiner Frau über sein Fehlverhalten während der Jahre seiner Aggressivität und die Verletzungen, die er ihr damit zugefügt hatte, auszusöhnen. Als wir ihn anleiteten, den zweiten Schritt zu gehen, also Worte zu finden, die den Schmerz ausdrücken sollten, den er seiner Frau aufgebürdet hatte, blieb er stecken. Sosehr er sich auch bemühte, er konnte weder nachempfinden, was sie wohl fühlte, noch die rechten Worte finden, um dies zum Ausdruck zu bringen. Also baten wir den Heiligen Geist, ihm zu zeigen, in welcher Weise sein Zorn seine Frau beeinträchtigt hatte. Nach ein paar Sekunden des Hörens fing er gleichzeitig an zu sprechen und zu weinen. „Ich sehe mich wie eine Riesenwelle, die dich überspült, niederwirft, zerschmettert und erstickt!“ Die Tränen liefen ihm und auch seiner Frau übers Gesicht.

Zum ersten Mal überhaupt spürte seine Frau, dass er wirklich Zugang zu dem Schmerz fand, den er ihr jahrelang zugefügt hatte. Zu sehen, wie ihr Mann ihren Schmerz so tief nachempfand, schenkte ihr selbst die Freiheit, ihrerseits aussprechen zu können, wie auch sie ihn durch Manipulation und Kontrolle verletzt hatte. Worte der Verantwortungsübernahme und des Verstehens flossen ihr über die Lippen. Weinend und lächelnd zugleich gingen sie die weiteren *Schritte zur Versöhnung* durch.

Am Ende des Versöhnungsprozesses, als sie einander zulächelnd vor ihrem gebannten Publikum standen, sah der Mann seine Frau zärtlich an und platzte plötzlich heraus: „Ich spüre, wie mein Körper zu dir hingezogen ist!“ Der ganze Saal freute sich und lachte.

Ich sagte rasch: „Genauso soll Versöhnung wirken. Wenn unsere Herzen ausgesöhnt und vereint sind, *wollen* wir uns auch körperlich nahe sein." Unsere Herzen müssen versöhnt sein, damit wir uns körperlich wirklich miteinander wohlfühlen können.

Bei diesem Paar war es so, dass der Heilige Geist ihnen gleich beim ersten Versuch, sich zu versöhnen, zur Hilfe kam. Wir dürfen darauf vertrauen, dass er immer zur Stelle ist, um uns zu helfen, selbst wenn wir beim ersten Bitten noch nicht gleich die erwünschten Resultate sehen. Der Heilige Geist weiß Dinge über uns, die wir selbst nicht kennen. Er wird uns Dinge zeigen, die wir aus unserer bewussten Erinnerung verdrängt haben. Er wird uns helfen, Gefühle zu spüren, mit denen wir auf eigene Faust nicht in Berührung kommen könnten. Versäumen Sie es nicht, die Hilfe des Heiligen Geistes zu erbitten, falls Sie irgendwo in diesem Prozess stecken bleiben.

Ein Opfergeist lässt sich nicht aussöhnen

Wenn Lori und ich diese Methode der Versöhnung lehren, fragt häufig jemand: „Was macht man denn, wenn jemand ständig von einem erwartet, sich zu versöhnen, und einem für alles die Schuld gibt, sich selbst aber nicht dem Aussöhnungsprozess unterziehen will?" Dieses Muster steht wohl für das, was man des Öfteren als „Opfergeist" bezeichnet. Jemand, der unter dem Einfluss eines Opfergeistes steht, ist sehr gewieft darin, die Fehler der anderen zu finden, ebenso wie er sich bestens darauf versteht, niemals Verantwortung für seine eigenen Fehler und Schwächen zu übernehmen.

Hier ein paar verbreitete Kennzeichen eines Opfergeistes:

1. Der Opfergeist bzw. die Haltung, sich als Opfer wahrzunehmen, findet Zugang zu einer Person durch realen Schmerz, Verletzungen, Traumen oder schlechte Behandlung. Mit anderen Worten: die Person ist in ihrem Leben tatsächlich zum Opfer geworden, und der Feind bedient sich ihres Schmerzes, um die Opferhaltung zu kultivieren.
2. Der Opfergeist schärft die Aufmerksamkeit des Betroffenen für die Fehler anderer, lässt ihn aber gegenüber den eigenen

Fehlern blind sein. Damit vermeidet der Betroffene, sich mit dem Schmerz auseinanderzusetzen.

3. Der Opfergeist bringt ein starkes Anspruchsdenken mit sich. Jemand, der zum Opfer geworden ist und sich dann auf einen Opfergeist eingelassen hat, fühlt sich berechtigt, bemitleidet zu werden und Verständnis dafür zu finden, dass er sich keinen weiteren Risiken aussetzen will.
4. Der Opfergeist bringt eine Person dahin, zu beanspruchen, dass ihren Schmerzempfindungen von den Menschen ihrer Umgebung Rechnung getragen wird. Sie übernimmt keine Verantwortung dafür, sich mit ihrem eigenen Schmerz auseinanderzusetzen.
5. Der Opfergeist veranlasst eine Person, ihre Rechte einzufordern, anstatt stetig zu lieben, zu geben und zu dienen.
6. Der Opfergeist lehrt einen Menschen, argwöhnisch zu sein und sich selbst zu schützen, statt dass er sich auf Gott als seinen Beschützer verlässt.
7. Oft bringt der Opfergeist eine Person dazu, zwischen der Opferrolle und einem übergriffigen Verhalten, das wiederum andere verletzt, hin und her zu schwanken. Sie merkt aber nicht, dass sie selbst zum Täter wird.
8. Der Opfergeist beeinträchtigt das geistliche Unterscheidungsvermögen einer Person durch die krampfhafte Fehlersuche bei den anderen, statt sauber auseinanderzuhalten, wer vertrauenswürdig ist und wer nicht. Menschen mit einem Opfergeist benutzen häufig Phrasen wie: „Ich fühle mich nicht sicher", was einfach eine Vermeidungsstrategie ist, um das Risiko eines Lebens im Glauben nicht einzugehen, in dem Gott ihnen zeigen würde, auf wen sie sich verlassen können.
9. Ein Opfergeist stiehlt Glauben, Hoffnung und Mut und setzt an deren Stelle Hoffnungslosigkeit, eine Haltung des Fingerzeigens und der Manipulation anderer.

Der Opfergeist ist heimtückisch und ein Zerstörer der Intimität in der Ehe. Vor ein paar Monaten bemerkten Lori und ich, dass ein Opfergeist sich in unsere Ehe einschleichen wollte. Das ist ganz untypisch für uns. Ich verlor schon langsam die Hoffnung, weil ich meinte, ein bestimmtes Verhaltensmuster niemals ablegen zu können, nämlich die Neigung, abgelenkt zu sein, während ich Lori zuhörte. Ich fing schon an zu erwarten, dass es wieder so sein würde, wenn sie mir etwas erzählen wollte. Gegenüber diesem wachsenden Problem in unserer Ehe kam ich mir wie ein Opfer vor. Verständlicherweise fühlte sich Lori durch mein beständiges Abgelenktsein verletzt und wähnte sich berechtigt, sich über mich zu ärgern, wenn ich ihr nicht gut zuhörte. Als wir eines Morgens noch im Bett lagen und uns unterhielten, öffnete uns der Herr die Augen, und wir sahen, wie dieser Geist sich einzuwurzeln versuchte. Wir beteten dagegen, indem wir sein Wirken in uns eingestanden und das *1-2-3-UND-WEG-DAMIT*-Werkzeug anwandten. Dann versöhnten wir uns miteinander. Als ich daran dachte, wie sehr ich Lori damit verletzt hatte, dass ich ihr nicht zugehört hatte, fing ich an zu weinen, was mir nicht allzuleicht passiert. Sie weinte, als sie sah, dass mich ihr Schmerz echt betroffen machte. Lori versöhnte sich mit mir wegen der Ungeduld, die sie mir entgegengebracht hatte. Nachdem wir gebetet und unsere Übereinkunft mit dem Opfergeist gebrochen hatten, trat mein Abgelenktsein größtenteils nicht mehr auf. Lori fiel auf der Stelle ein Unterschied auf: Ich konnte weit besser aufpassen, und es kostete mich viel weniger Mühe.

In der Regel ist es alles andere als leicht, einem Menschen mit einem Opfergeist geistlich zu dienen, weil er durch diesen Geist darin geübt ist, jede Eigenverantwortung zurückzuweisen. Als wir selbst jedoch dieses Problem durchgearbeitet hatten, führten wir in der Woche danach einen fünftägigen LAM-Intensiv-Workshop durch, in dem wir der ganzen Gruppe gemeinsam in Sachen Opfergeist dienen konnten. Wir erzählten, was wir durchgemacht hatten und wie der Herr uns darin geholfen hatte. Danach lehrten wir über die Kennzeichen eines Opfergeistes und boten an, denjenigen gemeinsam zu dienen, die sich von einem solchen Geist belangt fühlten. Sämtliche anwesenden Paare bis auf eines standen auf, um diesen Dienst zu empfangen! Das ist sehr ungewöhnlich. Eine Frau sagte, sie bemühe sich seit vielen Jahren darum, vom Opfergeist frei zu werden, und jetzt habe sie das Gefühl, er sei endlich fort. Offenbar war es so, dass unser persönliches Zeugnis uns dazu verhalf, den typischen Widerstand zu brechen. Es setzte die Leute frei, sich von uns dienen zu lassen.

Wenn Sie bei sich feststellen, dass Sie sich immer wieder ernstlich um Versöhnung bemühen, ohne dass irgendwas dabei herauskommt, während Ihr Ehepartner fortwährend Ihnen die Schuld gibt, dann haben Sie es in Ihrer Ehe vermutlich mit einem Opfergeist zu tun. Sie können sich endlos einseitig versöhnen, ohne dass der Opfergeist jemals aus Ihrer Ehegemeinschaft weicht. Wenn Sie es mit einem Opfergeist zu tun haben, ist es unerlässlich, dass Sie die Wahrheit in Liebe aussprechen, selbst angesichts das Zorns Ihres Ehepartners oder seiner Drohung, Sie abzulehnen.

Jemand, der unter dem Einfluss eines Opfergeistes steht, muss sich entscheiden, für seine eigenen Angelegenheiten geradezustehen und das Risiko einzugehen zu vertrauen; sonst wird er niemals frei sein. Wenn wir versuchen, die Verantwortung für alle Fehler und Verletzungen in unserer Ehe allein zu übernehmen, während unser Ehepartner uns ungerechterweise alle Schuld in die Schuhe schiebt, wird das zu nichts anderem führen, als dass wir das Kontrollverhalten unseres Ehepartners durch den Opfergeist noch verstärken und er für die eigenen Probleme blind bleibt. Es kommt sehr darauf an, dass Sie nur in solchen Angelegenheiten Versöhnung suchen, die man Ihnen zu Recht vorwerfen kann.

Wenn Sie sich in Ihrer Ehe mit einem Opfergeist konfrontiert sehen, brauchen Sie mehr als die beschriebene Versöhnungsmethode. Viele der Haltungen und Fähigkeiten, die Sie in dieser Situation brauchen, finden Sie in Kapitel 12 („Gott ehren durch gottgefällige Bestimmtheit"). Wir empfehlen Ihnen, jenes Kapitel sorgfältig durchzuarbeiten und seine Prinzipien anzuwenden. Denken Sie daran: Dieser Opfergeist ist etwas, das sich gegen Ihren Ehepartner erhebt. *Er* ist der Gegner, nicht Ihr Partner.

Übung

1. Nehmen Sie sich jetzt sofort etwas Zeit und bitten Sie den Heiligen Geist, Ihnen alles ins Gedächtnis zu rufen, womit Sie Ihrem Ehepartner vielleicht Schmerz und Verletzungen zugefügt haben, wo aber noch keine Versöhnung geschehen ist. (Vergessen Sie nicht, es ist noch keine wahre Versöhnung, einfach „tut mir leid" oder „bitte verzeih mir" zu sagen.) Es geht hier nicht darum, dass Sie Ihrem Partner sagen, wie er Sie verletzt hat,

sondern darum, dass der Heilige Geist Ihnen helfen kann zu erkennen, auf welche Weise Sie Ihrem Partner wehgetan haben. Sie werden nun abwechselnd die fünf *Schritte zur Versöhnung* durchgehen.

2. Wenden Sie die fünf *Schritte zur Versöhnung* wechselseitig auf einen Bereich an, in dem Sie Ihrem Ehepartner wehgetan haben, so wie der Heilige Geist es Ihnen gezeigt hat (beginnend mit Schritt 1: „Das habe ich falsch gemacht" bzw. „Damit habe ich dich verletzt"; bringen Sie die Dinge schlicht und klar auf den Punkt; gehen Sie alle fünf Schritte durch und tauschen Sie dann die Rollen). Wenn Sie einfügen, womit Sie Ihrem Ehepartner wehgetan haben, und jeden Schritt sorgfältig praktizieren, ohne zu der Methode etwas hinzuzufügen, werden Sie Erfolg haben. Diese Methode hat schon viele Beziehungen auf erstaunliche Weise verändert, wenn sie korrekt und regelmäßig angewandt wurde.

Gebet

Wir segnen Ihren Geist, die Oberhand zu haben, während der Heilige Geist Sie führt, und wir gebieten Ihrer Seele und Ihrem Körper, sich zurückzunehmen. Herr, bitte setze für die Anwendung dieser Methode deine Salbung und Gnade frei – für dieses Paar und diesen Moment. Amen.

Hausaufgaben

1. Wenden Sie die *Schritte zur Versöhnung* an, um die Verbindung Ihrer Herzen wiederherzustellen, sei es in irgendeinem noch verbleibenden Bereich, den der Heilige Geist Ihnen gezeigt hat, oder bei neuen Themen, die aufkommen mögen. Achten Sie darauf, die Methode Schritt für Schritt anzuwenden.
2. Beten Sie in dieser Woche weiterhin mindestens dreimal gemeinsam.

3. Benutzen Sie das *1-2-3-UND-WEG-DAMIT*-Werkzeug gegen jede geistliche Macht, die sich in dieser Woche gegen Sie erheben mag.

Notizen

KAPITEL 10

Regeln der Konfliktbearbeitung

Nachdem sie die vollen dreißig Wochen des LAM-Workshops in der Bethel-Gemeinde absolviert hatten, erfreuten sich Jim und Natalie einer tieferen emotionalen Verbundenheit als je zuvor, und doch blieb noch ein wichtiger Bereich ungelöster Konflikte offen. Jim liebte Natalie aufrichtig, aber er lebte mit aufgestauter Frustration und Angst, weil er das Gefühl hatte, nicht geschätzt, minderwertig und hilflos zu sein und in seiner Ehe nichts zu sagen zu haben. Diese Gefühle türmten sich regelmäßig wie eine hohe Mauer zwischen ihnen auf und hielt sie emotional getrennt. Jim fürchtete Konfrontationen und Spannungen und reagierte darauf mit Rückzug oder damit, auf Zehenspitzen um Natalie herumzuschleichen.

Eines Tages kam es zu einem jener Vorfälle, die normalerweise zur Explosion führten, und Jims altvertrauter Schmerz wie auch seine Frustration traten zutage. Natalie wollte darüber reden, was Jim fühlte und dachte, aber Jim war nicht bereit dazu, weil ihnen nur wenig Zeit zur Verfügung stand, in der sie mit dem Thema nicht zu Rande kommen würden. Er wollte nicht, dass wieder ihr gewohntes Gesprächsmuster ablief und er dann hinterher unter dem Druck stand, nun aber auch alles Gesagte bearbeiten zu müssen. Solche Situationen hatten bei ihm jeweils das Gefühl ausgelöst, unverstanden, nicht geschätzt, macht- und wertlos zu sein.

Jim nahm sich etwa zehn Tage Zeit, um zu durchdenken und zu identifizieren, was ihn wirklich störte. Dabei wurde ihm ein wiederkehrendes Muster bewusst: Natalie kam von Zeit zu Zeit mit irgendeiner wichtigen Sache auf ihn zu, die zu erledigen war, aber keine Krise darstellte. Wenn sie die Sache besprochen hatten, nahm sich Natalie wie üblich zu viel vor und vergaß dabei, was sie Jim aufgetragen hatte. Jim dagegen machte sich Gedanken über die Aufgabe, die zu tun war. Er überlegte, was noch geklärt werden musste, und entwickelte Strategien, wie das Problem gelöst werden konnte. Ging er aber auf Natalie zu, um mit ihr darüber zu sprechen, wies sie ihn zurück, indem sie sagte, sie habe zu viel zu tun. Das zog sich so lange hin, bis sich das Problem zur Krise ausgewachsen hatte, die ein sofortiges Handeln erforderte.

Wenn es so weit war, packte Natalie Jim das Problem erneut auf den Tisch und erwartete, dass er sofort alles stehen und liegen ließ, um sich ihrer Krise anzunehmen. Immer wieder kam es ihm so vor, dass er auf Gedeih und Verderb die Folgen ihrer Problemverschleppung auszubaden hatte. Darin bestand das anhaltende Frustrationsmuster, mit dem Jim sich auseinandersetzen musste.

Trotz der Spannung, die zwischen ihnen herrschte, waren Jim und Natalie entschlossen, ihren Konflikt anzugehen. Sie nahmen sich ein Picknick zu zweit vor, zu dem sie ihr LAM-Arbeitsbuch mitnahmen. Sie lasen nochmals die *Gesprächsregeln* durch, um ihrer Unterhaltung eine bestimmte Struktur zu geben. Dann befassten sie sich mit den *Regeln der Konfliktbearbeitung*. So gut sie konnten, gingen sie dieses Werkzeug Schritt für Schritt durch. Als sie die Diskussion über diesen Konflikt eröffneten, sah sich Jim gezwungen, sich seiner tiefsten Angst zu stellen: dass er in Natalies Augen wertlos sein könnte.

Indem er sozusagen den Stier seiner Angst bei den Hörnern packte, erklärte Jim seine Sicht des Konfliktes, im vollen Bewusstsein des Risikos, das er dabei einging. Die Unterhaltung ging zwischen Natalie und ihm hin und her: Sie klärten und hielten fest, worin sie übereinstimmten, und beleuchteten die verschiedenen Aspekte des Themas. An einer Stelle unterbrach Natalie Jim und erinnerte ihn daran, dass die *Regeln der Konfliktbearbeitung* von ihm verlangten, sich kurz und prägnant auszudrücken und nicht alle Details auszumalen. Diese Korrektur nahm er an. Beide gingen sie der Versuchung aus dem Weg, über den anderen beleidigt zu sein, und behielten das Ziel im Auge. Es war ein großer Sieg.

Steht es mitten in einem intensiven Konflikt, muss ein Paar den Anweisungen folgen und die Methode exakt so anwenden, wie sie vorgegeben ist. Ohne festen Rahmen der Kommunikation werden sie sonst allzu leicht in alte Muster zurückfallen und sich wieder mit denselben Argumenten beharken, ohne irgend voranzukommen. Häufig ermutigen wir Paare, die Methode präzise Schritt für Schritt zu befolgen, um ihre gewohnten Kommunikationsmuster zu durchbrechen. Genau das mussten Jim und Natalie tun.

Mehr als eine Stunde verbrachten sie damit, die *Regeln der Konfliktbearbeitung* durchzugehen. Drei weitere Stunden brachten sie im Lauf des Tages damit zu, die Dinge zu klären und auszudiskutieren, bis sie eine neue Sicht voneinander und ihrem Konflikt gewonnen hatten. Jim sah ein, dass er zu Unrecht zu dem Schluss gekommen war, Natalie sehe sich selbst als „Queen". Er wusste jetzt, dass sie ihn nicht als ihren Sklaven betrachtete, von dem erwartet wurde, dass er sofort alles hinschmiss, um sich ihrer Probleme anzunehmen.

Natalie wiederum erkannte, dass sie Jim durch ihr Verhalten frustrierte und sein Versagen vorprogrammierte. Nachdem sie auf sein Herz gehört und es verstanden hatte, spürte sie, was sie getan hatte, und fing an, sich mit dem auseinanderzusetzen, was sie ihm zugemutet hatte. Kaum fühlte sich Jim durch Natalie wertgeschätzt, wandelten sich auch schon seine Empfindungen ihr gegenüber. Erleichterung durchströmte ihn, als Natalie einsah, wie sehr er sich bemühte, ihr zu dienen, obwohl er so frustriert war. Zum ersten Mal ging ihr auf, wie unfair ihre Erwartungen an ihren Mann gewesen waren, und zum ersten Mal fühlte sich Jim verstanden. Sie bearbeiteten diesen Konflikt so lange weiter, bis sie zu einer gemeinsamen Sicht gelangten und neuen Respekt füreinander gewannen.

Weil Jim sich bewusst entschlossen hatte, sich dem Prozess der Konfliktlösung auszusetzen, konnte er sich seinen Ängsten endlich stellen. Statt weiterhin auf Zehenspitzen um Natalie herumzuschleichen, fand er seine eigene Stimme und behauptete sich auf eine konstruktive, fürsorgliche Weise. Dieser mutige Schritt führte sowohl bei Jim als auch bei Natalie zu dramatischen, lebensverändernden Resultaten. Nachdem dieser Konflikt ihre Beziehung nicht länger belastete, fühlte sich Jim ungemein erleichtert und konnte echt hoffen, dass sie es schaffen würden, ihr eingefahrenes Kommunikationsmuster zu überwinden. Dadurch, dass sie diesen Konflikt aus ihrer Beziehung eliminierten, wuchs ihre geistliche und emotionale Verbundenheit sprunghaft.

Mehrere Monate später sagte Jim, er habe sich danach nie mehr wie der Sklave einer Königin gefühlt; jetzt sehe er sich auf Augenhöhe mit Natalie. Da er sich in der Vergangenheit geistlich unterlegen gefühlt hatte, hatte er die geistliche Leiterschaft Natalie überlassen. Sie hatte diese Verantwortung niemals tragen wollen, sondern war lediglich in die Lücke gesprungen, die Jim nicht ausfüllte.

Mittlerweile achtet Jim aktiv auf die geistlichen Mächte, die in ihrem Haus am Wirken sind, und stellt sich gegen diese Mächte, statt gegen Natalie zu kämpfen. Ihm ist klar geworden, dass er es versäumt hatte, seine Frau zu beschützen. Seit er die geistliche Leitung ihrer Familie übernommen hat und Natalie bewusst beschützt, sagt sie, er sei für sie weit attraktiver und sogar sexuell anziehender geworden. Tatsächlich entzückte sie eines Tages Jim, als dieser ihr von seinem Wunsch erzählte, sie zu beschützen, mit den Worten: „*Wow!* Du machst mich gerade richtig an!" Ihren Konflikt durchzuarbeiten führte die beiden dahin, sich nicht mehr als Feinde zu sehen, sondern einander als Liebende zu begehren! Und genau so will Gott es haben.

Heute sieht Jim Natalie mit völlig anderen Augen. Seine Angst und seine Verletztheitsgefühle hatten ihn daran gehindert, sie wirklich zu kennen. Die Dinge an ihr, die ihn früher ärgerten, sieht er heute als niedliche kleine Eigenarten. Dadurch, dass er einen Standpunkt eingenommen und sich seiner Konfliktscheu gestellt hatte, fand Jim aus seiner Hilflosigkeit heraus und zu einer eigenen Stimme. Wo er früher auf Zehenspitzen ging, um nicht anzuecken, ist er jetzt ein geistlicher Krieger in seiner Ehe. Statt sich hoffnungslos zu fühlen, genießt er nunmehr eine wundervolle Verbundenheit mit Natalie.

Heute leiten sie einen LAM-Hauskreis bei sich zu Hause, in dem sie sich 14-tägig mit anderen Paaren treffen, um diese in der Bearbeitung von Konflikten und der Anwendung der LAM-Methoden zu unterweisen. Konfliktlösung muss zu einer Befähigung werden, die man so lange regelmäßig anwendet, bis sie zum Lebensstil geworden ist.

Konfliktlösung und Erfolg in der Ehe

Während es Paaren normalerweise leichtfällt, in guten Zeiten Freude aneinander zu haben, schafft die fortwährende Spannung, die aus ungelösten Konflikten erwächst, Distanz in der Ehe. Nach mehr als zwanzigjähriger Feldforschung an Tausenden von glücklichen und unglücklichen Ehepaaren ziehen die Ärzte Clifford Notarius und Howard Markman folgenden Schluss: „Der Erfolg einer Beziehung hängt von der Fähigkeit zweier Menschen ab, mit Konflikten umzugehen, die unweigerlich in jeder Beziehung auftreten."[1] Solange Sie Konflikte nicht lösen können, stehen Sie vor der aussichtslosen Aufgabe, eine Liebesbeziehung in einer von endlosem Schmerz und Frustration gekennzeichneten Atmosphäre aufbauen zu wollen.

Als Folge der Aufarbeitung ihres Konflikts leben Jim und Natalie nunmehr auf einer neuen Ebene intimer Verbundenheit und ehelichen Glücks.

Wenn wir das Thema Konfliktlösung aus geistlicher Perspektive betrachten, erkennen wir, dass Beziehungsprobleme mit dem Auftreten der Sünde in die Welt kamen. Die Sünde brachte Beziehungskonflikte mit sich, ebenso wie Krankheit, Tod und alle Arten von Elend. Ehekonflikte zu überwinden, heißt, das Werk der Sünde einzudämmen und den Versuch des Feindes zunichtezumachen, die beziehungsmäßige Einheit eines Paares zu beschädigen.

Konfliktlösung oder Versöhnung?

Konfliktlösung ist etwas anderes als Versöhnung. Zweck der Versöhnung ist es, die verwundeten Herzen zweier Menschen wiederherzustellen; bei der Konfliktlösung dagegen geht es darum, sich mit konkreten Problemen zu befassen und zu einer beiderseits akzeptablen Lösung dieser Probleme zu kommen.

---

[1] C. Notarius / H. Markman, *We Can Work It Out*, New York 1994.

In der Konfliktlösung versucht man, Problemlösungen zu finden, auf die beide Partner sich einigen können. Wir haben bereits hervorgehoben, wie ausgesprochen wichtig es für ein Paar ist, sensibel füreinander zu sein und einander zuzuhören; manchmal aber muss es sein, dass Probleme gelöst und Entscheidungen gefällt werden. Um ein Problem zu lösen, ist zumeist mehr notwendig als Zuhören, Empathie und Verständnis. Wenn ein Paar seine Angelegenheiten unter der Zielvorgabe durchspricht, gegenseitiges Einverständnis darüber zu erlangen, wie das jeweilige Problem zu lösen sei, stehen beide zu ihrem Wort und halten an dem fest, was sie beschlossen haben. Genau wie Jim und Natalie kann jeder in seiner Ehe Vertrauen und Zuversicht aufbauen, indem er Konflikte so lange bearbeitet, bis eine Lösung da ist.

Stecken Sie mitten in einem Konflikt und die Emotionen schlagen hoch, so ist es schwer, sachlich und ruhig zu bleiben und sich nicht so rasch gekränkt zu fühlen. Aber genau das ist nötig, wenn der Konflikt gelöst werden soll. Wenn Sie mit der Einstellung an die Konfliktbearbeitung herangehen, dass Sie gewinnen wollen oder Recht bekommen müssen, schaffen Sie eine Atmosphäre des Wettbewerbs, nicht des Zusammenwirkens. Eine Haltung der Rivalität torpediert Ihre Bemühungen um eine Lösung und gegenseitiges Einverständnis; Konfliktlösung ist jedoch nur möglich, wenn man bereit ist, an einem Strang zu ziehen.

Das Erste, was Sie tun müssen, wenn Sie eine Konfliktbearbeitung angehen, ist die Überprüfung Ihrer eigenen Haltung. Sie müssen sich so aufstellen, dass es Ihnen wirklich um die beste Lösung für jeden am Konflikt Beteiligten geht. Sie müssen sich die Zeit nehmen, zur rechten Herzenseinstellung vor dem Herrn zu finden, sodass es Ihnen mehr darum zu tun ist, den besten Weg zu finden, als Ihren Willen zu kriegen. Genau diese Haltung nahmen Jim und Natalie ein, als sie sich entschlossen, den Konflikt in ihrer Ehe beizulegen. Ehe Sie sich an die Lösung eines Konflikts machen, brauchen Sie die richtige innere Einstellung, selbst wenn das bedeutet, dass Sie sich aus dem Gespräch zurückziehen und Zeit mit dem Herrn verbringen müssen.

Es folgen nun die *Regeln der Konfliktbearbeitung*, wie Jim und Natalie sie anwandten, um den Konflikt in ihrer Ehe beizulegen.

Regeln der Konfliktbearbeitung

Ein Paar kann sich dann dieser Methodik bedienen, wenn beide Seiten aktiv und willentlich auf gegenseitiges Verständnis im Rahmen einer respektvollen und ehrlichen Beziehung hinarbeiten.

Beginnen Sie mit Gebet

Beten Sie zusammen und bitten Sie den Heiligen Geist, er möge Sie befähigen, über Ihren Konflikt zu sprechen und dabei die nachfolgenden Haltungen einzunehmen.

- Gehen Sie an dieses Gespräch mit der Haltung heran: „Ich muss diese Diskussion nicht gewinnen und ich muss auch nicht derjenige sein, der Recht hat."
- Oberstes Ziel sollte sein, das Beste für alle Beteiligten zu erreichen.
- Zeichnen Sie ein ehrliches, zutreffendes Bild des Konflikts.
- Übernehmen Sie ohne Wenn und Aber Ihren Teil der Verantwortung für den Konflikt.
- Stellen Sie diese Prinzipien über alles, was Sie fürchten oder sich wünschen.
- Hören Sie in Demut Ihrem Partner zu und lernen Sie von ihm.
- Schätzen Sie jede gute Idee, die Ihr Partner äußert.

Wir segnen gegenseitig unseren Geist, dass er uns leitet und die Oberhand behält, während wir Folgendes tun:

1. Die erste Person spricht:

- Wenn die eine Person spricht, hört die andere zu. (Derjenige, der jetzt zuhört, wird später selbst zu Wort kommen.)
- Versuchen Sie sich auf das Wesentliche zu konzentrieren und präzise zu sein.
  - Versuchen Sie nicht jeden denkbaren Aspekt in einem Gespräch durchzugehen.
  - Versuchen Sie nicht, der anderen Person „etwas zu verkaufen".

  - Begründen Sie, warum Sie glauben, dass Ihre Gedanken oder Ansichten in dieser Situation die beste Lösung für alle Beteiligten darstellen.
- Je länger eine Person redet, desto komplizierter wird das Gespräch. Kommen viele Probleme gleichzeitig zur Sprache, kann es den anderen verwirren und überfordern, weil er nicht mehr genau weiß, wozu er nun eigentlich Stellung nehmen soll.
- Je länger eine Person redet, ohne auf die andere Konfliktpartei zu hören, umso mehr läuft sie Gefahr, sensible Punkte zu treffen und Verletzungen, Groll und dergleichen hervorzurufen.

2. Die zweite Person hört zu:

- Versuchen Sie mehr darauf zu achten, was der andere sagt, als dass Sie sich damit beschäftigen, was Sie ihm wohl erwidern werden.
- Versuchen Sie, nicht nur die Worte der gerade sprechenden Person zu hören, sondern auch ihre Herzenshaltung wahrzunehmen.

3. Die zweite Person antwortet:

- Stellen Sie als Erstes *Verständnis*fragen oder sagen Sie mit eigenen Worten, was Sie gehört haben, damit Sie sicher sind, alles richtig verstanden zu haben, ehe Sie antworten.
- Als Nächstes *heben Sie die Dinge hervor, in denen Sie mit dem übereinstimmen,* was der andere gesagt hat. Begründen Sie Ihre Zustimmung.
- *Erst nachdem Sie diese beiden Schritte gegangen sind, ist es statthaft, Ihre abweichende oder gegensätzliche Meinung vorzubringen und zu begründen.* Bitte beachten Sie dabei alle Leitlinien unter Ziffer 1.

Lösung

1. Wiederholen Sie diese drei Schritte, bis Sie zu einem beiderseitigen Einverständnis gelangt sind.

2. Haben Sie Geduld. Lassen Sie sich Zeit mit dem Prozess, auch wenn es sich angespannt anfühlt und mühsam erscheint.
3. *Stimmen Sie* nicht Entscheidungen oder Schlussfolgerungen zu, von denen Sie nicht wirklich überzeugt sind, nur damit Sie aus der Sache rauskommen, dem anderen ein besseres Gefühl geben oder Ärger vermeiden.
4. Führen Sie das respektvolle Reden und Zuhören weiter, bis Sie dahin kommen, dass Sie beide ehrlich sagen können: „Damit kann ich leben" oder: „Ich glaube, so ist es für uns beide am besten."
5. Respektieren Sie Ihre Abmachungen, indem Sie sie einhalten, bis Sie neue treffen.
6. Wenn Sie diesen Prozess sauber durchführen und dennoch zu keinem Konsens kommen, kann Ihnen vielleicht ein neutraler Mediator weiterhelfen. Vielleicht gibt es einzelne Punkte, um die man sich gesondert kümmern muss, ehe der Konflikt wirklich gelöst werden kann.

Übung

1. Gehen Sie bitte die nachfolgende Aufstellung durch und kreuzen Sie an, wie Sie mit einem Konflikt umgehen.

___ 1. Ich leugne den Konflikt, vertusche ihn oder lasse Gras drüber wachsen.

___ 2. Ich fresse ihn fortwährend in mich rein ... und explodiere irgendwann.

___ 3. Ich zeige mit dem Finger auf andere, gebe ihnen die Schuld.

___ 4. Ich werde sauer und mauere mich ein; dann bin ich verletzt und unversöhnlich.

___ 5. Ich lasse mich leicht reizen und reagiere destruktiv.

___ 6. Ich schweige, schlucke es runter und versuche den, der verärgert ist, zu besänftigen, damit jeder glücklich ist.

___ 7. Ich gerate in die Defensive und suche für alles eine Rechtfertigung. Ich schaffe es nicht, dem anderen zuzuhören.

___ 8. Ich ziehe mich emotional und/oder physisch zurück.

___ 9. Ich suche den Fehler bei mir selbst oder gebe mir die Schuld.

___ 10. Ich spreche mich aus und arbeite die Sache durch.

___ 11. Ich mache Witze und nehme das Ganze nicht ernst.

___ 12. Sonstiges: ...

2. Sprechen Sie über Ihre Herangehensweisen an einen Konflikt.

3. Jeder Ehepartner benennt einen Konfliktbereich in der Beziehung, der noch nicht bis zu einer Lösung durchgearbeitet ist. Entscheiden Sie sich, über welchen Konflikt Sie als Erstes reden wollen. Reservieren Sie genügend Zeit dafür, die Methode der *Regeln der Konfliktbearbeitung* auf den Konfliktbereich anzuwenden, den jeder der beiden Partner benannt hat.

Anmerkung: Falls es Ihnen Mühe macht, Ihre Konflikte zu lösen, sollten Sie vielleicht die *Schritte zur Versöhnung* in Kapitel 9 durchgehen, um sich sämtlichen Verletzungen zu stellen, aus denen heraus Sie in der Vergangenheit auf Ihren Partner reagiert haben.

Wenn ein Konflikt eskaliert

Konfliktlösungsbemühungen, die rasch explosiv werden, erfordern deeskalierende Hilfe von außen. Lassen wir uns in unseren Versuchen, einen Konflikt zu lösen, von unseren stark gegensätzlichen Gefühlen bestimmen, können wir unserer Ehe großen Schaden zufügen. Lori und ich haben die nachstehende Methode *(Was tun, wenn's knallt?)* entwickelt, um Paaren in solchen Situationen weiterzuhelfen. Diese Methode ist ausdrücklich dazu gedacht, hochgradig instabile Situationen daran zu hindern, ins Destruktive abzugleiten. Sie will Paare in die Lage versetzen, ruhig zu werden, sodass sie einander zuhören können.

Vor einiger Zeit besuchte einer unserer Pastoren den Whiskeytown Lake, ein See, der ein paar Meilen nördlich von Redding

(Kalifornien) liegt. Auf dem Parkplatz dort sah er ein Paar aus der Gemeinde, das Rücken an Rücken stand und offensichtlich in die Luft redete. Er fragte, was sie da machten. Sie erklärten, sie praktizierten gerade die Methode „Was tun, wenn's knallt?". Machen Sie es mit dieser Methode genau wie mit allen anderen LAM-„Werkzeugen": Wenden Sie sie an, wann immer Sie sie brauchen. Dieses Mittel zur Konflikt-Deeskalation ist ziemlich einfach anzuwenden – folgen Sie einfach den Schritten in der angegebenen Reihenfolge:

Was tun, wenn's knallt?

(eine göttliche Option, in der Hitze des Gefechts mit Ihren Meinungsverschiedenheiten fertig zu werden)

1. *Entscheiden Sie sich, nicht zu flüchten.* Wenn Sie sich beruhigen oder Ihre Zunge wieder unter Kontrolle bringen müssen, sagen Sie Ihrem Partner, dass Sie eine kurze Auszeit brauchen und gleich wieder da sein werden. Wenn Sie länger brauchen als fünf Minuten, sagen Sie Ihrem Partner, wann Sie zurückkommen und das Gespräch wieder aufnehmen werden. Bleiben Sie dran, selbst wenn es Sie danach verlangt, sich physisch oder emotional zurückzuziehen bzw. zu verschließen – tun Sie das nicht!
2. *Stellen Sie sich Rücken an Rücken.* Bitten Sie Jesus, als der „wunderbare Ratgeber" zu kommen, und beten Sie ein paar Minuten auf Deutsch oder in Zungen, bis Sie in Ihrem Geist oder Ihren Gefühlen eine leichte Veränderung verspüren.
3. *Bleiben Sie stehen.* Nageln Sie abwechselnd ans Kreuz, wovon auch immer Sie spüren, dass es nicht von Gott ist. Brechen Sie jede Übereinkunft mit allem, was sich gegen Sie erhebt, und bitten Sie den Vater, es fortzuschicken. *Sprechen Sie es laut aus.* Beispiel:
   - *Im Namen Jesu nagle ich .... (Zorn, Frust, Distanz, Anklage, Furcht, Ablehnung) ans Kreuz Jesu.*
   - *Ich breche jede Übereinkunft, die ich, bewusst oder unbewusst, mit .... eingegangen bin.*

- *Ich bitte dich, Vater, ... von mir fortzuschicken.*
- *Vater, was möchtest du mir anstelle von .... geben?*

4. *Wenden Sie sich nun einander zu und nehmen sich bei den Händen.* Sprechen Sie nun respektvoll die Probleme durch, ohne sich auf Anklagen, Zorn oder dergleichen einzulassen.
5. *Wenn das Gespräch gut läuft, führen Sie es zu Ende.* Wenn nicht, halten Sie inne und sprechen Sie die Wahrheit über der Sache aus, um die es geht. Beginnen Sie mit allgemeinen Wahrheiten über sich selbst und Ihre Ehe und werden Sie dann konkreter, was das Problem angeht. Lassen Sie sich dabei Zeit.
6. *Bitten Sie einander um Vergebung, wo das angebracht ist.*

Hausaufgaben

1. Wenn in dieser Woche Konfliktbereiche aufbrechen, nutzen sie die *Regeln der Konfliktbearbeitung*, um zu einer Lösung und Einigung zu kommen. Lassen Sie Ihre Konflikte nicht ungelöst im Raum stehen.
2. Sollte es zu einer hitzigen Debatte führen, wenden Sie die Methode „Was tun, wenn's knallt?" an.
3. Halten Sie daran fest, mindestens dreimal in dieser Woche einen gemeinsamen Gebetsspaziergang zu machen.
4. Wenden Sie das *1-2-3-UND-WEG-DAMIT*-Werkzeug an, wenn Sie es brauchen.
5. Sollten Verletzungen zutage treten, gehen Sie die *Schritte zur Versöhnung* durch.

Notizen

Kapitel 11

Den Geist segnen

Dieses Buch wäre unvollständig, wenn wir nicht ein Kapitel einfügten, das Sie in das „Segnen des Geistes" einführt, wie Arthur Burk es lehrt. Weil es in „Liebe in der Ehe" um nichts anderes geht, als die Dinge weiterzugeben, die der Herr in unserem Leben gebraucht hat, geben wir diese wertvolle Perspektive, dieses strategische Werkzeug mit großer Freude weiter.

In seinen Lehrvorträgen und in seinem Buch „Blessing Your Spirit"[1] sagt Arthur Burk, dass Probleme dann entstehen, wenn wir uns von unserer Seele statt von unserem Geist regieren lassen. Der Herr offenbarte ihm das in einem inneren Bild, in dem unser menschlicher Geist wie ein abgemagertes Strichmännchen aussah, während unsere Seele einem fetten Sumo-Ringer glich. Wir alle wissen auf vielerlei Weise unseren Leib zu nähren wie auch unser Denken, unseren Willen und unser Gefühl, während wir unserem Geist relativ wenig Nahrung zukommen lassen. Burk lehrt die Praxis, zu dem Geist eines Menschen zu sprechen und ihn zu segnen, um ihn (den Geist) dadurch zu nähren. Dies muss bewusst geschehen, genau wie wir unseren Körper und unsere Seele bewusst ernähren, damit sie wachsen. Der Herr möchte, dass wir aus

[1] Sylvia Gunter and Arthur Burk, *Blessing Your Spirit* (Birmingham, AL: The Father's Business, 2005); Auszüge daraus sind erschienen als: S. Gunter / A. Burk, *Stärke täglich deinen Geist*, Winterthur 2009.

unserem Geist heraus leben, weil der Geist jener Teil von uns ist, der mit Gott in Kontakt tritt und seine Stimme hört. Ein vom Geist Gottes geleiteter Mensch ist jemand, dessen Geist über seine Seele und seinen Körper regiert.

In den folgenden Abschnitten gehen wir auf einige spezielle Situationen ein, in denen Lori und ich erlebt haben, dass das Segnen des Geistes einen Durchbruch brachte, nachdem andere Methoden fehlgeschlagen waren:

1. Ein Ehepartner, der *unwillig* war, an seiner Ehe zu arbeiten, und/oder resigniert hatte.
2. Ein Ehepartner, der *emotional abgeschnitten* war und nichts mehr fühlen konnte.
3. Ein Paar, das beziehungsmäßig an einem toten Punkt angelangt und keinen Draht mehr zueinander hatte.
4. Ein Paar, das gut vorankam und seinen *Durchbruch nicht wieder verlieren* wollte.

Unwillig oder resigniert

Wenn sich ein Ehepartner jahrelang mit Gefühlen der Distanz, des Verletzt- und Unverstandenseins herumgeplagt hat, ohne Fortschritte zu sehen, kann er an den Punkt kommen, an dem er aus der Ehe aussteigen möchte. Er hat dann die Tendenz, sich anderweitig nach Liebe und Partnerschaft umzusehen. Doch Barry und ich haben erlebt, wie das „Segnen des Geistes" in solchen Situationen Durchbrüche gebracht hat. Man kann diese Methode selbst dann einsetzen, wenn der unwillige Ehepartner nicht einmal anwesend ist. Dafür zu beten, dass sich der Geist des entmutigten Ehepartners erhebt und die Leitung übernimmt, öffnet dem Heiligen Geist die Tür, zu kommen und die Perspektive zu verändern. Und wenn die Perspektive des Himmels im Geist des widerstrebenden Ehegatten Gestalt annimmt, hat das oft zur Folge, dass der Schmerz, der ihn an der Veränderung hindert, entschärft wird.

Einer unserer Workshops wurde von einer Frau besucht, die an dem Punkt war, dass sie ihren Mann verlassen wollte. Sie war in ihrer Beziehung so verletzt und enttäuscht worden, dass sie sich emotional völlig zurückgezogen hatte. Sie sagte, sie finde ihren Mann überhaupt nicht mehr attraktiv und habe sich entschieden, sich nach jemand anderem umzusehen. Sie wollte auch den LAM-Workshop abbrechen, weil sie nicht mehr motiviert war, etwas für ihre Ehe zu tun. Unter Tränen der Wut und Hoffnungslosigkeit teilte sie ihren Kleingruppenleitern mit, dass sie genug von ihrer Ehe habe.

Ihr Mann, der ohne Frage seinen Teil zu dieser emotionalen Entfremdung beigetragen hatte, war verzweifelt auf der Suche nach Hilfe. Nachdem seine Frau nicht einmal mehr mit ihm beten wollte, rieten wir ihm, sich das erwähnte Buch von Arthur Burk zu besorgen. Dieses Gebetsbuch voller biblischer Themen und Erkenntnisse ist ein Art Leitfaden, wie man für den Geist einer Person beten kann, sodass dieser aufgebaut und gestärkt wird. Wir sagten diesem Mann, er solle in dem Buch nach Segnungen suchen, die er dem zornigen, widerspenstigen Geist zusprechen konnte, der seiner Frau zu schaffen machte. Dann solle er diese Segnungen jeden Morgen und jeden Abend beten. Er willigte ein. Er war entschlossen, auf diese Weise um seine Frau zu werben, auch wenn sie nichts mehr mit ihm zu tun haben wollte.

Ohne dass sie es wusste, sprach er ihrem Geist im Gebet inbrünstig jeden Morgen und jeden Abend Bibeltexte und geistliche Wahrheiten zu. Es dauerte nur zwei Wochen, bis sie gemeinsam wieder im LAM-Workshop auftauchten. Der Herr hatte die Gebete des Mannes erhört, und der Geist seiner Frau hatte zu reagieren begonnen. Indem er ihren Geist täglich im Gebet nährte, begann dieser zu wachsen. Ihre Haltung und Motivation gegenüber ihrer Ehe drehte sich um 180 Grad. Sowohl die Hoffnung als auch das emotionale Verlangen nach ihrem Mann kehrten zurück. Sie entschied sich, bei ihrem Mann zu bleiben, dafür zu sorgen, dass die Ehe wieder funktionierte, und zu diesem Zweck weiter am LAM-Workshop teilzunehmen.

Wir konnten kaum glauben, was der Herr durch die ernsten und anhaltenden Gebete dieses Mannes getan hatte. Ich glaube, er selbst war am meisten überrascht und zweifellos am stärksten erleichtert. Entschlossen und mit großen Erwartungen führten sie den Heilungsprozess ihrer Ehe fort und schlossen den LAM-Kursus voller Hoffnung ab, nachdem sie in ihrer Beziehung bereits etliche einschneidende Änderungen erlebt hatten.

Diese Wende liegt jetzt ein paar Jahre zurück, und vor Kurzem trafen wir sie zufällig wieder. Sie sind nach wie vor zusammen, fühlen sich emotional einander verbunden, und es geht ihnen sehr gut. Super, Gott!

Es war ein großes Wunder, als sich das Herz dieser Frau, das ihrem Mann gegenüber völlig tot gewesen war, ihm wieder ganz und gar zuwandte. Weil ihr Mann betete und ihren Geist segnete, war ihr Geist in der Lage, mit der Hilfe des Heiligen Geistes die nötige Herzensveränderung zustande zu bringen. In gerade mal zwei Wochen wurde ihr Geist stark genug, die Leitung und Führung über ihr Leben zu übernehmen, und das, obwohl ihre Seele so lange die Oberhand gehabt hatte.

Ihre Seele besteht aus Ihrem Denken, Ihrem Willen und Ihren Gefühlen. Quälen Sie sich mit Schmerz, einem Trauma oder einer Krise herum, so sind Ihre Gefühle nicht Ihre Verbündeten. In solchen Zeiten können Sie sich nicht darauf verlassen, dass Ihre Gefühle Sie auf den Wegen Gottes leiten. Das Beste ist, wenn Sie Ihrem Geist die Leitung überlassen. Ihren Geist zu segnen erreicht dies auf unglaubliche Weise!

Emotional abgeschnitten

Barry und ich erleben immer wieder Situationen, in denen wir es mit Menschen zu tun haben, die absolut nicht in der Lage sind, ihre Gefühle wahrzunehmen oder auszudrücken. Ihre Gefühle sind in ihnen eingeschlossen und bleiben es, selbst wenn sie den starken Wunsch hegen, emotional ihrem Ehepartner näherzukommen. Es liegt auf der Hand, dass es schmerzvoll für einen Partner ist, mit jemandem verheiratet zu sein, der emotional verschlossen ist; nicht weniger quälend ist es jedoch für den, der sich emotional zu öffnen versucht, aber seine Gefühle nicht mitteilen kann. Menschen in diesem Zustand haben keine Ahnung, wie sie aus dem emotionalen Koma aufwachen können, das ihnen fortwährend Schmerzen bereitet und sie von ihren Lieben abschneidet.

Dieses Phänomen begegnete uns bei einem jungen, etwa ein Jahr verheirateten Paar. Während eines LAM-Workshops luden wir dieses Paar zu einem Paarcoaching ein und stellen dabei fest, dass der Mann kaum etwas gefühlsmäßig wahrnehmen konnte.

Seine Frau hatte ihn niemals weinen sehen. Es war schwierig für ihn, Liebe zu spüren, und es fiel ihm ungemein schwer, sie zum Ausdruck zu bringen.

Während der Herr uns durch die Coaching-Sitzung führte, fanden wir heraus, dass sein Vater ein sehr zorniger Mann gewesen war, der gelegentlich auch ausfallend wurde. Als kleiner Junge war er zutiefst verängstigt gewesen, wenn der Vater in unangemessener Weise – meist an irgendwelchen Gegenständen – seinen Zorn ausließ. Zu jener Zeit in seinem jungen Leben schwor er sich unbewusst, niemals so zornig zu sein, wie es sein Vater war. Er hatte ein sehr zartes, mitfühlendes Herz und konnte noch nicht einmal die Vorstellung ertragen, jemals so unkontrolliert zornig zu werden wie sein Vater. Aufgrund dieses inneren Schwurs schnitt er sich nicht nur von allen negativen, sondern auch von allen gottgegebenen positiven Emotionen ab. Liebe, Leidenschaft, Freude, Erregung – das alles war zusammen mit seiner Angst vor Zorn in seinen emotionalen Kerker eingesperrt.

Wir beteten das mit ihm durch und leiteten ihn an, seinem Vater zu vergeben, dass er dem Geist des Zornes und der Wut Zutritt zu seiner Familie gewährt hatte. Er brach die Übereinstimmung mit dem unbewussten Schwur, mit dem er andere vor dem Schrecken bewahren wollte, den er durch die Wut seines Vaters erfahren hatte. Auch wenn es richtig und gut für ihn war, nicht so zornig zu sein wie sein Vater, hatte der Schwur, den er als kleiner Junge getan hatte, ihn an die Angst, *irgendein* starkes Gefühl zu haben, gebunden. Es blieb ihm nicht anderes, als seine Leidenschaften in seiner eigenen menschlichen Kraft zu unterdrücken. Er hielt den Zorn von sich fern, war aber beherrscht durch die Angst vor Zorn, der ein Geist ist und darum geistlich behandelt werden muss. Wenn es um geistliche Angelegenheiten geht, wohnt natürlichen Lösungsversuchen wenig Autorität zur Veränderung inne.

Nachdem wir diesem jungen Mann eine Weile gedient hatten, begann er einen gewissen Frieden zu verspüren, konnte aber weder emotional noch beziehungsmäßig irgendeine Veränderung feststellen. Also ließen wir ihn und seine Frau die Methode „Segnen des Geistes" anwenden, die wir „Von Angesicht zu Angesicht" nennen. (Am Ende dieses Kapitels lehren wir diese Übung.) Wir segneten den Geist der beiden Eheleute, die Vorrangstellung einzunehmen, und forderten ihre Seelen und Körper auf, sich der Leitung ihres Geistes zu unterstellen. Wir ließen sie einander in die Augen schauen, Geist zu Geist, und luden den Heiligen Geist ein zu kommen und sich jeweils mit ihrem Geist zu verbinden, damit sie die schönen, wunderbaren Dinge sehen konnten, die Gott in jeden von ihnen hineingelegt hatte.

Als sie sich das abwechselnd laut zusprachen, begann etwas ausgesprochen Wunderbares zu geschehen. Die Frau war die Erste, die aussprach, was der Herr ihr über ihren Mann zeigte. Zum ersten Mal in ihrer Ehe traf das voll ins Schwarze und drang an seinem Verstand vorbei direkt in seinen Geist. Unter ihren anerkennenden, segnenden Worten veränderte sich seine Haltung merklich. Als er an der Reihe war zu reden, hatte er einen Moment zu kämpfen, um Worte zu finden, die besagten, was er in seinem Herzen fühlte. Aber er kämpfte sich durch und stammelte: „Ich ... ich liebe dich!" Während er sprach, brach er in Tränen aus, und die Gefühle fluteten nur so aus ihm heraus. Er konnte jetzt ungezwungen weinen. Sie weinten beide, umarmten sich und genossen die tiefe, leidenschaftliche Liebe, die er fast sein ganzes Leben lang in sich vergraben gehabt hatte.

Am nächsten Tag ging der Workshop zu Ende. In der letzten Sitzung luden wir alle Paare ein aufzustehen und zu erzählen, was der Herr in diesen fünf Tagen an ihnen getan hatte. Als sie an der Reihe waren, stand dieser zuvor so ruhige, gefühlsarme, verschlossene Mann auf und sagte ruhig: „Ich habe nur eine Sache zu sagen." Dann brach es aus ihm hervor wie aus einem Vulkan, er riss die Arme in die Höhe, sprang mit aller Kraft in die Luft und schrie: „Durchbruch!" Der ganze Saal brach in wilden Applaus und Lobpreis für das aus, was Gott getan hatte, während der Mann, außerstande, seine Freude und sein Lachen unter Kontrolle zu halten, im Raum herumhüpfte.

Der Überschwang dieses jungen Mannes stellte unter Beweis, welche Blockaden Gott gelöst hatte, zuerst in seinem Geist, dann in seinen Gefühlen und schließlich auch in seinem Körper. Schon während des Gebetes um innere Heilung hatte er eine gewisse Erleichterung verspürt, der wahre Durchbruch aber kam, als seine Frau seinen Geist segnete. Das Segnen des Geistes und die Übung „Von Angesicht zu Angesicht" haben sich für viele festgefahrene

Paare als Schlüsselwerkzeuge erwiesen. Übernimmt Ihr Geist die Führung, so wird es Ihnen möglich, sich mit dem Heiligen Geist zu verbinden, der die Macht hat, die Seele aufzuwecken!

Ohne innere Verbindung

Wenn es einem Paar auf Dauer nicht gelingt, eine Herzensverbindung zueinander herzustellen, und wenn beide das Handeln und die Absichten des anderen fehldeuten, öffnet das die Tür für Bitterkeit, Groll, Frustration und Zorn, und diese Empfindungen werden Teil des gemeinsamen Alltagslebens. Unternehmen sie längere Zeit nichts dagegen, entsteht zwischen ihnen ein gewaltiger Abgrund, der ihnen jegliche Kräfte raubt.

In einem der Workshops des vorigen Jahres coachten wir ungefähr eineinviertel Stunden lang ein Paar, ohne dass sich irgendein Durchbruch abzeichnete. Die Eheleute beschuldigten und verdammten einander fortwährend, sosehr wir uns auch bemühten, sie mit Gottes mitfühlendem Herz in Verbindung zu bringen. Wir konnten ihnen einfach nicht dazu verhelfen, einen gemeinsamen Grund zu finden. Es war schmerzhaft zu erkennen, dass sie seit langem einander verletzt und aneinander vorbeigelebt hatten.

Schließlich erinnerten wir uns an die Übung *Von Angesicht zu Angesicht*, und als letzten Versuch gingen wir sie mit ihnen durch. Wir segneten ihren Geist, die Vorrangstellung einzunehmen, und geboten ihrer Seele und ihrem Körper, still zu sein, waren es doch ihre Seelen, die sich so nachtragend verhalten hatten. Wir leiteten sie an, sich gegenseitig in die Augen und in den Geist des jeweils anderen zu blicken. Dann luden wir den Heiligen Geist ein, er möge ihnen helfen zu sehen, was er sah. Als sie anfingen zu reden, begann sich endlich etwas in ihnen zu verändern. Die Härte schmolz und ein Verstehen tat sich auf; es war fast so, als sähen sie einander zum ersten Mal seit langer Zeit klar und deutlich. Als sie immer deutlicher die Wahrheit übereinander erkannten, hörten wir sie Worte der Liebe und Zärtlichkeit aussprechen. Schließlich stießen wir alle einen Seufzer der Erleichterung aus, als sie sich voll Zuneigung in die Arme nahmen.

Am nächsten Morgen war eine deutliche Veränderung an ihnen zu bemerken. Die Schwere und Niedergeschlagenheit, die während der ganzen Woche auf dem Mann gelegen hatte, war wie weggeblasen. Sein Auftreten war freundlich und heiter und an seinem Tisch riss er Witze. Viele sagten, man erkenne ihn nicht wieder. Genauso verändert war seine Frau: sorglos, entspannt und glücklich.

Aufgrund von Bitterkeit und Groll, die schon lange andauernden, waren ihre Seelen stark darin geworden, ihr Recht auf Gekränktsein zu beanspruchen. Wir hatten alles versucht, was uns in den Sinn gekommen war, sie von diesem Kurs abzubringen, aber erst der Aufruf an ihren Geist, die Führung über ihre Seele zu übernehmen, brachte den Durchbruch.

Den Durchbruch festhalten

Erlebt ein Paar einen Durchbruch, so muss dieser – egal, wie einschneidend und lebensverändernd er auch scheinen mag – so lange bewahrt werden, bis er sich zum Lebensstil verfestigt hat. Wir haben festgestellt, dass das Segnen des Geistes eine wirksame Komponente ist, damit sich eheliche Durchbrüche zu Veränderungen im Lebensstil verfestigen.

Vor nicht allzu langer Zeit besuchte ein Paar einen unserer Fünf-Tage-Workshops. Sie hatten bis dahin noch keine so tiefe Verbundenheit erlebt, wie sie sich eigentlich wünschten. Im Leben von beiden gab es wichtige Vorkommnisse, über die sie nie miteinander gesprochen hatten. Obendrein hatten sie in ihrem zwanzigjährigen geistlichen Dienst einige besonders üble Dinge erlebt, ohne sich jemals die Zeit zur Aufarbeitung dieser Erfahrungen zu nehmen. Am ersten Tag war die Frau so aufgebracht, dass sie abbrechen und nach Hause fahren wollte. Zum Glück hatten sie eine weite Anreise gehabt, sodass das nicht in Frage kam. So tasteten sie sich vorsichtig durch den Workshop und setzten sich mit den unerwarteten Dingen auseinander, die in ihnen hochkamen. Dabei schenkte ihnen der Heilige Geist einen enormen Durchbruch und neue Hoffnung. Zu ihrer Überraschung fingen sie an, genau die Tiefe emotionaler Intimität, die ihnen immer entgangen war, zu erleben. Zu sehen, wie sehr der Herr dieses kostbare Ehepaar veränderte, war unglaublich.

Ungefähr ein Jahr danach hatten wir das Vorrecht, einige Zeit mit diesem Paar zu verbringen. Es war so aufregend zu hören und zu sehen, wie gut es ihnen ging. Mit aller Bestimmtheit hatten sie die im LAM-Workshop erlernten Methoden weiterhin angewandt und taten das auch jetzt noch ganz bewusst. Eine der Methoden, die sie fast täglich anwandten, war das *Segnen des Geistes für Paare*. Das war so sehr zum Bestandteil ihres Alltags geworden, dass es ihnen an Tagen, wenn es einmal nicht möglich war, ungemein fehlte. Für uns war es eine solche Bestätigung, zu hören, wie diese schlichte kleine Methode ihre geistliche und emotionale Verbindung nicht nur aufrechterhielt, sondern sogar nährte und wachsen ließ.

Zeugnisse und Nachweise für das Segnen des Geistes

Weil der Gedanke, den Geist eines Menschen zu segnen, für viele etwas Neues ist, möchten wir hierzu etwas mehr Hintergrundwissen sowie einige Beispiele dafür anführen, wie Gott diese geistlichen Prinzipien machtvoll angewandt hat.

Babys im Mutterleib segnen

Vor vielen Jahren fing Arthur Burk an, mit dem Geist von Babys im Mutterleib zu arbeiten. Er glaubte, wenn er Eltern beibringen könne, den Geist ihres Kindes vom Augenblick der Empfängnis an zu segnen, würde dieser einen enormen Startvorteil gegenüber der Seele haben, da Denken, Wille und Gefühle sich erst noch entfalten mussten.

Arthur begann damit, fast unmittelbar vom Augenblick der Empfängnis an Bibeltexte über diesen kleinen Personen zu beten, und lehrte die Eltern, es auch so zu tun. Auch wenn das Denken der Babys noch nicht entwickelt war, so war doch ihr Geist bereits voll ausgeprägt. Infolge dieser Gebete geschah etwas Wunderbares, und diese kleinen „Geister“ wuchsen sprunghaft. Schon in diesen keimenden Menschenleben hatte der Geist die Führung über Seele und Körper übernommen.

Was wir Ihnen hier erzählen möchten, ist gewaltig, da der Verstand – ganz zu schweigen vom Körper – dieser Babys ohne die Leitung durch ihren Geist niemals das hätte erreichen können, was sich zutrug. Ihr Verstand konnte noch nichts begreifen, aber ihr Geist brachte ihren Verstand und ihren Körper dazu, etwas

Erstaunliches zu tun. Es gibt dokumentierte Berichte von Babys, die unmittelbar vor der Geburt waren, aber sich in Steißlage befanden, sodass die Füße zuerst geboren worden wären. Die ganze Schwangerschaft hindurch hatten die Eltern den Geist dieser Babys genährt, indem sie regelmäßig über ihnen beteten. Als nun ein Elternpaar den Geist seines Babys ansprach und ihn anwies, sich umzudrehen und für die Geburt fertigzumachen, drehte sich das Baby auf der Stelle um und kam mit dem Kopf zuerst heraus! Das geschah in etlichen Familien ein ums andere Mal.

Als ich diese Geschichte einmal während eines Workshops erzählte, meldete sich ein Mann und sagte, er und seine Frau hätten mit ihrem Kind genau dasselbe getan, als es in Steißlage geboren werden sollte. Sie sagten, es sei unglaublich gewesen. Das Baby hörte sie, gehorchte und drehte sich sofort herum, um in die richtige Lage für eine normale Geburt zu kommen.

In Lukas 1,15 lesen wir: *„... schon im Mutterleib wird er mit dem Heiligen Geist erfüllt sein"*, und in Lukas 1,44 heißt es: *„In dem Augenblick, als ich deinen Gruß hörte, hüpfte das Kind vor Freude in meinem Leib."* Bei diesen Kindern, die drauf und dran waren, in Steißlage zur Welt zu kommen, war es ihr Geist, der verstehend reagierte. Ihr Verstand war noch nicht voll ausgeprägt; sie waren noch nicht in der Lage, eine Botschaft zu verstehen und an ihren Körper zu senden. Aber unter der Führung ihres Geistes verstanden sie und ihr Körper gehorchte!

Eine schwierige Jugend

Diese Lehre und diese Methode gilt nicht nur Babys und Eheleuten. Barry und ich erleben auch immer mehr, wie Gott sie an Kindern und Jugendlichen gebraucht. Hier ein Beispiel, das mir meine Mitarbeiterin erzählte. Eines Tages telefonierte sie mit einem Freund, der in einer Jugendstrafanstalt arbeitete. Er erzählte ihr, ihm sei ein junger Mann zur Betreuung zugewiesen worden, der sich seit seiner Einweisung jeder Erziehungsmaßnahme entzogen habe. Er sei dauernd in Arrest und äußerst schwierig im Umgang.

Binnen ungefähr fünf Minuten erzählte meine Mitarbeiterin ihrem Freund einiges von dem, was wir durch die Lehren Arthur Burks gelernt hatten. Sie erklärte ihm, wie man vor dem Beten den Geist der Person anspricht und auffordert, die Oberhand über

Seele und Körper einzunehmen. Sie erläuterte, wie man Seele und Körper anweist, dem Geist Folge zu leisten, also die Leiterschaft dem Geist einzuräumen. Und wie man schließlich damit beginnt, die Wahrheiten der Bibel und die Worte, die der Heilige Geist einem für die betreffende Person eingibt, auszubeten.

Er war von der Methode begeistert, aber es war ihm verboten, auf diese Weise mit Insassen der Einrichtung zu beten. Meine Assistentin sagte ihm, das sei kein Problem. Er könne dem Jungen einfach in die Augen sehen und still beten, von Geist zu Geist.

Ihr Freund entschloss sich, die „Anstarr"-Methode an diesem schwierigen Jungen auszuprobieren. Zuerst verabscheute der Junge diese Übung und wehrte sich jedes Mal dagegen. Als sie aber weitermachten, fand er Gefallen daran, ja, er freute sich auf die wenigen Minuten am Tag, in denen er auf diese Weise Kontakt zu seinem Betreuer hatte. Binnen Kurzem veränderte sich das Betragen dieses jungen Mannes, er wurde deutlich ruhiger und wurde sogar aus dem Arrest entlassen.

Nach einer Weile rückte der Besuchstermin seiner Eltern heran. Als sie in der Einrichtung eintrafen und ihren Jungen sahen, konnten sie es kaum glauben. Die Verbesserung war so dramatisch, dass sie dem Leiter der Einrichtung sagten, sie hätten ihn kaum wiedererkannt. *Noch nie* hatten sie ihren Sohn so gesehen. Er war wirklich verwandelt!

Ein psychisch Kranker

Arthur erzählt eine ähnliche Geschichte von einer Krankenschwester in einer psychiatrischen Anstalt, die einen Patienten hatte, mit dem wirklich schwer fertig zu werden war. Laut für ihn beten durfte sie nicht, also versuchte sie es etwa fünf Minuten am Tag damit, sich einfach hinzusetzen und ihm in die Augen zu schauen. Sie forderte seinen Geist auf, die Oberhand einzunehmen, und befahl Seele und Körper sich dem Geist unterzuordnen. Dann fing sie an, still über ihm zu beten, Geist zu Geist, wobei ihr Geist seinem Geist Wahrheiten, Bibelinhalte, Hoffnung und Leben zusprach. Recht bald zeigten sich an ihm Veränderungen zum Besseren. Sie fuhr fort, ihm regelmäßig zu dienen, und während sie das tat, traten deutliche Verbesserungen auf, bis er schließlich in eine Therapie-Einrichtung für weniger schwer gestörte Patienten verlegt werden konnte, da seine Fortschritte so auffällig geworden waren, dass er nicht mehr in die bisherige Klinik passte. Nachdem er verlegt worden war, bat er darum, regelmäßig in die frühere Klinik zurückkehren zu dürfen, um seine Sitzungen mit der Krankenschwester fortzusetzen, weil diese für seine Heilung und sein Wachstum unerlässlich waren.

Emotionale Abgelenktheit beim Sex

An einem unserer Drei-Tage-Workshops nahm ein Paar teil, bei dem die Frau als Kind schwerwiegenden geistlichen, emotionalen und sexuellen Missbrauch erlitten hatte. Infolge ihrer Missbrauchserfahrung schaffte sie es nicht, beim Sex mit ihrem Mann emotional beteiligt zu sein. Solange sie verheiratet waren, wurden ihre Augen beim Sex glasig, woran ihr Mann merkte, dass sie wieder einmal emotional ausgestiegen war. Da sie einander liebten und alles daransetzten, ihre Liebesbeziehung zu vertiefen, tat dies beiden weh. Sie wollte nicht „aussteigen", wusste aber nicht, wie sie es schaffen konnte zu „bleiben". Und ihr Mann wollte nicht nur ihren Körper, sondern sehnte sich danach, ihr als ganzer Person seine Liebe zu zeigen – ihrem Geist, ihrer Seele *und* ihrem Körper.

Dieses liebenswerte Paar hatte in dem Workshop ein paar wunderbare Durchbrüche erfahren, aber jetzt kamen wir zu dem Teil des Kurses, in dem es um Sex ging und dem sie beide mit ziemlicher Nervosität entgegensahen. Als Hausaufgabe für den Abend stellten wir ihnen die „sexuelle Herausforderung" vor – was das konkret heißen sollte, legten sie gemeinsam mit dem Heiligen Geist fest.

Immer wieder ermutigen wir Paare, in den Zeiten ihrer sexuellen Begegnungen von Anfang bis Ende um die Gegenwart des Heiligen Geistes zu bitten und gegenseitig ihren Geist aufzufordern, die Oberhand zu haben und ihre Seele zu führen. Genau das tat das besagte Paar, aber als sie anfingen, miteinander zu schlafen, spürte der Mann, wie seine Frau sich emotional zurückzog. Erneut rief er ihren Geist auf, wachsam zu sein und in seiner Leitungsposition zu bleiben. Dabei fühlte er sich geleitet, Augenkontakt mit ihr zu halten und dabei immerfort ihren Geist zu segnen. Darauf reagierte ihr Geist; sie hielt seinem Blick stand und blieb während der ganzen Zeit ihres Geschlechtsverkehrs emotional präsent.

Weinend erzählte der Mann am nächsten Morgen, dies sei in ihrer ganzen Ehe zum allerersten Mal passiert. Wir freuten uns mit ihnen an dem, was der Herr getan und wie er sie angeleitet hatte zu überwinden, was der Feind ihnen seit Jahren gestohlen hatte.

Dieses kleine „Werkzeug", den Geist des anderen zu segnen, ist sehr einfach und leicht anzuwenden. Damals hatten wir noch nicht einmal die Zeit, diese Methode vollständig zu lehren bzw. zu erläutern. Aber was wir sagten, genügte diesem Mann offensichtlich, um auf den Heiligen Geist zu hören und das Gelernte so anzuwenden, dass sie einen Durchbruch in einer Sache erlebten, mit der er und seine Frau sich seit ihrer Heirat herumgeplagt hatten. Danke, Jesus!

Das Herausforderndste am Segnen Ihres Geistes ist: Es ist so einfach, dass man es allzu leicht vergisst. Tun Sie das nicht! Wendet man diese Methode im Einklang mit dem Heiligen Geist an, wohnt ihr das Potenzial inne, Ihr Leben zu verändern.

Übung

Diese Methode nennen wir *Von Angesicht zu Angesicht*.

1. Blicken Sie einander in die Augen, sprechen Sie den Geist Ihres Partners an und befehlen Sie seiner Seele und seinem Körper, dem Geist zu folgen.
2. Fangen Sie an, positive Wahrheiten über das auszusprechen, was Sie in Ihrem Partner sehen.
3. Wechseln Sie sich fünf- bis zehnmal darin ab, gegenseitig positive Wahrheiten übereinander auszusprechen.

Hausaufgaben

Das Segnen des Geistes für Paare:

- Wechseln Sie sich jeden Abend vor dem Schlafengehen darin ab, einander Folgendes zu sagen: „......................, ich rufe deinen Geist hervor, dass er sich über deine Seele und deinen Körper stellt, damit du alle Ruhe und Offenbarung erhalten kannst, die der Heilige Geist dir in diese Nacht bringen wird. ‚Den Seinen gibt er es im Schlaf' (Ps 127,2)."

- Wechseln Sie sich jeden Morgen beim Aufwachen darin ab, einander Folgendes zu sagen: „........................,ich rufe deinen Geist zur Wachsamkeit und Aufmerksamkeit, damit er die Leitung über Seele und Körper übernimmt und sich eins macht mit Jesu Absicht für dein Leben am heutigen Tag."
- Führen Sie in dieser Woche dreimal oder öfter die Übung *Von Angesicht zu Angesicht* durch.

Notizen

KAPITEL 12

Gott ehren durch gottgefällige Bestimmtheit

„Das ist irre. Das bist doch nicht du!", sagte Lori mit ruhiger, aber fester Stimme zu mir. Zwei Tage lang waren wir immer mal wieder auf denselben Punkt zu sprechen gekommen, ohne auch nur den geringsten Fortschritt in Richtung einer Lösung zu erzielen. Und wieder mal hielt Lori resolut an ihrem Standpunkt fest.

Ich hatte ihr nachdrücklich und überzeugend (wenigstens ich war davon überzeugt) gesagt, sie sei innerlich nicht mit mir verbunden und lasse eine ihrer Freundinnen mir den Rang streitig machen. Lori spürte, dass ich von meiner Meinung fest überzeugt war. Das machte es ihr schwer, meinen nachdrücklichen Behauptungen etwas entgegenzusetzen, doch konnte sie den Vorwürfen nicht beipflichten, die ich gegen sie erhoben hatte. Dass sie in der Lage war, an ihrer eigenen inneren Überzeugung festzuhalten und dennoch respektvoll mit mir zu reden, war der Schlüssel, um das gegenseitige Beschuldigen, das sich zwischen uns abspielte, zu durchbrechen. Der Geist der Anklage wollte uns auseinanderbringen, aber Lori ließ das nicht zu.

Auf Loris Vorschlag hin beteten wir schließlich zusammen gegen diesen Geist, was den seit zwei Tagen hin und her wogenden Streit rasch beendete. Uns wurde klar, dass es gar nicht um mein Gefühl ging, Lori ziehe mir ihre Freundin vor. Es ging um etwas

Geistliches, also mussten wir gegen den Geist der Anklage beten. Indem sie einerseits an ihren inneren Überzeugungen festhielt und andererseits die Kommunikation mit mir respektvoll fortführte, statt zornig, gekränkt oder manipulativ zu werden, demonstrierte Lori vorbildlich, was ich gottgefällige Bestimmtheit nenne.

Gottgefällige Bestimmtheit definieren wir so:

Gottgefällige Bestimmtheit heißt: Wir nehmen uns die Zeit, herauszufinden, was Gott durch uns sagen oder tun möchte, und sprechen dann mit Glauben und Mut diese Dinge respektvoll und demütig an und tun sie.

Es gibt einen äußerst bedeutsamen Unterschied zwischen Selbstbestimmtheit (Durchsetzungsvermögen) und gottgefälliger Bestimmtheit (dem Einstehen für Gottes Sache). Wenn es um Durchsetzungsvermögen geht, wird uns gesagt, wir sollen für unsere Sache aufstehen und das, was wir wollen oder für gerecht und korrekt halten, einfordern. Mitunter ist das sehr gut, vor allem für Leute, die ausgesprochen passiv, scheu oder schüchtern sind. Jesus machte allerdings einen klaren Unterschied zwischen dem Einstehen für die eigene Sache und dem Einstehen für Gottes Sache, wenn er in Johannes 7,18 sagt: *„Wer aus sich selbst heraus redet, dem geht es um seine eigene Ehre. Wem es aber um die Ehre dessen geht, der ihn gesandt hat, der ist glaubwürdig und hat keine unrechten Absichten."* Die erste Hälfte des Verses beschreibt Selbstbestimmtheit, das Sprechen aus sich selbst heraus im Trachten nach eigener Ehre. In der zweiten Vershälfte geht es um eine Gott wohlgefällige Bestimmtheit, die Gottes Ehre und nicht die eigene sucht. Dieser Unterschied kann ein sehr subtiler sein, der ausschließlich von der Verfassung unseres Herzens abhängt.

So kann ich z. B. einem Menschen gegenüber freundlich und großzügig sein, damit er mich akzeptiert – dann suche ich nur meine eigene Ehre. Oder ich kann jemandem von etwas Großem erzählen, das der Herr durch unseren Dienst getan hat, und dabei in meinem Herzen darauf aus sein, dass meine Begabung anerkannt und wertgeschätzt wird. Das ist Selbstbestimmtheit, keine gottgefällige Bestimmtheit. Letzteres wäre es, wenn ich von großen Dingen sprechen kann, die der Herr getan hat, und in meinem Herzen möchte, dass dadurch der Herr geehrt wird und nicht ich.

In vollkommener Weise bestand Jesus nur auf dem, was für seinen Vater und nicht für ihn selbst wichtig war. Das nennen wir gottgefällige Bestimmtheit.

Ein Mensch, der „aus sich selbst spricht“, steht für seine eigene Sache ein und zielt auf persönliche Anerkennung. Machen wir nur unsere persönlichen Wünsche geltend, ohne Rücksicht auf das, was Gott will, dann wollen wir selbst vorankommen und versuchen uns in den Augen anderer wichtig zu machen. Das heißt nun nicht, wir müssten alles ignorieren, was wir wollen oder wünschen, sondern wir müssen die Motive unseres Herzens überprüfen, um sicherzugehen, dass unsere Worte und Taten mehr Gott erheben als uns selbst. Die Motive unseres Herzens überprüfen wir, indem wir den Geist der Wahrheit bitten, uns exakt aufzuzeigen, wovon wir motiviert sind.

Unser Hauptpastor, Bill Johnson, stellte seinem zukünftigen Schwiegersohn Gabe eine einzige Frage, als der um die Hand seiner Tochter anhielt. Bill fragte Gabe: „Wirst du Gott mehr lieben, als du meine Tochter liebst?“ Er war davon überzeugt, dass Gabe seine Tochter am besten dadurch liebte, dass er Gott mehr liebte als irgendjemanden sonst. Gabes Liebe zu Gott würde ihn bewegen, in der Ehe Gottes Wege und nicht seine eigenen zu verfolgen. Gottes Wahrheit und Gerechtigkeit bringen wir am ehesten dadurch in unsere Ehe hinein, dass wir seine Wege über unsere eigenen stellen. Das trifft in jedem Fall zu, ob wir in der Ehe nun die Rolle des Hauptes oder die des Untergeordneten innehaben.

Gott sucht Ehepaare, die kühn die Wahrheiten seines Reiches und sein Herz der Welt zum Ausdruck bringen und kommunizieren. Gott gebraucht Menschen, die sich von seinem Geist leiten lassen, um ihn der Welt zu offenbaren. Nur diese werden ihn und sein Reich auf rechte Weise repräsentieren können. Selbstzentrierte, egoistische Christen sind dazu nicht imstande, ebenso wenig wie ängstliche, passive bzw. aggressive und dominante.

Eine ängstliche Frau

Sheila ließ sich von der Angst und Wut ihres Mannes beherrschen, bis sie es lernte, sich auf gottgefällige Weise Geltung zu verschaffen. Nach zwanzig Jahren im immer gleichen dysfunktionalen

Muster war sie durch und durch frustriert und ausgebrannt. Allabendlich, wenn Sheilas Mann Phil von der Arbeit kam, schaltete sie auf höchste Alarmstufe, um ja alles auszumachen und zu verhindern, was an diesem Abend eventuell seinen Zorn auslösen könnte. Mental und physisch pflegte sie sich darauf vorzubereiten, den abendlichen Tiraden ihres Mannes zuvorzukommen oder sie zu entschärfen. Manchmal gelang ihr das, dann fühlte sie sich gut dabei, ihre Pflicht als Ehefrau erfüllt zu haben, sich ihrem Mann unterzuordnen und seinen Zorn zu besänftigen. Zu anderen Gelegenheiten ging es schief, und dann fraß sie die vertrauten Gefühle von Frust und Versagen so lange in sich hinein, bis sie es nicht mehr aushielt. Irgendwann platzte sie und schleuderte ihrem Mann ihren aufgestauten Ärger und Frust entgegen.

An diesem Ablauf konnten weder ihre jahrelange selbstlos-passive Unterwerfung noch ihre gelegentlichen Wutausbrüche etwas ändern. Damit Phil endlich seinen alles beherrschenden Zorn erkennen und sich damit auseinandersetzen konnte, musste Sheila lernen, sich auf gottgefällige Weise zu behaupten.

Als Erstes musste Sheila begreifen, dass es nicht in ihrer Verantwortung lag, den Zorn ihres Mannes zu besänftigen. Vielmehr hatte sie seinen Zorn durch ihre ängstlichen, anpasserischen Reaktionen noch belohnt und verstärkt. Mit ein wenig Hilfe schaffte Sheila es, sich nicht mehr in die chronischen Zornesausbrüche ihres Mannes hineinziehen zu lassen. Sie lernte es, ihm mutig die Wahrheit zu sagen, ohne sich dabei selbst von Zorn treiben zu lassen. So konnte sie jetzt etwa Dinge sagen wie: „Tut mir leid, dass du dich heute auf der Arbeit so geärgert hast, aber ich glaube nicht, dass es dir weiterhilft, wenn du sauer bist." Sie konnte freundlich bleiben, ohne die Wahrheit zu verleugnen und ohne die Verantwortung auf sich zu laden, den Ärger ihres Mannes in Schach halten zu müssen. Sie lernte es, für Gottes Wahrheit und Mitgefühl einzustehen.

Zuerst fühlte sie sich schuldig, dass sie nicht mehr versuchte, ihren Mann zu besänftigen; bald aber spürte sie, wie frei es sie machte, ihrem Mann einfach nur Gott vor Augen zu führen und sich für den Zorn ihres Mannes nicht mehr verantwortlich zu fühlen. Wie so viele von uns schwankte Sheila zwischen den Extremen hin und her: einerseits aggressiver Wut, andererseits passiver

Angst. Konfrontiert mit dem Zorn ihres Mannes, war es für sie einfacher, sich still den Gefühlen der Angst zu ergeben, als mutig zu sagen, was sie dachte. Genauso war es leichter, ihren eigenen Worten mit Zorn zum Nachdruck zu verhelfen, als das Risiko einzugehen, zur Wahrheit zu stehen, weil sie es dann sehr wahrscheinlich mit seinem Widerstand zu tun bekommen würde.

Ein ängstlicher Mann

Vor Kurzem war ich (Barry) im seelsorgerlichen Gespräch mit einem Mann, der sich die ganzen 15 Jahre seiner Ehe hindurch vor dem Zorn seiner Frau gefürchtet hatte. Um dieser Angst entgegenzuwirken, hatte er ein Verhalten entwickelt, selbst Zorn zu benutzen, um sich stark zu fühlen. Zugleich litt er an Depressionen und schluckte diverse Pillen, um dagegen anzugehen. Durch den Seelsorgeprozess gelangte er an den Punkt, sich seinen Ängsten zu stellen, indem er den wütenden Beschuldigungen seiner Frau mit ruhigen und ehrlichen Worten entgegentrat.

Es machte ihm große Angst, sich dazu durchzuringen, sich ihren Ausbrüchen zu stellen, hatte sie ihn doch mit ihren Worten viele Jahre lang extrem verletzt und niedergemacht. Doch trotz des Schreckens, der ihn befiel, wenn er ihr in Liebe mit der Wahrheit Gottes entgegentrat, fühlte er sich hinterher jedes Mal deutlich besser. Mit seinen Depressionen fing es an, besser zu werden, und er ließ sich nicht mehr in die alten Muster hineinziehen, destruktive zornige Worte zu benutzen, um es ihr zurückzuzahlen. Als er lernte, Gottes Ehre anstelle seiner eigenen zu suchen, konnte er mit Gottes Wahrheit und Gerechtigkeit auf seine Frau eingehen, anstatt aus seinem Fleisch heraus zu reagieren. Gottgefällige Bestimmtheit versetzte ihn in den Stand, Gott zu ehren, indem er die Wahrheit in Liebe aussprach, anstatt seinem Zorn, den er allzu oft in Reaktion auf die verletzenden Worte seiner Frau empfunden hatte, freien Lauf zu lassen.

Angst und Zorn lassen niemals zu, dass wir in unseren Ehebeziehungen Gott repräsentieren. Frauen dürfen sich nicht auf ihre Unterordnung herausreden, um passiv und still zu bleiben. Angst verhindert, dass wir das zur Ehe beitragen, was Gott von uns will. Zorn lässt sich als ein Recht des Mannes legitimieren, weil er das

Haupt ist. Mann und Frau müssen beide aktiv darauf aus sein, Gottes Wahrheit und Gerechtigkeit in die Ehe hineinzubringen.

Gottgefällige Bestimmtheit und Hauptsein

Dass der Mann in der Ehe das geistliche Haupt ist, bedeutet im Kern: Er muss in so enger Verbindung zu Jesus leben, dass er Jesus seiner Frau gegenüber klar zum Ausdruck bringt. Sehen wir uns Jesus als das vollkommene Vorbild des Hauptseins an, so stimmt unsere Beschreibung gottgefälliger Bestimmtheit voll und ganz mit den biblischen Rollen des Hauptseins in der Ehe überein. Als unser Haupt war es die Rolle Jesu, uns durch sein Leben den Vater zu offenbaren. Er lebte kühn und unübersehbar und trat in allem, was er sagte und tat, für den Vater ein. Ähnlich wie Jesus uns klar den Vater vor Augen führte, sollen Ehemänner ihren Frauen gegenüber Jesus repräsentieren und sie so lieben, wie Jesus die Gemeinde liebt. Genau wie wir als Christi Braut den Vater durch Jesus sehen, sollen Ehefrauen Jesus durch das geistliche Hauptsein ihrer Männer sehen.

Oft verbinden wir mit der Rolle des Hauptes, dass es sämtliche Entscheidungen für alle trifft, die unter seiner Autorität stehen. Wir denken, Hauptsein heiße: „Ich habe das Recht und die Verantwortung, das letzte Wort zu sprechen." Paulus sagt uns in 1. Korinther 11,3, dass Christus das Haupt eines jeden Mannes ist und Gott das Haupt Christi. Mithin können wir Jesu Beziehung zu seinen Jüngern als vollkommenes Beispiel dafür heranziehen, was es meint, Haupt zu sein. Als Haupt der Jünger konzentrierte sich Jesus nicht darauf, für sie zu entscheiden. Er entschied für sich selbst und erzählte den Jüngern vom Vater. Er tat, was immer der Vater ihm sagte, und lud seine Jünger ein, ihm nachzufolgen. Auch wenn er seine Jünger aussandte, übte er niemals Zwang aus. Jesus ließ seine Jünger selbst entscheiden, ob sie ihm folgen wollten oder nicht. Als ihr Haupt ging es ihm darum, ihnen stets den Vater zu repräsentieren und sie in Verbindung mit dem Vater zu bringen.

In Markus 10 lesen wir von Jakobus und Johannes, die Jesus ersuchten, er möge ihnen die Autorität und das Vorrecht einräumen, zur Rechten und Linken seines Thrones zu sitzen. Sie wollten die oberste Autorität, um mit Jesus zu herrschen. Statt ihnen diesen Wunsch zu erfüllen, brachte Jesus sie auf geschickte Weise dazu, darin einzuwilligen, aus dem Becher seines Leidens und seiner Taufe in den Tod des eigenen Ichs zu trinken. Daraufhin murrten die anderen Jünger über den Anspruch des Jakobus und Johannes. (Vermutlich deshalb, weil sie nicht als Erste gefragt hatten.) Jesus ergriff die Gelegenheit beim Schopf und lehrte sie darüber, wie Christen denken und handeln sollen, wenn sie in Positionen gelangen, die mit Autorität ausgestattet sind.

In Markus 10,42-45 macht Jesus den Unterschied zwischen einer Gott wohlgefälligen und einer weltlichen Herangehensweise an die Ausübung von Autorität klar. Er erklärt, heidnische Herrscher, also Menschen, die Gott nicht kannten, benutzten ihre Macht und Autorität, um ihre Untertanen zu beherrschen und zu unterdrücken.

Wenden wir dasselbe Prinzip auf die Ehe an, so ist von einem Mann, der sein Hauptsein ausnutzt, um seine Frau dahin zu bringen, dass sie tut, was immer er will, zu sagen, dass er seine Autorität wie jemand ausübt, der Gott nicht kennt. Ein Ehemann, der Jesus nachfolgt, wird eine genau entgegengesetzte Haltung einnehmen, nämlich seiner Frau dienen, indem er ihr, ohne sie zu beherrschen, Gottes Liebe und Wahrheit demonstriert.

Jeder Christ, der der Größte sein möchte, muss zum Diener anderer werden; und wer der Erste sein will, muss sich anderen als Sklave unterwerfen (vgl. V. 43 f.). Im Weiteren wendet Jesus seine Lehre auf sich selbst an und sagt: *„Denn auch der Menschensohn ist nicht gekommen, um sich dienen zu lassen, sondern um zu dienen und sein Leben als Lösegeld für viele hinzugeben"* (V. 45). Jesus ist das vollkommene Beispiel für das, was wir gottgefällige Bestimmtheit nennen, wenn man in der Funktion des Hauptes ist. Als unser Haupt war er in der Lage, den Menschen zu dienen, sie zu lieben und für sie zu sterben, ohne dass er sich je zum Herrscher über jemanden aufgeschwungen hätte. Obwohl er die Menschen bis zu dem Punkt liebte und ihnen diente, an dem er sein Leben für sie hingab, traute er nach wie vor Gott mehr als irgendeinem Menschen. Auch wenn Jesus die gesamte Autorität des Vaters hinter sich hatte, zwang er niemals jemanden, gegen seinen eigenen Willen zu handeln. Jesu Jünger folgten ihm stets freiwillig nach, niemals gezwungenermaßen.

Wenn wir uns im Blick auf das Hauptsein des Mannes in der Ehe am Beispiel Jesu orientieren, sehen wir, dass der Mann als Haupt nicht dazu da ist, anstelle seiner Frau zu entscheiden. Kernstück gottgemäßen Hauptseins in der Ehe ist es, der Frau gegenüber ohne Wenn und Aber Jesus und dessen Vater darzustellen. Das ist gottgefällige Bestimmtheit: für das einstehen, was Gott durch uns tun und sagen möchte, und zwar in Demut und mit Respekt.

In Reaktion auf Jesu Manifestation des Vaters in der Welt gab es Menschen, die ihn liebten, und andere, die ihn hassten, aber er ließ sich durch nichts davon abbringen, Gott zu verherrlichen und nicht die Wege der Menschen einzuschlagen oder für sich selbst statt für den Vater einzustehen. In Johannes 17,14 sagt Jesus, er habe den Jüngern die Worte des Vaters weitergegeben und dafür hasse sie die Welt. Die Welt hasste sie also dafür, dass sie liebevoll und vollmächtig Gott als Erretter, Heiler und Befreier repräsentierten.

Niemals löste Jesus absichtlich einen Konflikt aus, aber wenn wir kühn für Gottes Liebe und Kraft einstehen, kommt es oft vor, dass Menschen in Finsternis darauf beleidigt und hasserfüllt reagieren. Selbst wenn das zu großen Konflikten führte, ließ Jesus sich niemals davon abbringen, für die Worte seines Vaters einzutreten. Nie hörte er auf, kühn das zu tun, was der Vater tat, auch wenn der Widerstand dagegen sein Leben bedrohte.

Eine Folge gottgefälliger Bestimmtheit besteht darin, dass sie die Herzen der Menschen offenbart. Sie bringt entweder die Liebe zu Gott oder den Hass auf ihn zum Vorschein. Gottgefällige Bestimmtheit erfordert unsere Bereitschaft, uns Konflikten, Kränkungen und selbst Hass auszusetzen, wenn wir ihn durch unsere Worte und Taten kompromisslos repräsentieren.

Wenn wir als Ehemänner unsere Rolle als Haupt wahrnehmen, besteht unsere Herausforderung darin, zu leiten, indem wir unseren Frauen Jesus offenbaren und ihnen dienen, ohne ihnen zu folgen. Wir müssen Jesus repräsentieren, egal, wie schwierig uns das vorkommt oder wie viel Angst es uns macht. Diese Art Gott wohlgefälligen Redens wirkt anziehend und inspirierend auf jeden, der Gott mehr liebt als sein eigenes Leben.

Wie sieht Gott wohlgefällige Unterordnung aus?

Gottgefällige Bestimmtheit ist ebenso wichtig, wenn wir in der Rolle der Untergeordneten sind, wie wenn wir Haupt zu sein haben. Ziehen wir Jesu Beispiel der Unterordnung unter den Vater als unser Vorbild einer gottgefälligen Unterordnung heran, sehen wir, dass Jesus freiwillig und bereitwillig nur das tat, was er den Vater tun sah, und nur das sagte, was der Vater sagte. Ich bin ziemlich sicher: Als Jesus sich demütigte, um den Himmel zu verlassen und als Mensch auf die Erde zu kommen und für uns zu sterben, sagte der Vater nicht zu ihm: „Ob du willst oder nicht, du musst da runter auf die Erde, um zu leiden und für diese Leute zu sterben!" Ebenso wenig: „Du *wirst* jedem Wort gehorchen, das ich dir sage!" Nein, es war ganz und gar ein beiderseitiges Einvernehmen zwischen Vater und Sohn, ein Plan, den sie gemeinsam gefasst hatten, ehe sie die Welt erschufen. Als Mensch ordnete sich Jesus gerne seinem Vater unter und gab sich bereitwillig für uns hin. Obwohl sich Jesus dem Vater voll und ganz unterwarf, wirkten beide in völliger Harmonie.

Wo Hauptsein und Unterordnung in der Ehe harmonisch und mit einem gemeinsamen Ziel gelebt werden, wie es zwischen Jesus und dem Vater war, kann man zwischen beiden Rollen kaum noch unterscheiden. Sowohl das Haupt als auch die Person, die sich unterordnet, werden dann für das einstehen, was Gott will, und nicht für das, was er oder sie will. Genau das wird sie vereinen und ihre Beziehung harmonisch machen. Eine Frau kann sich unterordnen, indem sie es niemals am Respekt vor der Rolle fehlen lässt, die Gott den Ehemännern zugedacht hat, während ein Mann es jederzeit vor Augen haben muss, in allem, was er tut, Christus zu repräsentieren und seiner Frau so zu dienen, wie Gott es wünscht. So soll unsere Ehebeziehung praktisch aussehen.

In Epheser 5,22-24 spricht Paulus von der Bedeutung der Unterordnung in der Ehe: *„Ihr Frauen, ordnet euch euren Männern unter! Ihr zeigt damit, dass ihr euch dem Herrn unterordnet. Denn der Mann ist das Haupt der Frau, genauso wie Christus das Haupt der Gemeinde ist – er, der sie errettet und zu seinem Leib gemacht hat. Und wie die Gemeinde sich Christus unterordnet, so sollen sich auch die Frauen ihren Männern in allem unterordnen."* Viele gottesfürchtige Gelehrte haben es unternommen, diese Funktion der Unterordnung in der Ehe zu beschreiben und zu erläutern, und es gibt sehr intelligente Männer und Frauen, die durchaus unterschiedliche Auffassungen darüber äußern, wie Unterordnung aussieht. Keineswegs möchte ich mich mit all diesen differierenden Standpunkten auseinandersetzen, aber ich habe gewiss eine eigene Meinung darüber, welche Rolle die Unterordnung in der Ehe spielt.

Um mir diese Meinung zu bilden, habe ich Begriff und Funktion der Unterordnung zunächst aus dem begrenzten Kontext der Ehe herausgelöst, weil ich den weiteren biblischen Rahmen dieses Konzepts erkennen wollte. Wann haben Sie zum letzten Mal eine Predigt zum Thema „Männer in Unterordnung" gehört? Und doch stehen wir alle, Männer und Frauen gleichermaßen, in Unterordnung. In Römer 13,1-7 sagt uns Paulus, jeder Mensch solle sich allen staatlichen Autoritäten *unterordnen*. Der hier benutzte griechische Begriff ist derselbe wie in Epheser 5. Allen Männern und Frauen ist befohlen, sowohl gottgefälligen als auch gottlosen Autoritäten untertan zu sein. Jeder Mann und jede Frau muss sich ebenso Autoritäten in der Gemeinde unterordnen wie auch den verschiedenen Ebenen der staatlichen Verwaltung, der Autorität seines oder ihres Arbeitgebers usw.

Weiter sagt Paulus den Christen in Rom, dass alle Autorität von Gott herrührt. Autorität zu widerstehen ist gleichbedeutend damit, sich der Ordnung Gottes zu widersetzen. Mir geht es darum, dass sowohl Männer als auch Frauen Rollen auszufüllen haben, in denen sie untergeordnet sind. Im kirchlichen Raum scheinen wir das Thema Unterordnung auf die Rolle der Frau in der Ehe beschränkt zu haben. Legen wir an Männer denselben Maßstab der Unterordnung an wie an verheiratete Frauen? Sagen wir z. B. untergeordneten Männern, sie sollten still sein und eine von der Gemeindeleitung oder ihrem Arbeitgeber getroffene Entscheidung gefälligst nicht in Frage stellen? Versuchen wir auch nur zu definieren, was es für einen Mann bedeutet, in Unterordnung zu leben?

Statt präzise zu beschreiben, worin die Rolle des Untergeordnetseins im Allgemeinen besteht, wählte ich einen anderen Ansatz und fragte mich: „Welches Recht hat denn *irgendein* Mensch, sich auf gottgefällige Weise Geltung zu verschaffen, wenn er eine Rolle der Unterordnung innehat?"

Biblische Nachweise für gottgefällige Bestimmtheit in einer Rolle der Unterordnung

Um eine Antwort auf diese Frage zu finden, wollen wir vier biblische Geschichten betrachten. Jede Geschichte handelt von einem Menschen in Unterordnung, der sich auf gottgefällige Weise Geltung verschaffte und damit einen anderen herausforderte, der ihm in Autorität vorgesetzt war. Ich habe diese vier Beispiele gezielt ausgewählt, weil in jedem von ihnen Gott selbst direkt auf die untergeordnete Person reagierte, die den Autoritätsträger herausforderte. Ich könnte noch viele andere biblische Beispiele hinzufügen, aber die vier folgenden Geschichten bieten uns den Vorteil zu sehen, wie Gott direkt antwortete, und daraus zu lernen.

Lassen Sie mich Ihnen zunächst unsere Definition Gott wohlgefälligen Redens in Erinnerung rufen:

Gottgefällige Bestimmtheit heißt: Wir nehmen uns die Zeit, herauszufinden, was Gott durch uns sagen oder tun möchte, und sprechen dann mit Glauben und Mut diese Dinge respektvoll und demütig an und tun sie.

Gottgefällige Bestimmtheit im Angesicht Gottes

Die ersten beiden Geschichten handeln von Mose, der direkt Gott unterstellt war. In Exodus 32 wird berichtet, wie die Kinder Israel sich vornahmen, sich einen neuen Gott aus Gold zu gießen. Mose hatte vierzig Tage und Nächte mit dem Herrn auf dem rauch- und feuerbedeckten Sinaiberg zugebracht, der selbst die Leute unten im Tal in Angst und Schrecken versetzte. Deshalb kann ich mir leicht vorstellen, dass die Menschen nach vierzig Tagen zu dem Schluss gelangten, Mose müsse wohl in der Feuersbrunst umgekommen sein.

Der Herr sah, dass Volk und Anführer ihm nicht die Treue gehalten hatten, also befahl er Mose, den Berg wieder hinabzusteigen. Dann teilte er ihm seine Lösung für das Untreueproblem des Volkes mit, indem er Mose sagte, er werde alle Israeliten vernichten und nochmals von vorne beginnen, indem er ihn, Mose, zu einem großen Volk machte.

Obwohl er diese Worte unmittelbar aus dem Mund Gottes hörte, übte Mose nicht passiv und still Gehorsam, sondern ersuchte den Herrn in aller Demut, ob er wirklich das Volk vernichten wolle, das er mit seiner eigenen starken Hand aus Ägypten herausgeführt hatte. Er gemahnte Gott daran, wie das sein Ansehen und seinen Ruf bei den Ägyptern beeinträchtigen würde. Schließlich erinnerte er den Herrn an seine Zusagen, die er Abraham, Isaak und Jakob gegeben hatte. Erstaunlicherweise hörte der allmächtige Gott, die allerhöchste Autorität, die es gibt, seinem Knecht Mose zu, und *„sah ... davon ab, seine Drohung wahr zu machen"* (2 Mo 32,14; GNB): Er vernichtete das Volk nicht.

In 2. Mose 33 trug der Herr Mose auf, die Wanderung ins verheißene Land fortzusetzen. Dann sagte er, er selbst werde nicht mit Mose und dem Volk gehen, weil die Menschen so widerspenstig seien, dass er Gefahr liefe, sie auf dem Weg zu töten. Mose redete mit Gott von Angesicht zu Angesicht. Er hörte direkt aus dem Munde Gottes, dieser werde ihn und das Volk nicht ins Gelobte Land begleiten.

Würden Sie einem Freund, der hörbar Gottes Stimme vernommen hat, jemals sagen, er solle zurückkehren und sich mal vergewissern, ob Gott auch an alles gedacht habe? Würden Sie ihm nahelegen, er solle Gott einen besseren Vorschlag machen? Mose schwieg nicht, noch nicht einmal vor Gott. Demütig ersuchte er den Herrn und sagte ihm, er müsse wissen, wen er denn mit ihm zu senden gedenke, um ihm bei seiner Aufgabe zu helfen. Mose erinnerte den Herrn seiner eigenen Worte, dass er nämlich Gunst gefunden habe in den Augen Gottes. Als Letztes und Wichtigstes sagte er, das Volk gehöre ja nicht ihm, sondern Gott.

Mose diente dem Herrn bereitwillig, aber er sah sich niemals als Besitzer des Volkes oder auch der ihm aufgetragenen Mission, dieses Volk ins verheißene Land zu führen. In Reaktion auf Mose ließ Gott es sich abermals „leid sein" und sagte zu, seine Gegenwart werde Mose auf dem Weg ins verheißene Land begleiten.

Was Mose dem Herrn, seiner obersten Autorität, sagte, könnte einem anmaßend oder gar arrogant vorkommen – aber damit war es noch nicht genug, sondern er fuhr fort: „Gott, wenn deine Gegenwart nicht mit uns geht, dann sende uns nicht ins verheißene Land. Was würde uns denn noch von jedem beliebigen Volk unterscheiden, wenn deine Gegenwart nicht mit uns wäre und jedem Menschen durch deine Wunder vor Augen führte, wie groß du bist!"

Der Herr sah, dass es Mose um Gottes Ruf und nicht um seinen eigenen ging. Moses Feststellung klingt sehr ähnlich wie eine Aussage des verstorbenen John Wimber, dem Gründer der *Vineyard*-Bewegung, vor etlichen Jahren. Er sagte, wenn Gott in seinem Dienst nicht gegenwärtig wäre, um Zeichen und Wunder zu tun, würde er nicht mehr dienen wollen. In den Ohren mancher Leute klingt ein solcher Satz arrogant. Er könnte es auch sein, aber Gott sieht das Herz an. (Ich war mehrere Jahre Mitglied in John Wimbers Gemeinde und bin davon überzeugt, dass er dieselbe Herzenshaltung wie ein Mose hatte, nämlich die Ehre Gottes großmachen zu wollen.)

Mose sah sich niemals als Besitzer des Volkes, in dessen Führung Gott ihn gerufen hatte. Er ließ sich niemals zu dem Irrglauben verleiten, er könne den Auftrag ohne Gott erfüllen. Mose wies sogar Gottes Angebot zurück, das Volk Israel zu vernichten und aus ihm selbst ein großes Volk hervorgehen zu lassen. Vielmehr bat er Gott, dem Volk Gnade zu erweisen.

In 4. Mose 12,3 lesen wir, dass Mose demütiger war als jeder Mensch auf dem Angesicht der Erde. Manchmal bringen wir Demut und Arroganz vollkommen durcheinander, indem wir meinen, ein demütiger Mensch werde Gott niemals herausfordern oder ihm vorschlagen, er solle etwas anderes machen, als er es gesagt hat. Mitunter beurteilen wir Menschen nach unseren eigenen Maßstäben, statt genau hinzuschauen, wie ihr Herz beschaffen ist. Gott, die alleroberste Autorität, entschied sich, seinem Freund Mose zuzuhören, der ihm untergeordnet war. Das ist ein tolles Beispiel für gottgefällige Bestimmtheit in einer Rolle der Unterordnung. Ohne Frage stand Mose das Recht zu, in Demut seine eigenen abweichenden Gedanken zu äußern, selbst als er von Angesicht zu Angesicht mit Gott redete.

Mose vertritt zum zweiten Mal vor Gott seine Meinung

Ein zweites Ereignis zwischen Mose und dem Herrn zeigt erneut, dass ein in Unterordnung lebender Mensch das Recht hat, respektvoll auszusprechen, was Gott ihm aufs Herz gelegt hat. In 4. Mose 13–14 lesen wir, dass Mose eine ganz ähnliche Begegnung mit dem Herrn hatte, in der er diesen wiederum demütig ersuchte und der Herr seinen Sinn änderte.

Die Kinder Israel hatten das Land Kanaan, das Land der Verheißung, erreicht. Der Herr trug Mose auf, er solle zwölf Kundschafter auswählen, aus jedem der zwölf Stämme einen Repräsentanten, die das Land erkunden sollten, *„das ich den Israeliten gebe"* (4 Mo 13,2). Gott sagte nicht, sie sollten hingehen, das Land auskundschaften und ihm dann sagen, *ob* er es ihnen wohl geben könne – aber genau das taten sie. Gott erwartet von uns, dass wir glauben, was er zu uns sagt, besonders dann, wenn die Umstände völlig unmöglich erscheinen.

Zehn der zwölf Kundschafter kamen zu dem Schluss, die Menschen im Lande seien zu groß, als dass man sie im Kampf besiegen könnte, und überzeugten die Israeliten davon, es sei unmöglich, das Land einzunehmen, das Gott ihnen zugesprochen hatte. Diese zehn Leiter riefen in den Menschen Angst hervor. Daraufhin begann das ganze Volk gegen Mose und Aaron zu murren und sagte, es wäre besser gewesen, in der Wüste umzukommen. Außerdem redeten die Leute davon, sie wollten sich einen neuen Führer erwählen, der sie nach Ägypten zurückbringen könne.

In dieser Situation fielen Mose und Aaron gemeinsam mit Josua und Kaleb auf ihr Angesicht und flehten das Volk an, nicht furchtsam zu sein und sich nicht gegen den Herrn zu erheben. Aber die Leute wollten sie steinigen.

Zum zweiten Mal schlug der Herr nun dieselbe Lösung vor: das Volk zu vernichten und aus Mose eine völlig neue Nation entstehen zu lassen. Es war ein erneuter Test der Herzenshaltung des Mose. Ich bin ziemlich sicher: Wäre ich der Anführer dieses Volkes gewesen, das mich hätte steinigen und sich einen neuen Leiter suchen wollen, um nach Ägypten zurückgeführt zu werden, hätte ich gesagt: „Okay, Herr. Das erste Mal hab ich dir deine Idee ausgeredet, sie zu vernichten, aber jetzt denke ich, du hast wohl recht." Davon abgesehen: „Barrys Volk" klingt doch gar nicht schlecht. Ich bin sicher, ihre Unwilligkeit, mir zu folgen, hätte mich tief gekränkt.

Mose war weitaus demütiger und barmherziger, als ich es bin. Wieder einmal hatte Mose nur den Herrn und seine Ehre im Sinn. Selbstlos ersuchte er Gott, er solle doch seinen Ruf im Auge behalten. Erneut erinnerte er ihn seiner Worte und berief sich auf das, was der Herr in 2. Mose 34,6-7 über seine Güte gesagt hatte. Schließlich tat er noch Fürbitte für das Volk: *„Vergib doch die Schuld dieses Volkes nach der Größe deiner Gnade und so, wie du diesem Volk vergeben hast von Ägypten an bis hierher!"* (4 Mo 14,19).

Die Antwort des Herrn an seinen Diener Mose war eine höchst erstaunliche Feststellung: *„Ich vergebe nach* ***deinem*** *Wort"* (V. 20; eigene Hervorhebung). Der allmächtige Gott richtete sich also nach den Worten Moses und nicht nach seinen eigenen! Hier haben wir ein weiteres Beispiel Gott wohlgefälligen Redens, in dem Gott einem in Unterordnung stehenden Menschen erlaubte, sich ihm gegenüber ebenso demütig wie vertrauensvoll zu äußern und ihn herauszufordern.

Ich glaube, Gott hörte auf Mose, weil er in dessen Herzen sein eigenes widergespiegelt sah. Weil er demütig war, machte Mose sich mehr Gedanken um Gott als um sich selbst. Mose bat um Gnade anstelle des Gerichts, das Gott bereits ausgesprochen hatte. Das barmherzige, mitfühlende Herz Moses brachte Gott dazu, sich die Auffassung seines Dieners anzuhören. In diesen beiden Situationen stellte Gott das Herz Moses auf die Probe.

Was wäre gewesen, hätte Mose geglaubt, er dürfe nichts anderes zu Gott sagen als: „Jawohl, Herr – was auch immer du sagst ..."? Was, wenn Mose gemeint hätte, aufgrund seiner untergeordneten Stellung bleibe ihm nichts als schweigender Gehorsam? Wenn er gedacht hätte, es sei eine Sünde, Gott mit seinen eigenen Gedanken zu antworten? Gott zeigte, dass sogar er bereit war, einem untergeordneten Diener Gehör zu schenken, der demütig und kühn zugleich aus einem liebevollen, barmherzigen und glaubenden Herzen sprach.

Das Beispiel Moses zeigt Ehemännern eine Menge über die Rolle des Hauptseins. Mose zeigte gottgemäßes Hauptsein über das Volk Israel, indem er dem Volk treu diente, ohne es zu beherrschen. Er diente dem Volk und folgte doch voll und ganz Gott nach. Er vergaß niemals, dass die ihm untergebenen Menschen Gott gehörten und nicht ihm. Immer wieder ermutigte er das Volk, treu zu sein und Gott die Ehre zu geben. Selbst als die Leute sowohl Gott als auch die Leitung Moses ablehnten, war es ihm immer noch um Gottes Barmherzigkeit für sie zu tun.

Ebenso können Ehefrauen aus dem Leben Moses eine Menge über Unterordnung lernen. In Demut gehorchte er Gott, aber er erwartete Gutes von ihm. Mose fürchtete sich nicht davor, es Gott respektvoll zu sagen, wo er anderer Meinung war, selbst nachdem Gott klar zu ihm geredet hatte. Als Mose vor dem Herrn den Mund aufmachte, ging es ihm um das, was für den Herrn und das Volk am besten wäre. In seiner Rolle der Unterordnung vor Gott war er nicht von selbstsüchtigen Motiven getrieben, sondern von selbstlosem Dienst. Mose ist ein tolles Beispiel dafür, dass die Rollen des Haupt- und Untergeordnetseins in der Ehe Gott zur Ehre gereichen können.

Gottgefällige Bestimmtheit bei einer Ehefrau

In 1. Samuel 25 lesen wir die Geschichte Abigails und ihres Mannes Nabal, die zeigt, wie Gott unmittelbar eine untergeordnet lebende Ehefrau unterstützte, die den Mund aufmachte und ihren Mann herausforderte. In der Zeit, in der diese Geschichte spielt, war David mit seinen Männern auf der Flucht vor König Saul und dem israelitischen Heer. David versteckte sich in der Nähe des Hauses von Nabal und Abigail. Nabal war ein reicher Mann, dem 3000 Schafe und 1000 Ziegen gehörten. David hatte seine Männer angewiesen, den Hirten Nabals nichts wegzunehmen und ihnen keine Schwierigkeiten zu machen. Vielmehr wurden Davids Männer zu einem Schutzwall für die Hirten.

Eines Tages, als Nabal seine 3000 Schafe schor, sandte David ein paar seiner Männer zu ihm, die ihn in seinem, Davids, Namen demütig grüßen, ihn segnen und von ihm etwas Nahrung für David und seine Männer erbitten sollten. Nabal lehnte es kühl ab, David irgendetwas zu geben, und erwies ihm keinen Respekt. Als Nabals Reaktion David zu Ohren kam, befahl dieser seinen Männern, ihre Schwerter umzugürten, und schwor, bis zum nächsten Morgen alles Männliche in Nabals Haushalt auszurotten.

Einer der Sklaven Nabals machte sich auf die Socken, um Nabals Frau Abigail zu warnen, und forderte sie auf, Maßnahmen zu ergreifen. Der Sklave fügte hinzu, Nabal sei *„zu ruchlos, als dass man mit ihm reden könnte"* (1 Sam 25,17).

In Reaktion auf diese Kunde stellte Abigail eilends eine riesige Menge an Nahrungsmitteln zusammen, die sie auf zwei Esel verladen ließ, und wies ihre Sklaven an, vor ihr herzugehen und dieses Essen David und seinen Männern zu bringen. Als Abigail David begegnete, der gerade auf dem Weg war, Nabal und all seine männlichen Diener zu töten, beugte sie sich ehrfurchtsvoll zu Boden und tat dann ihren Mund auf. Sie übernahm die volle Verantwortung für das, was Nabal getan hatte, und gestand offen ein, dass ihr Mann ein törichter, wertloser Mensch war. Kühn, aber respektvoll konfrontierte sie David mit dessen Absicht, Sünde zu begehen, indem er Nabal und seine Sklaven umbrachte. Sie nannte dies grundloses Blutvergießen und Rache in Selbstjustiz. Danach segnete sie David und bestätigte Gottes Plan, ihn zum Herrscher über Israel zu machen. David nahm die Gaben entgegen, die sie mitgebracht hatte. Er segnete Abigail und erkannte an, dass der Herr sie gesandt hatte, um ihn vom Sündigen abzuhalten.

Abigail kehrte nach Hause zurück und fand Nabal betrunken auf einem Festmahl vor. Weise wartete sie bis zum nächsten Morgen, als er wieder nüchtern war, und erzählte ihm dann von Davids Plan, ihn und all seine männlichen Sklaven zu töten. Als Nabal davon hörte, *„starb"* sein Herz *„in seinem Innern, und er wurde zu Stein"*. An diesem Punkt griff der Herr direkt ein: *„Und nach etwa zehn Tagen schlug der HERR Nabal, und er starb"* (V. 37 f.). Daraufhin sandte David seine Sklaven zu Abigail, um sie zu bitten, seine Frau zu werden. Abigail wurde eine der Frauen des Königs Israels.

Wie kam es, dass Gott sich entschloss, Nabal zu richten, der doch wahrlich mit seinem Eigentum machen konnte, was er wollte? Denken Sie daran: Abigail sagte, David würde sich versündigen, wenn er Nabal und dessen Sklaven tötete – das sei grundloses Blutvergießen. Wieso bestrafte Gott Abigail nicht dafür, dass sie sich den Wünschen ihres Mannes widersetzte? Ich glaube, Gott stellte sich deshalb hinter Abigail, weil sie David, dem Gesalbten Gottes, hohe Achtung entgegenbrachte. Genau wie Mose ging es ihr um das, was Gott wichtig war. Sie handelte demütig und doch kühn und in großem Glauben. Sie riskierte ihr eigenes Leben, als sie die ganze Schuld auf sich nahm. Sie trat für Gott ein, nicht für sich selbst.

Im Gegensatz dazu kümmerte sich Nabal ausschließlich um sich selbst. Ihm ging es um *sein* Wasser, *sein* Brot, *seine* Schafe und *seine* Scherer. David, den Gott liebte und gesalbt hatte, war ihm egal. Nabal ging es um *sich selbst*, während Abigail für die Wünsche und Werte Gottes eintrat. Nabal demonstrierte nichts anderes als Selbstbezogenheit, während Abigail das vollkommene Beispiel einer gottgefälligen Bestimmtheit darstellte.

Erneut zeigt Gott in dieser Geschichte, dass er bereit ist, sich zu einer Person zu stellen, die durch gottgefällige Bestimmtheit kühn für ihn eintritt. Abigail ist ein Beispiel für Gottes Bereitwilligkeit, eine untergeordnet lebende Ehefrau zu segnen, die ihm demütig nachfolgt, selbst wenn das bedeutet, dass sie sich in Widerspruch zu ihrem gottlosen Gatten setzen muss.

Eine Anfechtung der Worte Jesu und des Plans des Vaters

Die letzte Geschichte, die wir heranziehen, um gottgefällige Bestimmtheit durch einen Menschen in Unterordnung zu illustrieren, steht in Matthäus 15,21-28. Dabei handelt es sich um die Geschichte einer kanaanäischen Frau, die sich Jesus näherte und rief: *„Herr, du Sohn Davids, hab Erbarmen mit mir! Meine Tochter wird von einem Dämon furchtbar gequält"* (V. 22). Jesus achtete überhaupt nicht auf sie. Sie blieb aber unverfroren an ihm dran, bis es dazu kam, dass die Jünger Jesus nahelegten, er solle sie wegschicken. Das tat Jesus nicht, stattdessen sagte er ihr etwas von Gottes Plänen für ihn: *„Ich bin nur zu den verlorenen Schafen des Hauses Israel gesandt"* (V. 24); mit anderen Worten: „Gute Frau, du hast noch keinen Platz im Plan Gottes. Im Moment interessiert er sich nur für das jüdische Volk. Deine Zeit kommt erst noch." Völlig unbeirrt warf sich die Frau vor ihm nieder und beharrte: „Hilf mir, Herr!" (Fangen Sie allmählich an, das immer gleiche Muster einer demütigen, gottgefälligen Bestimmtheit zu erkennen?)

Daraufhin prüfte Jesus ihr Herz mit einer schweren Beleidigung: *„Es ist nicht recht, den Kindern das Brot wegzunehmen und es den Hunden vorzuwerfen"* (V. 26). Was für eine scheinbar kaltherzige Bemerkung! Aber ebenso strategisch klug wie demütig ignorierte die Frau die Kränkung und erwiderte: *„Das stimmt, Herr, ...*

aber immerhin fressen die Hunde die Brotkrumen, die vom Tisch ihrer Herren herunterfallen" (V. 27). Verblüffend! Sie ist eine Frau in einer männerdominierten Kultur. Sie ist eine Heidin, von den Juden verachtet, und hat sich bereits sagen lassen müssen, für sie sei in Gottes Plan kein Platz. Ja, Jesus hatte sie zutiefst beleidigt, und doch ließ sie nicht von ihm ab.

Ich glaube, die meisten von uns hätten sich so verhalten wie die Jünger. Wir hätten diese Frau als völlig daneben angesehen, als respektlos und sogar anmaßend. Was aber dachte Jesus? Jesus antwortete: „Frau, dein Glaube ist groß! Was du willst, soll geschehen" (V. 28). Wie nannte Jesus ihre Worte und ihr Verhalten? Er sprach von *großem Glauben*, und sie empfing haargenau das, was *sie* sich gewünscht hatte! Was wäre geschehen, wenn sie sich auf ihre Gefühle und ihr Gekränktsein konzentriert hätte, anstatt unbeirrt an Jesus festzuhalten? Was wäre geschehen, hätte sie gemeint, es sei unangemessen, auf der Befreiung ihrer Tochter zu bestehen, obwohl Jesu Worte dieses Anliegen zurückwiesen? Sie wäre nicht auf alle Ewigkeit als eine von zwei Personen, denen Jesus großen Glauben attestierte, in den Evangelien dokumentiert worden.

Erkennen Sie, dass diese Frau nicht nur ihren eigenen fleischlichen Wünsche Geltung verschaffen wollte? Sie rang verzweifelt darum, dass ihre Tochter aus den Klauen Satans befreit würde. Sie war angetrieben von leidenschaftlicher Liebe zu ihrer Tochter. Keine Peinlichkeit, keine Demütigung konnte sie stoppen. Sie war bereit, sich zugunsten ihrer Tochter völlig zurückzunehmen. Sie sah die Vollmacht, die Jesus innewohnte, und wusste, dass er allein in der Lage war, die Hilfe zu geben, die ihre Tochter brauchte. Sie ehrte Gott, indem sie ihre eigenen Gefühle und auch ihren Ruf vollkommen ignorierte und unbeirrbar an ihrer Überzeugung festhielt, dass ihre Tochter frei werden konnte.

Ihr ging es genauso um das Wohlergehen ihrer Tochter, wie es Jesus um das Wohlergehen der Welt ging: Er gab sein Leben hin, damit wir von der Sünde und allen Mächten der Finsternis befreit werden konnten. Solche Leute sind es, die der Herr sucht, um ihn in der Welt zu repräsentieren: Menschen, die demütig und doch kühn für ihn und seine guten Pläne einstehen, egal, welchen

Schwierigkeiten oder gar persönlichen Beleidigungen sie dabei ausgesetzt sind. Das ist gottgefällige Bestimmtheit.

Wir alle leben in Rollen der Unterordnung. Die Kanaanäerin ist ein weiteres Beispiel dafür, dass Gott Menschen, die in Unterordnung leben, mehr Spielraum gibt, als wir es oftmals tun. Gott geht es mehr um die Herzenshaltung einer Ehefrau oder einer sonstigen in Unterordnung lebenden Person, als darum, genau vorzuschreiben, wie Unterordnung auszusehen hat.

Schlussfolgerungen zum Hauptsein, zur Unterordnung und zu gottgefälliger Bestimmtheit

1. Hauptverantwortung eines jedes Christen in einer Rolle der Hauptschaft oder der Autorität ist es, denen, die ihm untergeordnet sind, liebevoll den Vater zu verkörpern.
2. Hauptkennzeichen eines in gottgefälliger Unterordnung lebenden Menschen, Mann oder Frau, ist demütiger Respekt gegenüber jedem Menschen in seinem Leben, der gottgegebene Autorität ausübt. Gottgefällige Unterordnung drückt sich aber keineswegs am besten durch stillen, passiven Gehorsam aus.
3. Alle in Unterordnung lebenden Männer und Frauen, denen es darum geht, die Dinge Gottes voranzubringen und nicht ihre eigenen, haben das Recht und die *Verpflichtung*, sich durch Worte und Handlungen Geltung zu verschaffen, solange das in Respekt und Demut gegenüber dem Autoritätsträger geschieht.
4. Indem wir uns für das einsetzen, was er uns an Worten und Aufgaben ins Herz gelegt hat, ehren wir den Geist Gottes, der in uns wohnt.
5. Wir beleidigen den Geist Gottes in uns und behandeln ihn als unwichtig, wenn wir ängstlich oder passiv die Dinge verschweigen, die er uns auszusprechen gibt.
6. Wenn wir aus Angst und Passivität still bleiben und uns nicht auf gottgefällige Weise Geltung verschaffen, berauben wir die Welt der Erfahrungen, die Gott ihr ausschließlich durch unser Reden und Handeln schenken möchte.

7. Wir ehren uns selbst und nicht Gott, wenn wir uns selbst durchsetzen, statt für seine Wahrheit und Gerechtigkeit einzustehen.

Übung

1. Sollten Sie manchmal etwas Bestimmtes sagen oder tun, aber Sie trauen sich nicht, weil Sie Angst haben? Nennen Sie Beispiele.
2. Gibt es bestimmte Verhaltensweisen, durch die Sie dominieren und kontrollieren, anstatt sich so zu verhalten, wie Gott es von Ihnen möchte?
3. Was geht Ihrer Ehe dadurch verloren, dass Sie nicht in der Lage sind, das zu tun, was Gott in Sie hineingelegt hat?

Hausaufgaben

1. Wählen Sie sich in dieser Woche einen Abend aus, an dem Sie sich in den Arm nehmen und den Sonnenuntergang beobachten (oder den Sonnenaufgang, falls Sie eher Morgenmenschen sind), und teilen Sie einander drei Dinge mit, die Ihnen am anderen gefallen.
2. Machen Sie dreimal in dieser Woche einen gemeinsamen Gebetsspaziergang (bzw. das, was am besten zu Ihnen passt).
3. Wenden Sie Ihre Methoden bzw. „Werkzeuge“ (die *Hörübung,* die *Gefühlsausdrücke,* das *1-2-3-UND-WEG-DAMIT*-Werkzeug, die *Schritte zur Versöhnung,* die *Regeln der Konfliktbearbeitung,* die Übung *Was tun, wenn's knallt?*) an, sobald entsprechende Situationen auftreten.
4. Machen Sie morgens und abends Ihre *Segnen-des-Geistes-*Übungen.
5. Führen Sie in dieser Woche dreimal die Übung *Von Angesicht zu Angesicht* durch.

Notizen

KAPITEL 13

Die Finanzen nicht zum Problem werden lassen

In vielen Ehen rufen finanzielle Engpässe und finanziell bedingte Konflikte Zwietracht und Trennung hervor. Den meisten Statistiken zufolge gehören Konflikte im Bereich der Finanzen zu den zehn häufigsten Scheidungsgründen. Wir werden Ihnen hier keine Vorschläge für Ihre persönliche Finanzplanung machen – dafür gibt es längst eine Menge guter Lehren. Stattdessen möchten wir Ihre Aufmerksamkeit darauf lenken, wie Sie und Ihr Ehepartner Einheit wahren können, wenn es ums Geld geht.

Als Lori und ich heirateten, verstand es sich für mich von selbst, dass ich meinen gesamten Besitz nunmehr mit ihr teilte. Ich war in keiner Hinsicht wohlhabend, aber ich besaß deutlich mehr als Lori. Es war mein Wunsch, alles mit ihr zu teilen – und gilt auch noch heute, 32 Jahre später. Einer der Gründe, weshalb sich diese Einstellung sich nie geändert hat, ist, dass wir beide im Umgang mit unseren Finanzen stets offen und aufrichtig miteinander waren.

Vor ein paar Jahren suchte mich ein Paar mittleren Alters mit dem Wunsch nach vorehelicher Seelsorge auf. Für beide war es die zweite Heirat. Die Frau hatte von ihrer Mutter ein beträchtliches Erbe übernommen, das sie gut verwaltete, sodass sie von ihren Investitionsgewinnen leben konnte. Im Gegensatz dazu besaß der Mann fast nichts. Sein ganzes „Vermögen" bestand aus einem alten

Auto und einem alten Motorrad. Er reiste gern und hatte eine Menge Ideen, wie sie das Geld der Frau ausgeben könnten. In einer Phase des Seelsorgeprozesses setzte ich mich mit der Frau separat zusammen. Sie fragte mich, was ich von der Tatsache hielte, dass sie einiges an Geld hatte und er nichts. Sie hatte kein gutes Gefühl dabei, wie er mit seinem Geld umging. Ich sagte ihr, sie solle nicht ernsthaft in Erwägung ziehen, einen Mann zu heiraten, bei dem sie in Sachen Geld kein gutes Gefühl habe. Denn Vertrauen in diesem Bereich ist grundlegend für die Langzeitharmonie in der Ehe.

Lori und ich haben es mit unserem Haushalt so gemacht: Wir bezahlten die Rechnungen und legten für künftige größere Anschaffungen Geld beiseite; und wenn wir mehr hatten, als wir brauchten, entschieden wir gemeinsam, was wir damit anstellten. Darüber hinaus hielt ich immer einen kleinen Sonderfonds für Notfälle bereit. Ich überprüfte die Kontobewegungen und kümmerte mich in puncto Finanzen um fast alles. Allerdings erledigte Lori die meisten Einkäufe. Da es meine Verantwortung war, unsere Finanzen im Auge zu behalten, während Lori die meisten Ausgaben tätigte, fragte sie mich, falls sie einmal mehr Geld brauchte als üblich. Ich kontrollierte dann unseren aktuellen finanziellen Stand und sagte ihr, wie viel sie zusätzlich ausgeben konnte. Ich konnte mich immer darauf verlassen, dass sie sich treu an das hielt, was wir ausgemacht hatten.

Die Bibel lehrt uns ein paar wichtige innere Haltungen in puncto Geld. Laut Lukas 16,10-11 hat Jesus Folgendes dazu gesagt: *„Wer in den kleinsten Dingen treu ist, ist auch in den großen treu, und wer in den kleinsten Dingen nicht treu ist, ist auch in den großen nicht treu. Wenn ihr also im Umgang mit dem unrechten Mammon nicht treu seid, wer wird euch dann das wahre Gut anvertrauen?"* Damit sagt Jesus, ob wir nun viel Geld haben oder wenig, unsere Besitztümer sind vor Gott immer etwas sehr Kleines. Aber unsere innere Haltung zum Geld ist keine Kleinigkeit für ihn. Ferner sagt Jesus, wir müssten uns in Bezug auf die „kleinsten Dinge", nämlich den „unrechten Mammon", als treu erweisen, wenn wir wollten, dass man uns „das wahre Gut" anvertraut. Unsere Haltung zu Geld und Besitz ist mit ausschlaggebend dafür, dass Gott uns sein „wahres Gut", nämlich die Dinge des Reiches Gottes, anvertraut.

Um uns als treu zu erweisen, sollten wir keine Angst vor Reichtum haben und ebenso wenig habgierig sein. Sowohl Gier als auch die Angst vor Reichtum halten uns von der Treue ab, die Gott möchte. Genauso wie wir nicht das Geld und zugleich Gott lieben können, geht es auch nicht an, dass wir das Geld und zugleich Gott fürchten. Wir müssen in der Lage sein, Gott in puncto Besitz und Versorgung zu vertrauen. Manche unter uns, die sehr wenig materielle Besitztümer ihr Eigen nennen, stehen womöglich mehr unter der Macht der Gier oder der Angst als die, die reich sind. Gott sucht nach Menschen, denen er seine Macht und seine Salbung verleihen kann, damit sie sein Werk auf dieser Erde vollenden. Solche Menschen müssen sich im Umgang mit Geld und Besitz als treu erwiesen haben.

Menschen sind zu vielfältigsten Lebensstilen berufen. Manche Menschen haben ihren gottgegebenen Platz im Geschäftsleben, um viel Geld zu verdienen und es für Gottes Reich auf Erden einzusetzen. Andere sind vielleicht als Missionare zu einem einfachen Lebensstil berufen. Ob Sie nun berufen sind, ein Finanzier für Gottes Reich zu sein oder ein Missionar für Gottes Reich, Ihre Ehe und dann Ihre Kinder müssen Priorität vor Ihrem geistlichen Dienst und Ihrer Arbeit haben.

Lori und mir war immer klar, dass uns Ehe und Familie wichtiger waren als unsere Arbeit. Im nächsten Abschnitt wollen wir von ein paar wesentlichen finanziellen Entscheidungen erzählen, die unsere finanzielle und familiäre Geschichte nachhaltig geprägt haben.

Lebensentscheidungen in Sachen Familie und Einkommen

Ich heiratete Lori, als ich 26 Jahre alt war. Damals hatte ich gerade mein Magisterstudium in christlicher Beratung abgeschlossen und hatte nebenbei in einer großen Supermarktkette gearbeitet. Kurz nach unserer Heirat zog ich mir auf der Arbeit eine üble Verletzung im Kreuz zu. Als sich die Heilung hinzog und ich nicht mehr in der Lage war, in den Läden ständig schwere Lasten zu heben, bot die Firma mir einen Job als Einkaufsassistent in der Niederlassung in Los Angeles an. Nach einem Jahr wurde ich zum Einkäufer befördert. Das war ein Job, der mich sehr forderte. Täglich traf ich mich mit Vertriebsleuten großer Lebensmittelhersteller und war für den Einkauf und die Werbung von 200 Lebensmittelmärkten in ganz Südkalifornien verantwortlich.

Die Arbeit verlangte von mir, mir eine dicke Haut zuzulegen und unnachgiebig hart zu verhandeln, um gute Konditionen zu kriegen und den Gewinn meiner Firma zu fördern. Ich arbeitete hart und machte meine Sache gut, aber es brachte mir keinen Spaß und erfüllte mich nicht. Allmählich verabscheute ich meine Arbeit. Ich wurde depressiv. Zum ersten Mal in meinem Leben verlor ich den Antrieb und fühlte mich innerlich leer.

Obendrein hatte ich meinem Chef gesagt, ich würde mit meiner Familie nicht umziehen, nur um beruflich voranzukommen. Damit war ich auf den Job festgelegt, den ich hatte. Da die Niederlassung in Los Angeles die größte war, wurden Beschäftigte, die die Karriereleiter hochkletterten, normalerweise in kleinere Niederlassungen geschickt. Das erforderte, dass man mit seiner Familie dahin umziehen musste, wo die Firma einen hinschickte. Ich entschied mich, die Familie über die Arbeit zu stellen, aber das beschränkte meine Karriereaussichten, solange ich für diese Firma arbeitete.

In dieser Zeit bot sich mir die Gelegenheit, die Leitung eines kleinen Supermarktes zu übernehmen. Mein Schwiegervater kannte einen Mittelständler, dem fünf solcher Läden gehörten. Ich hätte einen davon leiten und mein Einkommen auf einen Schlag verdoppeln können. Das war sehr verlockend. Aber es war eine dieser Firmen, in denen der Geschäftsführer ein gutes Einkommen erzielte, während die übrigen Beschäftigten kärglich bezahlt wurden. Deswegen wäre es schwierig gewesen, gute, zuverlässige Mitarbeiter anzustellen, und ich hätte die ganze Verantwortung allein tragen müssen. Kommt einer nicht zur Arbeit, muss der Filialleiter einspringen. Aus welchem Blickwinkel ich mir diese verlockende Gelegenheit auch anschaute – immer sah ich mich am Ende als Sklaven des Ladens, jederzeit rufbereit, um alle auftretenden Probleme zu lösen. Nachdem wir eingehend nachgedacht, gebetet und diskutiert hatten, lehnten wir das Angebot ab.

Im sechsten Jahr meiner Beschäftigung in der Supermarkt-Zentrale zeigte mir der Herr, dass ich eine stark negative Einstellung zu meiner Arbeit entwickelt hatte und dass das der Hauptgrund für meine Depression war. Der Herr machte mir klar, dass ich meine Haltung ändern und aufhören musste zu klagen und zu kritisieren. Daraufhin kehrte mein Friede zurück, obwohl mich die Arbeit nach wie vor nicht zufriedenstellte.

Etwa ein Jahr nachdem der Herr meine Haltung zurechtgerückt hatte, bewarb ich mich um die Stelle des Leiters des Alpha Center, einer nichtkommerziellen christlichen Seelsorge-Einrichtung. Dort hatte ich die Möglichkeit, meine Seelsorge-Laufbahn weiterzuführen und zugleich als Manager der Einrichtung zu fungieren. Diese Arbeit gefiel mir sehr gut, obwohl sie beim Einkommen einen 25-prozentigen Einschnitt mit sich brachte. Bei Alpha Center arbeitete ich 15 Jahre lang, während wir unsere vier Söhne großzogen. Ich hatte nur ein mäßiges Einkommen, aber ich war glücklich. Der Schrecken vor dem Beginn der neuen Arbeitswoche am Montagmorgen, der mich während meiner Supermarktzeit gequält hatte, war weg.

Im August 2000 schied ich bei *Alpha Center* aus und machte mich mit einer eigenen Seelsorgepraxis selbstständig. Damals war ich 47 Jahre alt und hatte während der 15 Jahre bei *Alpha Center* keinerlei Rentenansprüche erworben. Allerdings hatte ich ein wenig in eine private Altersvorsorge stecken können.

Nachdem ich nur ein Jahr in meiner eigenen Seelsorgepraxis gearbeitet hatte, hatte sich mein Einkommen beinahe verdreifacht. Es war eine ideale Situation. Meine Praxisräume lagen nur etwa eine Meile von zu Hause entfernt, sodass ich vom täglichen Berufsverkehr verschont blieb. Ich besaß komfortable Arbeitsräume samt Balkon im dritten Stock und war mein eigener Herr! Ich dachte bei mir: „Endlich kann ich auch so leben wie andere Leute, kann was fürs Alter zurücklegen und mir einen bequemen Lebensstil leisten." Nun ja, das war von kurzer Dauer.

Zwei Jahre später waren meine Vorstellungen eines bequemen südkalifornischen Mittelklasse-Lebens mit einem Mal Schall und Rauch. Durch zahlreiche Träume und das Hören der Stimme Gottes rief uns der Herr in aller Klarheit, nach Redding in Nordkalifornien zu ziehen und uns der Bethel-Gemeinde anzuschließen. Sowohl Lori als auch ich waren selbstständig (Lori als Klavierlehrerin). In beiden Jobs hatten wir Jahre gebraucht, um uns einen Kundenstamm aufzubauen. Ein Umzug in eine andere Stadt bedeutete, finanziell ganz von vorn anzufangen. Eine solch kühne Veränderung hatte ich bis dahin noch nicht unternommen. Seit 24 Jahren wohnten wir im selben Haus, und beide hatten wir seit vierzig Jahren im Orange County gelebt.

Im Oktober 2003 reisten wir zu einer einwöchigen Konferenz in der Bethel-Gemeinde nach Redding. Während dieser Woche hatte ich ein Vorstellungsgespräch und wurde als Seelsorger in einem nichtkommerziellen Seelsorge-Zentrum, ähnlich dem *Alpha Center* eingestellt. In diesem neuen Job hoffte ich die Hälfte von dem zu verdienen, was ich aus meiner privaten Praxis nach Hause brachte.

Noch in derselben Woche kauften wir ein Haus in Redding. Wir fuhren nach Orange County zurück und verkauften am folgenden Wochenende unser Haus in Fullerton, eine Woche nachdem wir das Haus ausgeschrieben hatten. Gleichzeitig teilte ich all meinen Klienten mit, dass ich in drei Monaten wegziehen und meine private Praxis schließen würde. Alles ging so schnell und leicht, dass wir uns darin bestätigt fühlten, dass Gott diesen Umzug wollte.

Doch nun kommt der schwierigere Teil der Geschichte. Drei Wochen nach unserer Rückkehr aus Redding, dem Verkauf unseres Hauses und der Ankündigung, dass ich meine Seelsorgepraxis schließen würde, entdeckten wir, dass wir 150.000 Dollar, die wir in ein Schneeballsystem investiert hatten, fast gänzlich verloren hatten. (In einem Schneeballsystem wird das Geld des einen Investors dem anderen als Profit ausgezahlt. Wirklich verdient wird nichts. Irgendwann bricht das System zusammen, weil permanent mehr ausgegeben als eingenommen wird.) Mit dem Geld, das wir investiert hatten, hatten wir unser Haus beliehen. Und wissen Sie noch – ich hatte fast keine Rentenansprüche. Unser einziges Vermögen bestand in unserer Immobilie. Ehe wir jenes Investment getätigt hatten, hatten wir gemeinsam gebetet und uns sehr deutlich von Gott geführt gesehen, das Geld einzuzahlen. Auch das war eine neue Erfahrung für mich. Nie zuvor war ich ein solches finanzielles Risiko eingegangen. Das einzig Gute war, dass Lori und ich uns in dieser Entscheidung völlig einig gewesen waren.

Mehr auf Gott vertrauen als auf Geld

Damit begann die angespannteste Zeit meines Lebens. Ich hätte in Fullerton bleiben und meine gut gehende Seelsorgepraxis weiterführen können, aber ich glaubte fest daran, dass Gott uns nach

Redding führte. Wir waren auch überzeugt, unser Geld durch Gottes Führung investiert zu haben, auch wenn uns das um 150.000 Dollar ärmer gemacht hatte. Die Entscheidung, an dem Umzug festzuhalten, wurde zur schwersten meines Lebens. Würde ich auf das vertrauen, wovon ich glaubte, dass Gott es mir sagte, und mit dem Umzug noch ein Risiko mehr eingehen, oder würde ich den sicheren Weg einschlagen, in Fullerton zu bleiben und mich auf meine einträgliche Privatpraxis zu verlassen? Das mussten Lori und ich gemeinsam entscheiden. Beide waren wir unverändert zutiefst überzeugt, dass Gott uns klar gesagt hatte, wir sollten nach Redding ziehen.

In dieser Zeit fürchterlichen inneren Durcheinanders hatte ich eine Begegnung mit dem Herrn. Eines Tages hatte ich in meiner Praxis eine Stunde, in der kein Klient angemeldet war, also legte ich mich auf meine Couch und fing an zu beten. Ein paar Tage vorher hatte ich gehört, wie ein Prediger folgende Fragen stellte: „Was machst du, wenn deine Glaubensblase platzt? Was tust du, wenn alles genau andersherum zu gehen scheint, als du glaubst, dass Gott es gesagt hat? Wirst du dann immer noch einfach nur glauben?" Ich betete verzweifelt und sagte zu Gott: „Ich möchte einfach nur glauben! Hilf mir zu glauben!" Ich schlief ein und träumte, dass Jesus mich bei beiden Händen nahm und mich herumwirbelte, wie man es spielerisch mit einem kleinen Kind macht, bis dessen ganzer Körper vom Boden abhebt. Dann sah ich Jesus im Traum neben mir stehen, wie ein Vater neben seinem kleinen Sohn steht. Er führte seinen Arm hinter meinen Kopf und legte seine Hand tröstend auf meine Schulter. Als ich aus dem Traum erwachte, lachte ich und hatte den Eindruck, der Herr wolle mir sagen: „Wenn du mir wie ein Kind vertrauen kannst, wirst du in dieser Sache viel Spaß haben."

Ich wünschte, ich könnte Ihnen sagen, ich hätte in der ganzen Übergangsphase Spaß gehabt und gelacht. Ich lachte nicht die ganze Zeit, aber wir kamen durch die größte Herausforderung unseres Gottvertrauens, die wir je erlebt hatten. Da unser finanzieller Verlust uns in einen Engpass geführt hatte, fing ich an, Woche für Woche die 575 Meilen zwischen Fullerton und Redding hin und her zu fahren. Das machte ich zweieinhalb Monate lang, um mir bis zum Umzug am neuen Ort bereits einen Klientenstamm aufgebaut und ein gewisses Einkommen gesichert zu haben.

Am 12. Dezember 2003 bezogen wir unser neues Haus in Redding. Sechs Wochen danach gab ich meine Privatpraxis in Fullerton endgültig auf. So viel ich auch unterwegs gewesen war, um eine Versorgungsbasis für die Familie aufzubauen, im ersten Monat nach unserem Umzug nach Redding verdiente ich weniger als tausend Dollar. Damit brachte ich weniger Geld nach Hause als einer meiner Söhne, der in einer Hamburger-Kette jobbte! In den nächsten sechs Monaten hatte ich gegen Furcht und Verzagtheit anzukämpfen wie noch nie in meinem Leben. Ich wusste nicht, wie lange ich die Ratenbeträge für das Haus noch würde aufbringen können, und fragte mich, ob wir am Ende alles verlieren würden. Konnten wir auf das vertrauen, wovon wir glaubten, Gott habe es zu uns gesagt?

Gott stellt wieder her

Gott hat uns in Redding Gutes widerfahren lassen. Wir schafften es, das erste halbe Jahr zu überleben, und danach begann mein Einkommen unsere Ausgaben zu decken. Nach neun Monaten hatte ich sogar noch weitere Klienten gewonnen, womit auch meine Einkünfte anstiegen. Nach zwei Jahren hatte ich so viele Empfehlungen, dass ich in Redding eine Privat-Seelsorgepraxis in Vollzeit eröffnen konnte. Und diese Praxis erweist sich nicht nur als profitabel, sondern auch meine seelsorgerische Salbung hat zugenommen. Mehr als je zuvor spüre ich, wie Gottes Gegenwart und Kraft durch meine Seelsorge-Tätigkeit am Wirken ist.

Darüber hinaus hat er uns den LAM-Workshop, den *Single-Life*-Workshop und einen Coachingdienst für Paare geschenkt, den wir gerade aufbauen. Wir sind unglaublich erfüllt und gesegnet, während wir hier vor Ort unserer Bethel-Familie dienen und weltweit unterwegs sind, um Verheirateten und Alleinstehenden eine Botschaft der Hoffnung und Heilung zu bringen. Wie Jesus in dem oben zitierten Abschnitt aus Lukas 16 sagt, war es nötig, dass wir in unserem Umgang mit dem „unrechten Mammon" auf die Probe gestellt wurden, damit er uns die wahren Reichtümer des Reiches Gottes anvertrauen konnte.

Weshalb finanzielle Entscheidungen gemeinsam getroffen werden sollten

Können Sie sich vorstellen, was geschehen wäre, wenn ich die Entscheidung über das 150.000-Dollar-Investment unter Beleihung unseres Hauses ohne Loris Zustimmung getroffen hätte? Das hätte unsere Ehe zerstören können.

Werden wichtige finanzielle Entscheidungen nicht einvernehmlich getroffen, kann die Geldfrage schnell zu einem großen Problem werden, das die Eheleute voneinander trennt. Ein Paar muss mit finanziellen Dingen in derselben Offenheit, im selben Vertrauen und in derselben Ehrlichkeit umgehen, wie es seine geistliche und emotionale Verbundenheit handhabt. Gemeinsam, als Mann und Frau, müssen sie ihre finanziellen Angelegenheiten dem Herrn unterwerfen und gleichzeitig das Beste dafür tun, ihr Geld recht zu verwalten.

Gott wiederholt sich geduldig

Es würde zu weit führen, Ihnen die Freundlichkeit Gottes während jener Zeit unserer finanziellen Unsicherheit darzulegen. Niemals habe ich so viele prophetische Worte und Träume in Sachen finanzielles Wohlergehen empfangen wie während jener Periode. Die Worte und Träume von Gott trugen mich durch die folgenden sechs Monate hindurch, als ich nicht genug verdiente, um unsere laufenden Kosten zu decken, und unsere finanzielle Zukunft mau, mitunter sogar verheerend aussah. Aber wie er es mir gesagt hatte, verdiente ich nach etwa sechs Monaten genug, um die Kosten zu decken, und nach zwei Jahren hatte Gott mir aufs Neue eine lukrative Vollzeit-Praxis geschenkt. Meine Seelsorge-Arbeit lief nicht nur finanziell gut, sondern durch diese schwierige Zeit ließ Gott auch meine Zuversicht und meine Effektivität als Seelsorger zunehmen.

Es ist unschätzbar, was Lori und ich durch diese intensive Prüfungszeit gewonnen haben. Das geht weit über die 150.000 Dollar hinaus, die wir verloren. Wir mussten die Angst und Unsicherheit überwinden, bis wir dem Reden Gottes zu uns vertrauen konnten. Unsere Einstellung zum Geld und unsere Fähigkeit,

Gott in Gelddingen zu vertrauen, sind heute völlig anders als vor dieser Krise. Geld und Besitz bedeuten uns einfach nicht mehr so viel. Wir sind freier geworden, in Geldfragen zu vertrauen und Risiken einzugehen. Und das großzügige Geben fällt uns leichter.

Anhaltendes Vertrauen

Inzwischen fordert uns der Herr erneut auf, ihm in puncto Finanzen zu vertrauen. Im Zuge des Anwachsens der LAM-Arbeit haben wir gespürt, dass der Herr von uns möchte, dass wir unser „sicheres" Einkommen aus der Seelsorge-Arbeit aufgeben und ihm dafür vertrauen, dass er uns durch die LAM-Arbeit versorgt. Diesem Impuls gehorchend, haben wir die Seelsorge-Arbeit zurückgefahren, sodass unser daraus generiertes Einkommen um die Hälfte geschrumpft ist. Doch hat Gott uns durch Gelder, die aus der LAM-Arbeit fließen, fortwährend versorgt.

Selbst nach dieser Reduzierung der Seelsorge-Arbeit haben wir immer noch mehr zu tun als je zuvor. In den letzten beiden Jahren konnten wir kein einziges Mal eine ganze Urlaubswoche einlegen, höchstens mal ein, zwei freie Tage. Aber wir wollen Ihnen nun etwas davon erzählen, wie gut unser Gott ist und wie er uns versorgt, wenn wir im Glauben und Gehorsam etwas wagen.

Vor ein paar Monaten waren wir während unseres Gebetsspazierganges auf einem Waldpfad in der Nähe unseres Hauses unterwegs. Spontan begann ich zum Herrn zu schreien, wir bräuchten Hilfe bei unseren Terminen. Der Mangel an freier Zeit war unsere größte Sorge. Ich wurde ein wenig theatralisch, als ich betete: „Gott, wir brauchen wirklich deine Hilfe mit all unseren Terminen. Wir brauchen Zeit zum Ausruhen! Wir brauchen deine Hilfe, und das meine ich wirklich ganz, ganz ernst, Gott!" Ich war nicht sauer, aber absolut auf seine Hilfe angewiesen. Wir redeten und beteten weiter und genossen unseren Waldspaziergang an jenem warmen Abend.

Drei Tage darauf, an einem Freitagvormittag, unterhielten wir uns mit einem befreundeten Ehepaar, und der Mann sagte: „Ich war heute morgen in der Gebetskapelle, und der Herr hat mir gesagt, ich soll dir im nächsten Jahr eine Seelsorgesitzung pro Woche bezahlen, damit du mehr Zeit für LAM übrig hast. Und übrigens, was die Rabatte angeht, die ihr Leuten einräumt, die sich die vollen Gebühren nicht leisten können: Also, Gott tut das nicht, deshalb werde ich dir den vollen Preis bezahlen."

Wow! Was die beiden uns geben wollten, war mehr als mein normaler Arbeitslohn für anderthalb Tage. Etwa um dieselbe Zeit suchten uns zwei weitere Paare auf und sagten, der Herr habe ihnen aufgetragen, uns monatlich zu unterstützen, damit wir alles umsetzen könnten, was er uns in Sachen LAM aufs Herz gelegt hat. Wir hatten unser Herz vor Gott ausgeschüttet, woraufhin er drei verschiedenen Familien sagte, sie sollten uns Geld geben, um unseren Terminkalender zu entlasten! Wie sollten wir jemals wieder an seiner Güte zweifeln? Er hat sich als gut erwiesen, als es so aussah, als würden wir alles verlieren, und er hat seine Großzügigkeit gezeigt, als wir ihn um seine Hilfe anflehten.

Als ich Geschäftsführer des nichtkommerziellen *Alpha Centers* war, war das Fundraising (für Spendengelder zu werben) eine meiner Aufgaben. Das war nicht mein bevorzugter Arbeitsbereich, und ich war nicht sehr gut darin. Die Finanzen von *Alpha Center* habe ich gut verwaltet, aber ich habe nie viel Spendengelder reingeholt. Das meiste, das wir einnahmen, floss aus unseren Diensten und nicht aus Spenden. Im Gegensatz dazu haben Lori und ich, ohne darum zu bitten, in den letzten drei Jahren viel mehr Geld für LAM erhalten, als ich in 15 Jahren einnahm, in denen ich um Spenden für das *Alpha Center* bat. Aus unserer eigenen Erfahrung heraus können wir guten Mutes sagen: Wenn wir Gott vertrauen, gibt er immer mehr, als wir je erbitten könnten.

Die Sicht einer Ehefrau

Wenn ich (Lori) auf all das zurückschaue, was in jener Zeit passiert ist, in der wir lernten, Gott für unsere Finanzen zu vertrauen, kann ich ehrlich sagen, ich hätte nicht eine einzige Sache anders gemacht. Denn um dessentwillen, was Gott in uns allen, vor allem aber in meinem Barry B., getan hat, würde ich die ganze schwere Zeit erneut durchmachen, von mir aus viele Male. Es ist unschätzbar, was wir gewonnen haben! In alledem hat Gott unter Beweis gestellt, dass er es finanziell sehr gut mit uns meint, aber jenseits des Geldes haben wir im Geistlichen und in unseren Beziehungen so viel hinzugewonnen.

Während unserer ganzen Ehezeit war Barry stets ein verlässlicher, verantwortungsvoller Versorger. Er hat unserer Familie gut vorgestanden, und ich habe angesichts seiner finanziellen Leiterschaft immer Frieden und Sicherheit empfunden. Die meiste Zeit unseres Lebens hatten wir nicht viel Geld, aber der Herr gab uns alles, was wir brauchten, und gemeinsam kamen wir gut damit klar. Als wir das Gefühl hatten, Gott wolle uns die besagte Investition machen lassen, und dann das Geld verloren, nachdem wir uns entschieden hatten, nach Redding zu ziehen, war das seine strategische Vorbereitung auf eine geistliche Beförderung, die er uns schenken wollte. Wir dachten, wir hätten ihm alles ausgeliefert, aber er wollte die Kontrolle über unsere Finanzen noch umfassender übernehmen. Wollten wir wirklich eine neue Ebene des Glaubens erklimmen, so mussten wir unsere Überzeugung loslassen, wir könnten schon gut selbst für unser finanzielles Auskommen sorgen.

Seit er ein kleiner Junge war, hatte Barry es sich angewöhnt, sich weitestgehend auf sich selbst zu verlassen. Als eines von 13 Kindern seiner Familie lernte er rasch, dass er auf sich selbst angewiesen war, wenn er sich verschaffen wollte, was er im Leben brauchte. Das klingt sehr vernünftig, und in der Tat lernte er das in allen Bereichen seines Lebens gut umzusetzen. Aber nachdem wir nach Redding umgezogen waren, fing Gott an, ihm eine andere Sichtweise zu vermitteln. Obwohl Barrys Selbstvertrauen ihm in vielen Bereichen viel geholfen hatte, passte es nicht zur Ökonomie Gottes. Gott möchte, dass wir ihm vertrauen und uns darauf verlassen, dass er uns mit dem, was wir brauchen, versorgt.

Zeit, es gemeinsam zu machen

Während unserer ersten sechs Monate in Redding tat Barry alles, was in seiner Macht stand, um unsere Familie angemessen zu versorgen. Als aber all das anscheinend nicht ausreichte, setzte etwas Fremdartiges ein: panische Gedanken. Nachdem er eines Nachts Stunden damit zugebracht hatte, gegen den Geist der Panik zu kämpfen, ohne dass irgendetwas dabei herauskam, weckte er mich endlich auf und bat mich, mit ihm zu beten. Als wir zusammen beteten, verschwand die Panik und er konnte wieder einschlafen.

Aus irgendeinem Grund schaffte er es nicht, allein gegen die Sorgen anzukämpfen. Er brauchte mich, um gemeinsam dagegen zu beten. Als Paar waren wir stärker denn als Einzelne. Es kam alles darauf an, dass wir unsere emotionale und geistliche Verbundenheit aufrechterhielten, wenn wir es mit solch heftigen Schwierigkeiten zu tun hatten. Wir fanden es ungemein wichtig, täglich gemeinsam in Bezug auf die finanziellen Herausforderungen zu beten.

Viele Paare sagen uns, wie schwer es ihnen fällt, anhaltend zusammen zu beten. Es lohnt sich jedoch, jedes Hindernis zu überwinden, damit die geistliche Kraft Ihrer Ehe sich durch vereintes Gebet multipliziert. *„Wie geht's zu, dass einer tausend verjagt und zwei sogar zehntausend flüchtig machen?"* (5 Mo 32,30; LUT).

Gott redet über unsere Versorgung

In seiner Gnade half Gott Barry während dieser Zeit, indem er ihm häufig Träume, Visionen und prophetische Worte schenkte, in denen es zumeist um Versorgung, Überfluss und Reichtum ging, jedenfalls um genau das Gegenteil dessen, was uns scheinbar gerade widerfuhr!

In der ersten Woche nach unserer Ankunft in der Bethel-Gemeinde kamen drei verschiedene Leute, die uns nicht kannten, mit derselben Botschaft auf Barry zu: „Wenn du dich auf deinen Mangel konzentrierst, dann wirst du auch Mangel haben." Der Herr redete zu uns, und für den Fall, dass wir ihn nicht gleich beim ersten Mal verstanden, war er freundlich genug, seine Worte noch zweimal zu wiederholen. Zwei unserer Jungen träumten von Geld, das mit der Post ankam. Ich hatte einen Traum, in dem ich sah, wie Barry sich hinsetzte und ihm sofort eine Robe umgelegt wurde. Er erhielt ein Zepter, und rund um ihn wurden Schätze aufgehäuft. Eine Woche darauf sagte ihm eine Frau in der Gemeinde, der Herr habe ihr eine Vision über ihn geschenkt. Ihre Vision lief auf exakt dasselbe hinaus, was ich in meinem Traum gesehen hatte. Natürlich waren das symbolische Träume, aber wir nahmen sie als persönliche Bestätigung der Verheißungen Gottes, uns zu versorgen.

Als wir nach wie vor nicht genug verdienten, um unsere monatlichen Ausgaben zu decken, sah Barry in einem Traum seinen monatlichen Gehaltsscheck. Der Scheck war mit goldener Tinte beschriftet, und die Summe war weit größer als das, was er bis dahin im Seelsorge-Zentrum verdient hatte. Sie hätte für unsere Kosten mehr als ausgereicht. Ausgehend von der Zahl seiner Termine in jenem Monat konnte er keinen großen Gehaltsscheck erwarten. Als dann aber ein paar Tage später sein Gehaltsscheck ankam, wich die Summe um weniger als 25 Dollar von der ab, die er auf dem geträumten Scheck gesehen hatte. Das war wirklich erstaunlich und ermutigend. Es kam uns vor, als unterstreiche Gott noch einmal, dass er für uns sorgte – als würde er sagen: „Eure Schecks kommen von der Himmelsbank und sind von mir persönlich ausgestellt."

Kolibris hier, Kolibris da – in dieser Zeit sahen wir überall Kolibris. Als wir eines Tages betend spazieren gingen, kam ein Kolibri direkt auf uns zugeflogen, machte kehrt und flog dann rückwärts eine lange Zeit vor uns her, während wir die Straße entlangschlenderten. Zu Hause sahen wir mehrfach Kolibris vor unseren Fenstern schweben. Eines Tages waren Barry und ich draußen auf der Veranda und unterhielten uns, als ein Kolibri direkt unter den Brettern hervorgeflogen kam, auf denen ich gerade stand. Diese winzigen Vögelchen hatten zweifellos unsere Aufmerksamkeit auf sich gezogen.

In einer Nacht träumte Barry, dass Hunderte und Aberhunderte leuchtend orangefarbener Kolibris um seinen Kopf schwirrten und ihn flatternd mit ihren Flügeln kitzelten. Im Traum lachte er, ja, er wachte sogar lachend auf und fragte schließlich: „Was soll das bedeuten mit all diesen Kolibris?" Nach einem halben Jahr extrem häufiger Kolibri-Sichtungen beschloss Barry, sich darüber klarzuwerden, was es damit auf sich hatte. In einem Traumdeutungsseminar, an dem wir teilgenommen hatten, hatte der Lehrer erwähnt, Kolibris stünden für die „prophetische Verheißung eines fruchtbaren/ertragreichen Lebens". *Wow!* Erneut redete Gott zu uns über unsere Finanzen und seine Verheißung, gut zu uns zu sein. Immer wieder sandte er Barry in seiner Gnade diese Botschaft, so lange, bis sie bei ihm angekommen war und er Frieden und Freude erlebte.

Ich bin so froh über das, was der Herr in dieser Zeit an uns allen getan hat, am meisten aber an meinem geliebten Ehemann. Gott hatte uns die ganze Zeit über finanziell voll abgedeckt, selbst als es aussah, als falle alles auseinander. Während Barry sich durch diese finanzielle Prüfung kämpfte, erlangte er Sieg über den Geist der Selbstsicherheit. Sein Glaube wuchs, und seine Fähigkeit, Risiken einzugehen und Jesus zu vertrauen, nahm exponentiell zu. Dieser Schritt war unerlässlich, um ihn auf den nächsten Abschnitt unserer Reise mit dem LAM-Dienst vorzubereiten, in dem der Herr nunmehr erneut unser rückhaltloses Vertrauen fordert.

Wenn wir ihn lassen, möchte der Herr uns tiefer, weiter und höher führen. Wollen wir die nächste Stufe mit ihm erreichen, so gehört dazu notwendigerweise, ihm die komplette Hoheit über unsere Finanzen zu überlassen. Danke, Jesus, dass du uns in jedem Bereich unseres Lebens freundlich und treu leitest.

Übung

(Legen Sie *Soaking-Musik* auf.) Nehmen Sie sich Zeit, auf den Heiligen Geist zu hören, während Sie die nachstehenden Fragen beantworten. Tauschen Sie sich über Ihre Antworten aus. Beten Sie zusammen im Blick auf die finanziellen Fragen in Ihrem Leben, in denen Sie Hilfe brauchen. Legen Sie danach Ihre Finanzen von Neuem in Gottes Hände und lassen Sie sich überraschen, was er in der nächsten Zeit tun wird, wenn Sie dies in die Praxis umsetzen!

1. Sind in Ihrer Ehe beim Thema Geld jemals Spannungen bzw. Konflikte aufgetreten? Inwiefern?
2. Müssen Sie Ihr Geld besser verwalten? Falls ja, was sollte sich bei Ihnen verändern?
3. Was bedeutet es für Sie konkret, Gott in Sachen Geld und Besitz zu vertrauen? Wie gut gelingt Ihnen das?
4. Was ist die allerwichtigste Lektion, die Gott Ihnen in Sachen Geld beigebracht hat?

Hausaufgaben

1. Beten Sie diese Woche in Ihren gemeinsamen Gebetszeiten für benötigte finanzielle Durchbrüche oder Steigerungen.
2. Praktizieren Sie morgens und abends das *Segnen des Geistes für Paare*.
3. Legen Sie *Soaking-Musik* auf und träumen Sie gemeinsam mit dem Herrn, während Sie über folgende Frage nachdenken: „Was würden wir als Paar gerne tun, wenn Geld kein Thema wäre?" Tauschen Sie sich über Ihre Antworten aus.
4. Sollten bestimmte Situationen es erforderlich machen, dann benutzen Sie die entsprechenden Methoden bzw. „Werkzeuge" (die Hörübung, die Gefühlsausdrücke, das *1-2-3-UND-WEG-DAMIT*-Werkzeug, die *Schritte zur Versöhnung,* die *Regeln der Konfliktbearbeitung*, die Übung *Was tun, wenn's knallt?*).

Notizen

Kapitel 14

Unser sexuelles Einssein

Bevor Sie dieses Kapitel angehen, empfehlen wir Ihnen unbedingt, sich dafür einen Abend, an dem Sie mindestens vier bis fünf Stunden Zeit haben, eine Nacht und einen Morgen zu reservieren. Dabei sollten Sie ungestört und nicht von Ihrer Arbeit erschöpft sein. Falls Sie Kinder haben, werden Sie in ein Hotel gehen müssen. Sofern das nicht möglich ist, sorgen Sie dafür, dass Freunde oder Verwandte die Kinder früh abholen, über Nacht bei sich behalten und nicht vor dem nächsten Mittag zurückbringen. Es wäre schön, wenn Sie abends zusammen essen gehen könnten. Eigentlich wäre ein komplettes Wochenende am besten geeignet, falls Sie das realisieren können.

Die nächsten drei Abschnitte müssen Sie als Paar gemeinsam lesen. Sie werden Geschichten, Zeugnisse, Gebete, Übungen und Hausaufgaben finden – ja, Hausaufgaben gibt es auch! Das alles soll dem Zweck dienen, das Beste, was Gott im Blick auf Ihr sexuelles Einssein bereithält, vom Himmel auf die Erde zu bringen. Stellen Sie sich darauf ein, dass Gott bei Ihrem Wochenende mit von der Partie ist. Er hat die Sexualität geschaffen und ist sehr daran interessiert, dass diese Zeit für Sie richtig gut wird.

Teil 1: Sexuelle Freiheit freisetzen

Nachdem der Herr uns den „Lastwagentraum" geschenkt hatte (den Sie im Detail im Vorwort nachlesen können), hat er uns durch Offenbarungen, geistliche Erfahrungen und Träume deutlich gemacht, dass er sich für die ganze Gemeinde Jesu wünscht, die eheliche sexuelle Gemeinschaft zu verbessern, zu heilen und zu transformieren. Es ist wichtig zu verstehen, dass unter den geistlichen, emotionalen und sexuellen Aspekten einer Ehebeziehung Sex gewiss nicht den bedeutendsten Teil darstellt – aber derzeit liegt er Gott sehr am Herzen! Ja, wenn wir auf all das zurückschauen, was er uns in puncto Ehe beigebracht hat, dann hat er uns die unmittelbarsten Offenbarungen im Bereich der sexuellen Intimität gegeben.

Die Gemeinde Jesu hat sich in der Pflege dieser wunderbaren Gabe nicht besonders hervorgetan, während die Welt den Sex verdreht und zerrüttet hat. Als Reaktion darauf hat die Gemeinde sich aus dieser Thematik fast gänzlich zurückgezogen und Sex als etwas Schändliches etikettiert, etwas, worüber man nicht spricht. Indem Barry und ich unsere eigenen Geschichten und die Dinge weitererzählt haben, die Gott uns hinsichtlich Sexualität gezeigt hat, durften wir sehen, wie Hunderte von Paaren in ihrer sexuellen Beziehung enorme Hoffnung, Freiheit, Kreativität und Freude gewonnen haben. Halleluja! Durch einen Traum, den wir kürzlich hatten, zeigte der Herr uns in aller Deutlichkeit, dass er in Ihr Leben denselben Durchbruch bringen möchte, den er Hunderten Paaren geschenkt hat, die die LAM-Workshops besuchten.

Zum Durchbruch kommen

Vielleicht verspüren Sie etwas Angst, wenn wir Ihnen mit diesem Thema kommen. Womöglich schlägt sogar Ihr Herz ein bisschen schneller. Manche von Ihnen empfinden vielleicht Hoffnungslosigkeit und sagen: „Ach, es geht uns schon viel zu lange so ... In unserer Sexualität wird sich nichts mehr ändern ... Das hilft alles nichts." Mag sein, dass das Thema Sie sogar erzürnt und Sie darüber gar nicht sprechen möchten. Solcherlei Empfindungen sind häufig verbreitet, aber man sollte nicht bei ihnen stehen bleiben. Der Feind, der Sie in diesen Bereichen beraubt und gebunden hat, lügt Sie an. Mit Absicht flößt er Ihnen diese Gedanken ein, damit Sie keinen Durchbruch erleben. Wenn Sie in Sachen Sex negative Gedanken (Lügen) verspüren oder hören, dann gehen Sie bitte die nachfolgenden Schritte als Paar gemeinsam durch.

Übung

1. Nehmen Sie Papier und Stift zur Hand.
2. Ehefrauen, bitte notieren Sie sich die negativen Gedanken und Lügen, die Ihnen gerade jetzt in den Sinn kommen, und sprechen Sie diese laut aus. Lassen Sie sich danach von Ihrem Mann das folgende Gebet vorsprechen und sprechen Sie es ihm nach.

   Ich nagle alle Gedanken und Lügen, insbesondere
   ..
   [fügen Sie hier die Sie betreffenden Gedanken und Lügen ein und sprechen Sie sie laut aus] ans Kreuz, die sich gegen den Willen Jesu im Hinblick auf das erheben, was ich sexuell sein soll und was wir als Paar sexuell sein sollen.
   Diese Gedanken haben das Ziel, mich und uns davon abzuhalten, dass wir in diesem Bereich zur Freiheit kommen.
   Ich breche alle Abkommen, die ich – bewusst oder unbewusst – mit diesen Gedanken und Lügen eingegangen bin.
   Ich kehre mich im Namen Jesu von ihnen ab.
   Ich bitte dich, Vater, diese Gedanken und Lügen von mir fortzuschicken.
   Und wenn du diese Lügen und Gedanken von mir wegschickst, was möchtest du mir an ihrer Stelle zeigen oder sagen?

   Nehmen Sie sich Zeit und hören Sie nun auf das, was der Heilige Geist Ihnen gibt. Schreiben Sie es unbedingt auf.

3. Wechseln Sie jetzt die Rollen.

Ein kleines Stück Geschichte

Ehe ich (Lori) Ihnen meine eigene Geschichte erzähle, muss ich Ihnen ein wenig Familienhintergrund vermitteln. Im Alter von dreißig Jahren saß meine Großmutter Thelma Amabelle in ihrer

Hochzeitsnacht auf der Bettkante und sprach mit Charles Arthur, ihrem frisch Angetrauten. Sie sagte ihm, woher ihrer Ansicht nach die Babys kamen. Ich bin sicher, Charles Arthur war ziemlich verblüfft zu hören, dass Thelma Amabelle glaubte, die Babys kämen auf übernatürliche Weise, indem man einfach für sie betete. Und nicht minder sicher bin ich, dass auch Thelma Amabelle reichlich überrascht war, als Charles Arthur ihr mit viel Liebe und Geduld darlegte, dass es „noch ein wenig mehr" gab als das.

Ehrlich gesagt, weiß ich nicht wirklich, wie das Sexualleben meiner Großeltern aussah, was ich aber weiß, ist, dass sich meine Eltern, Grace Amabelle und John Frederick, ihr ganzes Eheleben hindurch einer sehr gesunden und genussvollen Sexualität erfreut haben und dass es – mittlerweile sind sie Ende siebzig – immer noch so ist. Was uns betrifft, Barry Joseph und Lori Lynn, so lief alles so, wie es sollte, als wir heirateten. Wir hatten durchschnittlich drei- bis viermal die Woche Freude am Sex und hätten beide diese Zeiten als schön und zufriedenstellend beschrieben.

Das war – ob Sie das nun wollten oder nicht – ein kleiner Einblick in das Sexualleben meiner Familie. Jetzt machen wir einen Sprung in unser 15. Ehejahr. Damals hatte ich eine Begegnung mit dem Herrn, die einen Prozess auslöste, durch den ich (und auch Barry) verändert wurde. Ich war der Meinung, es gehe uns sexuell gut, aber Gott hatte mehr für uns in petto, genau wie er es für Sie hat. Wie es auch immer um die sexuelle Beziehung mit Ihrem Ehepartner bestellt ist, er hat mehr für Sie bereit!

Eine große Überraschung

Ich hatte mich in mein Schlafzimmer oben im Haus zurückgezogen, um eine Zeit der Stille mit dem Herrn zu haben. Es war am Morgen, die Jungs hatten gerade das Haus Richtung Schule verlassen, und Barry war zur Arbeit gegangen. Plötzlich, mitten in meiner Bibellese, kamen mir Bilder in den Sinn, in denen ich Barry und mich beim Sex sah – aber wir taten alle möglichen Dinge, an die ich in 15 Jahren Ehe noch nicht einmal gedacht hatte! Ich sah neue Möglichkeiten, wie ich mich bewegen und meinen Körper einsetzen konnte, um Barry zu beglücken. Während diese Bilder nicht aufhörten, meine Gedankenwelt zu durchfluten, wurde es mir in meinem kleinen Zimmer mit einem Mal sehr heiß. Ohne

Frage erregte und begeisterte es mich, diesen sehr anregenden „Film" von mir und Barry anzuschauen. Ich hatte bis dahin noch keinen solchen tranceartigen Zustand erlebt, aber als ich auf die Uhr sah, war tatsächlich eine ganze Stunde vergangen, und mir war es wie wenige Minuten vorgekommen.

Nach dieser Erfahrung war mir zweierlei klar: Erstens war das zweifellos von Gott; denn das, was ich gesehen hatte, hätte ich mir niemals ausgedacht. Zweitens wusste ich, Gott wollte mich diese Dinge nicht nur sehen lassen – ich sollte sie auch tun. O Schreck! Das passte doch nicht zu mir! Es sprengte alle meine Vorstellungen. Und doch wusste ich, es war von Gott. Und ich wusste auch, ich sollte es noch *am selben Tag* in die Tat umsetzen.

Im weiteren Verlauf des Tages machte ich mir Gedanken darüber, wie das geschehen sollte. Ich wusste, ich musste mich auf eine Weise ausziehen, die ich bis dahin nicht gekannt hatte. Ich wusste auch, ich sollte freizügig tanzen und mich auf eine Art zur Geltung bringen, die es bis dahin auch noch nicht wirklich gegeben hatte. Das war etwas beängstigend. Nun denn, ich ging ins Bad und fing an, Bewegungen einzuüben, von denen ich glaubte, sie würden Barry erregen. Nach diesen Tanzübungen im Badezimmer dachte ich: „Also schön, das kriege ich wohl hin" und machte in meinem normalen Tagesablauf weiter.

Am späteren Nachmittag rief Barry an und fragte, wie mein Tag so sei – das macht er oft, wenn er eine Pause hat. Während wir redeten, dachte ich: *Ich mach ihm lieber schon mal eine kleine Andeutung, damit ich nachher nicht kneifen kann, aber verrate ihm nicht, was ich wirklich vorhabe.* In der Mitte der Unterhaltung mit meinem Barry B. ließ ich so beiläufig wie irgend möglich einfließen, dass ich ihm gern etwas zeigen würde, wenn er heimkomme. Wie pflegen Männer auf so etwas zu reagieren? Seine Antwort auf meine Bemerkung jedenfalls war: „ECHT?"

Es fällt mir schwer zu beschreiben, was da durch die Telefonleitung von ihm zu mir kam, aber ihm war voll und ganz klar, dass die Überraschung sexueller Natur sein würde. Dann fragte er mich, was es sei, worauf ich ruhig sagte, das werde er dann schon sehen, wenn er nach Hause komme.

Ich machte mit meiner Arbeit weiter, und eine Stunde später – Sie werden es nicht glauben – kriegte ich meine Periode, die *immer* fünf bis sieben Tage andauert. Niemals blieb meine Periode aus, außer ich war schwanger – davon abgesehen habe ich mein ganzes Leben lang einen sehr regelmäßigen Zyklus gehabt. „O Herr", sagte ich, „wenn du wirklich hinter diesem Ganzen steckst und möchtest, dass ich diese Sachen für Barry mache, dann wird das nicht funktionieren, wenn ich es aufschieben muss. Das Ganze fordert mich ohnehin schon sehr heraus, und wenn ich es machen soll, muss ich es heute Abend machen, sonst fürchte ich, ich werde den Mut verlieren und es vielleicht niemals tun. Herr, du wirst einfach meine Periode stoppen müssen."

Damals war ich Ende dreißig, und so etwas war nie zuvor passiert … niemals. Aber wissen Sie was? Jesus tat es. Auf der Stelle ließ er meinen Zyklus auf wundersame Weise vollkommen zum Stillstand kommen. *Wow!* Er wollte also tatsächlich, dass ich diese Dinge machte.

Als mein Barry B. nach Hause kam, stieß er schwungvoll und in freudiger Erwartung die Tür auf. „Noch nicht", sagte ich leise, „erst wenn die Jungs im Bett sind." Wenn es darum ging, mich mit den Jungs zu unterstützen, war Barry schon immer toll gewesen, aber an diesem Abend – auch wenn ich es mir vielleicht nur einbildete – erschien er mir besonders hilfsbereit und außerordentlich bemüht.

Endlich lagen die Jungs im Bett und ich zog Barry den Flur entlang zu unserem Schlafzimmer. In unserem Schlafbereich gibt es eine kleine Sitzecke, und ich sagte voller Nervosität zu ihm: „Ähm … also … setz dich bitte in den Schaukelstuhl." Das meiste, was an diesem Abend passierte, war geplant, dieser Teil jedoch nicht. Ich schreibe es dem Heiligen Geist zu. Ich ging zu ihm und setzte mich auf Barrys Schoß, legte meine Arme um ihn, und aus meinem Mund kamen – unvorhergesehenerweise – die Worte: „Heute Abend möchte ich dir etwas schenken, das du in unserer Hochzeitsnacht noch nicht völlig ausgewickelt hattest."

Dann machte ich meine kleine Show, und danach sagte Barry: „*Wow!* Wo hast du so tanzen gelernt?" Ich lächelte, als ich ihm erzählte, dass es der Heilige Geist war, der es mir früher am Tag im Badezimmer beigebracht hatte.

Vielleicht klingt meine Geschichte in Ihren Ohren ja völlig unspektakulär – oder sehr beängstigend. Ehrlicherweise muss ich sagen, dass es bei mir ja auch nicht ganz angstfrei abging, aber ich wusste voll und ganz, es war vom Herrn. Wir alle müssen schlicht und einfach immer bereit sein, auf ihn zu hören und dann zu tun, was er uns sagt.

Die Früchte meiner Entscheidung damals, zu gehorchen, über meine Angstschwelle hinwegzugehen und etwas zu tun, das sich nicht normal anfühlte, genießen Barry und ich nach wie vor. Gott möchte in jeden Bereich unseres Lebens vordringen. Er möchte auch an den allerintimsten Details teilhaben. Ja, es kann sich einschüchternd oder sogar beängstigend anfühlen, wenn er uns auffordert, etwas zu riskieren, aber was Sie dabei gewinnen, ist jedes Risiko wert. Die Früchte, die entstehen, wenn wir seiner Stimme folgen, bleiben ein Leben lang!

Ein äußerst gesegnetes, heiliges Geschenk

Möchten Sie etwas Erstaunliches hören, das mein Barry B. mir sagte, als ich mich ihm so freizügig hingab? Er sah mir geradewegs in die Augen und sagte: „Ich hab mich durch dich noch nie so sehr von Gott geliebt gefühlt."

Wenn ich das in meinen Workshops erzähle und daran denke, was diese Erfahrung für Barry bedeutete, kommen mir häufig die Tränen. Was ich getan hatte, als ich meinem Mann ohne jeden Rückhalt meinen Körper, meine Gefühle und meinen Geist hingab, diente ihm nicht nur körperlich und seelisch, sondern erhob auch seinen Geist, sodass er Gottes Liebe auf eine Weise verspürte, die er nie zuvor erfahren hatte. Der Herr ließ mich Barry nicht nur diese unglaubliche Gabe der Liebe schenken, sondern hatte mir auch die Fähigkeit verliehen, Barry aufzurichten, sodass er Gottes Liebe erfuhr und spürte. Niemand auf dem ganzen Erdboden hätte das so für ihn tun können wie ich.

Bis dahin waren mein Geist, meine Seele und mein Körper nicht völlig frei gewesen, dies so zu tun, wie es der Herr gerne wollte. Der Herr half mir zu sehen, dass an der kostbaren Gabe sexueller Intimität, die er uns innerhalb der Bundesgemeinschaft der Ehe geschenkt hatte, viel mehr „Reines" als „Unreines" war.

Der Heilige Geist hatte mich eine ganz erstaunliche Erfahrung machen lassen, vielleicht ähnlich derjenigen, die Petrus in Apostelgeschichte 10,10 beschreibt, als er in einer Zeit der Verzückung auf einer Decke vor sich ausgebreitet all die „unreinen" Dinge sah, die er nicht essen durfte, und der Herr sagte: „Alles ist rein."

Die Wahrheit, die mir der Heilige Geist durch diese Sache gezeigt hat, ist, dass die Welt sich seine Gabe der Sexualität angeeignet und der Selbstsucht unterworfen hat, sodass es in ihr vorrangig ums Vergnügen geht. In unserer kirchlichen Kultur grassiert die Furcht davor, die Schönheit, das Vergnügen, die Freiheit und Heiligkeit der Sexualität wirklich anzunehmen und zu entdecken. Wir haben uns den Irrtum aufschwatzen lassen, es gehöre sich nicht, darüber in der Kirche offen zu reden, und sei es nur unter verheirateten Paaren. Wir brauchen die Freiheit, uns miteinander darüber auszutauschen, wie Gott sich unsere sexuellen Beziehungen gedacht hat. In unseren Ehen brauchen wir die Freiheit, uns mit unserem Körper auszudrücken und unserem Partner Ekstase und Genuss zu verschaffen.

Der Herr zerstörte die Schublade, in die ich einsortiert hatte, was nach meinem Dafürhalten „sauber" war. Er sagte mir, auch wenn das, was ich zu besitzen meinte, gut sei, habe er weit mehr für mich und meinen Barry B. bereit, als was ich bislang an mich herangelassen hatte.

Gott erhebt Anspruch auf diese seine überaus kostbare Gabe. Er facht sie in seinem Volk neu an und präsentiert sie der Welt. Super! Danke, Gott.

Teil 2: Sex ist heilig, und Gott ist mitten dabei

Können Sie sich Gott als Ihren persönlichen Sexlehrer vorstellen? Aber hallo! Doch genau das passierte. Gott belehrte uns in Sachen Sex und brachte uns bei, wie er ihn sich vorgestellt hatte. Er fing an, Barry und mich in einer solchen Intensität heimzusuchen, dass wir seine Gegenwart in unserer sexuellen Beziehung buchstäblich spüren konnten. Jedes Mal wenn wir uns liebten, manifestierte sich der Herr physisch in unseren Körpern (darüber später mehr von Barry).

Der Herr fing an, uns mit sexuellen Träumen über den anderen zu beschenken. Wissen Sie, was passiert, wenn Sie aus einem solchen Traum erwachen? Ihr Herz ist sexuell und emotional Ihrem Ehepartner zugewandt. Solche Träume hatten wir ziemlich oft, besonders dann, wenn uns das Leben zu sehr in Anspruch nahm und wir keine Zeit gefunden hatten, miteinander intim zu sein. Erneut sprach der Herr zu uns und sagte, er wolle nicht, dass wir zu selten körperlich bzw. sexuell beieinander waren. Ich denke, das passt zu dem Bibeltext in 1. Korinther 7, wo Paulus von Gott angewiesen wurde zu schreiben, die Eheleute sollten sich dem Sexualleben nicht entziehen.

Ich erinnere mich an einen Abend, an dem wir vor dem Zubettgehen eine kleine Meinungsverschiedenheit hatten. Ich dachte: *Das ist so eine Kleinigkeit! Ich brauch noch nicht mal was dazu zu sagen, damit werde ich auch allein fertig.* Ich wollte aus einer Mücke keinen Elefanten machen (eine innere Stimme, die einige von Ihnen kennen mögen). Ich war keineswegs ärgerlich, sondern einfach Barry nicht ganz so zugewandt wie sonst. Als wir zu Bett gingen, gaben wir uns einen Gute-Nacht-Kuss und sagten: „Ich liebe dich"; dennoch spürte ich eine ganz kleine Distanz. Wir schliefen beide ein.

Mitten in der Nacht hatte ich einen heftigen sexuellen Traum über meinen Barry. Auf der Stelle wusste ich, dass der Herr mit meiner inneren Distanzierung nicht einverstanden war, mochte ich sie auch für noch so geringfügig gehalten haben. Er wollte, dass ich die Dinge in Ordnung brächte, indem ich meinen Mann mit einer Verführung mitten in der Nacht überraschte. Falls Sie das wissen wollen: Gott sagte mir nicht, ich solle Barry überraschen – ich wusste das einfach, als ich wach wurde. Abgesehen davon war ich nach dem Traum, den er mir gerade geschenkt hatte, ohnehin heiß genug!

Inzwischen war ich hellwach, saß im Bett und sah Barry schlafen, während ich meine „Attacke" plante, als er mit einem Mal wach wurde. Er guckte zu mir rüber und sagte: „Ich hatte gerade einen tollen Traum." Flugs erzählte er ihn mir. Er hatte nichts mit meinem „Angriffsplan" zu tun, sondern handelte von einer meiner Frauengruppen. Also gut, er erzählte mir den Traum und ging ins Bad, dann redeten wir noch ein bisschen weiter, und mitten im Gespräch schlief er wieder ein.

Da saß ich nun, sah ihm erneut beim Schlafen zu und hatte meinen Plan nach wie vor nicht zur Ausführung gebracht. Ein paar Minuten später wurde er wieder wach, sah mich an und sagte: „Jetzt hatte ich gerade einen echt lustigen Traum. Ich ging in der Stadt am Cascade-Theater vorbei, und da stand auf der Anschlagtafel: ‚Die Show beginnt jeden Augenblick.' Dann fuhr ein hupendes Auto vorbei, von dem ich wach wurde!"

Ich konnte kaum glauben, dass der Herr ihm einen Traum gegeben hatte, der meine „Mission" unterstützte. Was für eine tolle Eröffnung! Unnötig zu sagen, dass „die Show" begann. Es endete damit, dass Barry Joseph und Lori Lynn mitten in der Nacht eine unverhoffte „Begegnung" hatten, durch die unsere innere Verbindung wiederhergestellt wurde. Ist Gott nicht gut?

Ja, Jesus liebt mich

Wenn Lori in unseren Workshops davon erzählt, was Gott sie für mich tun hieß, mache ich normalerweise einen Scherz und sage: „Ja, Jesus liebt mich." Und so ist es auch! Aber darüber hinaus möchte er in seiner Liebe, dass wir seine Gabe der Sexualität in der Ehe genießen. In seiner Liebe möchte er, dass wir einander unsere Liebe ebenso körperlich zeigen wie mit unseren Worten und Taten.

Weiter oben sagte Lori, der Herr habe seine Gegenwart in unseren intimen Momenten manifestiert. Damit meinte sie Folgendes: Nachdem wir 1994 erneut mit dem Heiligen Geist erfüllt worden waren, begann dieser sich in unseren Körpern auf verschiedene Weisen zu manifestieren. Eine davon war ein unfreiwilliges Zusammenziehen meiner Bauchmuskeln, oft begleitet von einem unfreiwilligen Laut, der aus meinem Mund kommt („Hmmmph!"), weil die Muskelkontraktionen Luft aus meiner Lunge entweichen lassen. Diese Manifestation begann uns beiden zu widerfahren, während wir uns liebten. Zuerst war das verwirrend und wir fragten: „Herr, was willst du uns damit sagen?"

Schließlich kamen wir zu dem Schluss, er wolle uns hauptsächlich klarmachen, dass er unmittelbar dabei war, wenn wir uns liebten! Das war Gott nicht peinlich. Er ging nicht aus dem Zimmer, solange wir intim waren, und kam danach wieder herein. Er sagte seinen Engeln nicht: „Macht die Augen zu und seht nicht hin. Sie sind nackt und lieben sich." Er sagte uns: „Ich habe den Sex erschaffen und möchte darin sein, so wie in allem, was ihr tut.

Die Leidenschaft, mit der ihr euch liebt, beschämt mich nicht. Das ist mein spezielles, für die Ehe reserviertes Geschenk."

Eine Offenbarung von Gott

Als wir unseren allerersten LAM-Workshop abhielten, machte ich folgende Erfahrung mit dem Herrn: Lori und ich hatten mit Paaren über die Freisetzung sexueller Freiheit gesprochen. Eines Morgens lagen wir zusammen im Bett, und während ich Lori küsste, ging mir durch den Sinn: „Sex ist heilig, und Gott ist mitten dabei." Im selben Moment, in dem mir diese Worte in den Sinn kamen, zogen sich meine Bauchmuskeln unfreiwillig zusammen, und der „Hmmmph"-Laut kam aus meinem Mund. Lori war sofort hellwach, weil sie wusste, dass Gott uns etwas mitteilen wollte. Sie fragte mich, was ich dächte, und ich sagte es ihr.

Ein paar Minuten später griff sie nach ihrem Tagebuch, um zu notieren, was geschehen war. Nochmal fragte sie mich: „Was dachtest du, als dein Magen sich zusammenzog?"

„Sex ist heilig, und Gott ist mitten dabei", wiederholte ich, und als ich den Satz erneut sagte, zogen sich meine Bauchmuskeln wieder unfreiwillig zusammen. Als Lori anfing, in ihr Tagebuch zu schreiben, sah ich ihr zu und kam auf den Gedanken, Sex haben zu wollen. Da verkrampften sich meine Bauchmuskeln schon wieder! Grinsend fragte sie: „Und an was denkst du jetzt?" Erwischt! Aber ich hatte eine Entschuldigung. Scherzend sagte ich ihr: „Das bin nicht ich! *Gott* möchte, dass ich Sex habe!"

Während der letzten 15 Jahre hat sich Gott anhaltend und klar manifestiert, während wir miteinander schliefen. Gerade jetzt liegt ihm das Thema Sexualität in der Ehe sehr stark auf dem Herzen. Er möchte die Sexualität in ihrer ursprünglichen Ordnung wiederherstellen: als Ausdruck der heiligen, leidenschaftlichen, kraftvollen Einheit zwischen Mann und Frau. Beim Sex geht es nicht nur ums Körperliche, er ist eine durch und durch geistliche Erfahrung. Mit dem Heiligen Geist im Mittelpunkt unserer Ehe und unserer sexuellen Beziehung möchte Gott uns eine sexuelle Liebe geben, die weit über alles hinausgeht, was reine Sinnlichkeit oder lüsterne Maßlosigkeit zu bieten haben.

Loris ungewöhnlicher prophetischer Traum

In jener Zeit unseres Lebens erlebten wir ein sexuelles Erwachen, und der Herr erweiterte unsere Auffassung davon, was er alles unserem Liebesleben zugedacht hatte. Gott schenkte uns seine Sicht sexuellen Einsseins, indem er uns offenbarte, dass Sex für ihn Lobpreis ist. Diese Wahrheit erschloss er uns durch einen Traum.

Im vorigen Kapitel haben wir dargelegt, dass Träume häufig symbolisch sind. Davon machte dieser Traum keine Ausnahme. In dem Traum drehten Barry und ich ein Sexvideo (lachen Sie ruhig, alle lachen darüber). Und doch sah ich uns niemals nackt.

Die Leute, die das Video machten, waren eine Gruppe von Lobpreisleitern. Dieses ganze „Projekt" umwehte eine solche Atmosphäre der Reinheit, dass die Leute vom Produktionsteam uns erzählten, wie wunderbar rein sie sich dabei fühlten und wie sehr sie sich geehrt sahen, dabei mitzumachen.

Ich wusste, das Video würde durch die ganze Welt gehen, und der Herr ließ mich die Orte sehen, an denen es gezeigt werden würde. Ich erinnere mich, in ein Haus geführt zu werden (indem ich ungesehen und unentdeckt durchs Dach hineinflog), in dem ich einen Vater mit seinem 13-jährigen Sohn antraf, die sich ins Wohnzimmer setzten und ernsthaft über das Video sprachen. Für sie war es keine Pornografie, sondern eine reine, Gott wohlgefällige Sicht von Sex. Gott möchte, dass wir uns dafür verantwortlich wissen, unseren Kindern in Sachen Sex ein wahres, klares Vorbild zu geben, ohne dass wir uns schämen. Er wünscht sich von Eltern, dass sie ihren Kindern erklären, dass wir als sexuelle Wesen für diesen heiligen und schönen Akt der Anbetung geschaffen sind.

Der Traum offenbarte eine tiefe Wahrheit darüber, wie Gott Sex sieht. Als Erstes bestätigte er, was der Herr Barry gesagt hatte: „Sex ist heilig, und Gott ist mitten dabei." Der Herr sagt, Sex ist ebenso sehr eine geistliche Erfahrung, wie er geschlechtlich und emotional ist. Zum Zweiten waren die Produzenten des Videos allesamt Lobpreisleiter, weil Gott sagen wollte: *Sex ist Lobpreis!* Dieser reine, heilige, genussvolle Akt der Liebe ist ein Akt des Lobpreises, wenn er offen und frei von einem Mann und einer Frau vollzogen wird, die in einem Bund vor Gott leben.

Die erstaunliche Wahrheit, dass „Sex Lobpreis ist", erklärt, wieso Barry und ich die Gegenwart des Herrn während der vergangenen 17 Jahre jedes Mal verspürt haben, wenn wir miteinander schliefen. Wenn wir in der Weise zusammenkommen, für die er unsere Körper geschaffen hat, ist das eine andere Art des Lobpreises für ihn. Wir bringen dann, einer durch den anderen, unsere Liebe zu ihm zum Ausdruck – als Anbetung. Es ist sein Wunsch, genau im Zentrum dieses heiligen Lobpreisaktes zu sein, und es verlangt ihn sehr danach, diese Sichtweise auf der ganzen Welt zu enthüllen und freizusetzen. Es ist an der Zeit!

In unseren Workshops haben wir erlebt, wie sich diese Wahrheit in so vielen Paaren manifestierte. Das tritt ein, wenn wir das Thema Sex durchnehmen und den Teilnehmern dann Hausaufgaben stellen. Der Liebesakt ist so bedeutend und kraftvoll, dass es Gott gefällt, in ihm seine spürbare Gegenwart zu manifestieren. So haben es zahllose Paare erlebt, und wir vertrauen voll und ganz darauf, dass er auch in Ihre sexuelle Beziehung hineinkommen möchte.

Manche haben dies als äußerst sonderbare, ja gotteslästerliche Denkweise aufgefasst – bis sie selbst die Gegenwart des Herrn verspürten. Wenn Sie bereit sind, wird er Sie auf eine Weise segnen, die Sie schon lange brauchen und ersehnt haben. Sex ist heilig, und Gott ist mitten dabei.

Toll, Jesus! Lass uns nicht aufhören, bis deine Sicht zu unserer Sicht geworden ist. Halte uns in Bewegung, bis wir alles empfangen haben, was du für uns bereit hast!

Johannas Geschichte

Vor einigen Jahren suchten ein Pastor und seine Frau mich (Barry) zur Seelsorge auf. Ihre Ehe war in schwerem Fahrwasser. Der Mann fühlte nach dreißig Jahren Ehe fast kein Begehren mehr nach seiner Frau und war gegenüber seiner Gefährtin ziemlich bitter und kritisch geworden. Er sagte, sie komme ihm wie eine Maschine vor, die immer das Richtige tue, und zwar sehr gut, ihm aber keinerlei Leidenschaft entgegenbringe. Er fuhr fort, sie habe zwar Sex mit ihm, aber kein sexuelles Begehren, und möge sich ihm noch nicht einmal nackt zeigen.

Johanna bestätigte diese Aussagen still, zeigte aber die Bereitschaft, sich zu verändern. Ohne allzu viel graben zu müssen, fand ich heraus, dass sie in einem sehr strengen, asketischen Elternhaus aufgewachsen war, dessen Atmosphäre durch die Angst vergiftet war, dem Vater in die Quere zu kommen.

Kurz vor dem Ende einer unserer Sitzungen fühlte ich mich vom Heiligen Geist gedrängt, Johanna von Loris „Trance" und dem zu erzählen, was Gott für sie getan hatte. Als ich fertig war, antwortete Johanna ziemlich nervös: „Oh, das könnte ich niemals tun!" Ich unterstrich, dass es mir nicht darum ging, sie zur Nachahmung zu überreden, sondern ich mich nur gedrängt gefühlt hatte, ihr die Geschichte zu erzählen.

In der nächsten Woche eröffnete Johannas Mann die Sitzung mit der Feststellung: „Sie haben Johanna vorige Woche mit der Geschichte von Ihrer Frau wirklich Angst gemacht!" Mir war sonnenklar, dass er nur versuchte, seine Sicht zu bestärken, dass seine Frau außerstande sei, es zu wagen, Leidenschaft zu zeigen und sexuell aktiv zu werden.

Nun, einer der überaus wundervollen Züge Johannas bestand in ihrer Bereitwilligkeit, Gottes Stimme zu hören und ihr zu gehorchen. Als sie ein paar Wochen darauf mit dem Herrn allein war, sprach er zu Johanna und fragte sie: „Bist du bereit dafür, dass ich dich sexuell verändere?"

Erneut war Johanna sehr verängstigt. Doch erwog sie ernstlich, worum sie der Herr gebeten hatte, und antwortete vorsichtig, aber bereitwillig: „Ja."

Wochen später erzählte mir Johanna von ihrer Gottesbegegnung an jenem Abend und ihrer Entscheidung, ja zu sagen. Sie fuhr fort, damit habe etwas in ihr begonnen zu geschehen. Nacht für Nacht wurde sie aus dem Schlaf geweckt. „Ich weiß nicht, was passiert", sagte sie mir, „aber ich werde jede Nacht aufgeweckt und kann dann buchstäblich spüren, wie Dinge aus mir herausgezogen werden."

Bald begannen sich die Dinge für sie zu verändern. Begeistert erzählte ihr Mann, diese Seite seiner Frau habe er noch nie gesehen. Sie wurde zu einer Frau mit großem sexuellem Verlangen. Sie erinnerte ihn an sich selbst in der ersten Zeit ihrer Ehe. Er zog sich zum Schlafen aus und bemerkte, wie sie ihn ebenso anstarrte wie er sie. „Ich kenne diese Frau nicht!", sagte er.

Während Johannas sexuelles Verlangen zunahm, fragte sie der Herr: „Möchtest du die Initiative zur sexuellen Intimität mit deinem Mann ergreifen?"

Das jagte ihr wiederum einen mächtigen Schrecken ein, war doch das Herz ihres Mannes ihr gegenüber nach wie vor irgendwie kalt und gleichgültig. Doch dank ihrer Bereitwilligkeit, sich verändern zu lassen und zu gehorchen, sagte sie: „Ja."

Auch wenn ihre Ehe nach wie vor in vielen Bereichen der Heilung bedurfte, wurde Johanna doch von ihrer Angst vor allem Sexuellen völlig geheilt. Nach ein paar Monaten berichtete sie, sie fühle sich in sexueller Hinsicht nun völlig normal. Sie war stets bereit zum Sex, wenn sich eine Gelegenheit dazu ergab. Ja, sie berichtete mir, sie schrecke vor einem kleinen Eingriff am Unterleib zurück, weil sie danach sechs Wochen lang keinen Sex würde haben dürfen! Der Gedanke, sechs Wochen ohne Sex leben zu müssen, gefiel ihr ganz und gar nicht. Gott möchte, dass wir sexuell heil sind, genauso wie er uns in allen anderen Bereichen unseres Lebens gesund und heil sehen möchte.

Noch eine interessante Randbemerkung zu Johannas Geschichte: Nachdem die sexuelle Heilung stattgefunden hatte, enthüllte Johanna, dass sie als Kind sexuell missbraucht worden war. Mit Gottes Hilfe hatten wir diese Missbrauchserfahrung ziemlich rasch aufgearbeitet. Ich fand es äußerst verblüffend und interessant, dass Gott sie zuerst wagemutig in sexueller Hinsicht machte, *bevor* das Thema Missbrauch auf den Tisch kam. Ich weiß nicht, wieso er die Dinge in dieser Reihenfolge anging. Als Seelsorger würde ich mich zuerst dem sexuellen Missbrauch widmen, ehe ich erwartete, dass ein Mensch sexuelle Heilung erfährt. Es liegt auf der Hand, dass Gottes Wege nicht Schema F folgen. Alles, was wir wissen, ist, dass er es liebt, sein Volk zu heilen.

Sind Sie bereit, sich von Gott sexuell verändern zu lassen?

Vielleicht leben Sie mit Ihrem Partner in einer sehr befriedigenden sexuellen Beziehung. Laden Sie den Heiligen Geist ein, dabei zu sein, wenn Sie sich lieben? Er möchte Ihren Sex nämlich noch befriedigender machen.

Vielleicht sind Sie genau wie Johanna sexuell misshandelt oder missbraucht worden. Sind Sie bereit, sich von Gott sexuell verändern zu lassen? Ich kann nicht versprechen, dass Ihre Heilungserfahrung der von Johanna gleichen wird, aber ich kann Ihnen zusagen, Gott nimmt Ihren Schmerz und Ihr Trauma ernst und möchte Sie in sexueller Hinsicht heilen. Wollen Sie ihm das Vertrauen entgegenbringen, dass er Sie durch Ihren ganz eigenen, einzigartigen Heilungsprozess führen wird?

Vielleicht sind Ihnen Ihre Eltern in puncto Sexualität sehr schlechte Vorbilder gewesen. Traurigerweise erzählten mir im vergangenen Jahr zwei verschiedene Männer, wie ihre Väter sie sexuell „aufklärten", indem sie vor ihnen masturbierten. Vor Kurzem dienten wir einem Mann, dem in jungen Jahren pornografisches Material in die Hand gedrückt wurde, um ihm sexuelles Rüstzeug zu vermitteln. In allen diesen Fällen riefen diese Vorgehensweisen extrem verzerrte Sichtweisen von Sexualität hervor. Wenn auch Sie auf perverse Weise, weit entfernt von der Wahrheit, die Gott Ihnen zugedacht hatte, in die Welt der Sexualität eingeführt wurden, sind Sie bereit, Gott Ihr Denken in Sachen Sex verändern zu lassen?

Vielleicht haben Ihre Eltern Ihnen nie gezeigt, dass sie sich körperlich zueinander oder zu Ihnen hingezogen fühlten. Womöglich hat man Ihnen eingeimpft, Sex sei schmutzig oder nur etwas für Männer. Vielleicht sind Sie auf die Idee gekommen, Sie seien kein richtiger Mann, solange Sie keine Frau rumkriegen können, mit Ihnen zu schlafen.

Gott wartet auf Ihre Antwort. Können Sie ihm ein Ja geben und sich bereit machen, ihm zu folgen, wohin auch immer er Sie führt?

Übung

1. Halten Sie in diesem Moment inne und bitten Sie den Herrn, Ihnen jede falsche Idee im Blick auf Sexualität zu zeigen, die der Feind Ihnen durch negative sexuelle Erfahrungen, armselige Vorbilder in der Familie, Furcht vor Missbrauch usw. eingeimpft hat.
2. Schreiben Sie die Gedanken auf, die Ihnen kommen. Dann gehen Sie im Blick auf diese Lügen in Sachen Sexualität abwechselnd das *1-2-3-UND-WEG-DAMIT*-Werkzeug miteinander durch.

Nehmen Sie sich hierfür Zeit. Bitten Sie den Heiligen Geist, Sie zu leiten und zu Ihnen zu reden.

Teil 3: Zum Durchbruch kommen

Der größte Wunsch unseres Feindes ist, Intimität in der Ehe gar nicht erst aufkommen zu lassen oder zu zerstören. Konzentrieren wir uns einmal auf zwei der Lügen, die er heranzieht, um uns zu hindern, den Körper des anderen in voller Freiheit zu genießen, während wir uns lieben. Ferner werden wir Ihnen ein Modell vorstellen, mit dessen Hilfe Sie diese Lügen überwinden und das Sie ebenso auf jede andere Lüge anwenden können, die der Heilige Geist Ihnen entlarvt.

Die zwei Lügen sind: „Ich hasse meinen Körper“ und: „Ich möchte nicht, dass mein Partner mich nackt sieht.“ Überall auf diesem Planeten begegnen uns ständig Menschen, die diesen destruktiven Lügen Gehör geschenkt und sie angenommen haben. Die gute Nachricht ist, dass wir immer wieder erleben, wie Gottes Kraft Ehepaare von diesen Lügen freisetzt!

Eine falsche Sicht des eigenen Körpers hat nichts mit Übergewicht oder äußerer Erscheinung zu tun. In unseren Workshops gehen wir mit diesem Thema sehr offen um. Immer wieder kommt es vor, dass wir hochgewachsene, schlanke Frauen mit perfekter Figur ebenso wie starke, fitte Männer aufstehen sehen, sobald wir einen Aufruf für diejenigen machen, die in diesem Bereich frei werden möchten. Das trifft die Mitte des Selbstverständnisses; die Botschaft ist: Du solltest dich schämen und bist nicht begehrenswert. Diese Menschen schenken einer Lüge Glauben und hassen dann ihre Körper. Lassen Sie mich noch einmal sagen: Das geht tiefer als die Frage des Körpergewichtes und der äußeren Erscheinung.

Kürzlich machten wir den besagten Aufruf während eines unserer Workshops für Singles. Überraschenderweise waren es fast ebenso viele Männer wie Frauen, die aufstanden, um sich dienen zu lassen. Was für eine weitverbreitete Lüge die Ablehnung des eigenen Körpers doch ist, und zwar unter beiden Geschlechtern!

Der Hass auf den eigenen Körper gleicht einem Krebsgeschwür, das sich in unserer Gesellschaft ausbreitet. Solange dieses Syndrom nicht wahrgenommen und behandelt wird, hören diejenigen, die unter seiner Knute stehen, nicht auf, negative Auswirkungen in ihrer Ehe zu erleben, darunter ein einschneidender Mangel an Freiheit im Bereich der körperlichen Intimität.

Wir haben es satt, zu sehen, wie in Ehen Intimität und die Freude am Körper des anderen zunichte gemacht werden. Deswegen haben wir auf Gottes Ruf reagiert, mutig anderen dabei zu helfen, diese Lüge zu attackieren, die notwendigen Risiken einzugehen und sich bis zum Sieg durchzukämpfen. Wer das tut, wird erleben, dass der Herr ihn dabei mächtig unterstützt.

Dieser Selbsthass wurzelt tief, und die Wurzel ist, wie manche sagen, in Hollywood gewachsen. Doch bleibt das meiner Meinung nach zu sehr an der Oberfläche. Es hat mit Fragen der Identität zu tun, mit sexuellem Missbrauch, dürftigen Rollenvorbildern usw. – doch worin auch immer die Wurzel besteht, hinter dieser Epidemie stehen die Lügen des Feindes, und der Herr möchte da eingreifen. Er möchte gerade jetzt in Ihre Welt eintreten und Sie durch die Kraft des Zeugnisses freisetzen.

Für diejenigen von Ihnen, die unter der Macht dieser Lüge des Selbsthasses leben – der Lüge, Ihr Körper sei hässlich und nicht begehrenswert und Sie müssten sich schämen, sich nackt zu zeigen –, ist es an der Zeit, sich die Perspektive des Himmels zu eigen zu machen. Es wird Zeit, dass Sie sich gegen das Übel auflehnen, sich selbst durch die Brille der feindlichen Lügen zu sehen. Es wird Zeit, dass Sie sich so sehen, wie Gott Sie sieht!

Wenn Sie die nächste Geschichte lesen – die Geschichte vom Sieg einer Frau über die Lügen „Ich hasse meinen Körper" und „Ich möchte mich vor meinem Mann nicht nackt zeigen" –, wünschen wir uns, dass Sie Gottes Kraft empfangen und seine Fähigkeit erleben, Ihr Denken, Ihren Willen und Ihre Gefühle zu heilen und wiederherzustellen. Empfangen Sie es für sich selbst!

Mit neuen Augen sehen

An einem unserer Workshops nahm eine wunderschöne, perfekt proportionierte, einfach nur umwerfende Frau teil. Sie hatte ihr ganzes Leben hindurch verheerende Angriffe erlebt, darunter vor allem den Verlust der Mutter und des Bruders durch Suizid. Die meiste Zeit ihres Lebens dachte sie, wenn sie sich vor den Spiegel stellte: „Du bist eine fette Sau" oder: „Deine Beine sind dermaßen hässlich!", und diese Gedanken wurden ihr jedes Mal zur Anklage, zum Fluch und zur Selbstverdammung.

Während des Workshops fühlten wir uns vom Herrn geleitet, für sämtliche Teilnehmer um Gottesbegegnungen zu beten. Tags darauf kam diese kostbare Frau wieder und erzählte uns folgende Geschichte: In der Nacht hatte sie der Herr um vier Uhr geweckt. Zuerst kämpfte sie dagegen an, denn vier Uhr war schrecklich früh, aber der Herr ließ nicht locker, also quälte sie sich schließlich aus dem Bett. Auf dem Weg ins Wohnzimmer griff sie noch nach ihrem Tagebuch und war irgendwie plötzlich vollkommen wach. Dann kam ihr der Gedanke: *Das ist jetzt meine Begegnung mit dem Herrn,* und sie war ziemlich gespannt darauf, was der Herr wohl für sie vorbereitet hatte.

Sie setzte sich mit dem Stift in der Hand hin, bereit, alles aufzuschreiben, was der Herr ihr mitteilen würde. Als sie sich gerade fragen wollte, wie lange sie wohl warten müsse, fing es an. Eine Schwere legte sich auf sie und sie sank völlig entspannt in ihr Sofa, lehnte sich zurück und legte den Kopf auf ein Kissen. Überraschenderweise schlief sie nicht ein, sondern sah sich auf der Stelle in einer Vision.

In der Vision sah sie Jesus an ihr Sofa treten und sich direkt vor sie stellen. Er beugte sich herab und riss ihr schmerzlos die Augäpfel heraus. Als wäre das noch nicht ungewöhnlich genug, entfernte er auch seine eigenen Augäpfel. Dann pflanzte er seine Augäpfel in ihre Augenhöhlen ein und sagte: „So, jetzt wirst du dich sehen, wie ich dich sehe." Damit endete die Vision. Sie stand vom Sofa auf, ging in ihr Schlafzimmer zurück und schlief wieder ein.

Als sie am nächsten Morgen am Spiegel vorbeikam, hielt sie inne, starrte sich verblüfft an und dachte: *Das bin ich? WOW! Ich sehe ja echt heiß aus!* Sie sah weiterhin ihr Spiegelbild an und dachte wieder: *„Das sind wirklich tolle Beine! Ich denke, ich werde sie behalten."*

Durch die eine Begegnung mit ihm hatte der Herr ihre Körperwahrnehmung dramatisch verändert. Zum ersten Mal sah sie sich so, wie er sie sah. Der Herr setzte wahrlich in die Tat um, was er ihr in dem Traum gezeigt hatte. Von diesem Moment an konnte sie sich endlich als die schöne Frau sehen, als die er sie erschaffen hatte. Nach vierzig Jahren war die Lüge durchbrochen!

Ihr Mann stand auf und bezeugte, dass sie den besten Sex ihres Lebens hatten, seit der Herr ihre körperliche Selbstwahrnehmung aus der Himmelsperspektive zurechtgerückt hatte und sie den Heiligen Geist eingeladen hatten, an ihren intimen Momenten Anteil zu nehmen. Hurra, Gott! Du bist so sehr um uns besorgt! Dir ist es wichtig, wie wir uns selbst sehen, und du nimmst „den Weg der Mühsal" weg, sodass wir uns einander unbeschwert hingeben können – unseren Körper und unsere Liebe! *„Und sieh, ob ein Weg der Mühsal bei mir ist, und leite mich auf dem ewigen Weg!"* (Ps. 139,24).

Die Macht der Lügen durchbrechen

Jetzt haben *Sie* die Gelegenheit, sich von den niederschmetternden Lügen „Ich hasse meinen Körper" und „Ich will mich vor meinem Partner nicht nackt zeigen" zu befreien. Wenn wir das folgende Gebet mit ihnen gesprochen haben, haben wir sehr viele Menschen zur Freiheit durchbrechen sehen. Wenn Sie und Ihr Partner von diesen falschen Sichtweisen loskommen möchten, dann sprechen Sie einander abwechselnd folgendes Gebet vor:

> *Himmlischer Vater, ich nagle die Lüge ans Kreuz Jesu, die da lautet: „Ich hasse den Leib, den du mir gegeben hast" und: „Ich möchte vor meinem Partner nicht nackt sein." Ich breche im Namen Jesu jede Übereinkunft, die ich mit diesen Lügen getroffen habe, sei es bewusst oder unbewusst. Ich wende mich davon ab, auf diese Lügen zu hören. Herr Jesus, mach mir bitte alle Schwüre bewusst, die ich in Verbindung mit diesen Lügen ausgesprochen habe.*

Innere Schwüre

Ein innerer Schwur ist etwas, auf das Sie sich nicht nur eingelassen haben, sondern das in Ihrem Leben zu einem bindenden Gesetz geworden ist. Sie können sich wissentlich oder unwissentlich auf einen solchen Schwur eingelassen haben – bitten Sie den Heiligen Geist, Ihnen sämtliche Schwüre bewusst zu machen.

Hier ein Beispiel dazu: Ich kenne eine Frau, die im Alter von 15 Jahren in der Küche stand und aus bestimmten Gründen sagte: „Ich will niemals Kinder haben!" Sie wuchs heran, heiratete und wollte gerne schwanger werden, aber jahrelang klappte es nicht. Als sie in dieser Sache den Herrn suchte, erinnerte er sie daran, was sie mit 15 ausgesprochen hatte. Mit dieser Offenbarung versehen, brach sie die Macht des Schwures (genau so, wie Sie es mit den Lügen in Sachen Hass auf den eigenen Körper tun werden) und wurde schwanger!

Unsere Worte können Bindungswirkung haben: „Tod und Leben sind in der Gewalt der Zunge" (Spr 18,21a).

Falls der Herr Ihnen irgendwelche Schwüre zeigt, die Sie für sich angenommen haben, beten Sie wie folgt:

Ich nagle den Schwur .... ans Kreuz Jesu.

Im Namen Jesu breche ich jegliche Übereinkunft, die ich mit diesem Schwur eingegangen bin.

Vater, schicke diesen Schwur und all seine Auswirkungen auf mein Leben jetzt von mir weg – in Jesu Namen.

(Eventuell müssen Sie das mehrmals durchgehen, falls der Herr Ihnen mehrere Schwüre offenbart. Lassen Sie sich dabei Zeit; dies ist eine wichtige Angelegenheit.) Wenn Sie mit den Schwüren fertig sind, können Sie mit den Lügen weitermachen.

Vater, ebenso bitte ich dich, dass du die Lügen „Ich hasse meinen Körper" und „Ich möchte mich vor meinem Partner nicht nackt zeigen" jetzt von mir wegschickst.

Und wenn du diese Lüge von mir wegschickst, was möchtest du mich darüber wissen lassen, wie du meinen Körper siehst? (Halten Sie inne und hören Sie auf den Herrn; dies ist ein sehr wichtiger Schritt.)

Schreiben Sie alles auf, was der Herr Ihnen gibt. (Er kann durch ein Bild, einen Gedanken oder ein Gefühl zu Ihnen reden.)

Danke, Herr Jesus. Ich nehme dein Wort über mich an.

Übung

(Legen Sie Musik auf, die Sie in Gottes Gegenwart führt.) Nehmen Sie sich nun etwas Zeit, um Ihre Antworten auf die beiden folgenden Fragen aufzuschreiben, und teilen Sie einander Ihre Antworten mit.

1. Was gefällt Ihnen an Ihrer sexuellen Beziehung am besten?
2. In welchen Bereichen Ihrer sexuellen Beziehung würden Sie sich gern vom Herrn zum Wachstum verhelfen lassen? (Bitte passen Sie auf, hier nur für sich selbst, nicht für Ihren Partner zu antworten.)
3. Bitte nehmen Sie sich gleich jetzt Zeit, um die Bereiche Ihrer sexuellen Beziehung durchzubeten, in denen Sie sich die Hilfe Gottes wünschen, um zu wachsen.

Zur Erinnerung: Falls Ihnen das laute Beten in Gegenwart Ihres Ehepartners Mühe macht, halten Sie es einfach. Sagen Sie Gott abwechselnd kurze Sätze im Blick auf die Dinge, in denen Sie sich seine Hilfe wünschen. Und dann proklamieren Sie laut – mit wenigen kurzen Sätzen –, was er tun möchte, um Ihnen weiterzuhelfen. Lassen Sie dem Heiligen Geist Zeit, Ihnen Gottes Gedanken einzugeben. Sie werden staunen, was dabei herauskommt, wenn Sie in Partnerschaft mit ihm beten. Beten ist nichts anderes als Reden mit Gott.

Herr, lass sie Freiheit und Ermutigung spüren, wenn sie sich bemühen, dies gemeinsam umzusetzen!

Ein Ruf, aktiv zu werden

Seit der Herr uns so viel zum Thema des sexuellen Einsseins gezeigt hat, wissen wir ohne den Schatten eines Zweifels, dass wir uns aufmachen, unseren Glauben aktivieren und dem Herrn die Gelegenheit geben sollten, uns alles zu offenbaren, was er uns in diesem Bereich zugedacht hat. Jakobus 2,17 sagt uns: *„So ist auch der Glaube, wenn er keine Werke hat, in sich selbst tot."* Also begann ich, den Herrn zu fragen, wie es praktisch aussehen solle, all diese neuen Erkenntnisse in die Tat umzusetzen. Damals wurde meine Aufmerksamkeit auf einen Artikel über ein kürzlich erschienenes Buch mit dem Titel „Tu's einfach" gelenkt[1], die Geschichte eines Paares, das sich entschloss, 101 Tage lang täglich Sex zu haben. Ja, das machten sie tatsächlich, und sie überlebten es und konnten ihr Buch schreiben, und sind, soweit wir wissen, nach wie vor am Leben!

Wir hielten das für eine tolle Sache für den LAM-Workshop. „Jetzt möchten wir also, dass Sie 101 Tage lang ..." – *Nur Spaß!* Hier ein paar Zitate aus dem Artikel über Doug und Annie Browns Experiment in Sachen sexueller Intimität: „Sie kamen sich nicht mehr wie Mitbewohner, Eltern oder Partner vor, sie fühlten sich mehr als Liebende." Annie sagt: „So viel Sex zu haben, gab mir das Gefühl, bejaht und gewollt zu sein, und das körperliche Wohlgefühl erfasste auch meine emotionale und mentale Befindlichkeit." Doug sagt: „Nach diesem Experiment fühlte ich mich meiner Frau näher ... Ich achtete nicht mehr so angespannt darauf, es beim Sex auch ja zu ‚schaffen'. Obendrein fühlte ich mich offener, begeisterungsfähiger – *und* wir stritten weniger."

Das sind wirklich interessante Ergebnisse, nicht wahr?

Während ich noch über diese Geschichte nachdachte, öffnete mir der Herr die Tür zum Gespräch mit einer Frau, die ich kannte. Sie gab sich viel Mühe, die sexuelle Beziehung zu ihrem Mann zu verbessern. Eines Tages sagte ihr der Herr: „Ich will, dass du eine Woche lang jeden Tag Sex mit deinem Mann hast. Ich will, dass die Initiative von dir ausgeht, und du sollst ihm nicht erzählen, dass ich es war, der dir dies gesagt hat."

Sie tat, was der Herr ihr gesagt hatte, und erntete ein paar wunderbare Ergebnisse. Sie fühlte sich ihrem Mann näher, beide kümmerten sich mehr umeinander und hatten mehr Spaß am anderen. *Hm, sehr interessant,* dachte ich.

Während ich weiter darüber nachdachte, was wir vom Herrn aus tun sollten, ließ er mich im Internet auf ein weiteres Beispiel stoßen. *Fox News* brachte Interviews mit Mitgliedern einer Kirchengemeinde in Texas, die vor Kurzem eine siebentägige „Sex-Herausforderung" hinter sich gebracht hatten. (Die Sieben steht in der Bibel für Vollkommenheit bzw. Vollendung.) Beim Anhören

[1] Douglas Brown, *Just Do It: How One Couple Turned off the TV and Turned on Their Sex Lives for 101 Days (No Excuses!)*, New York 2008.

dieser Interviews kam mir ein höchst interessantes Faktum zu Ohren. *Sämtliche* Interviewten verspürten größere Nähe in ihren Paarbeziehungen, achteten mehr aufeinander, gingen freundlicher miteinander um und dachten mehr an ihre Ehepartner. Ein Mann aus dieser Gemeinde in Texas gab sein Zeugnis weiter und sagte, viele Jahre zuvor habe er eine Affäre gehabt, seine Frau und er hätten sich aber glücklicherweise entschieden zusammenzubleiben. Zwar hatten sie einen großen Teil des Schadens aufgearbeitet, der entstanden war, aber er habe sich nie selbst vergeben können. An jedem Tag der Sex-Herausforderung fühlte er, wie seine Scham abnahm, um am siebten Tag vollkommen davon befreit zu sein!

Ihre Sex-Herausforderung

„Das ist es!", sagten wir. „Wir machen eine ‚Sieben-Tage-Sex-Herausforderung' für unseren Workshop!" Also, liebes Ehepaar, das ist genau die Gelegenheit, die wir Ihnen geben möchten. Wir möchten, dass Sie beide und der Heilige Geist für einen Zeitraum von sieben Tagen exakt festlegen, worin Ihre Sex-Herausforderung bestehen soll. Vielleicht haben Sie seit fünf Jahren keinen Sex miteinander gehabt (das hören wir in unseren Workshops gar nicht selten) – dann wird es für Sie schon eine Herausforderung sein, einmal in diesen sieben Tagen miteinander zu schlafen. Womöglich leitet der Herr Sie aber auch, sich an drei, sechs oder allen sieben Tagen körperlich zu lieben. Wir hatten einmal mit einem Paar zu tun, das seit einer ganzen Weile keinen Sex gehabt hatte. Ihre Herausforderung bestand darin, einfach an sieben aufeinanderfolgenden Tagen zusammenzusein und zu kuscheln. Und ich muss Ihnen sagen, zwischen den beiden geschah weit mehr als nur Kuscheln! Ihr vollständiges Zeugnis können Sie auf unserer Homepage nachlesen.[2] Es ist wirklich wunderbar.

Übung

1. Wir möchten, dass Sie sich gerade jetzt etwas Zeit nehmen, um miteinander zu reden und auf den Heiligen Geist zu hören,

[2] Siehe www.loveaftermarriage.org.

nachdem Sie ihn gefragt haben, worin Ihre Sex-Herausforderung bestehen sollte.

2. Entscheiden Sie, wie Ihre Sex-Herausforderung genau aussehen soll. Wie viel Zeit Sie dafür auch immer verwenden wollen – es ist in Ordnung, solange Sie beide einer Meinung sind und auf den Heiligen Geist hören.

Zeugnisse über Sex-Herausforderungen und mehr

Weiter vorne in diesem Buch habe ich von einem prophetischen Wort berichtet, das eine unserer Fürbitterinnen für Barry und mich hatte. Uns wurde gesagt, LAM werde nicht nur gute Information verbreiten, sondern wir würden durch unseren Dienst etwas Reales an Paare *weitergeben*. Nun, der Herr fing an, erstaunliche sexuelle Erfahrungen für Paare freizusetzen, nachdem wir ihnen unsere Geschichte erzählt hatten. Ich muss sagen, dass viele davon berichteten, wie sich der Heilige Geist bei der Liebe durch Magenkontraktionen manifestierte – das und viel, viel mehr! Die Manifestationen zeigen uns schlicht und einfach, dass der Heilige Geist zugegen ist, und unterstreichen die Bedeutung des sexuellen Einsseins. Doch auch viele Paare, die keine körperlichen Manifestationen des Heiligen Geistes erleben, erfreuen sich nichtsdestoweniger tieferer Erfüllung und Intimität, wenn sie ihn in ihre sexuelle Gemeinschaft einladen.

Es gibt so viele Zeugnisse von Paaren, die sich der Sieben-Tage-Herausforderung gestellt haben, dass wir sie nicht alle weitergeben können, aber ein paar möchte ich Ihnen doch präsentieren.

Eine junge Ehefrau hatte bei der Liebe immer starkes Herzklopfen gehabt. Der Arzt sagte, ihr Herz sei in Ordnung und es gebe keinen körperlichen Grund für ihre Beschwerden. Diese wundervolle junge Frau hatte erst kürzlich begonnen, sich in vielen Bereichen ihres Lebens mit Angst auseinanderzusetzen. Das Herzklopfen wurde durch Angst ausgelöst. Als sie sich während der Sex-Herausforderung ihrer Angst mutig entgegenstellte, hörte alles abnorme Herzklopfen auf und ist bis heute nicht wieder aufgetreten.

Mehrere Paare berichteten von Visionen und Offenbarungen während ihrer Orgasmen. Viele Frauen kamen nach vorne und ließen für sich beten, damit der Herr ihre Zyklen stoppte, wie er es bei mir getan hatte, und sie noch am selben Abend mit der Sex-Herausforderung beginnen konnten. Immer wieder mal sagte ich Kleingläubige ihnen, sie sollten doch warten, bis ihre Periode vorbei sei, und dann mit der Sex-Herausforderung anfangen. „Nein!", antworteten sie eisern. „Wir empfinden nachdrücklich, dass der Herr dies mit uns vorhat, und zwar heute Abend!" Wie sollte ich da widersprechen? Halbherzig, mit weniger als Senfkornglauben, betete ich: „Herr, segne sie und halte ihre Periode auf – im Namen Jesu. Amen." Jede Einzelne von ihnen kam am nächsten Morgen mit derselben verblüffenden Nachricht wieder: Der Herr hatte ihre Periode *völlig zum Stillstand gebracht!* Das, wonach ihre Herzen im Rahmen der Sex-Herausforderung verlangten, war dem Herrn so wichtig, dass es ihn bewog, ihren Menstruationszyklus zu unterbrechen.

Ein Mann hatte während seines gesamten Ehelebens nur unter Schmerzen mit seiner Frau schlafen können. Im Workshop empfingen er und seine Frau Durchbrüche in vielen Bereichen, aber nicht in diesem körperlich-sexuellen Punkt. Doch einerlei, ihre Zeit beim Workshop hatte sie so gepackt, dass sie sich entschlossen, LAM auch in ihrer Heimatgemeinde einzuführen. Sie machten sich daran, als Leiter den 18-Wochen-Workshop durchzuführen. Während jener Zeit gab der Herr dem Mann Träume, in denen er ihn wissen ließ, dass er geheilt werden würde. Als die Sieben-Tage-Sex-Herausforderung an der Reihe war, entschieden er, seine Frau und der Heilige Geist, siebenmal Sex zu haben. Der Herr heilte ihn auf wunderbare Weise, und er hatte an sieben Tagen absolut schmerzlosen Sex.

Paare, die seit Jahren verzweifelt versucht hatten, eine Schwangerschaft herbeizuführen, hatten während der Sex-Herausforderung endlich Erfolg. An einem unserer 18-Wochen-Workshops in der Bethel-Gemeinde nahmen mehrere schwangere Frauen teil. Vier von ihnen wussten, dass sie während ihrer Sieben-Tage-Sex-Herausforderung schwanger geworden waren.

Ein Mann brauchte Medikamente wegen Erektionsstörungen, hatte aber während der Sex-Herausforderung ohne Medikamente keine Probleme, mit seiner Frau zu schlafen.

Ein anderer Mann sehnte sich nach der Gabe der Zungenrede, die er nie empfangen hatte. Während der Sex-Herausforderung, mitten im Orgasmus, „im Augenblick der Wahrheit", wie er sagte, schenkte ihm der Herr seine Gebetssprache.

Einige der schönsten Zeugnisse, die wir gehört haben, kommen von den Hunderten von Paaren, die im Bett anhaltend emotionales, geistliches und sexuelles Einssein erfahren – etwas, das sie *nie zuvor* hatten. Das alles resultierte aus der Bereitwilligkeit, sich dem zu öffnen, was der Heilige Geist tut. Herr, du bist *so* gut!

Wir haben noch viele weitere wundervolle und inspirierende Zeugnisse von Paaren, was sie mit dem Herrn in ihrer geistlichen, emotionalen und sexuellen Beziehung erleben. Diese Zeugnisse können Sie auf unserer Homepage lesen oder hören.

Ehre sei dir, Vater! Sei gesegnet, Jesus! Danke, Heiliger Geist, dass du hier bist!

Last-Minute-Anweisungen

1. Diejenigen von Ihnen, die gerade von einer verdrehten körperlichen Selbstwahrnehmung frei geworden sind und sich jetzt auf ihre Sex-Herausforderung vorbereiten wollen, bitten wir nun, dass Sie ins Badezimmer gehen und sich nackt vor den Spiegel stellen. Wir segnen Ihren Geist, dass er die Oberhand hat, und fordern Ihre Seele und Ihren Leib auf, beiseite zu treten. Während Sie dies tun, bitten Sie den Heiligen Geist, zu kommen, mit Ihnen zu sein und Sie zu leiten, wenn Sie alle diejenigen Sexualorgane Ihres Körpers segnen, auf die der Herr Sie aufmerksam macht, und ebenso alle Körperteile, mit denen sich bei Ihnen negative Gefühle verbunden haben. Widmen Sie all diese herrlichen, von Gott erschaffenen Teile Ihres Körpers erneut dem Herrn und Ihrem Ehepartner.
2. Die nachstehende Übung gilt *allen* Ehepaaren, ob sie nun von verdrehter Körperwahrnehmung betroffen waren oder nicht. Stellen Sie sich nackt voreinander hin. Segnen Sie abwechselnd Ihre Körper, sowohl die erogenen als auch nichterogenen Zonen, so wie der Herr Sie leitet. Dieser Übung wohnt etwas inne, das die Kraft hat, Schamgefühle zu durchbrechen! Versuchen

Sie einander in die Augen zu schauen, während Sie die Körperteile des anderen segnen: „......................... [Name], im Namen Jesu segne ich deine Schenkel, ich segne dein Gesicht, ich segne deine Brüste ..." oder auch: „Ich segne deinen Penis, ich segne deinen Bauch, ich segne deine Augen ..." Lassen Sie sich vom Herrn leiten – er wird Ihnen sagen, welche Körperteile des Segens bedürfen. Vielleicht werden Sie überrascht sein!

3. In den Zeiten, die Sie während dieser Woche im Rahmen der Sex-Herausforderung dafür reserviert haben, einander sexuell zu begegnen, sollten Sie alles Vergangene, alle eingefahrenen Denk- und Verhaltensmuster beiseite lassen, die Sie bisher bestimmt haben und die nicht dem entsprechen, was Gott für Sie bereit hat. (Vielleicht müssen Sie in einigen Punkten sogar das *1-2-3-UND-WEG-DAMIT*-Werkzeug anwenden.) Laden Sie den Heiligen Geist ein zu kommen und in dieser Zeit bei Ihnen zu sein, damit es eine dem Herrn geweihte Zeit wird. Vergessen Sie nicht, dies ist Anbetung, und er möchte nur allzu gern in Ihrer Mitte sein!

Gebet

Wir segnen Ihren Geist, dass er in der Oberhand bleibt und Ihren Körper und Ihre Seele in der Zeit leitet, in der Sie miteinander schlafen. Wir segnen Sie mit allem, was uns der Herr in den Bereichen Verletzlichkeit, Freiheit, Kreativität und Genuss geschenkt hat. Jesus, setze die Fülle dessen frei, was du in diesem Bereich für sie bereit hast! In deinem wunderbaren Namen. Amen.

Hausaufgaben

1. Geben Sie Ihrer Übereinkunft die Ehre und führen Sie Ihre Sex-Herausforderung dieser Woche zu Ende. Versäumen Sie nicht, den Heiligen Geist jedes Mal einzuladen, dass er dabeisein möge, wenn Sie sich lieben.
2. Führen Sie morgens und abends das *Segnen des Geistes* durch.
3. Machen Sie täglich die Übung *Von Angesicht zu Angesicht*.

4. Stellen Sie sich darauf ein, die „Werkzeuge" zu benutzen, um alles überwinden zu können, was sich in dieser Woche gegen Sie stellen will.
5. Lesen und besprechen Sie die nachfolgenden gesunden Einstellungen in Sachen Sex:
   - Lernen Sie, dass es in Ordnung ist, sich sexuell aneinander zu erfreuen.
   - Machen Sie sich keine Gedanken darüber, ob Sie jedes Mal zum Höhepunkt (Orgasmus) kommen oder nicht.
   - Genießen Sie einfach den Körper Ihres Partners.
   - Denken Sie mehr daran, zu geben als zu nehmen. Reden Sie miteinander darüber, was sich für den anderen gut anfühlt, damit Sie wissen, wie Sie einander beschenken können.
   - Sehen Sie Sex als eine Möglichkeit, Ihrem Partner Ihre Liebe zum Ausdruck zu bringen.
   - Stellen Sie sich auf die sexuelle Begegnung ein, indem Sie jeglichen Ärger, Groll, jede Bitterkeit, jedes Gekränktsein und alle sonstigen negativen Gefühle aus Ihrem Leben und Ihrer Ehe heraushalten.
   - Lassen Sie nicht zu, dass Mutlosigkeit oder Leistungsdruck Ihnen die Intimität rauben. Hören Sie nicht auf zu reden, zu beten und den Heiligen Geist zu bitten, dass er Ihnen helfe, jegliche Hindernisse zu überwinden.
   - Bereiten Sie sich auf den Sex vor, indem Sie auch außerhalb des Schlafzimmers gute Zeiten miteinander verbringen.

Notizen

Kapitel 15

Gott spricht mit uns über Sex

Ein dringendes Anliegen auf dem Herzen Gottes für unsere Zeit ist, dass wir das Gebiet des Sexuellen für sein Reich zurückerobern. Sexualität wird in gottloser Weise per Fernsehen und Internet, in der Werbung, in Zeitschriften, auf Plakaten, in Zeitungen und Filmen zur Schau gestellt. Leichter als je zuvor in der Geschichte sind unmoralische sexuelle Darstellungen greifbar. Wir benötigen sogar spezielle Programme auf unseren Computern, um unerwünschte pornografische Bilder daran zu hindern, plötzlich auf dem Bildschirm zu erscheinen. Gott möchte nicht, dass wir uns vor unserer Sexualität fürchten oder sie verleugnen. Sein Wunsch ist dagegen, dass wir unsere Sexualität verstehen. Und indem wir sie verstehen, ehren wir ihn auf eine Weise, die es uns erlaubt, all die mächtigen Segnungen zu genießen, die er für uns in diesen gottgewollten heiligen Akt hineingelegt hat.

Für Lori und mich war es eine Überraschung Gottes, wie unglaublich oft er durch Träume und geistliche Erfahrungen in Sachen Sexualität zu uns geredet hat. 1995 haben Lori und ich einen gemeinsamen Bund vor Gott geschlossen. In diesem Bund weihten wir Gott alles, was wir waren und besaßen, dass er es für sein Ziele und Pläne gebrauchen konnte. Das Erste, das wir weihten, waren unsere *„Leiber ... als ein lebendiges, heiliges, Gott wohlgefälliges Opfer“* (Röm 12,1). Wir hatten keine Ahnung, was Gott alles mit dieser Aussage bewirken wollte. Er ließ nicht ab, unsere sexuelle Beziehung zu verändern, und forderte uns dann auf, diese sehr persönlichen Erfahrungen mit aller Welt zu teilen. Auch wenn wir in den LAM-Workshops stark betont haben, wie wichtig es ist, sich verletzlich zu machen, war das Sexuelle für uns einer der allerverletzlichsten Bereiche, und es war nicht leicht, andere da hineinschauen zu lassen. Aber es gibt keinen besseren Weg, zur Verletzlichkeit zu ermutigen, als wenn man sie vorlebt.

Als wir im Jahre 2008 unseren ersten LAM-Workshop abschlossen, gab mir der Herr binnen fünf Wochen vier Träume bzw. Erfahrungen, die mit Sexualität zu tun hatten. Alle vier können Sie in den folgenden Abschnitten nachlesen, ergänzt um eine Erläuterung dessen, was uns der Herr dadurch mitteilte. Wir nehmen diese Erfahrungen als direkte Mitteilungen Gottes ernst. Wenn der Herr redet, setzt er auch Kraft frei, um seine Worte in die Tat umzusetzen.

Erster Tagebuch-Eintrag

Die erste Erfahrung machten wir am Morgen unserer letzten LAM-Sitzung, einem Sonntag. An jenem Morgen schrieb ich Folgendes in mein Tagebuch:

> Als Lori und ich heute morgen, am 14. Dezember 2008, nach dem Erwachen zusammen im Bett lagen, spürte ich kein sexuelles Verlangen. Ich war weder sauer auf Lori noch sonst wie nicht im Reinen mit ihr. Ich hatte weder Sorgen, noch war ich abgelenkt. Ich hatte einfach kein sexuelles Verlangen, was an und für sich nicht ungewöhnlich ist. Aber jetzt wird es komisch. Lori fing an, mich sexuell zu berühren, und ich fühlte absolut nichts. Zum ersten Mal nach Jahren hatte ich nicht meine üblichen „Bauchkontraktionen“, und zum ersten Mal in meinem ganzen Leben reagierte mein Körper nicht mit sexueller Erregung. Ich kriegte Angst; es kam mir vor, als wäre etwas in mir zerbrochen. Dann, nach ein paar Minuten, spürte ich plötzlich zwei kleine Kontraktionen in meinem Bauch, und eine Welle sexueller Gefühle überrollte mich. Überrascht von dem, was da mit mir passierte, rief ich laut: „Wow!“ Dann erzählte mir Lori, sie habe unmittelbar vor den Magenkontraktionen leise gebetet:

„Heiliger Geist, wo bist du?" Es war, als wäre etwas erst aus- und dann wieder eingeschaltet worden – Letzteres in dem Augenblick, in dem sie den Heiligen Geist fragte, wo er denn sei. Schließlich schliefen wir miteinander. Der Heilige Geist war zugegen, und alles funktionierte wie immer.

In dieser Erfahrung entdeckten wir mehrere wichtige Botschaften vom Herrn:

1. Gott möchte in unsere sexuelle Beziehung eingeladen sein. Er möchte in jeden Bereich unseres Lebens intim involviert sein. Wir sind dafür verantwortlich, ihn willkommen zu heißen, damit unsere intime körperliche Verbundenheit durch sein Dabeisein gesegnet werden kann.
2. Gott wird weder durch unsere Nacktheit noch durch unsere Leidenschaft beschämt. Er hat es sich ausgedacht, uns mit Verlangen nach sexuellem Genuss auszustatten.
3. Sexuelles Vergnügen ist eine Gabe Gottes für alle Ehen.
4. Auch wenn unser Körper sexuell gut funktionieren mag, sind wir doch von Gott abhängig, dass er auch weiter funktioniert, genauso wie wir für unseren nächsten Atemzug, unser Sehvermögen oder unsere Fähigkeit zu gehen auf ihn angewiesen sind. Es ist wichtig, dankbar zu sein und anzuerkennen, was für ein Segen es ist, wenn in der Sexualität bei uns alles gut funktioniert.

Zweiter Tagebuch-Eintrag

Dieser Eintrag in mein Tagebuch stammt aus der ersten Januarwoche 2009.

Ich träumte davon, dass ich Lori sexuell berührte und zum Orgasmus brachte. Im Traum wollte ich, dass sie dasselbe mit mir machte, also mich mit der Hand zum Orgasmus brachte. Ich war mir aber nicht sicher, ob das Gott gefallen würde oder nicht. Der Traum ging so weiter, dass ich Lori küsste und am ganzen Körper berührte. Sie sagte dabei, Gott habe all diese sexuellen Handlungen innerhalb der Ehe „rein" gemacht.

Ich erwachte und erzählte Lori den Traum. Damals hatte sie eine Harnwegsinfektion, sodass wir nicht normal miteinander schlafen konnten; also ließ sie meinen Traum wahr werden.

Aus diesem Traum schlussfolgerten wir, Gott wolle sagen, er gebe uns die Freiheit, innerhalb des Ehebundes kreative Wege zu finden, auf denen wir uns gegenseitig sexuelles Vergnügen bereiten konnten. Er liebt Kreativität und möchte, dass wir in der körperlichen Liebe miteinander kreativ sind.

Ich werde hier nicht auflisten, was „sauber" ist und was nicht. In diesen Dingen müssen wir alle als Paare gemeinsam vor dem Herrn entscheiden. Allesamt besitzen wir einen eingebauten Maßstab, der uns zeigt, was die rote Linie zwischen Rein und Unrein überschreitet. Beispielsweise darf es nicht der sexuellen Stimulation in der Ehe dienen, Pornografie oder Phantasien heranzuziehen, in denen dritte Personen vorkommen. Wenn Sie sich einander hingeben und mit Ihrem Ehepartner schlafen, müssen Sie Gott vertrauen, dass er Ihnen helfen wird, in Ihrer Ehe geistliche, emotionale und sexuelle Erfüllung zu finden.

Dritter Tagebuch-Eintrag

Die dritte Notiz bezieht sich auf einen Traum, den ich etwa eine Woche später, am 13. Januar 2009, hatte.

> Ich träumte, dass ich mit Lori im Bett lag und zärtlich mit ihr war. Ich küsste ihre Brüste, und sie sagte mir, sie seien empfindlich und ich müsse sehr zart sein. Als Nächstes drehte ich mich um und sah, dass unsere Schlafzimmertür offenstand und ein kleines Kind im Pyjama und mit einer weißen Schlafbrille ins Zimmer kam. Die Schlafbrille hinderte das Kind daran, etwas zu sehen. Im Traum kam mir der Text aus Sprüche 5,18-20 in den Sinn: „Deine Quelle sei gesegnet, und freue dich an der Frau deiner Jugendzeit, am lieblichen Reh und der anmutigen Gemse. Ihre Brüste sollen dich allezeit trunken machen, an ihrer Liebe sollst du dich immer berauschen. Warum, mein Sohn, willst du dich an einer anderen berauschen und den Busen einer Fremden umarmen?"

Im ersten Teil schien der Traum eine Botschaft an uns Männer zu sein, beim Sex zartfühlend und rücksichtsvoll mit unseren Frauen umzugehen. Es gibt einen Unterschied zwischen Leidenschaft und Aggressivität bzw. der Ausübung von Zwang. Männer müssen lernen, leidenschaftlich zu sein und dabei zart und liebevoll zu bleiben.

Zweitens schien das kleine Kind, das ins Schlafzimmer kam und unser Enkel hätte sein können, dafür zu stehen, wie wichtig es ist, dass Eltern ihren Kindern und Enkeln Gott wohlgefällige Einstellungen zur Sexualität weitergeben. Dass das Kind eine „weiße" Schlafmaske trug – weiß ist das Symbol für Reinheit –, war ein Bild auf die Bedeutung von Schutz und Reinheit, wie wir sie unseren Kindern und Enkeln gewähren müssen. Die Augen des Kindes waren davor geschützt, in unangemessener Weise sexuellen Eindrücken ausgesetzt zu werden.

Kinder müssen vor unreinen Einstellungen in Sachen Sexualität geschützt werden. Unreine Einstellungen können aus ungezügelter sexueller Freiheit erwachsen, aber auch aus religiösen Haltungen, die sexuelle Gefühle mit Scham und Schuld koppeln. Wenn wir mit unseren Kindern reden, müssen wir sexuelle Gefühle als gottgegeben respektieren, während wir sie zugleich gottgemäße Selbstbeherrschung lehren, damit sie ihr Verhalten unter Kontrolle haben. Schließlich illustrieren die Verse aus Sprüche 5, an die ich dachte, wie Gott von Eltern möchte, dass sie seine eigenen Worte und Haltungen in Bezug auf reine, leidenschaftliche Sexualität in der Ehe ohne Scham und peinliche Empfindungen weitervererben.

Vierter Tagebuch-Eintrag

Die allerwichtigste dieser Begegnungen mit dem Herrn ereignete sich in der Nacht von Sonnabend auf Sonntag im Januar, ehe wir unseren zweiten LAM-Workshop starteten. Damals schrieb ich Folgendes:

> Am Samstagabend, dem 17. Januar 2009, dem Vorabend unseres zweiten LAM-Workshops in der Bethel-Gemeinde, sahen Lori und ich uns „Der Prinz von Ägypten", einen meiner Lieblingsfilme an. Bald nach Beginn des Films schlief Lori (wie so häufig)

ein. Während des ganzen Films redete ich voll Ehrfurcht mit dem Herrn darüber, was er durch einen einzigen Mann, Mose, sowie dadurch getan hatte, dass er ein ganzes Volk mittels Zeichen und Wundern rettete.

Während der dramatischen Szene, in der Gott aus dem brennenden Busch zu Mose redet und sagt: „Mit diesem Stab wirst du meine Wunder vollbringen!", zogen sich urplötzlich meine Bauchmuskeln zusammen. Das verblüffte mich total, weil der Heilige Geist dies üblicherweise tut, während Lori und ich miteinander schlafen oder der Herr mich aus einem Traum aufwachen lässt. Überrascht fragte ich den Herrn: „Was willst du mir sagen? Was willst du mir zeigen?"

Ich hörte nichts vom Herrn, also fing ich an zu beten und sagte dem Herrn, ich wolle mir meiner Lebensberufung ebenso sicher sein „wie Mose, als du zu ihm sprachst". Ferner sagte ich ihm wiederholt, ich wolle darauf eingestellt sein, all die „Wunder" zu vollbringen, die Gott für mein Leben vorgesehen hatte. Den ganzen Film hindurch hörte ich nicht auf zu beten und die ehrfurchtgebietende Gegenwart Gottes zu genießen. Als Lori gegen Ende des Films aufwachte, sagte sie als Allererstes: „Wow! Ich spüre total die Gegenwart Gottes in diesem Zimmer!"

Wir gingen zu Bett und ich schlief mit dem immergleichen, wiederholten Gebet ein: „Herr, ich möchte wissen, dass ich in meiner Berufung bin, genau wie Mose es wusste, und ich möchte all die Wunder tun, die du für mein Leben vorgesehen hast."

Morgens um 5.38 Uhr zogen sich meine Bauchmuskeln zusammen und ich wachte aus einem Traum auf. In dem Traum hatte ich mit Lori geschlafen. Verwirrt fragte ich den Herrn noch einmal: „Was willst du mir sagen?" Da hatte ich den Eindruck, der Herr sage: „Ich beantworte deine Gebete von gestern Abend." Ich blickte immer noch nicht durch, dachte weiter nach und lauschte. Da spürte ich, wie der Herr sagte: „Genau das habe ich dir gesagt, als ich während des Films deine Bauchmuskeln zusammenzog."

Und er fuhr fort: „Deine Berufung ist, meine Liebe und alles, was ich dich und Lori gelehrt habe, an Menschen weiterzugeben, damit ihre Ehen geheilt werden. Eine Ehe zu heilen ist für mich genauso wunderbar wie die Heilung eines Blinden und sogar die Teilung des Roten Meeres. Schließlich bin ich derjenige, der das alles tut. Ich brauche nur bereitwillige Diener, die tun, um was ich sie bitte. Mose folgte meinem Ruf, und ich gebrauchte ihn, um durch Zeichen und Wunder ein Volk zu befreien. Wenn du mir in Treue folgst, rüste ich dich aus, um Ehen zu heilen. Solange du tust, wozu ich dich berufen habe, tust du das *Wunderbarste,* das in deinem Leben möglich ist."

Welch großes Wort vom Herrn für Lori und mich! Er bestätigte unsere Berufung und betonte ihre Bedeutung. Wir gehen diesen Dienst in der kühnen Zuversicht an, dass es der tiefe Wunsch des Herrn ist, Ehen zu heilen. Der LAM-Dienst ist sein Dienst. Er hat seinen Wunsch, Ehen wiederherzustellen, in unsere Herzen gelegt. Wir müssen seine willigen Diener bleiben und dem Wort gehorchen, das er über uns ausgesprochen hat.

In meinem Tagebuch notierte ich mir die genaue Zeit meines Aufwachens aus dem Traum: 5.38 Uhr. Ich spürte, dass an dieser Zahl etwas Bedeutsames war, konnte aber nicht herausfinden, was. Etwa ein Jahr später schaute eine Frau eine DVD an, auf der ich diese Botschaft lehrte. Als ich die Zeit, 5.38 Uhr, erwähnte, hörte sie in ihrem Inneren auf der Stelle: „Lukas 5,38." In diesem Vers ist Jesu Wort wiedergegeben: *„... jungen Wein füllt man in neue Schläuche."* Ich empfinde, der Herr sagt, der „neue Schlauch" ist eine Eheseelsorge-Bewegung, in der es um Verletzbarkeit und Transparenz in der Liebe geht – um die Wahrheit in der Liebe. Das ist keine neue Idee, aber Gott beruft Ehemänner und -frauen dazu, was sein Reich angeht, auf einer höheren Ebene wirksam zu sein. Nur zu gern geht er auf jedes Paar ein, das es wagt, seinen Wegen zu trauen, unter der ermächtigenden Gegenwart seines Heiligen Geistes.

Gott redet

Gott hat sich Sex als einen tiefgreifenden körperlichen Akt der Liebe, Offenheit und Verletzlichkeit gedacht, in dem sich ein noch tieferes geistliches Geheimnis widerspiegelt: dass zwei Menschen ein Fleisch werden. Gott fordert uns dazu heraus, in unseren Ehen in Wahrheit und Gnade zu leben. Er wünscht sich von uns, dass wir in der Liebe echt sind: geistlich, emotional und sexuell. Gott spricht mit uns über Sex – und da er nicht schweigt, schweigen auch wir nicht.

Hausaufgaben

1. Massieren Sie einander kräftig Nacken und Rücken. Während Sie Ihren Ehepartner massieren, sprechen Sie seinem Geist so viele Segnungen zu, wie der Heilige Geist Ihnen in den Sinn kommen lässt. Zum Beispiel: „Ich segne dich, dass du erkennst, wie sehr der Vater dich mag." „Ich segne dich, dass du deinen Weg voll Vertrauen gehen kannst." „Ich segne dich mit Ruhe im Sturm" usw.
2. Gehen Sie betend miteinander spazieren.
3. Führen Sie jeder zweimal die Hörübung durch.
4. Reservieren Sie diese Woche bewusst dreimal Zeit für körperliche Nähe.
   - Setzen Sie sich dicht zueinander hin und berühren Sie sich gegenseitig.
   - Umarmen Sie sich.
   - Setzen Sie sich dicht zueinander hin und verschränken Sie Ihre Beine ineinander.
   - Kuscheln Sie sich im Bett aneinander.
   - Halten Sie sich bei den Händen, während Sie miteinander sprechen.
5. Vergessen Sie nicht, falls erforderlich oder hilfreich, die Methoden und Werkzeuge anzuwenden, die wir weiter vorne in diesem Buch vorgestellt haben.

Notizen

KAPITEL 16

Gottgegebene Unterschiede in der Sexualität

Seit den 1960er Jahren hat unsere Kultur sich gegen eine Gesellschaftsordnung gewandt, die auf der Dominanz der Männer aufgebaut war. 1966 beobachtete ich (Barry) im Alter von 13 Jahren, wie sich die Jugend unseres Landes weitgehend der freien Liebe, dem freien Sex und dem freien Drogenkonsum hingab. Frauen verbrannten ihre BH's und wollten damit ihre Entschlossenheit zeigen, sich von den bedrückenden Einschränkungen zu befreien, unter denen sie so lange gelebt hatten. Antikriegsdemonstrationen waren eine verbreitete Ausdrucksform des antiautoritären Zeitgeistes jener Tage. Als Folge der Unterdrückung und Geringschätzung, die Frauen jahrzehntelang vonseiten der Männer erlitten hatten, kam die feministische Bewegung auf. Es ist absolut zutreffend, dass es einer Korrektur der Einstellung und Wertschätzung gegenüber den Frauen bedurfte, doch eine aggressive, aus Verletztheit und Bitterkeit geborene Reaktion war nicht die richtige Antwort. Das Pendel schlug wieder zurück, und in mancherlei Hinsicht ist unsere Kultur heute frauendominiert.

Eines der bleibenden Resultate der feministischen Bewegung ist die vermeintliche Berechtigung, die männliche Sexualität zu verurteilen. Die weiblichen Werte, Beziehungen durch Kommunikation und Sensibilität aufzubauen, genießen heute allgemein weit höhere

Wertschätzung als die gemeinhin eher typisch männliche Weise, bei der Sexualität eine große Rolle spielt. Man betrachtet männliches sexuelles Begehren als ordinär und sinnlich verglichen mit dem „überlegenen" weiblichen Begehren nach emotionaler Verbundenheit. Verallgemeinerungen wie: „Männer haben ohnehin nur Sex im Kopf" oder: „Das ist alles, was die Männer wirklich wollen" spiegeln die Freizügigkeit wider, in der allen Männern unterstellt wird, sie könnten ihre sexuellen Leidenschaften nicht beherrschen und ihnen liege nichts an emotionaler Nähe. Männer werden so dargestellt, als fehle ihnen die Fähigkeit, einfühlsam und zugewandt zu sein. Leider gibt es viele Männer, auf die diese verallgemeinernden Kategorisierungen zutreffen; aber bei weit mehr Männern verhält es sich so, dass sie sehr wohl zutiefst fürsorglich sind, auch wenn sie es nicht gelernt haben, ihre Gefühle in Worte zu fassen. Jede Wertung unserer geschlechtsspezifischen Unterschiede führt zu Trennung und Konkurrenzdenken.

Nicht minder zerstörerisch sind die verächtlichen Bemerkungen, die Männer über Frauen machen, wenn sie sich etwa über deren emotionale Empfindsamkeit oder ihr Bedürfnis mokieren, laut zu denken. Jede Geringschätzung dieser Art untergräbt die gottgewollte Harmonie zwischen den Geschlechtern. Wir *müssen den Eigenheiten beider Geschlechter Ehre erweisen*. Wie wir es in diesem Buch deutlich herausgearbeitet haben, muss ein Mann lernen, das Bedürfnis seiner Frau nach emotionaler Verbundenheit zu schätzen, indem er ein aufmerksamer Zuhörer ist und sich bemüht, sie wirklich zu verstehen. Genauso muss eine Frau dem Bedürfnis ihres Mannes nach Verbundenheit durch Sex Rechnung tragen. Ich bin sicher, der Feind hat es seit Anbeginn der Zeit strategisch darauf angelegt, Ehemänner und Ehefrauen – das Männliche und das Weibliche generell – auseinanderzudividieren. Wenn es uns jedoch gelingt, die gottgegebenen Eigenheiten beider Geschlechter zu respektieren, wird es dazu kommen, dass unsere tiefwurzelnden Bedürfnisse nach Nähe, Verbundenheit und Liebe befriedigt werden.

Allgemeine Unterschiede zwischen Männern und Frauen

Nachdem wir uns nun mit den geschlechtsspezifischen Unterschieden zwischen Männern und Frauen, Beziehungen zu pflegen, befasst haben, müssen wir nun einen Schritt zurücktun und uns die Unterschiede aus einem breiteren Blickwinkel ansehen.

Männer und Frauen unterscheiden sich auf vielerlei Weise sehr stark: körperlich, emotional, beziehungsmäßig und sexuell. Als ich (Lori) eines Tages über diese Dinge nachdachte, schrieb ich etliche dieser Unterschiede auf, die mir gerade so in den Sinn kamen:

1. Männer sind körperlich stärker, Frauen schwächer.
2. Männliche Spermien (Y-Chromosomen) schwimmen schnell und sterben eher ab, weibliche (X-Chromosomen) schwimmen langsamer und überleben länger.
3. Männer geben pro Tag 10000 Wörter von sich, Frauen 25000. (Wie einige so zutreffend bemerkt haben, haben Männer ihre 10000 Wörter meist bereits verbraucht, ehe sie von der Arbeit nach Hause kommen, während Frauen, vor allem wenn sie sich den ganzen Tag daheim um kleine Kinder gekümmert haben, ihr Kontingent zu diesem Zeitpunkt kaum angebrochen haben.)
4. Männer reden gern über äußere Dinge wie Sport, Waffen, die Arbeit oder Werkzeuge; Frauen lieben es, über Soziales zu sprechen: Menschen, Beziehungen, Familie, Kinder usw.
5. Männer werden visuell erregt und kommen dadurch schnell von Null auf Hundert. Frauen werden durch emotionale Zuwendung, Zuneigung und nichtsexuelle Berührungen erregt; außerdem brauchen sie mehr Zeit, um zum Geschlechtsverkehr bereit zu werden.
6. Männer kommen normalerweise schnell zum Orgasmus, Frauen meist langsamer.
7. Männer erlangen emotionale Nähe durch Sex, Frauen durch Kommunikation.
8. Männer sind vorrangig auf eine einzige Sache konzentriert und fühlen sich oft durch Unterbrechungen gestört, während Frauen normalerweise zum *Multitasking* fähig sind und mit Unterbrechungen besser zurechtkommen.

Wieso hat Gott uns so unterschiedlich geschaffen? War das ein zynischer Witz, dazu gedacht, uns von wirklicher Nähe zueinander abzuhalten? Alles ist so unglaublich verschieden: unsere Art zu denken, unsere Art, mit anderen umzugehen, die Beschaffenheit unserer Gehirnwindungen, unsere sexuelle Funktionsweise ... Ich bin sicher, sobald ich im Himmel bin, werde ich die ganze Antwort auf diese Frage kennen – diesseits des Himmels jedoch verfüge ich nur über eine einzige Theorie: Es hat dem Herrn Spaß gemacht, uns so völlig verschieden zu erschaffen, weil er sich wünschte, dass wir lernen, wie wir einander beschenken können.

Es wäre so viel leichter gewesen, hätte er alle völlig gleich erschaffen. Aber er wusste um die Stärke, die sich aus der Wertschätzung unserer Unterschiedlichkeit ergeben würde. Sein Plan geht dahin, dass unbändige Kraft freigesetzt wird, wenn wir die Anstrengung und Opferbereitschaft aufbringen, die notwendig sind, um unserer Verschiedenheit Respekt zu erweisen, woraus uns die Stärke zuwächst, eins zu bleiben. Was für ein Geniestreich! Gott hat einen vollkommenen Plan entworfen, um uns vor den Fallen der Selbstsucht und Ichzentriertheit zu bewahren ... Allerdings müssen wir uns auch an diesen Plan halten.

Wie wäre es denn, wenn Ehemänner es bewusst darauf anlegten, ihren Frauen durch emotionale Verbundenheit zu gefallen, obwohl ihre eigenen Bedürfnisse durch sexuelle Begegnungen vollauf erfüllt sind? Oder wenn Frauen ihren Männern zu Gefallen die Initiative zum Sex ergriffen, obwohl ihr Liebesbedürfnis allermeist durch emotionale Nähe und nichtsexuelle Berührungen gestillt ist? Dann würden wir immerzu weniger an uns selbst und mehr an unseren Partner denken, und es fände ein Prozess statt, der uns zu wirklich liebenden Menschen machte, die Jesus sehr viel ähnlicher wären.

Jesus war in seinen Beziehungen so sehr ein Gebender, dass er buchstäblich alles gab, was er hatte! Jesus, der Bräutigam, gab sein Leben hin und schenkte sich ganz und gar uns, seiner Braut. Wir sind berufen, ihm als lebendige Opfer alles zurückzugeben. Je hingebungsvoller wir einander lieben, umso mehr lernen wir es, ihn in wachsender Vollkommenheit zu lieben. Eine Frucht davon wird sein, dass unsere Kinder uns als liebende Menschen erleben, die sich einander hingeben, genau wie Jesus es vorgelebt hat. Das wird auch ihr Leben prägen. Und obendrein wird die Welt die unfassbare Liebe sehen, die wir zueinander haben, und wird diese Liebe auch haben wollen.

Ohne Gottes Geist in uns ist es unmöglich, ein wirklich Gebender und Liebender zu sein. Wo aber Menschen echt geben und echt lieben, wird ein machtvolles, wunderhaftes Zeichen aufgerichtet, das die Welt auf Jesus hinweist. Und das ist in diesen letzten Tagen genau das, was der König der Könige in seine Braut, die Gemeinde, hineinlegt.

Männer und Frauen gehen auf unterschiedliche Weise eine Bindung ein

Wenn wir den Unterschieden zwischen den Geschlechtern nicht Rechnung tragen, vor allem im Hinblick darauf, wie Gott unser Bindungsverhalten angelegt hat, leidet die eheliche Verbindung an Missverständnissen, Vereinsamung und Distanzierung voneinander. Die Folge sind Abneigung, Verbitterung und gegenseitige Verurteilungen. Wenn ein Paar in seiner Ehe echte Verbundenheit spüren und erfahren will, ist es unerlässlich, den Geschlechterunterschieden gerecht zu werden.

In seinem Buch „What Could He Be Thinking? How a Man's Mind Really Works" („Was könnte er wohl denken? Wie das Gehirn eines Mannes wirklich arbeitet") richtet Dr. Michael Gurian den Blick auf die Unterschiede zwischen männlicher und weiblicher Biochemie und hilft uns, das gegensätzliche Bindungsverhalten von Männern und Frauen zu verstehen:

> Die weiblichen Hormone statten das weibliche Gehirn besser für langanhaltende romantische Gefühle aus, als es beim männlichen der Fall ist. Das ist nirgendwo deutlicher zu sehen als an der Oxytozin-Aktivität im Hypothalamus. Der Spiegel des Bindungshormons Oxytozin ist bei Männern niedriger als bei Frauen, bei vielen Männern bis zu zehnmal geringer. Genau wie bei Männern der Testosteron-Spiegel weitaus höher ist, ist es der Oxytozin-Spiegel im Allgemeinen bei Frauen.
>
> Es gibt jedoch einen Zeitpunkt, zu dem sich der männliche Oxytozin-Spiegel dem durchschnittlichen weiblichen annähert:

> beim sexuellen Höhepunkt. Wenn ein Mann ejakuliert, steigt sein Oxytozin-Spiegel schlagartig auf das Niveau, auf dem der weibliche ständig ist. Wenn ein Mann ejakuliert, bindet er sich zutiefst an seine Partnerin.
> Bald danach sinkt sein Oxytozin-Spiegel wieder auf seinen normalen Stand ab ... Für die Dauer des Orgasmus jedoch war das bei Frauen vorherrschende Hormon auch bei ihm dominant. Testosteron und Vasopressin, die Stoffe, die dafür verantwortlich sind, dass ein Mann den Koitus überhaupt ausführen kann, traten, nachdem ihre Aufgabe erledigt war, in den Hintergrund, während das Bindungshormon Oxytozin die Führungsrolle übernahm. Danach tritt das Oxytozin wieder zurück, und Testosteron und Vasopressin übernehmen erneut die Vorherrschaft.
> Einer der Hauptgründe dafür, dass Männer statistisch gesehen mehr auf Sex aus sind als Frauen, besteht in dem guten Gefühl, das ihnen der hohe Oxytozin-Spiegel verschafft: Es fühlt sich so gut an, mit jemandem verbunden zu sein."[1]

Unsere gottgegebene Physiologie bringt es mit sich, dass die Bindungserfahrung für Männer und Frauen völlig unterschiedlich ausfällt. Durchschnittlich verfügen Frauen über wesentlich mehr Oxytozin, was sie in den Stand versetzt, echte Beziehungen weitaus häufiger zu erleben als Männer. Deshalb sind für sie sehr viele soziale Begegnungen bindungsstiftend: ein inniger Moment mit ihren Kindern oder einer Freundin, ein kurzer Wortwechsel mit der Kassiererin im Supermarkt, eine Geschichte aus dem Leben von jemandem, ein gutes Gespräch mit ihrem Mann – die Liste ist lang. Bei Männern ist das ganz anders. Für sie gibt es nur sehr wenig, was sich mit der tiefen Bindungserfahrung vergleichen lässt, die beim Sex entsteht. Ich stelle mir das so vor, dass Frauen ein ganzes Buffet vor sich sehen, von dem sie immer wieder naschen können, um sich an einer echten Begegnung zu erfreuen, während Männer auf das gelegentliche Festmahl warten müssen, wenn ihr Bedürfnis nach Bindung durch den Geschlechtsverkehr nachhaltig gestillt wird. Diese Gegebenheiten beruhen nicht auf

[1] M. Gurian, *What Could He Be Thinking? How a Man's Mind Really Works,* New York 2003.

unseren Entscheidungen, sondern resultieren schlicht aus den biochemischen Unterschieden zwischen Männern und Frauen.

Gott hat die Verantwortung

Wenn Ihnen als Mann die Vorstellung nicht gefällt, dass Ihre Frau sich nur allzu gern auf vielerlei Weise mit Ihnen verbindet, vor allem emotional, dann sollten Sie darüber mit Gott reden. Er ist es, der sich die Frauen so gedacht hat. Viele Männer sagen oder denken: „Alles, was meine Frau will, ist reden." Aber genau so ist sie in ihrem Bindungsverhalten Ihnen gegenüber angelegt.

Und wenn Ihnen als Frau der Umstand nicht zusagt, dass Ihr Mann öfter als Sie selbst Sex haben möchte – schön, dann sollten Sie diese Ihre Klage vor Gott laut werden lassen. Er war es, der die Männer mit diesem Verlangen geschaffen hat. Genau so ist Ihr Mann in seinem Bindungsverhalten Ihnen gegenüber angelegt.

Erklärt das nicht das eine oder andere zum Thema Männer und Sex? Für einen Mann, der seine Frau von Herzen liebt, ist Sex nicht nur ein Wunsch nach körperlichem Vergnügen. Sex steht für sein Verlangen danach, sich gefühlsmäßig mit seiner Frau verbunden zu fühlen. Zu verstehen, wie tief Männer durch Sex Bindung erleben, hat vielen Paaren in erstaunlicher Weise die Augen geöffnet.

Im vorigen Jahr führten wir in einer Gemeinde einen fünftägigen LAM-Workshop durch. Nachdem wir die Teilnehmer über Oxytozin aufgeklärt hatten, kamen zwei verschiedene Paare auf uns zu und sagten: „Das erklärt vieles, was für uns bisher nie Sinn hatte." Beide Männer erzählten von einer ähnlichen Erfahrung, die sie machten, während sie um eine nahe Angehörige trauerten. Der eine hatte vor Kurzem seine Mutter verloren, der andere seine Schwester. Während sie diese schwere Prüfung durchlebten, sagten beide Männer ihren Frauen, sie hätten starkes Verlangen nach Sex. Beide Frauen hatten Mühe damit, das zu verstehen, dachten sie doch: „Wieso steht ihm ausgerechnet in einer solchen Zeit der Sinn nach Sex?" Nachdem sie gehört hatten, wie Oxytozin das Bindungsverhalten beeinflusst, begriffen sie. Gerade in der Zeit der Trauer und des Verlustes hatten ihre Männer das Bedürfnis danach, sich emotional jemandem nahe zu fühlen, und Geschlechtsverkehr war für sie die allernatürlichste Art und Weise, das zu erleben. Endlich machte für sie und ihre Frauen ihr Wunsch nach sexueller Intimität gerade in dieser Lebensphase Sinn.

Einmal erinnerte sich eine Frau unter den Teilnehmerinnen unseres fünftägigen Workshops an folgende wichtige Geschichte aus der Bibel, als wir diese Lektion durchnahmen. In Genesis 24,67 bringt der Sklave Isaaks ihm Rebekka als seine Braut. Wir lesen: „Da führte Isaak sie in das Zelt seiner Mutter Sara. Und er nahm Rebekka, und sie wurde seine Frau, und er gewann sie lieb. So tröstete sich Isaak nach dem Tod seiner Mutter." Die Bindung, die er zu seiner Mutter gehabt hatte, übertrug er jetzt auf seine Frau. Es scheint, als habe Isaak in dieser Zeit des Verlustes eine innere Leere empfunden, die ausschließlich durch eine tiefe emotionale Verbindung zu seiner Frau ausgefüllt werden konnte.

Sowohl Männer als auch Frauen können Sex auf egoistische, zerstörerische Weise einsetzen und tun das auch. Wir dürfen aber nicht zulassen, dass Männer, die Sex missbrauchen, unsere Haltung gegenüber dem männlichen Verlangen nach Sex bestimmen. Solange wir den Geschlechterdifferenzen Rechnung tragen, die Gott geschaffen hat, werden uns diese Unterschiede eher zusammenbringen als trennen.

Anmerkung: Es kann auch sein, dass die Frau ein stärkeres Verlangen nach Sex verspürt, während der Mann mehr auf emotionale Verbundenheit aus ist. Bei anderen Paaren wiederum mag der Wunsch nach Geschlechtsverkehr bei Mann und Frau gleich stark ausgeprägt sein. Am allermeisten kommt es darauf an, dass ein Paar bereit ist, sich einander zu schenken, damit beide Partner ihre legitimen Bedürfnisse erfüllt bekommen, auf welcher Seite des Spektrums ein Partner auch immer angesiedelt sein mag.

Die Kraft des Gebens

Die Art von Geben, die eine gute sexuelle Beziehung erfordert, kommt nicht immer von allein. Wir müssen dies bewusst anpacken und uns dabei von Gottes Liebe anspornen lassen, bis es uns zum Lebensstil wird. Im Folgenden geben wir Ihnen ein Beispiel dafür und unterbreiten Ihnen einen einfachen Vorschlag, wie sich das umsetzen lässt.

Vor etlichen Jahren nahm an einem unserer LAM-Workshops ein Paar teil, das sich am letzten Tag entschloss, das Gespräch mit uns zu suchen. Sie hatten den ganzen Kurs mitgemacht, ohne in dem Bereich, der ihnen am wichtigsten war, irgendeinen Durchbruch erfahren zu haben. Wir konnten ihnen nur zehn Minuten widmen, in denen sich aber Folgendes herausstellte:

Jack war nie fähig gewesen, eine echte emotionale Bindung an seine Frau zu entwickeln. In seiner Herkunftsfamilie hatte er so viel Anklage, Kritik und Verurteilung erlebt, dass es ihm große Angst machte, sich auf eine emotionale Verbindung einzulassen. Deswegen schützte er sich die meiste Zeit seines Lebens vor tiefen Beziehungen und verharrte in dem Überlebensmodus, den er sich schon als kleiner Junge angeeignet hatte.

Auch seine Frau Sherri hatte kein gesundes Beziehungsumfeld kennenlernen können, während sie heranwuchs, und hatte gehofft, sobald sie einmal verheiratet wäre, werde ihr Mann wenigstens einen Teil ihrer tiefen Bedürfnisse und Sehnsüchte erfüllen. Immer wenn sie Jack gezielt um das bat, was sie brauchte, klang das für ihn wie die altbekannte Kritik, mit der er groß geworden war, vor allem dann, wenn es aus einer Haltung der Verletztheit und Frustration kam. Dann schaltete er sofort in den Schutzmodus um und verschloss sich. Obendrein wusste er überhaupt nicht, wie er mit anderen eine Verbindung und emotionale Vertrautheit herstellen konnte, was ihm fortwährend Gefühle der Unsicherheit und Unentschlossenheit einflößte. Für Sherri fühlte sich sein Rückzug jedes Mal wie ein Messer an, das in einer bereits eiternden Wunde herumgedreht wurde.

Erinnern Sie sich daran, was wir vorhin im Blick auf Männer ausgesagt haben? Sie erleben ihre stärkste emotionale Verbundenheit, wenn sie zum Orgasmus kommen. Ganz sicher wollte und brauchte Jack eine gesunde Dosis Oxytozin. Sherri dagegen fühlte sich nicht auf eine Weise umworben, die auch nur an der Oberfläche ihres permanenten emotionalen Defizits gekratzt hätte. Und da Frauen es nun mal – meistens – brauchen, emotional geschätzt, umworben und umschmeichelt zu werden, war sie in dieser Situation unwillig, ihm sexuell in irgendeiner Form entgegenzukommen.

Jack spürte, dass sie genau das wollte, wovon er nicht wusste, wie er es ihr geben sollte. Also stürzte er sich in geistliche Dienste und Arbeit – weil er den Wunsch hatte, wenigstens etwas richtig hinzubekommen und sich gut dabei zu fühlen. Ausgerechnet zu Hause fühlte sich Jack meist als Versager, und um sich nicht immer wieder aufs Neue seinem niederschmetternden Unvermögen aussetzen zu müssen, kam er unbewusst möglichst wenig nach Hause.

Der 4-2-Plan

Damals hatten wir nicht die Zeit, Jack und Sherri durch einen Versöhnungsprozess zu führen, aber wir trugen ihnen Hausaufgaben auf. Jack sagten wir, er solle sich einen Monat lang Woche für Woche darum bemühen, seine Frau emotional zu umwerben. Es gilt die Regel, dass Männer einen Plan, eine Struktur brauchen. Als wir den ratlosen Ausdruck in seinem Gesicht sahen, wussten wir, er brauchte ein paar ganz konkrete Anweisungen. Also empfahlen wir ihm Folgendes: Viermal die Woche sollte er sich jeweils zwanzig Minuten Zeit nehmen, um von sich aus auf seine Frau zuzugehen und mit ihr zu reden. Wir gaben ihm die nachfolgenden Fragen mit (und auch Sie können diese Fragen benutzen, wenn sie in Ihre Situation passen). Wir sagten ihm, er solle die Unterhaltung beginnen und darauf achten, dass er gut zuhörte und mit Interesse und Verständnis auf ihre Antworten einging.

- Wie war dein Tag?
- Wie geht es dir gefühlsmäßig?
- Wie geht es dir geistlich?
- Sag mir eine gute Sache, die heute passiert ist!
- Gab es heute irgendwas Schwieriges?
- Hattest du heute mit jemand eine echte Begegnung?
- Was hast du heute über Gott gedacht, welche Gefühle hattest du ihm gegenüber, und wie bist du ihm heute begegnet?
- Wenn du das perfekte Date (Ausgehzeit) für uns planen könntest – unter Berücksichtigung unserer Zeit und Möglichkeiten –, wie würde das aussehen?

Wir sagten Jack, eine Ehefrau wolle echt wissen, wie es in ihrem Mann aussieht, weshalb er ihr auch das erzählen solle. Folgende Themenvorschläge könnten dabei helfen:

- Gibt es in deinem Leben gerade irgendwelche Dinge, die dich echt begeistern, von denen du ihr aber noch gar nichts erzählt hast?
- Gibt es Probleme, mit denen du dich gerade herumschlägst?
- Erzähle, wie es dir selbst emotional gerade geht.
- Erzähle, wie es dir derzeit mit deinem geistlichen Leben geht.
- Gibt es Dinge, von denen du möchtest, dass Gott sie an ihr, an dir, an euren Kindern, an eurer Ehe tut?
- Sage ihr etwas, das du wirklich gern mit ihr machen würdest, wenn ihr miteinander ausgeht.
- Erzähle ihr Dinge aus deinem Tag, von denen du meinst, sie würde sie gern hören.

Mit spürbarer Hoffnung sagte Jack, das wolle er gerne tun. Darauf wandten wir uns Sherri zu und trugen auch ihr etwas auf. Einen Monat lang sollte sie ihren Mann zweimal die Woche sexuell umwerben. Folgende Vorschläge machten wir ihr:

- Ergreife die Initiative zum Sex.
- Gib ihm das Gefühl, gewollt und ersehnt zu sein.
- Schaffe eine romantische Atmosphäre mit Kerzen o. Ä.
- Denke darüber nach, ob du nicht etwas anziehen solltest, das ihm gefällt und ihn erregt.
- Plane rechtzeitig; lass ihn beizeiten am Tag wissen, dass du etwas „Spezielles" für ihn in petto hast, wovon du glaubst, es werde ihm sehr gefallen.
- Berühre ihn im Lauf des Tages, wenn er es am wenigsten erwartet, auf erotische Weise, sodass er weiß, dass du ihm später mehr geben wirst.
- Sei kreativ; denke darüber nach, wie du ihm mit deinem Körper, deinem Geschenk an ihn, Freude bereiten könntest.
- Lade den Heiligen Geist ein, dabei zu sein, wenn ihr euch liebt.

Mit einem Hauch von Nervosität und einem entschlossenen Lächeln antwortete Sherri, das wolle sie tun.

Wir hatten keine Ahnung, was dabei herauskommen würde, aber wir sahen klar, dass der Feind sie in einem Teufelskreis gefangen hielt, der verhinderte, dass sie sich einander schenkten, und der durchbrochen werden musste. Hier berichten wir nur von einem einzigen Paar, aber wir haben von vielen Paaren ähnliche Geschichten gehört, die sich mit derselben Art von Problemen herumschlugen. Während der letzten drei Jahre haben sich viele Paare mit ähnlichen Hintergründen und Fragestellungen dieser Übung unterzogen, und der Herr hat ihnen auf sehr bemerkenswerte Weise geholfen.

Der tollste Teil dieser Geschichte kam mit einer E-Mail, die uns Sherri etwa zwei Wochen später schickte. Darin fragte sie uns: „Wäre es in Ordnung, wenn wir *öfter* als zweimal die Woche Sex haben wollten?" *Ha!* Wir konnten nichts anderes annehmen, als dass sie ihre Übungen treulich ausführten! Danke, Jesus!

Wenn sie entdeckt haben, dass sie sich in alte Verhaltensmuster des Schuldzuweisens, Enttäuscht- und Verletztseins zurückziehen, haben wir schon vielen Paaren gesagt, sie sollten einfach den *4-2-Plan*, wie wir diese Methode gerne nennen, als unterstützende Maßnahme anwenden, während sie weiterhin an ihrer Beziehung arbeiteten, und zwar so lange, bis es ihnen in Fleisch und Blut übergeht.

Vielleicht stecken Sie in ähnlichen Kämpfen. Dann empfehlen wir Ihnen mit allem Nachdruck den *4-2-Plan*, den Jack und Sherri genau wie zahllose andere Paare schon angewandt haben, weil sie den Wunsch hatten, ihre Ehe emotional wie sexuell in eine wohltuende Ausgewogenheit zu bringen. Was auch immer Sie versuchen, um sich das Beste anzueignen, das Gott für Ihre Ehe vorgesehen hat, der Herr wird Ihnen begegnen. Er ist mehr an Ihrem sexuellen und emotionalen Einssein interessiert als Sie selbst.

Das Suchtpotential der Sexualität

Nun noch eine weitere Überlegung zu dem starken Bindungserlebnis, das ein Mann hat, wenn er ejakuliert. Was, glauben Sie, geschieht, wenn ein Mann Pornografie konsumiert oder von einer anderen Frau fantasiert und dabei masturbiert? Mit wem oder was verbindet er sich dann? Ich glaube, ein Mann verbindet sich in solchen Situationen in Wirklichkeit mit einem Geist der Verführung, der Perversion und der Lust. Es kommt nicht zu einer Verbindung mit einer imaginären Person, sondern mit einem Geist. Konsumiert ein Mann masturbierend Pornografie und hat er dann Sex mit seiner Frau, dann erschließt er den Geist seiner Frau der ganzen geistlichen Finsternis, mit der er selbst sich verbunden hat.

Aus der Sicht Gottes steht beim Sex das Heilige und Geistliche im Vordergrund, weniger das Körperliche. Im Lauf der Jahre haben uns immer wieder Frauen anvertraut, sie hätten sich schmutzig gefühlt, wenn sie mit ihren Männern im Bett waren, oder sie hätten dämonische Träume von Schlangen und Reptilien gehabt, später aber dann herausgefunden, dass ihre Männer sich aktiv mit Pornografie eingelassen hatten. Der Geist der Frau spürte und vernahm, was in der geistlichen Welt vor sich ging, und ihre geistliche Unterscheidungsgabe offenbarte ihr die Wahrheit, noch ehe sie die Fakten kannte.

Die intensive Bindungserfahrung, die sich mit dem Orgasmus eines Mannes einstellt, vermag teilweise zu erklären, wieso Männer so leicht sexsüchtig werden. Forschen wir nach den tieferen Hintergründen der sexuellen Gebundenheit eines Mannes, so stoßen wir fast immer darauf, dass er mit Schmerz, Identitätsproblemen oder einer unerfüllten Bindungssehnsucht zu kämpfen hat. Dadurch wird die Sucht nicht weniger zerstörerisch, aber es zeigt die Punkte auf, mit denen man sich auseinandersetzen muss, wenn eine sexuelle Gebundenheit vorliegt und das Suchtverhalten durchbrochen werden soll.

Ehemänner, wir müssen sehr darauf bedacht sein, unsere Herzen vor der allzu leicht zugänglichen Pornografie und ihrem zerstörerischen Geist der Lust zu bewahren. Als Männer sind wir chemisch so verdrahtet, dass wir leicht und schnell an die Empfindungen gebunden werden, die wir haben, wenn wir falsche Fantasien oder pornografisches Material zum Masturbieren benutzen. Wie bereits erwähnt, sind Pornografie und Masturbation normalerweise nicht die eigentlichen Ursachen, was aber das geistliche Reich der Finsternis wenig schert. Nur zu gern wird der Feind alles benutzen, was ihm zu Händen ist, um uns zu einem Lebensstil des vorübergehenden Vergnügens zu verführen, dem niederschmetternde, zermürbende Gedanken der Scham auf dem Fuße folgen. Wenn er uns dazu bringen kann, uns auf die schändlichen Gedanken und Gefühle einzulassen, ist es ihm gelungen, die sinnerfüllte Intimität unserer Ehebeziehung zu zerstören.

Solange wir an einer sündhaften, unmoralischen Verbindung zu Pornografie und Begierde festhalten, wird der Feind uns unablässig mit Schamgefühlen überhäufen. Es ist eine traurige Tatsache, dass ein Sich-Einlassen auf die Vergnügungen von Pornografie und falscher Lust uns die tiefe Befriedigung des Verbundenseins mit unseren Frauen vorenthält, die Gott uns zugedacht hat.

Gott hat Sex dazu gedacht, dass er gesundheitsfördernd ist

Medizinische Studien haben bestätigt, dass ein deutlicher Zusammenhang zwischen häufigem Sex und körperlicher Gesundheit besteht. Eine Untersuchung des *American Journal of Cardiology* an mehr als tausend Männern hat gezeigt, dass Männer, die mindestens zweimal wöchentlich Sex haben, ihr Risiko, eine lebensbedrohliche Herzerkrankung zu bekommen, um 45 Prozent, also fast die Hälfte, vermindern können!

Dr. Joseph Mercola sagt über die Vorteile häufiger sexueller Aktivität:

> Wenn Sie das Glück haben, in einer beiderseits monogamen Beziehung zu leben, ist häufiger Sex eine hervorragende Art und Weise, Ihre Gesundheit zu verbessern und sogar künftigen Erkrankungen vorzubeugen.

Laut Mercola kommen die gesundheitlichen Vorteile regelmäßiger sexueller Aktivität auch Frauen zugute:

> „Häufig" ist natürlich ein relativer Begriff, und wenn wir auch bei obigen Studien zweimal pro Woche als häufig bezeichnet haben, gibt es andere Untersuchungen, die zeigen, dass sogar einmal wöchentlich stattfindende sexuelle Aktivität Ihre Gesundheit in den folgenden Bereichen fördern kann:
>
> 1. Sie erkälten sich weniger, weil Ihr Körper mehr Immunoglobulin A ausbildet, einen Antikörper, der Infektionen bekämpft.

2. Frauen können eine regelmäßigere Periode haben, weil sie sich männlichen Pheromonen aussetzen.
3. Sie können körperlich besser mit Stress umgehen.
4. Ihr Blutdruck sinkt und damit auch das Risiko, am Herzen zu erkranken.
5. Schlechtes Cholesterol sinkt, gutes Cholesterol steigt.
6. Sie trainieren Ihre Bauch- und Gesäßmuskeln und überhaupt jeden Muskel Ihres Körpers.
7. Eine natürliche Zunahme des Östrogens kommt Ihrem Haar, Ihrer Haut und Ihren Nägeln zugute.
8. Erhöhte Blutzirkulation im Gehirn verbessert Ihre Gedächtnisleistung.
9. Die Ausschüttung von Endorphinen erhöht Ihre Leistungsmotivation.[2]

Bei einem unserer Workshops in Europa erzählte uns eine kürzlich examinierte Sportmedizinerin Folgendes: Während ihres Studiums habe sie gelernt, zweimal pro Woche Sex zu haben komme dem Herz-Kreislauf-System mehr zugute als drei ausgedehnte Herz-Kreislauf-Übungszeiten. Natürlich brauchen wir regelmäßige Übungen, um unsere Muskulatur und andere Körperfunktionen in Schuss zu halten. Ist es nicht erstaunlich, dass Gott uns mit einer Methode versehen hat, unsere Herzen gesund zu erhalten, indem wir uns regelmäßig lieben?

Es versteht sich von selbst, dass wir weit mehr als Sex brauchen, um gesund zu bleiben, und doch gibt es bei Männern einen deutlichen Zusammenhang zwischen häufigem Sex und einem gesunden Herzen. Das kann kaum überraschen, wenn wir uns vor Augen halten, dass Sex zu den wichtigsten Aktivitäten gehört, die Gott Männern zugedacht hat, um sich in großer Gefühlstiefe ihren Frauen nahe und verbunden zu fühlen. Sexuelle Verbundenheit tut dem physischen Herzen eines Mannes gut. Erfährt er keine

[2] Die Statistiken und Anmerkungen von Dr. Joseph Mercola entstammen dem Artikel „Having Sex Twice a Week ‚Reduces Chance of Heart Attack by Half'", abgedruckt in *The Telegraph* vom 8. Januar 2010 (www.telepgraph.co.uk/health/healthnews/6950548/Having-sex-twice-a-week-reduces-chance-of-heart-attack-by-half.html) sowie in *American Journal of Cardiology* 105.2, 2010, S. 192–197.

regelmäßige sexuelle Intimität, so wird sein Herz, wie gezeigt worden ist, anfälliger für Krankheiten.

Auch wenn man dieses Phänomen wissenschaftlich beobachtet und nachgewiesen hat, bin ich überzeugt, dass die wahre Quelle der gesundheitlichen Vorteile geistlicher Natur ist. Mit der Sünde kamen Schmerz, Krankheit und Tod in die Welt. Sie kommen nicht von Gott, sondern erwuchsen aus der Sünde. Ich kann hier nicht alle Zusammenhänge zwischen Sünde und Krankheit darlegen, aber ich glaube, wenn wir uns mit unseren Frauen in Liebe vereinigen und nicht einfach nur Sex haben, geben wir ihnen nicht nur die Liebe Gottes weiter, sondern stehen auch an vorderster Front gegen Krankheit und andere zersetzende Machenschaften des Feindes. Infolgedessen sind wir nicht nur gesünder, sondern genießen auch eine tiefere, intimere Verbundenheit.

Wenn Sie Sex dazu benutzen, Ihrem Ehepartner die Liebe Gottes zu bringen, und wenn Sie sich beide einander schenken, wird Gottes Gegenwart freigesetzt, um in Ihnen sein heilendes Werk zu bewirken. Die gesundheitsfördernden Wohltaten häufiger sexueller Aktivität in der Ehe stehen in scharfem Kontrast zu den vielen ernsten und sogar tödlichen Krankheiten, die sich eine Person durch promiskuitiven, illegitimen Sex zuziehen kann. Einige sexuell übertragene Erkrankungen sind unheilbar, und Aids kann tödlich sein. Wenn Sie in einer beiderseits monogamen Beziehung leben, müssen Sie sich über diese Erkrankungen keine Sorgen machen. Vielmehr werden Sie merken, wie Ihre Gesundheit profitiert, je mehr Sie sich körperlich lieben.

Übung

Legen Sie während Sie dieser Übung *Soaking-Musik* auf.

1. Was kann ich geben? Schreiben Sie auf, was Sie Ihrem Ehepartner gern schenken möchten, damit Ihre geistliche, emotionale und sexuelle Beziehung eine höhere Qualitätsstufe erreicht:
   - geistlich;
   - emotional;
   - sexuell.

2. Segnen Sie abwechselnd den Geist Ihres Partners mit den Dingen, die Sie soeben notiert haben. Folgen Sie dabei dieser Vorgabe:
   [Name des Ehepartners], ich rufe deinen Geist zur Aufmerksamkeit, und segne dich, dass du ....
   [die Dinge, die Sie gerade aufgeschrieben haben] empfängst – in Jesu Namen.

Hausaufgaben

1. Reservieren Sie diese Woche Zeit, um etwas für Sie beide Erholsames, Entspannendes und Erfreuliches zu tun.
2. Wenn Sie sich körperlich lieben, fordern Sie Ihren Geist auf, gegenwärtig und aktiv zu sein. Bitten Sie den Heiligen Geist, zu kommen.
3. Führen Sie jeden Morgen und Abend das *Segnen des Geistes* aus.
4. Machen Sie zweimal in dieser Woche die Übung *Von Angesicht zu Angesicht*.
5. Setzen Sie nach Bedarf den *4-2-Plan* um.
6. Wenden Sie nach Bedarf die anderen Methoden an.

Notizen

Kapitel 17

Träume, Visionen und geistliche Erfahrungen

Nur zu gern beschenkt uns der Herr mit geistlichen Erfahrungen. Als Ehepaar sind Sie nicht mehr zwei Personen, sondern ein Fleisch. Weil Sie ein Fleisch sind, bilden Ihre geistlichen Erfahrungen mit Gott eine andere Dynamik aus als zu der Zeit Ihres Alleinlebens. Betet einer von Ihnen um einen Traum, so kann es sein, dass der Ehepartner ihn empfängt. Betet einer von Ihnen um Führung, so bekommt vielleicht der andere die Antwort. Empfängt ein Ehepartner durch einen Traum, eine Vision oder ein prophetisches Wort zukunftsbezogene Führung, so gilt die Offenbarung Ihnen beiden, sind Sie doch ein Fleisch. Brütet der Heilige Geist über dem geschriebenen Wort, sodass es Ihnen zur Offenbarung wird, so gilt diese Offenbarung nicht nur dem, der gerade die Bibel liest, sondern ebenso auch dem anderen Ehepartner.

Erfreuen Sie sich an allem, was Gott durch Träume, Visionen, geistliche Erfahrungen, Offenbarungen, prophetische Worte und Salbung Ihrem Ehepartner zuteil werden lässt. Wenn Sie diese Dinge auch für sich selbst annehmen und sich daran erfreuen, haben Sie den doppelten Segen von Gott und entgehen der Versuchung zu vergleichen oder sich zu messen. Sie gehören nicht nur zum selben Team, *Sie sind ein Fleisch* (vgl. 1 Mo 2,23-24). „Ein-Fleisch"-Partner haben Anteil an den Segnungen des anderen.

Ich (Lori) war von jeher eine Träumerin, doch kürzlich erlebte ich eine Phase, in der ich weniger bedeutende Träume hatte als sonst. Dagegen war Barrys Traumerleben recht lebendig. Ich bin echt begeistert, wenn er erwacht und einen Traum hatte, weiß ich doch, dass der Herr dann zu uns beiden spricht. Da wir ein Fleisch sind, gehört alles, was mein ist, auch ihm und umgekehrt. Selbst wenn der Traum inhaltlich nur einen von uns betrifft, stärkt es uns beide, wenn einer etwas empfängt und gestärkt wird. *„Zwei haben es besser als einer allein"* (Spr. 4,9).

Durch das, was wir in diesem Buch niedergeschrieben haben, sowie unsere Übungen haben Sie sehr deutlich gesehen, dass wir großen Wert darauf legen, auf die spezifischen Worte zu hören, die Gott an uns richtet. Wenn wir Gottes Stimme durch den Heiligen Geist nicht hören, verpassen wir eine der größten Gaben, die Gott für uns hat. Ein Teil dessen, was Jesus am Kreuz für uns errungen hat, war das Recht, uns die Verheißung des Vaters zu senden – den Heiligen Geist (vgl. Apg 2,33). Jesus sagt deutlich, dass es besser für uns ist, mit dem Heiligen Geist zu leben, als ihn, Jesus, bei uns gegenwärtig zu haben (vgl. Joh 16,7). Weiter sagte Jesus, der Geist der Wahrheit werde uns in alle Wahrheit leiten, indem er uns die Worte Jesu und des Vaters enthülle (vgl. Joh 16,13-15).

In Apostelgeschichte 2 redet Petrus, erfüllt vom Heiligen Geist, davon, dass Gott seinen Geist über die gesamte Menschheit ausgießt, und zwar mit folgenden Auswirkungen: Zungenreden, Weissagen, Träume, Visionen und Heilstaten. Immer wieder haben wir erlebt, wie Gottes Kraft freigesetzt wird, wenn wir die Worte des Heiligen Geistes vernehmen und ihm Glauben schenken, statt auf unsere eigenen Gedanken zu vertrauen. Wir beten, dass Sie auf Ihrer Reise mit uns durch dieses Buch mehr und mehr befähigt werden, für Ihre Ehe, Ihre Familie und Ihren geistlichen Dienst seine Stimme zu hören.

Die Fähigkeit, Gottes Stimme zu hören und diese von Ihren eigenen Gedanken oder der Stimme des Feindes zu unterscheiden, entwickeln Sie mit der Zeit. Zu verschiedenen Leuten redet er unterschiedlich. Manche Leute sehen innere Bilder. Andere erkennen Dinge in der geistlichen Welt, während sie die Augen weit offen haben. Manche Leute hören etwas durch innere Empfindungen oder haben Eindrücke, die von Gott kommen. Wir möchten Sie mit der Freiheit segnen, Ihren eigenen Weg zu finden und auf Ihre eigene Weise das Hören auf Gottes Stimme zu lernen.

Bedenken Sie bitte beim Lesen der folgenden Berichte über einige unserer Träume, Visionen, prophetischen Worte und geistlichen Erfahrungen Folgendes: Der Herr hat uns spezifisch gezeigt, dass er das, was er uns gegeben hat, auch Ihnen geben möchte. Wir würden uns enorm darüber freuen, Berichte und Zeugnisse darüber zu hören, welche Erfahrungen Sie gemacht haben, während Sie dem Herrn gemeinsam begegnet sind.

Es wird schneien

Gott hat uns durch Träume sehr präzise geführt. Träume, die wir als von Gott eingegeben wahrnahmen, haben wir uns notiert und sie dann völlig vergessen, nur um Monate oder Jahre später zu entdecken, dass es ohne jeden Zweifel Gott war, der geredet hatte. Es ist ein reiner Glaubensschritt, Gott zu folgen, wenn er uns durch Träume führt.

Als Lori und ich 2003 das größte Wagnis unseres Lebens eingingen, indem wir von Südkalifornien nach Redding, in den äußersten Norden Kaliforniens, zogen, geschah dies ausschließlich aufgrund von Träumen und Visionen, die der Herr uns gegeben hatte. Zwei Jahre vor unserem Umzug fragte mich Lori eines Morgens bei einem Gebetsspaziergang: „Wenn wir uns irgendeine geistliche Umgebung, die wir kennen, aussuchen könnten, um unsere Söhne darin aufwachsen zu lassen, welche wäre das?" Ich dachte eine Weile darüber nach, erwog diverse Pastoren und Dienstwerke, die meinen Respekt genießen, und sagte schließlich: „Dann würde ich in die Bethel-Gemeinde gehen wollen, die Gemeinde von Bill Johnson in Redding."

„Genau dahin würde auch ich gehen wollen", antwortete Lori.

Als wir unseren Gebetsspaziergang fortsetzten, sagten wir Gott, wir seien bereit, unsere Stadt zu verlassen, würden aber keinen Schritt Richtung Redding unternehmen, solange er nicht bestätige, dass er uns dort haben wolle. Wir würden Stunden brauchen, um all die Träume und geistlichen Erlebnisse zu berichten, die wir und unsere Söhne während der nächsten zwei Jahre im Blick auf unseren Umzug nach Redding hatten. (Mit „geistlichen Erlebnissen" meine ich Dinge wie, dass wir Gott um Wegweisung baten und anschließend im Geist Bilder von Redding sahen, oder Gebete um Führung, auf die hin ich fühlte, wie der Heilige Geist sich physisch in meinem Leib manifestierte, oder eine Erfahrung wie die, dass jemand, der uns noch nicht einmal kannte, prophetisch Dinge aussprach, die bestätigten, dass Gott uns nach Redding führte.) Gott hatte sehr viel Geduld mit uns. Er bestätigte die Führung immer und immer wieder. Wären wir es jedoch nicht gewöhnt gewesen, auf unsere Träume und geistlichen Erlebnisse zu achten, hätten wir Gottes Führung nicht wahrgenommen.

Eine Woche bevor wir tatsächlich all unser Hab und Gut zusammenpackten, unsere Arbeit aufgaben und nach 24 Jahren unser Zuhause zurückließen, um nach Redding zu ziehen, hatte ich (Barry) folgenden schlichten Traum: Ohne dass ich sehen konnte, wer da sprach, hörte ich eine unbekannte Stimme sagen: „In Redding wird es um Weihnachten herum schneien." Darauf sah ich im Traum die schneebedeckte Stadt Redding.

Am 12. Dezember 2003 zogen wir in unser Haus in Redding ein. Durchschnittlich fallen in Redding etwa zehn Zentimeter Schnee im Jahr, Graupel und Eisregen eingeschlossen. Typischerweise erleben wir einen bis drei leichte Schneefälle im Jahr. Nur sehr selten beeinträchtigen Schneefälle den Straßenverkehr. Jedoch am 28. Dezember 2003, drei Tage nach Weihnachten und zwei Wochen nach unserem Umzug nach Redding, wurden wir wegen verschneiter Straßen früher aus dem Abendgottesdienst heimgeschickt. Die ganze Nacht fielen große Schneeflocken. Am Morgen war der Boden mit einer dicken Schneeschicht von etwa fünfzig Zentimetern bedeckt. Es war der schwerste einzelne Schneesturm, den Redding seit mehr als hundert Jahren erlebt hatte.

Ich erinnerte mich an meinen Traum, den ich eine Woche vor unserem Umzug gehabt und in dem jemand erklärt hatte, in Redding werde es um die Weihnachtszeit schneien. Der Traum hatte präzise vorhergesagt, um Weihnachten herum werde es Schnee geben, und erfüllte sich auf extravagante Weise. Es war, als wolle der Herr sagen: „Schaut, ich rede wirklich in euren Träumen zu euch. Vertraut mir!"

Wir träumen von einem neuen Haus

Gott zeigte uns sogar in zwei verschiedenen Träumen unser heutiges Haus in Redding, noch ehe wir überhaupt an einen Umzug dachten. Anfang des Jahres 2002 kamen wir zu dem Entschluss, entweder ein paar Zimmer an unser Haus in Orange County anbauen oder ein neues Haus kaufen zu müssen. Unser kleines Haus platzte aus allen Nähten. Wir beide wohnten mit drei jungen Erwachsenen und unseren vier Söhnen in einem Haus mit nur drei Schlafzimmern. Am 18. April 2002 träumte ich (Barry), dass wir in ein weit größeres Haus umzogen. In dem Traum bemerkte Lori, wie sehr ihr die Holzböden und -türen gefielen. Lori wollte mir gerade unser Schlafzimmer im ersten Stock zeigen, als ich aus dem Traum erwachte.

Ich hielt den Traum in meinem Tagebuch fest, weil ich „spürte", dass er vom Herrn war, hatte aber keine Ahnung, was er bedeutete. Das Haus im Traum hatte keinerlei Ähnlichkeit mit unserem Häuschen in Südkalifornien. Wir lebten in einem einstöckigen Gebäude, das keine Holzböden und -türen aufwies. Ein ganzes Jahr redeten wir darüber, entweder unser vorhandenes Haus zu vergrößern oder ein neues in Orange County zu kaufen, aber es wurde einfach nichts daraus.

Genau ein Jahr später, am 20. April 2003, betete ich leise im Bett, während Lori schon schlief: „Herr, es schien uns so klar, dass du uns ein größeres Haus geben wolltest, damit wir die Leute gut unterbringen können, die bei uns leben. Wir dachten doch, du wolltest, dass wir unser Haus zur Verfügung stellen, um junge Menschen aufzunehmen, die ohne Vater und Mutter aufgewachsen sind. Wir werden unser Haus vergrößern oder ein anderes kaufen – aber wir müssen einfach hören, was dein Wille ist. Könntest du uns bitte einen Traum schenken, der uns zeigt, was wir tun sollen?"

Als ich am nächsten Morgen aufwachte, erinnerte ich mich sofort an mein Gebet vom Vorabend, nicht aber an irgendeinen Traum. Bald darauf wachte Lori auf und sagte: „Ich hab gerade geträumt, dass wir uns wieder nach einem neuen Haus umgesehen und genau das richtige gefunden haben. Es hatte alles, was wir uns wünschen. Es hatte auch einen Keller mit zwei Schlafräumen – aber gibt es überhaupt unterkellerte Häuser in Südkalifornien?"

Als Lori diesen Traum hatte, dachten wir nicht daran, uns außerhalb von Orange County nach einem Haus umzusehen; aber diese beiden Träume zeigten uns Einzelheiten sämtlicher Etagen eines Hauses in Redding, das wir noch nie gesehen hatten, 575 Meilen entfernt! Als wir dieses Haus kauften, erinnerten wir uns der Träume, die wir in unseren Tagebüchern festgehalten hatten. Hätten wir das nicht getan, so hätten wir wahrscheinlich gar nicht mehr an diese Träume gedacht. Die Träume bestätigten mit allem Nachdruck, dass wir genau in dem Haus wohnten, das Gott für uns ausgesucht hatte.

Als während unseres ersten halben Jahres in Redding unsere finanzielle Lage beängstigend unsicher wurde, konnten wir standhaft bleiben und einander mit der Tatsache ermutigen, dass Gott durch Träume und geistliche Erfahrungen zweifelsfrei zu uns gesprochen hatte. Die vielen Bestätigungen, die Gott uns gegeben hatte, wurden uns zu einem festen Anker, während wir auf seine Versorgung warten mussten. In Redding hat Gott uns zuerst durch Barrys Seelsorgepraxis und jetzt durch den LAM-Dienst finanziell gesegnet.

Gott möchte Sie durch Ihre Träume leiten und unterweisen. Sofern das bei Ihnen noch nicht geschehen ist, beten wir, dass Gott es auch Ihnen schenkt, die aufregende Reise anzutreten, auf der Sie von ihm lernen und er Sie durch Ihre Träume leitet.

Bethel

Eines sonnigen Sonntagnachmittags – wir waren nach wie vor dabei, uns nach einem neuen Haus in Orange County umzusehen – entschlossen wir uns, auf einen Hügel in der Nähe unseres Hauses zu steigen und Gott zu bitten, er möge uns zeigen, ob er in dieser Gegend ein Haus für uns habe. Die Häuser in jener Wohngegend waren weit größer und kosteten mindestens das Doppelte von dem, was unser Haus wert war, womit sie weit über unsere Verhältnisse gingen. Doch während wir gingen, dachten wir uns nur so zum Spaß aus, wie das Haus aussehen sollte, das der Herr für uns haben würde. Als wir den steilen Fußweg hinaufschlenderten, wurden wir von einer Frau regelrecht umgerannt, die einen verschossenen Tischtennisball einzufangen versuchte. Wir fingen den Ball auf und reichten ihn der Dame. Nachdem wir uns kurz mit ihr unterhalten hatten, hörten wir, sie heiße Bethel. Wir waren unterwegs, um nach dem Haus Ausschau zu halten, das der Herr für uns hatte, und liefen dabei *Bethel* über den Weg, was so viel bedeutet wie „Haus Gottes". Wir suchten nur nach einem Haus zum Drin-Wohnen, aber der Herr zeigte uns nicht bloß, wo wir leben würden, sondern auch die Gemeinde, die er uns zur geistlichen Heimat erkoren hatte. Das ging uns in dem Augenblick gar nicht auf – manchmal sind wir ein wenig träge –, dabei hatte er seine Antworten auf unsere Gebete so wunderbar bestätigt.

Dieses Erlebnis könnte man als bloßen Zufall betrachten; doch während wir gingen, beteten wir und redeten die ganze Zeit mit Gott darüber, wo er uns wohnen lassen wollte. Bis dahin hatten sich unsere Gedanken immer noch um ein neues Zuhause in Orange County gedreht, aber dass wir auf eine Dame namens Bethel trafen, war für uns ein Fingerzeig Gottes, wo unser neues Zuhause sein würde. Das war kein Zufall, sondern eine geistliche Erfahrung von Gott – eine von vielen Bestätigungen, die uns irgendwann zu dem Schluss brachten, dass Gott uns tatsächlich nach Redding und in die Bethel-Gemeinde führte.

Ein Traum vom Loslassen

Im Frühjahr 1994 wohnten wir mit unseren vier Söhnen in Orange County und besuchten die Gemeinde meiner Eltern, die Calvary-Gemeinde in Placentia. Dort war ich (Lori) seit meinem zehnten Lebensjahr gewesen. Barry und ich fühlten uns dieser liebenswürdigen Gemeindefamilie zutiefst verbunden und arbeiteten beide intensiv in der Gemeindeleitung mit.

Als ich eines Tages mit dem Auto zum Einkaufen unterwegs war, erinnerte mich der Herr an einen Traum, den ich sieben Jahre zuvor gehabt hatte – und doch war er mir so gegenwärtig, als hätte ich ihn gerade eben erst geträumt. In dem Traum hing mein Vater in meinem Garten an einem Kreuz, und ich kniete weinend am Fuß des Kreuzes. Nach dem Aufwachen war ich traurig, doch war mir nicht bewusst, dass Gott versucht haben könnte, mir durch den Traum etwas mitzuteilen. Zu jener Zeit hatten wir noch nicht gelernt, die Träume, die Gott uns gab, zu erkennen und wertzuschätzen.

Als der Herr mir den Traum im Auto wieder vergegenwärtigte, hörte ich folgende akustisch nicht wahrnehmbare, aber klare Worte von ihm: „Du hast deinen Vater an eine Stelle gesetzt, an die nur ich gehöre." Dieser Gedanke durchbohrte mich tief, aber ich wusste, dass es so war. Ich liebte und achtete meinen Vater sehr. Er hatte mich im Leben an die Hand genommen, ich hatte von ihm gelernt und spiegelte ihn in allen Bereichen meines Lebens auf vielerlei Weise wider. Meine beiden Eltern hatten uns wirklich ihre Liebe erwiesen, und ich war dankbar für das gute geistliche Fundament, das sie in mir und meinen Geschwistern gelegt hatten. Durch diesen Traum jedoch ließ der Herr mich wissen, dass ich ein paar Grenzen überschritten hatte und mich korrigieren musste. Gott wollte, dass ich ihm in meinem Leben den allerersten Platz einräumte, vor allem einen höheren Platz, als ihn mein Vater innehatte. Ich wusste, der Herr wollte ein paar Veränderungen in meinem Leben sehen.

Als ich am nächsten Morgen auf dem Boden meines Schlafzimmers lag und den Herrn um Führung anflehte, bestätigte er noch einmal, was ich schon seit dem Augenblick gewusst hatte, in dem er mit mir über den Traum gesprochen hatte. Er forderte uns auf, die Gemeinde meiner Eltern zu verlassen. Gott rief uns auf, all die guten Ratschläge mitzunehmen, die wir von ihnen bekommen hatten, und ihm auf eine Reise zu folgen, von der wir nicht wirklich wussten, wie sie aussehen würde.

Als mir richtig aufging, was Gott da verlangte, brach ich in Tränen aus. Ich sagte dem Herrn, es sei zu viel verlangt, dass ich daran denken sollte, meine Familie zu verlassen; das müsse er mir schon unmissverständlich klarmachen. Ich bräuchte noch ein weiteres Zeichen. Ich griff nach meiner Bibel und sagte vor lauter Verzweiflung: „Wenn du wirklich willst, dass wir unsere Verwandtschaft und unsere Gemeinde hinter uns zurücklassen, dann muss ich das in diesem Augenblick von dir hören!" In der Hoffnung auf eine Antwort vom Herrn schlug ich auf gut Glück die Bibel auf und landete bei den Psalmen. Als mein Blick auf die folgenden Worte fiel, war es mir, als hätte ich diesen Psalm noch nie zuvor gelesen: *„Höre, Tochter, sieh und neige dein Ohr: Vergiss dein Volk und das Haus deines Vaters. Und begehrt der König deine Schönheit, er, dein Herr, so verneige dich vor ihm"* (Ps. 45,11-12). In sprachloser Verblüffung schnappte ich nach Luft – es war, als hätte der Herr mir höchstpersönlich eine Botschaft vom Himmel geschickt und so auf mein Gebet reagiert.

Es war an der Zeit, mein Volk und das Haus meines Vaters zu verlassen. Ich musste Gott die Ehre geben, indem ich ihm weiterhin die erste Stelle überließ und seiner Führung folgte. Zu dieser Aufforderung Gottes nein zu sagen hätte meiner Sehnsucht nach der Familie einen höheren Rang gegeben als ihm. Das wäre Götzendienst gewesen. Sieben Jahre zuvor, als ich diesen Traum erstmals träumte, hatte ich nicht verstanden, was der Herr sagte, weil ich mir niemals hatte vorstellen können, dass er so zu mir redete. Er war so treu, dass er für mein weiteres geistliches Wachstum sorgte und mir dann den Traum zu einem Zeitpunkt wieder einfallen ließ, an dem ich ihn annehmen und darauf eingehen konnte. Er hatte so viel Geduld mit mir und wartete genau den richtigen Zeitpunkt ab, um zu reden. Es war genau so wie seinerzeit, als Jesus zu seinen Jüngern sagte: „Ich hätte euch noch viel zu sagen, aber ihr wärt jetzt überfordert" (Joh 16,12).

Jener Traum und die wundersame Art und Weise, in der er mir an dem besagten Tag in seinem Wort begegnete, gaben uns Starthilfe zu einem 17-jährigen Abenteuer mit ihm. Der Herr wusste, dass ich diese Erlebnisse mit ihm brauchen würde, um von meinen lieben Eltern Abschied zu nehmen und mich auf die Reise zu begeben, die er mit uns vorhatte. Heute sind wir in der Bethel-Gemeinde in Redding (Kalifornien) und leben die Bestimmung, die Gott für uns hatte und die er schon lange vor uns kannte.

An unserem letzten Sonntag in der Calvary-Gemeinde von Placentia standen wir beide vor der ganzen Versammlung, erzählten von der Reise, auf die uns Gott geschickt hatte, und sagten, dass wir gehen würden. Am selben Nachmittag machten meine Eltern eine lange Autofahrt. Sie besuchten all die Orte, an denen wir zusammen gewohnt hatten, während ich heranwuchs, von unserem ersten Haus bis zum letzten. In dem Willen, ganz und gar loszulassen, vertrauten sie mich und meine Familie dem Einen an, dem sie ihr ganzes Leben lang vertraut hatten. Meine Mama und mein Papa sind nach wie vor ein wunderbarer Segen für uns und unterstützen uns und unsere Jungen sehr, wofür wir ungemein dankbar sind.

Zu den Völkern gerufen

Als wir anfingen, dieses Kapitel über das Hören auf Gott niederzuschreiben, blätterten wir einige unserer Tagebücher durch und entdeckten folgende prophetische Worte, die wir ganz vergessen hatten. Vor 17 Jahren, im Herbst 1994, diente uns ein international bekannter Pastor prophetisch in einem Hauskreis. (Mit „prophetisch dienen" meinen wir, dass der Mann spezifische Worte über uns aussprach und betete, die er vom Herrn im Blick auf unser beider Leben gehört hatte.) Als wir an jenem Abend heimkehrten, schrieben wir uns alles auf, was über uns ausgesprochen worden war, soweit wir uns daran erinnern konnten.

Mitten in der Nacht weckte der Herr mich auf. Als ich meine geistlichen Ohren spitzte und erwartete, etwas vom Herrn zu hören, erinnerte er mich daran, dass der Prophet gesagt hatte, wir seien zu den Völkern gerufen, zu einem internationalen Dienst. Das hätte man allzu leicht vergessen können, hatte doch keiner von uns irgendwelche Ambitionen oder Pläne, was einen internationalen Dienst anging; aber der Herr weckte mich und erinnerte mich gezielt an ebendiese Worte. Er wollte, dass ich sie festhielt.

1998 kam eine Frau aus unserer Gemeinde auf uns zu und sagte, der Herr habe mit ihr über uns geredet. Sie meinte, der Herr habe gesagt, ich (Barry) werde ein Vater von Tausenden sein. Weiter sagte sie, ich hätte ein Hirtenherz und würde einen internationalen pastoralen Dienst ausüben. Tatsächlich hatten wir jene prophetische Rede von vor 13 Jahren längst vergessen, bis wir anfingen, dieses Kapitel zu verfassen und die Einträge unserer alten Tagebücher durchsahen.

Im Juni 2004 nahm ich an einer Pastoren-Gebetskonferenz in der Bethel-Gemeinde teil, als eine Frau, die ich nie zuvor gesehen hatte, über mir zu weissagen begann und mir (Barry) sagte: „Als ich dich zum ersten Mal sah, sah ich dich auf einem Flughafen kommen und gehen, Flugzeuge besteigen und aus Flugzeugen aussteigen. Gott bildet dich aus, und du wirst andere ausbilden. Du wirst alle Teile der USA besuchen und auch ins Ausland reisen. Ich sehe ein riesiges Netzwerk von Menschen um dich herum. Gott verändert deine gedankliche Vorstellung, du würdest immer nur einen kleinen Dienst haben." Dann sagte sie: „Epheser 3,20 ist für dich“ und zitierte: *„Er aber, der durch die Macht, die in uns wirkt, unendlich viel mehr tun kann, als wir erbitten oder uns ausdenken können ...“* (REÜ).

Ich hatte keine Ahnung, was aus diesen Worten letztendlich erwachsen sollte, aber ich schrieb die Weissagung in mein Tagebuch. Wir empfingen sie im Jahre 2004. 2010 besuchten wir Deutschland, um unseren ersten LAM-Workshop außerhalb der USA abzuhalten. Das war überhaupt das allererste Mal, dass wir beide ins Ausland reisten.

Wir taten nichts, um einen internationalen Dienst auf die Beine zu stellen, außer dass wir Gott so gut gehorchten, wie wir irgend konnten. Selbst als wir mit LAM begannen, dachten wir keineswegs über die Bethel-Gemeinde hinaus, aber Gott hatte einen anderen Plan. Auch wenn es uns am meisten darum ging und wir den größten Teil unserer Zeit und Mühe darauf verwandt haben, Ehen hier in der Bethel-Gemeinde zu stärken, werden LAM-Seminare bis zum Ende dieses Jahres in Deutschland, der Schweiz, Schottland, England, Finnland, China und Australien stattgefunden haben und außerdem in vielen Gemeinden in Amerika. Wir hatten es nie auf einen internationalen Dienst abgesehen, aber Gott sprach durch seine heutigen Propheten zu uns, um uns die Pläne wissen zu lassen, die er für uns hatte.

Gott redet über unsere Jungen

Im Frühjahr 1994 hatten wir zum ersten Mal Berührung mit der Gabe der Weissagung und der Weitergabe von Salbung durch Handauflegung. Oft begannen unsere Körper, vor allem unsere Gliedmaßen, ungewollt zu zittern, wenn über uns gebetet wurde und wir auf das hörten, was uns geweissagt wurde. Wir hatten keine Ahnung, was das bedeutete, wussten nur, dass der Heilige Geist uns anrührte. Nach einer dieser Gebetszeiten fuhren wir so begeistert und im Bewusstsein der Gegenwart des Heiligen Geistes nach Hause, dass wir in der Nacht kaum schlafen konnten. Stundenlang unterhielten wir uns voll Begeisterung, beteten und priesen Gott, bis uns endlich in den frühen Morgenstunden die Augen zufielen.

Um drei Uhr wachte ich (Barry) von einem gleißenden weißen Licht auf, das durch die Wand unseres Schlafzimmers und das Kopfteil unseres Bettes drang. Aus tiefem Schlaf aufgeschreckt, war ich erneut voll wach und gespannt darauf, was Gott tun würde. Nachdem ich eine Weile gewartet und auf den Herrn gehorcht hatte, kam mir ein traumartiges Bild in den Kopf, obwohl ich immer noch wach war! Ich glaube, das war eine Vision vom Herrn.

In der Vision sah ich eine durchsichtige Lichtgestalt zu meiner Linken stehen und wusste irgendwie, es war der Herr. Er sprach zu mir: „Du wirst meine Worte durch deinen Sohn Justin hören." Ich wartete ein paar Sekunden und antwortete dann in Gedanken (es war nämlich, als spiele sich die Unterhaltung in meinen Gedanken und nicht mit Worten ab): „Und was ist mit meinen anderen Jungs?" Als Nächstes hörte ich: „Durch Caleb werden Menschen meine Liebe erkennen" und: „Brendon wird ein helles Licht für mich sein."

Ich wartete, um etwas über meinen vierten Sohn, Jeremy, zu hören. Als die Schau der durchsichtigen Lichtgestalt zu verblassen schien, konzentrierte ich mich, ob auch noch ein Wort über Jeremy käme. Dann hatte ich plötzlich ein Bild von Jeremy vor Augen, wie er als Achtjähriger Basketball spielte. Er lächelte übers ganze Gesicht, wie immer beim Spielen, weil er ein absoluter Basketballfan war. Es kam gar nicht darauf an, ob er gewann oder verlor, er spielte einfach gern. Als ich dieses Bild vor Augen sah, hörte ich die Worte: „Für Jeremy habe ich viel Arbeit zu tun, und es wird ihm gefallen, genau wie ihm das Basketballspielen gefallen hat." Dann verblasste das Bild und war verschwunden.

Es war so kostbar, von Gott zu hören, was seine Gedanken über unsere vier Jungen waren und was er durch sie tun würde! Während sie verschiedene Lebensphasen durchliefen, haben wir uns immer an diese Worte gehalten und geglaubt, Gott werde unsere Jungs genauso gebrauchen, wie er es gesagt hatte. Inzwischen erleben wir, dass sich diese Worte in ihrem Leben verwirklichen.

Herr, das will ich!

Eines Nachts saß Barry noch lesend im Bett, während ich im Traumland schon Baumstämme zersägte. Er las eine Autobiographie von Mahesh Chavda, einem Mann, den der Herr benutzte, um einen Sechsjährigen von den Toten aufzuerwecken.[1] Als junger Mann hatte Mahesh im Gebet eine übernatürliche Erfahrung gemacht. Kaum hatte er den Namen Jesus ausgesprochen, kam eine starke Windbö, die die Tür seines Zimmers aufwehte. Einen Augenblick lang raubte ihm der Wind den Atem, aber als er den Mund aufmachte, um weiterzubeten, begann er zum ersten Mal in Zungen zu singen. An dieser Stelle der Geschichte angekommen, fühlte Barry den übermächtigen Wunsch, genauso vom Geist Gottes angerührt zu werden. Er hörte auf zu lesen und betete: „Herr, das will ich; ich möchte in meinem Leben die Geistestaufe haben." Während er leise betete, fing meine Hand unter der Bettdecke zu zittern an, wovon ich wach wurde. „He, was passiert hier? Meine Hand zittert", sagte ich schläfrig. Barry schaute zu mir rüber und lächelte. Dann blickte er gen Himmel und sagte im Spaß: „Herr, das war die Falsche!" Das war der Anfang vieler gemeinsamer geistlicher Erfahrungen, die wir noch machen sollten.

Was um alles in der Welt haben wir heute Nacht gemacht?

Mitten aus tiefem Schlaf heraus schoss ich (Lori) im Bett hoch, und aus meinem Mund kamen die Worte: „Wir müssen loslassen, was hinter uns liegt!" Ich saß immer noch da, nicht richtig wach, aber im vollen Bewusstsein dessen, was ich gerade gesagt hatte, als Barry sich ebenfalls im Bett aufsetzte und sagte: „Und uns ausstrecken nach dem, was vor uns liegt" (vgl. Phil 3,13). Mit verhangenem Blick sahen wir uns kurz in die Augen, ehe wir zurücksanken und wieder einschliefen.

Morgens wachten wir auf und dachten: „Was um alles in der Welt haben wir heute Nacht gemacht?" Als wir unsere Erinnerungen zusammenfügten, konnten wir kaum glauben, dass wir uns im gleichen Moment aufgesetzt, den ersten und zweiten Teil ein und desselben Verses zitiert hatten und wieder eingeschlafen waren. Es war wirklich lustig, sich klarzumachen, dass der Herr diese Worte in unseren Geist hineingesprochen hatte, als wir noch schliefen, und sie uns dann zur selben Zeit laut aussprechen ließ. Jener Vers,

---

[1] M. Chavda, *Nur Liebe kann Wunder wirken,* Lüdenscheid 4. Aufl. 2008.

den wir beide aus dem Tiefschlaf heraus rezitierten, war eine prophetische Deklaration dessen, was sich damals tatsächlich in unserem Leben abspielte. Wir hatten so viel hinter uns zurückgelassen und streckten uns gewiss nach dem aus, was vor uns lag. Wir denken, der Herr wollte, dass wir dieses Wort mitten in der Nacht gemeinsam proklamierten. Wir kennen nicht immer den Grund, aus dem er bestimmte Dinge tut; was wir aber mit Bestimmtheit wissen, ist, dass diese Erfahrung Ergebnis seiner vertieften Gegenwart in unserem Leben war.

Barry B., wo bist du hingegangen?

Wie so oft wurde Barry eines Nachts vom Herrn aufgeweckt, damit er aufstand und betete. In dieser Nacht betete er für mich, während ich noch im Bett lag und schlief. Während er betete, begannen mein rechter Arm und meine Hand zu zittern, wovon ich aufwachte. Als ich merkte, dass Barry nicht im Bett war, stand ich auf und suchte fieberhaft nach ihm. Ich fand ihn im Wohnzimmer, wo er für mich betete, genau wie ich es mir gedacht hatte. Ich weiß immer noch nicht, wieso Gott unsere Körper zittern lässt, aber in diesem Moment war das für uns ein physischer Beweis dafür, dass unsere Gebete füreinander beim anderen etwas bewirken. Es kommt nicht darauf an, ob Sie zittern oder nicht. Was zählt, ist, dass Sie wissen, dass Gott Ihnen Vollmacht und Kraft verliehen hat, effektiv für Ihren Ehepartner zu beten, und zwar so, wie es niemand anders kann.

Wieso kann ich diese Entscheidung nicht treffen?

Puh! Ich setzte mich so abrupt im Bett auf, dass mir fast schwindlig wurde. Noch vor einer Sekunde hatte ich tief und fest geschlafen. Es war frühmorgens, und mir fiel auf, dass Barry nicht im Bett war. Als meine schlafverhangenen Augen das Zimmer absuchten, sah ich ihn mit dem Gesicht nach unten auf dem Fußboden liegen. Ohne dass ich es mitbekommen hatte, war er lange vor der Dämmerung aus dem Bett geschlüpft, um zu beten und in einem nervtötenden inneren Kampf, in dem er sich befand, den Herrn zu suchen.

Kaum hatte ich ihn gesehen, entfleuchte mir: „Was schleppte James auf dem Rücken mit sich herum? Weißt du noch, die Predigt, die er vor langer Zeit hielt, über den Geist, der sich an seinem Rücken festklammerte? Wie nannte er diesen Geist noch gleich ... wie war das gleich wieder ... wie war das noch ...? Er hieß ‚Unentschlossenheit'! Der Name des Geistes auf seinem Rücken war ‚Unentschlossenheit', und genau dieser Geist macht auch dir zu schaffen!"

Barry sah mich an, als könne er nicht glauben, was ich da sagte. Er hatte sich mit einer Entscheidung herumgeschlagen, die ihm in Kopf und Herz klar erschien, über der er aber nach wie vor nicht den Frieden hatte, sie in die Tat umzusetzen. Barry war es nie schwergefallen, Entscheidungen zu treffen. Vielmehr hatte er sein Leben lang klare, durchdachte und gottgemäße Entscheidungen gefällt. Aber hier war er nun, morgens um halb sechs, und flehte vor dem Herrn: „Wieso kann ich diese Entscheidung nicht treffen?" Und mich ließ der Herr mit diesem scheinbar sinnfreien Monolog aufwachen. Mir war noch nicht mal völlig bewusst, was ich da sagte, aber Barry hörte mich und erkannte, dass der Herr ihm durch seine verrückte Frau antwortete. Als ihm klar wurde, dass seine Unfähigkeit, sich zu entscheiden, nichts anderes war als ein zermürbender Geist der Unentschlossenheit, war der Kampf vorüber. Er betete an Ort und Stelle, und der Geist der Unentschlossenheit wich. Sofort war er frei, klar zu denken, und traf rasch seine Entscheidung.

Barry hatte Gott um spezifische Führung gebeten, und der Herr antwortete ihm durch mich. Es war verblüffend, dass er mir mitten aus dem Tiefschlaf heraus eine Predigt einfallen ließ, die ich zehn Jahre vorher gehört hatte, und mich das aussprechen und deutlich machen ließ, was sich gegen Barry stellte!

Ich glaube, es macht dem Herrn ziemlichen Spaß, unsere Gebete auf kreative Weise zu beantworten – und wir haben nicht weniger Spaß daran.

Gebet

Wir segnen Ihren Geist, all das zu empfangen und wertzuachten, was der Herr Ihnen durch Träume, Visionen, geistliche Erfahrungen und prophetische Worte zukommen lassen will. Wir sprechen Ihnen Gnade und Salbung zu, diese Begegnungen mit Gott zum weiteren Wachsen und Reifen Ihrer Verbundenheit mit ihm zu nutzen. Wir segnen Sie mit der Freude, Gott gemeinsam zu begegnen, untertags und wenn Sie schlafen. Herr, vergrößere ihre Fähigkeit, geistlich zu hören und zu sehen.

Übung

1. Legen Sie *Soaking-Musik* auf. Halten Sie zwei Kissen bereit. Suchen Sie sich einen bequemen Platz, an dem Sie nebeneinander liegen können. Während Sie auf die Musik lauschen, träumen Sie mit dem Herrn davon, welche Bestimmung er für Sie als Paar bereithält.
2. Nehmen Sie sich ein paar Minuten, um die Dinge aufzuschreiben, die der Herr Ihnen zeigt.
3. Erzählen Sie einander davon.
4. Fangen Sie an, hinsichtlich der Dinge zu beten, die der Herr Ihnen während Ihrer gemeinsamen Gebetszeiten in dieser Woche gezeigt hat.

Hausaufgaben

1. Sprechen Sie darüber, den *4-2-Plan* umzusetzen, falls nötig.
2. Kaufen Sie ein Tagebuch, um Ihre Träume aufzuschreiben. Wenn Sie Träume vom Herrn empfangen, achten Sie diese, indem Sie sie aufschreiben. Beten Sie darüber. Besprechen Sie sie und bitten Sie den Herrn um die Auslegung.
3. Wenden Sie weiterhin alle Methoden und Werkzeuge an, die Sie für Ihr Leben und Ihre Ehe brauchen.
4. Machen Sie einen entspannten Spaziergang, fassen Sie sich bei den Händen und sprechen Sie Gebete der Dankbarkeit.
5. Überraschen Sie Ihren Partner mit etwas Besonderem, worüber er sich freut.

Notizen

Zeremonie der liebenden Hingabe an Gott und meinen Ehepartner

In der Mitte des Textes ist jeweils ein Stück von Mann und Frau separat zu sprechen.

Mein(e) liebe(r) [Name des Ehepartners], vor Gott und diesen Zeugen stehend, erneuere ich hiermit mein Versprechen, mein Ehegelübde dir gegenüber zu erfüllen. Ich verspreche dir, mich mit ganzer Hingabe dafür einzusetzen, dich besser kennen, verstehen und lieben zu lernen.

Ich werde nicht aufhören, danach zu trachten, Gottes Liebe und seine Zuneigung zu mir zu erkennen, ihm gehorsam zu sein und ihn mehr als alles andere zu lieben, damit ich die Person werden kann, die Gott sich für dich wünscht.

Ehemann: *Ich erneuere hiermit mein Versprechen, dich zu lieben und zu ehren und mein Leben für dich hinzugeben so wie Christus sein Leben für die Gemeinde hingegeben hat. Ich verspreche dir, dich mit Hilfe des Heiligen Geistes darin zu ermutigen, dass du zur Reife und Ganzheit in Christus heranwachsen kannst, sodass wir zusammen die Berufung und Bestimmung, zu der Gott uns geschaffen hat, leben können.*

Ehefrau: *Ich erneuere hiermit mein Versprechen, dich als Beschützer und Bewahrer unserer Familie zu respektieren und zu ehren und bestätige, dass Gott dich über dieses Haus gesetzt hat. Ich verspreche dir, dich mit Hilfe des Heiligen Geistes in deiner gottgegebenen Aufgabe als geistliches Haupt unseres Hauses zu bestätigen, zu unterstützen und liebevoll zu ermutigen.*

Ich entscheide mich, dir und unserer Ehebeziehung eine höhere Priorität einzuräumen als jeder anderen menschlichen Beziehung.

Ich verspreche dir, weiter vorwärts zu gehen in dem Lernprozess, mit dir auf ehrliche, wahrhaftige und offene Weise zusammenzuleben und dir nichts Wichtiges vorzuenthalten oder vor dir zu verbergen. Ich werde dich ehren, indem ich die Initiative ergreife, wenn es darum geht, mich zu öffnen und dir persönliche Dinge mitzuteilen und Dinge, die für dich, für Gott und für das Wohl unserer Familie von Bedeutung sind.

Ich verspreche dir, dass ich nicht nachlassen werde, sondern dass ich in der Beziehung zu dir immer weiter und tiefer gehen werde, damit sich mein Herz dir völlig zuwendet, sodass die Welt in uns und unserer Familie die Liebe Jesu erkennen kann.

Nehmen Sie sich nun bei den Händen und schauen sich in die Augen. Erinnern Sie sich all der guten Dinge, die der Herr Ihnen über Ihren Ehepartner gezeigt hat.

Anhang 1

Ein Wort von unseren Söhnen

Caleb Michael

Durch Caleb werden Menschen meine Liebe erkennen.

Wenn ich an die Beziehung denke, die meine Eltern zueinander haben, sehe ich einen gemeinsamen roten Faden, der sich durch jeden Bereich ihrer beider Leben zieht. Sie entscheiden sich Tag für Tag, Gott an die erste Stelle zu setzen. Nachdem ich selbst erst vor Kurzem geheiratet habe, habe ich sogar eine noch höhere Wertschätzung für meine Eltern entwickelt und dafür, wie sie einander lieben.

Auch wenn es im folgenden Beispiel um meinen Vater geht, charakterisiert es zugleich meine Mutter. Wenn wir Geburtstag feiern, erzählen wir uns, was wir an demjenigen schätzen, der gerade Geburtstag hat. Viele Male habe ich meine Mama mit Tränen in den Augen immer dasselbe sagen gehört: „Barry B., es macht mich so dankbar, dir vertrauen zu können, dass du mehr Gott gehorchen wirst als irgendjemandem oder irgendetwas sonst, mich und die Jungs eingeschlossen."

Es ist diese von beiden geteilte Einstellung, die sie in die Lage versetzt hat, jede schwierige Situation zu bewältigen und in ihrem eigenen Wohlergehen sowie in der Liebe zueinander immer noch weiter zu wachsen. Da dies für sie ein Lebensstil ist, wenden sie sich beim Auftreten von Schmerz, Missverständnissen oder Beziehungsstörungen instinktiv zuallererst an Gott, um die Dinge mit ihm und miteinander durchzugehen. Indem sie Gott vertrauen – sowohl für sich selbst als auch, dass er im anderen wirkt –, ist er ihnen zum inneren Antrieb geworden, der sie am Wachsen hält.

Selbst die Art, wie sie einander beschenken und sich füreinander aufopfern, ist auf Gott ausgerichtet. Sie unterwerfen sich nicht dem Zwang, es dem anderen stets in allem rechtzumachen, und fühlen sich nicht für das Glück des anderen verantwortlich. Sie wissen sehr klar: Wenn sie sich darauf konzentrieren, mit der Liebe Gottes zu lieben, sind sie weit bessere Ehepartner, als sie es ohne Gott, aus ihrer eigenen Liebe heraus, jemals sein könnten.

Meine Eltern sind Menschen aus Fleisch und Blut, weshalb sie weder Gott in vollkommener Weise vertraut noch einander perfekt geliebt haben. Aber sie kehren immer wieder zu dem Punkt zurück, auf den Herrn zu schauen und ihm zu vertrauen, dass er ihnen zeigt, wie sie einander lieben können. Dieses scheinbar einfache Lebensprinzip erfordert anhaltende Ehrlichkeit, was sie selbst betrifft, und eine ausgeprägte Empfindsamkeit für die Stimme des Heiligen Geistes. Es verlangt von ihnen, die Motive hinter ihren Worten zu überprüfen und sich immer wieder zu fragen: „Rede und handle ich auf eine Weise, die Gott an die erste Stelle setzt, oder lasse ich mich von meinen egoistischen Wünschen leiten?"

Zu sehen, wie meine Eltern fortwährend darum ringen, Gott durch ihre Entschlossenheit zur Wahrhaftigkeit und ihre Empfindsamkeit für seine Stimme an die erste Stelle zu setzen, hat mich auf die Ehe vorbereitet, längst bevor ich meiner Frau begegnete. Wenn Leute mich gefragt haben, wie ich mich auf die Ehe vorbereite, sagte ich ihnen, ich bemühte mich darum, die beste Version meiner selbst zu sein, zu der ich werden kann, indem ich zuerst Gott folge. Wenn ich das schaffe, wird Gott sich um all die anderen Unwägbarkeiten kümmern, die in meiner eigenen Ehe auf mich zukommen, genau wie er es für meine Eltern getan hat.

Jeremy Joseph

Ich habe viel Arbeit für ihn, und es wird ihm gefallen, genau wie ihm das Basketballspielen gefallen hat.

In einer Welt, die alles immer schneller, leichter und effizienter haben will, bin ich auf eine traurige Wahrheit gestoßen: Dieses vorherrschende Paradigma ist auch in unsere Beziehungen eingesickert. Dies wird offensichtlich, wenn man sich die geradezu trostlosen Statistiken in Sachen ehelicher und beziehungsmäßiger Monogamie, Treue und partnerschaftlichen Glücks anschaut. Als junger Mann fühle ich mich dagegen extrem gesegnet durch das Beispiel, das mir die Ehe und das Leben meiner Eltern bieten.

Die Ehe ist ein schöner Bund und ein Segen. Ich glaube nicht nur, dass die heilige Institution der Ehe einer der wichtigsten, wenn nicht überhaupt *der* wichtigste Beziehungsrahmen ist, in dem wir eine von Mut und Ganzheitlichkeit geprägte Umgebung für Wachstum schaffen können, sondern ich glaube auch, dass wir überhaupt erst im Rahmen dieser gottgemäßen Einheit unser Vermächtnis auf Erden auszuleben beginnen. Aus der Liebe, die innerhalb einer Ehe gewachsen und geformt ist, kommt das Leben, sowohl geistlich als auch physisch. Und dieses Leben tritt in eine Welt ein, in der die Beziehungsdynamik der Eltern, die es empfangen und ausgetragen haben, die Norm dafür setzt, wie der von ihnen abstammende Mensch seinerseits mit dem Rest der Welt in Beziehung tritt.

Eine Ehe ist die intimste Form der Gemeinschaft zwischen Menschen. Wenn wir es wollen, bietet sie uns die Gelegenheit, zu dem authentischsten, energiegeladensten, liebenswertesten und liebevollsten „Wir" zu werden, das überhaupt möglich ist. Es ist indes meine Überzeugung, dass dieses Prinzip für die meisten Investitionen gilt: Wir ernten, was wir gesät haben. Wenn Ehrlichkeit, Echtheit und tiefe, innige Liebe das ist, wonach Sie suchen, dann kann das erstaunliche Konzept und das Mandat, das Gott uns mit und in der Ehe gegeben hat, genau das sein: die lohnendste irdische Investition, die Ihnen jemals angeboten werden wird. Wenn ich mir ansehe, wie ausgefeilt und zielgerichtet ein Mann und eine Frau geschaffen sind, komme ich nicht umhin, den großen Wert zu erkennen, den Gott darauf legt, dass sie füreinander da sein sollen.

Machen wir nur die Augen auf, können wir Gottes Schönheit und Güte in allem sehen. Auch die Ehe möchte ich als extravagante Gabe unseres extravaganten Vaters betrachten. Und indem ich diesbezüglich mein Wertesystem mit dem seinen in Übereinstimmung bringe, kann ich in der freudigen und hoffnungsvollen Erwartung all dessen leben, was er für mich und meine Frau in der Ehe bereithält. Das heißt nicht, dass es auf dem Weg keine Herausforderungen und Prüfungen geben wird, aber aus seiner Perspektive gesehen werden Herausforderungen und Prüfungen immer wieder zu Sieges- und Erfolgsgeschichten.

Was das Thema Ehe angeht, ist etwas im Gange. Gott fordert zurück, was verlorengegangen ist, und er stellt wieder her, was die herkömmliche Kultur der Familie in Mitleidenschaft gezogen hat. Wenn wir erst eine Generation leidenschaftlicher Ehemänner und -frauen haben, wird es unweigerlich auch echte Väter und Mütter geben. Und wenn es Väter und Mütter gibt, die eine Generation von Kindern mit einer Identität der Liebe, des Angenommenseins und der Zukunftshoffnung ausstatten, wird das feindliche Unkraut der Zerstörung zur Siegesbeute für die Familie Gottes.

Justin John

Menschen werden durch Justin meine Worte hören.

Während ich ein bisschen älter werde, erkenne ich mehr und mehr den Wert dessen, was mir durch die Ehe meiner Eltern vorgelebt wurde. Freunde haben mich gefragt: „Was kann man machen, damit eine Ehe von Dauer ist und nicht in der Scheidung endet?" Ich musste innehalten und darüber nachdenken, denn so hatte ich das noch nie gesehen. Scheidung hatte ich nie auf dem Schirm und hatte deshalb auch nie Angst davor. Ich hatte sie nicht auf dem Schirm, weil sie für meine Eltern niemals in Frage gekommen wäre. Wenn schwierige Situationen entstanden, die andere Paare vielleicht über Scheidung hätten nachdenken lassen, sprachen meine Eltern so lange über ihren Schmerz oder Stolz, bis sie sich wieder verstanden.

Unsere Familie war für unseren offenen Kommunikationsstil bekannt. Freunde und Verwandte waren immer gern gesehen und häufig anwesend, wenn in der Familie gestritten und diskutiert wurde. Ehrlich und offen zu sein wurde für weit wichtiger gehalten, als dass einfach Ruhe herrschte. Viele sehen das genau andersherum; aber wenn man unerschütterlichen Frieden haben will, muss man bereit sein, sich dem Schmerz zu stellen. Indem wir uns unseren schmerzhaften Situationen stellten, und zwar *ungezählte Male*, lernten wir, dass man intensive schwierige Gefühle genauso annehmen muss wie Liebe und Freude. Wir lernten: Ein Schlüssel dazu, Beziehungen geradeheraus zu leben, besteht in der Bereitwilligkeit, sich den Problemen zu stellen, vor allem dann, wenn man selbst derjenige ist, der sie ausgelöst hat.

Meine Eltern legten das, was ich *innere Stärke* nennen würde, an den Tag. Diese innere Stärke war es, die ihnen half, sich dem Schmerz, der Enttäuschung, Verletzung und all den anderen einschneidenden Dingen, die in Beziehungen vorkommen, zu stellen – und sie zu überwinden. Sie zogen diese innere Stärke unmittelbar aus der Führung Gottes, nicht aus dem, was sie sahen oder fühlten. Dass sie diese Art von Stärke in ihrer Ehe besaßen und darauf zurückgriffen, lehrte sie, je nach Situation das Richtige zu tun: demütig und ruhig zu sein, Verantwortung zu übernehmen oder auch unangenehme Dinge anzusprechen. Meine Eltern bezogen ihre eigene, persönliche Stärke von Gott, und brachten diese Stärke auch in ihre Ehe ein.

Ich bin unglaublich dankbar dafür, dass ich im Lauf meines Lebens immer wieder diesen „Geheimnissen" ausgesetzt war. Ich habe erlebt, dass sie bewährt, erprobt und richtig sind. Alles, was ich jetzt möchte, ist, sie an andere weiterzugeben, die vielleicht zu kämpfen haben. Es ist ein Segen für mich, Eltern zu haben, die gekämpft und sich aufgeopfert haben, damit Wahrheit und Liebe an erster Stelle stehen.

Brendon Paul

Brendon wird ein helles Licht für mich sein.

Alle Familien haben ihre Stärken und Schwächen – unsere machte da keine Ausnahme. Wie jede andere Familie hatten auch wir unsere Konflikte und Probleme, mit denen wir uns auseinandersetzen mussten, aber so seltsam es klingt: diese Konflikte wurden zu einem der größten Geschenke, die ich meinen Eltern verdanke. Meine Eltern schufen in unserem Haushalt ein Umfeld, in dem es nicht okay war, Probleme im Raum stehen zu lassen oder längere Zeit aufeinander sauer zu sein. Die schädlichen Folgen, vom Familienverbund abgetrennt zu sein, waren weitaus größer als alles, was an Problemen entstehen konnte, indem man Dinge auf den Tisch brachte. Man kann sich also ausmalen, dass es in einem Haushalt von sechs sehr eigenwilligen Personen jede Menge Konfliktstoff gab. Tatsächlich wussten die meisten unserer Freunde, dass es in unserer Familie so war, und es war für sie – nachdem sie es ein paarmal miterlebt hatten – weder ungewöhnlich noch unangenehm zu uns zu kommen und zwei Leute anzutreffen, die sich gerade die Köpfe heißredeten, um irgendeinen Konflikt zu lösen.

Es macht mich so dankbar, dass es meinen Eltern wichtiger war, uns beizubringen, wirklich beziehungsfähig zu werden, als dass Konflikte vermieden wurden. Deswegen genieße ich heute echte und tiefe Beziehungen sowohl zu meinen Brüdern als auch zu meinen Eltern. Auch sehe ich Konflikte eher als Gelegenheiten denn als etwas Schlechtes. Jeder Konflikt ist eine Chance, jemanden wissen zu lassen, dass er mir vertrauen kann und verstanden wird, und umgekehrt, dass andere die Chance haben, dasselbe mir gegenüber zu tun.

Im Lauf der Jahre hat unsere Familie dazugelernt und es immer besser verstanden, mit Konflikten umzugehen; und es ist wie sonst auch: Übung macht den Meister. Auch wenn ich immer noch dazulerne, sind mir diese Werte – Beziehung und Wahrhaftigkeit höher anzusetzen als die Angst vor Auseinandersetzungen – inzwischen zum innersten Kern dessen geworden, was ich bin. Jede bedeutende Beziehung, die wir haben, wird von Problemen nicht verschont bleiben, doch aufgrund dessen, was ich in meiner Familie investieren musste und dadurch an Erfahrung gewonnen habe, kann ich an solche Konflikte voll Hoffnung und mit der Sichtweise Gottes statt mit Angst und Sorgen herangehen.

Danke, Mama und Papa, dass ihr uns Vorbilder wart. Dass ich von jungen Jahren an viel Übung darin erlangt habe, mich mit den Schmerzen und Problemen auseinanderzusetzen, die aus Konflikten erwachsen, hat mir ohne jeden Zweifel die Nähe und Liebe vor Augen geführt, die eine Konfliktlösung mit sich bringt. Verstanden zu werden und zu verstehen allein, sind es schon wert, die Schwierigkeiten, die mit dem Lösen von Konflikten verbunden sind, auf sich zu nehmen. Ihr beide habt mir, meinen Brüdern und all euren geistlichen Kindern ein Geschenk mit auf den Weg gegeben: Wir werden in unserem Leben einen neuen Standard vor Augen haben, was Verbundenheit und Vertrauen zu denjenigen angeht, die wir lieben, und wir werden mit nichts weniger zufrieden sein.

Mama und Papa

Trotz unserer Unzulänglichkeiten und der Schnitzer, die wir uns als Eltern geleistet haben, hat Gottes Gnade es jedes Mal wettgemacht, wenn wir versagt oder unsere Jungen missverstanden haben. Seit unser ältester Sohn ein Säugling war, begannen wir zu beten: „Herr, bitte gleiche du alles aus, was uns fehlt." Dieses unser Gebet hat er mehr als treu erhört.

In der Lebensphase, in der wir jetzt stehen, sind wir zu der Erkenntnis gelangt, dass eine liebevolle, lebendige Ehebeziehung das größte Geschenk war und ist, das wir unseren Kindern machen können. In diesem Buch geht es nicht nur um die Heilung und Stärkung Ihrer Ehe – es geht darum, dass Sie und Ihre Familie in die Lage versetzt werden, in diesen letzten Tagen Ihr Ihnen von Gott zugedachtes geistliches und beziehungsmäßiges Potenzial voll zu entfalten.

ANHANG 2

Geschichten von LAM-Teilnehmern

Wenn Sie die folgenden Geschichten durchlesen, wird die Kraft des Zeugnisses über Ihnen freigesetzt werden. Wie wir schon zu Beginn dieses Buches schrieben, möchten wir Sie ermutigen, sich die darin erwähnten Wunder, Durchbrüche und Siege zu eigen zu machen und für Ihre eigene Ehe einzufordern. Hat Gott es einmal getan, wird er es auch wieder tun.

Desmond und Elaine

Wir kamen zu LAM, nachdem wir bereits zahlreiche Eheseelsorge-Sitzungen hinter uns hatten. Wir waren beide sehr erschöpft, und Elaine wollte mich wegen eines anderen Mannes verlassen. LAM sollte ein letzter Versuch sein, die Scheidung noch zu verhindern. Wir konnten uns nicht vorstellen, dass unsere Ehe noch einmal wiederhergestellt werden sollte, aber Gott hat ein Wunder getan! LAM gab uns zahlreiche praktische Methoden für unser Eheleben an die Hand; aber was unsere Ehe wirklich rettete, war das Wirken des Heiligen Geistes. Während des LAM-Workshops zeigten sich Barry und Lori so empfindsam für die Führung des Heiligen Geistes, dass LAM für jedes Paar maßgeschneidert erschien. Zu Elaine redete der Heilige Geist unmittelbar durch eine Vision, und ihr fielen auf der Stelle die Schuppen von den Augen. Sie schluchzte unkontrollierbar und wusste sofort, dass sie an der Ehe festhalten sollte. Auch machte sie während des Paarcoachings die Erfahrung des Lachens im Geist! In unserer ganzen Ehe hatten wir nie Freude am Sex gehabt, weil Elaine schlechte sexuelle Erfahrungen gemacht hatte und ich unter dem Einfluss von Pornografie stand. Während des LAM-Workshops wurden wir von alten Bindungen frei, die sich in unserer Ehe manifestiert hatten und an unserer Misere schuld waren. Seither genießen wir guten Sex. Vorher konnten wir nicht miteinander reden – seitdem kommunizieren wir ohne Unterlass. Die Liebe ist zurückgekommen, und das hat Gott gemacht!

Wade und Annette

Die Ehe ist gut, wenn man weiß, was sie wirklich ist. LAM half uns, unseren Ehebund zu definieren, einander wertzuschätzen und unsere emotionale Intimität zu vertiefen. Dadurch, dass wir die LAM-Methoden anwandten und die interaktiven Hausaufgaben im Arbeitsbuch durchführten, an den Gruppengesprächen teilnahmen und von den Kämpfen der anderen Paare hörten, lernten wir einander aus einem neuen Blickwinkel zu sehen und wir gewannen sehr viel an Mut, Stärke und gegenseitigem Verständnis.

Die erste Lektion, „Nichts Verborgenes", verschaffte mir Grund unter den Füßen und half unserer Kommunikation auf die Sprünge. Endlich hatte ich die Freiheit, alles zu erzählen, was ich fühlte, verbarg und dachte (das Gute, das Schlechte und das Hässliche). Die erwünschte Veränderung in der Beziehung zu meiner Frau wurde endlich greifbar und ließ mich hoffen. Aus einer lauwarmen Ehe wurde leidenschaftliche, echte Liebe.

Fast zwanzig Jahre lang hatten meine Frau und ich uns damit herumgequält, dass wir einander nicht wirklich zuhören bzw. verstehen konnten, weil jeder die Dinge durch seine eigene Brille sah. Barry und Lori machen es einem sehr leicht zu begreifen, wie man die LAM-Methoden und -Hilfsmittel effektiv anwendet, und erinnerten uns immer wieder an die Schlüsselrolle, die der Heilige Geist spielt. Heute bin ich emotional mit meiner Frau und nicht mehr mit der Pornografie verbunden, und wir sind dank LAM in der Lage, den guten Kampf zusammen zu kämpfen. Danke, LAM und Lori und Barry, dass ihr die Wahrheit weitergebt und nichts versteckt! Wir alle schätzen euch so sehr, und LAM hat unsere Ehe wirklich von Grund auf verändert, wovon Wade nur zu gern Zeugnis ablegt.

Thomas und Barbara

Meine Frau Barbara und ich sind seit sieben Jahren verheiratet und haben eine Tochter. Die Leute sahen eine glückliche christliche Familie in uns. In Wirklichkeit sah sich Barbara von der Doppelbelastung als berufstätige Mutter hoffnungslos überfordert. Weil sie mit Zorn zu kämpfen hatte, fühlte ich mich nicht sicher, mit ihr über meinen inneren Schmerz und meine Kämpfe, sexuell rein zu bleiben, zu reden. Der 18-wöchige LAM-Kurs schuf eine Atmosphäre, in der wir einander endlich unsere Herzen öffnen konnten.

Eines Abends gestand ich ihr, dass ich ihr während der letzten zwei Jahre untreu gewesen war. Zu meiner Überraschung flippte sie nicht aus und rannte nicht fort, sondern war ganz bereit, mir zu vergeben und mich weiterhin zu lieben. In den Tagen danach spürten wir beide in unserer Wohnung Gottes übernatürlichen Frieden, und die Hoffnung überflügelte unsere Traurigkeit. Die Versöhnungsmethode und das Paarcoaching halfen uns, unsere verkorkste Vergangenheit aufzuarbeiten und Wiederherstellung zu erlangen.

Nachdem ich mich jahrelang vor meiner Frau versteckt hatte, fühlte ich mich mit ihr gefühlsmäßig wieder verbunden, weil es zwischen uns keine Mauern oder Geheimnisse mehr gab. Ich hatte stets an ihrer Liebe gezweifelt, weil sie mein wahres Ich gar nicht kannte. Dies änderte sich total – endlich konnte ich ihre wahre Liebe annehmen. Wir waren bereit für einen neuen Anfang!

Mark und Marla

Als wir zueinanderfanden, waren wir Teenager, die ihrer von Missbrauch geprägten Kindheit entflohen waren und sich ineinander verliebt hatten. Wir waren 18 und 19, als Marla mit unserem ersten Kind schwanger wurde. 1969 heirateten wir, und es folgten viele schwierige Jahre, in denen uns seelsorgerliche Hilfe immer nur für kurze Zeit eine Verbesserung brachte. Mit der Zeit schwand die Hoffnung, und Scheidung schien die beste Lösung zu sein. Als wir uns trennten, hatte ich schon eine Beziehung zu einer anderen Frau. Zwei Monate nachdem ich meine Familie verlassen hatte, war ich in einen tödlichen Frontalzusammenstoß verwickelt, der mich emotional und körperlich ruinierte.

Während der Zeit unserer Trennung bestürmte meine Frau Gott um Heilung in ihrem Leben. Ich sah, wie sie sich veränderte, und Gott fing an, mir zu zeigen, dass ich nach Hause zurückkehren sollte. Vor zwei Jahren besuchten wir einen fünftägigen LAM-Workshop, der uns zu einem mächtigen Durchbruch verhalf. Als wir dann anfingen, die Lektionen täglich durchzugehen und die beschriebenen Hilfsmittel und Methoden sorgfältig anzuwenden, verwandelte Gott unser Leben Schritt für Schritt. Nach einigen Monaten erstaunlicher Veränderungen war uns klar, dass wir LAM auch in unserer Gemeinde einführen wollten. In diesem Jahr haben wir inzwischen zwei LAM-I-Workshops durchgeführt und begleiten ein anderes Ehepaar, das LAM II leitet. Wir wissen, dass Gott uns den LAM-Dienst aufs Herz gelegt hat, und glauben, dass dies unsere Berufung und Sendung im Leib Jesu ist.

Peter und Karen

In unserer Ehe haben wir zwar ein sehr festes Fundament, aber es gab einen Bereich, in dem wir enorm zu kämpfen hatten: meine Angst zu leiten und auf gottgefällige Art schwierige Dinge anzusprechen. Wir beteten zusammen um einen Durchbruch von Gott, und es tat sich die Möglichkeit auf, an einem LAM-Paarcoaching teilzunehmen.

Durch den Heiligen Geist wurde die Wurzel der Angst offengelegt. Sie hatte mit meiner Kindheit zu tun. In ihrer Naivität hatten mich meine Eltern in einer Aufführung eine Mädchenrolle spielen lassen. An dem betreffenden Tag musste ich ein Kleid tragen, und während das ganze Publikum mich auslachte, sah ich mich gezwungen, meine Rolle zu Ende zu spielen. Im Gebet ging uns auf, dass ich dadurch blockiert war, für Gerechtigkeit einzustehen und meine Männlichkeit auszuleben. Außerdem hatte meine ganze Kindheit hindurch die zwar liebevolle, aber auch dominante

Persönlichkeit meines Vaters dazu geführt, dass ich vor jeder Konfrontation große Angst hatte.

Der Durchbruch war bedeutend – wo ich vorher selbst vor kleinen Entscheidungen oder Auseinandersetzungen ängstlich zurückschreckte, übernehme ich jetzt gerne die Leitung. In allen Bereichen, vom Treffen finanzieller Entscheidungen bis hin zur liebevollen Konfrontation Karens, bin ich jetzt in meiner Männlichkeit sicher. Das gilt auch für unser Sexualleben. Wir genießen die Freiheit, die wir dadurch gewonnen haben. Danke, Herr!

Eric und Evelyn

Die LAM-Woche in der Schweiz war einfach fantastisch. Meine Frau und ich hatten in unserer Ehe keine wirklich großen Probleme. Es gab nur einen einzigen schwierigen Punkt, und den wollten wir ernsthaft bewältigen. Ich hatte ein Problem damit, meinen Sohn als Sohn anzunehmen, und wir hatten ständig Streit miteinander. Es kam sogar so weit, dass ich ihn eigentlich nicht mehr haben wollte.

Wir hörten vom Paarcoaching, und als wir dann sahen, was mit den Leuten da vorne passierte, dachte ich: *O nein, so verletzlich will ich mich nicht machen!* Aber tief in mir wusste ich, dass es der Weg für uns war.

Wir kamen als letztes Paar mit dem Paarcoaching dran. An jenem Abend machte der Heilige Geist echt die Tür auf und trug uns durch das ganze Procedere. Als wir fertig waren, war das Problem, das ich mit meinem Sohn gehabt hatte, gelöst. Meine Frau sagte, sie habe mich noch nie so schluchzen und weinen gesehen wie an diesem Abend. Das Beste an diesem Coaching war, dass die Byrnes kaum etwas sagen mussten, weil mir jeder Schritt durch den Geist klar wurde. Ich hatte sogar eine kurze Schau von Jesus, wie er herbeikam und meinen Sohn und mich versöhnte. Seit jenem Abend ist meine Beziehung zu meinem Sohn tiefer und enger geworden. Ich hatte sogar die Chance, mich echt mit ihm zu versöhnen. Er ist erst zehn Jahre alt, aber er hat mich sehr gut verstanden. Dank sei dem Heiligen Geist!

Seit jener Woche haben wir nicht aufgehört, allen Paaren, die wir kennen, die Teilnahme an einem solchen LAM-Seminar zu empfehlen. Es ist lebensverändernd.

Der Heilige Geist ist uns zum engsten Freund und Unterstützer geworden. Bei jeder Entscheidung fragen wir ihn: Was würdest du tun? Das haben wir in jener Woche gelernt.

Tausend Dank an Lori und Barry für die Arbeit, die sie machen. Dieses Buch wird vielen Menschen überall auf der Welt zum großen Segen werden.

Michael und Deborah

Obwohl wir als Pastoren in der Mission arbeiten, haben wir uns seit Jahren bekriegt. Wir haben Seminare besucht und Seelsorge in Anspruch genommen. Alles war gut, aber wir erlebten keinen Durchbruch. Wir wollten aber unbedingt unser Wunder und waren nicht bereit, uns mit weniger zufriedenzugeben.

Die LAM-Schulungen haben uns in unserem Privatleben respektvoll an die Hand genommen. Wir empfingen Liebe und Unterstützung. Der Durchbruch kam, als wir *1-2-3-UND-WEG-DAMIT* nutzten und alle Hausaufgaben machten. Jetzt werfen wir uns nichts mehr vor oder leiden still vor uns hin. Zum ersten Mal in 35 Jahren wurde ich völlig frei von schlimmen bildhaften Erinnerungen an sexuellen Missbrauch. Ich bin wirklich frei! Wir schaffen es nun, Probleme zu lösen, und fühlen uns vom anderen geliebt. Und sowohl unsere Kommunikation als auch unsere Intimität wachsen. Gott ist in unserer Ehe! *Wow!* Was für eine Veränderung. Danke, Barry und Lori.

Dave und Hope

Als Wurzel der schweren Kämpfe, die unsere ganze Ehe überschattet hatten, erkannten Barry und Lori einen Geist der Anklage. Wir beanspruchten Autorität über diesen Geist, nagelten ihn ans Kreuz, brachen sämtliche Übereinkünfte mit ihm und schickten ihn fort. Sofort entspannte sich die geistliche Situation grundlegend. Das war der Anfang vieler Durchbrüche, die wir erlebten, und inzwischen helfen wir anderen Paaren beim Überwinden. Der

Sieg ist unser, wenn wir alle Sorgfalt darauf verwenden, unsere geistlichen Ohren offenzuhalten und die Gedanken gefangen zu nehmen, die sich gegen unsere Ehe erheben. Gott führt uns auf immer neue Höhen, und das positive Reden übereinander ist uns inzwischen zum Maßstab für das Gelingen unserer Ehe geworden.

Ein dankbares Paar

Barrys und Loris LAM-Dienst hat in unserem Leben sehr viel bewirkt! Und wenn unsere Ehe gerettet werden kann, kann *jede* Ehe gerettet werden. Kurz gesagt: Wir sind seit fast sechs Jahren verheiratet, haben zwei Kinder, und bis wir vor drei Monaten mit LAM anfingen, hingen wir nur noch mit einem seidenen Faden an unserer steinigen Ehe. Bis dahin hatten wir keinerlei Durchbruch erlebt. Unter der Leitung des Heiligen Geistes erkannten Barry und Lori die Ursache für den Zorn, die Scham, den Pornokonsum, die Unsicherheit und den Scheidungswunsch meines Mannes. Sie arbeiteten mit ihm eine Erinnerung auf, die er sein ganzes Leben lang für sich behalten hatte, dass er nämlich im Alter von sechs Jahren von einem Mann vergewaltigt worden war. Daraufhin kam Jesus und nahm die Scham weg. Es war gewaltig, das alles vor den anderen LAM-Teilnehmerpaaren durchzuführen, denn bevor mein Mann öffentlich all diese Sünden bekannte, hatte er geglaubt, dabei nichts anderes als Scham und Verlegenheit empfinden zu können; stattdessen aber fühlte er sich angenommen und bekam stehende Ovationen.

Am nächsten Morgen wachte mein Mann als völlig veränderter Mensch auf. Der Geist der Scham war weg. Heute wissen wir: Wenn ein Kampf sich anzubahnen beginnt, ist das in Wirklichkeit ein Geist, nicht unser wahres Ich. Und wir freuen uns jetzt auf ein lebenslanges Eheglück.

Chad und Angie

Gleich von Anfang an nahmen Chad und ich uns fest vor, uns rückhaltlos auf LAM einzulassen. Abend für Abend machten wir unsere Hausaufgaben und sahen sehr schnell Frucht. Wir begriffen, dass wir auf dem geistlichen Kampffeld gemeinsam kämpfen mussten. Wir kämpften gegen die Lügen und den Schmerz an, die sich in unsere Ehe eingeschlichen hatten, und erfuhren dadurch eine Befreiung, wie wir es nie für möglich gehalten hätten. Gott zeigte uns, wie seine Vorstellung von Ehe aussah.

Obwohl Chad diese Dinge zusammen mit mir erlebte, hatte er noch nicht ein gewisses Schweigen hinter sich gelassen, das ihn von jeher daran gehindert hatte, all das auszuleben, was Gott für ihn bereit hatte. Nachdem er so lange geschwiegen hatte, fiel es ihm schwer, das zu erkennen.

Während der Lehre über das Thema „Gott ehren durch gottgefällige Bestimmtheit" fand bei Chad eine dramatische Veränderung statt. Er fing an, mutig und im Glauben das Schweigen zu überwinden, und das Wunder geschah. Mein Ehemann wurde vor meinen Augen lebendig. Er fing an, von Gefühlen, Ideen, Hoffnungen und Träumen zu erzählen. Zuweilen fiel ihm das unheimlich schwer – der Bogen mit den *Gefühlsausdrücken* hing bei uns ein Jahr lang am Kühlschrank! Aber er gab nicht auf und hielt durch ... und das Schweigen verschwand!

Heute genießt mein Mann die Freiheit, ohne Scham zu lieben, mutig zu erzählen, furchtlos zu lehren und voll Selbstvertrauen zu reden. Wenn ich keine Worte für ein Ehepaar finde oder nicht weiß, wie man helfen könnte, ist er mit seiner freundlichen Kühnheit und Salbung zur Stelle. Wir sind echt ein Team geworden. Chad brauchte Durchhaltevermögen, um dahin zu kommen. Ich bin so überwältigt, endlich den Chad zu erleben, von dem ich immer wusste, dass es ihn gibt – den Chad, dessen Freisetzung ich ersehnte.

Erik und Jen

Bei LAM erlebten wir den Heiligen Geist wie noch nie zuvor, und zwar zusammen.

Vor LAM fühlten wir uns allein, wenn es um die tiefsten Verletzungen und Herausforderungen in unserer Ehe ging. Wir dachten, ganz bestimmt erlebten nur wenige christliche Ehepaare solche Herausforderungen wie wir, und hatten keine Ahnung, wohin wir uns wenden konnten, um Hilfe zu finden. Wir waren hingegebene Nachfolger Jesu, aber es kam uns vor, als wäre Sex ein Thema, mit dem sich nur die Welt beschäftigte – als könne Gott nicht der

Schöpfer und *Heiler* unserer Sexualität sein. Bei LAM erlebten wir etwas, das über ein normales Seminar weit hinausging: Der Heilige Geist begegnete uns im Bereich unserer Ehe und Sexualität in einer Atmosphäre, die übernatürlich mit Gnade, Sicherheit, liebevollen Beziehungen und heilender Kraft aufgeladen war.

Es war, als dringe der Himmel in unsere Ehe ein.

In dieser Woche fing Gott an, Jen und mich von Wunden in unseren Herzen und unserer Ehe zu heilen. Einfühlsam legte Gott folgenschwere Missbrauchserfahrungen bloß, die Jen als kleines Mädchen erlitten und an die sie sich nicht mehr erinnert hatte. Zart und kraftvoll zugleich berührte er diese Dinge mit Liebe und Heilung. Gott offenbarte mir auch die Sünde, dass ich oft von meiner Arbeit faszinierter war als von meiner Frau, und veränderte dies. Die Batterien meiner Stärke und Kraft als Ehemann wurden neu aufgeladen.

Je intimer Jen und ich in Geist und Körper wurden, desto mehr begann die Kraft des Heiligen Geistes durch uns beide *zusammen* zu fließen. Während des LAM-Workshops begann etwas in unserer Ehe, das jeden Bereich unseres Lebens durchdrang ... und bis heute andauert.

Phil und Ginny

Phil und ich sind seit 17 Jahren verheiratet. Für mich ist es die zweite Ehe, für ihn die erste. Ich wusste in meinem Herzen und meiner Seele, dass ich es diesmal richtig machen wollte. Gott schenkte mir ein klares Bild davon, wie Ehe und Liebe unter seiner Obhut aussehen sollten, und ich hatte vor, genau so zu leben. Phil und ich hatten meiner Meinung nach eine ausgezeichnete Beziehung und führten eine richtig gute Ehe. Doch in meinem Herzen wusste ich, dass Gott noch „mehr" für uns hatte – mehr zu erfahren und auszuleben.

Im Mai 2009 besuchten wir das erste einwöchige LAM-Seminar mit Barry und Lori. Was wir in dieser Woche erlebten, war gelinde gesagt lebensverändernd! Barry und Lori schufen einen Freiraum für Verletzbarkeit und Wahrheit vor Gott, wie wir es nie zuvor erfahren hatten. In unserer vom Heiligen Geist zusammengestellten Kleingruppe konnten wir die Lektionen durcharbeiten und erlebten in jedem Bereich unserer Ehe einen Durchbruch – selbst dort, wo es uns gar nicht bewusst war, dass wir einen brauchten. Die einfachen Methoden, die wir bei LAM erlernt haben, sind uns zum Lebensstil geworden. Unser Leben und unsere Ehe sind auf ein völlig neues Niveau gekommen.

Anthony und Jenney

Als wir bei LAM einstiegen, besuchten wir den Workshop in der Hoffnung, ein paar Hilfen für unsere Ehe vermittelt zu bekommen. Nie hätten wir erwartet, auch etwas für unsere Kinder mitzunehmen.

Als wir mit LAM anfingen, war unser Sohn Noah sieben. Seit er ein Kleinkind gewesen war, hatte er immer wieder massive Schreianfälle bekommen. Damit meine ich nicht Alltagskoller. Er rastete regelrecht aus vor Wut, manchmal mehr als eine Stunde lang. Es war schrecklich für uns, für Noah selbst und seine drei jüngeren Brüder. Im Lauf der Jahre probierten wir es mit Eltern-Selbsthilfegruppen, lasen Bücher zum Thema, beteten für Noah, setzten auf die verändernde Kraft von Lobpreismusik, versuchten es mit Belohnungen und Konsequenzen; doch nichts veränderte sich.

Während des Seminars entschlossen wir uns, das Gespräch mit Lori zu suchen. Wir saßen etwa eine Dreiviertelstunde mit ihr zusammen, wobei wir den größten Teil der Zeit mit dem Niederreißen generationenübergreifender Bollwerke zubrachten, wie man es in einer der LAM-Lektionen lernt. Es war ein schlichtes Gebet, das Lügen wie Manipulation, Kontrollzwänge, Zorn und anderes durchbrach. Seit jenem Treffen, in dem Noah *noch nicht einmal anwesend* war, hat er keinen Schreianfall mehr gehabt. *Nicht einen!* Nach jahrelanger Schreierei war das Problem innerhalb von 45 Minuten *behoben*! Wenn wir darauf aus sind, das Beste für unsere Ehebeziehung zu ergreifen, das Gott uns schenken möchte, beeinflusst das nicht nur unsere Ehe, sondern die ganze Familie!

Mario und Marit

LAM hat uns in vielem die Augen geöffnet und Heilung und praktische Hilfen in unsere 13-jährige Ehe gebracht. Vor LAM wollen wir unsere Beziehung vertiefen, wussten aber nicht, wie. Und wir hatten Schwierigkeiten, Konflikte zu lösen. Unsere Kommunikation war dürftig. Wir hatten festgefahrene Muster ausgeprägt, wie wir miteinander umgingen, wobei gegenseitige Anklagen und Beschuldigungen eine große Rolle spielten. Deshalb wurden wir uns immer fremder. Jeder verteidigte sich und verschloss sich vor dem anderen, da wir uns immer wieder Verletzungen zufügten.

Ich zog mich zurück, verhielt mich manipulativ, und meine Gefühle für meinen Mann kühlten ab. Oft war ich stundenlang oder noch länger beleidigt. In diesem Seminar erhielt ich eine Offenbarung der Liebe meines himmlischen Vaters, und er heilte mein Herz von Einsamkeit und Ablehnung und von Wunden, die mir mein irdischer Vater zugefügt hatte. Er schenkte mir tiefe Annahme, Bestätigung, Liebe und Freiheit. Während des Paarcoachings wurde mir individuell gedient, und Gottes Gegenwart war sehr stark.

Für mich als Ehemann war es ein Schlüsselmoment, als wir mit dem Paarcoaching an der Reihe waren. Ich hatte sehr stark mit Zorn zu kämpfen. Musste ich mal auf meine Frau warten, dann wurde ich sofort sauer und bestrafte sie dafür, dass sie mich hatte warten lassen. Dann, im Paarcoaching, erging eine Einladung an den Heiligen Geist, mir zu zeigen, worin die Wurzel dieses Zorns bestand. In einem Bild von ihm sah ich mich als einsamen vierjährigen Jungen. Meine Eltern waren fort, sie hatten mich alleingelassen. Plötzlich wallte tiefer Schmerz in mir auf, ich stieß einen lauten Schrei aus und weinte viel. Später jedoch wandelte sich das Weinen in Lachen. Gott berührte die tiefsten Regionen meines Herzens. Er heilte die tiefen Wunden und die Einsamkeit, die ich als Junge empfunden hatte. Er nahm mir die empfindlichen Punkte, an die meine Frau immer wieder gestoßen war. Ich bin so dankbar, dass ich jetzt geduldig sein kann und nicht mehr aus Verletztheit heraus reagiere. Ich kann mich nun entscheiden, so auf meine Frau einzugehen, wie es Gott gefällt. Nachdem sie sich jetzt auch so sehr verändert hat, weiß und spüre ich, dass ich bei ihr sicher bin. Ich kann bei ihr einfach ich selbst sein.

Wir schaffen es, tiefgehend miteinander zu kommunizieren und uns vor dem anderen verletzlich zu machen. Wir haben gelernt, mit Meinungsverschiedenheiten umzugehen und uns davon nicht auseinanderbringen zu lassen. Der Workshop hat uns befähigt, die richtigen Entscheidungen zu treffen, und dank echter Versöhnung können wir den anderen in die tiefsten Regionen unserer Herzen hineinlassen.

Jordan und Sarah

Vor Kurzem haben mein Mann und ich einen fünftägigen LAM-Workshop besucht. Am vierten Tag stellten Barry und Lori unserer Gruppe die auf sieben Tage – es sei denn, der Heilige Geist zeigte etwas anderes – angelegte *4-2-Sex-Herausforderung* vor. Ich hörte keine Zeitangabe, mein Mann aber hörte „vierzig Tage". Meine erste Reaktion war: „Meinst du das im Ernst?" Ich dachte, er würde die Lektion zum Vorwand nehmen, um sich Vorteile zu verschaffen! Er aber sagte, er habe den Heiligen Geist sagen hören, es werde ein „Fasten vom Getrenntsein" darstellen.

An diesem Abend fuhren wir entmutigt nach Hause und waren sauer aufeinander, aber Jordan ergriff die Initiative, den Heiligen Geist zu bitten, er möge uns zeigen, ob wir in irgendeinem Bereich Versöhnung bräuchten. Natürlich gab es ein paar Verletzungen, die erst geheilt werden mussten, ehe ich mich auf körperliche Nähe einlassen konnte. Wir nahmen unsere Arbeitsbücher vor, gingen die *Schritte zur Versöhnung* durch, baten den Heiligen Geist, uns jeden Geist zu zeigen, der sich gegen unsere Ehe stellte, und befreiten uns dann mittels *1-2-3-UND-WEG-DAMIT* von diesen geistlichen Mächten. Es war herrlich, sich endlich gefühlsmäßig einander nahe zu wissen!

Ehe wir uns liebten, beteten wir und luden den Heiligen Geist ein. Ohne jeden Zweifel verspürten wir seine Gegenwart. Er weckte uns sogar einzeln am nächsten Morgen auf und legte uns nahe, es noch einmal zu machen! Als ich Jordan erzählte, dass ich heimlich dabei war, ein siebenmonatiges Fasten durchzuführen, damit es zu einem Durchbruch in unserer Ehe kam, fanden wir heraus, dass dieses Fasten zum selben Zeitpunkt zu Ende sein würde wie unser Sex-Herausforderungs-„Fasten". Wir wussten, dass es mit dieser Übereinstimmung etwas auf sich hatte, schließlich steht die Zahl 7 für Vollkommenheit, und wir fühlten, dass wir nach den vierzig Tagen ein neues Maß an Autorität und Kraft in unserer Ehe erlangt haben würden.

Nachdem wir unseren sehr ausgefüllten Alltag mit Arbeit und Kindern wiederaufgenommen hatten, merkten wir, dass es uns unglaublich schwerfiel, täglich Zeit zum Sex zu finden. Am zehnten Tag unseres Fastens machten wir einen Besuch bei Jordans Eltern, was dazu führte, dass wir einen Riesenkrach hatten und keinen Sex. Erneut übernahm Jordan die Führung in der Anwendung der Methoden, die wir erlernt hatten, und wir sprachen uns aus. Uns fiel ein, dass wir uns zu Beginn des Fastens zweimal an einem Tag geliebt hatten, also machten wir jetzt weiter, ohne dass es uns so vorkam, als hätten wir einen Tag ausgelassen. Es war eine fantastische Erfahrung: Jeder Streit, den wir seitdem hatten, war in fünf Minuten beigelegt. Niemand wurde mehr laut – wir können jetzt miteinander reden, und alles ist o.k. Wir haben gar nicht mehr das Gefühl, uns zu streiten – wir sprechen die Dinge durch und merken es, wenn sich etwas gegen uns erhebt. Auf Gefühle kann man sich nicht verlassen, also muss man nach der Wahrheit schauen und sich über seine Gefühle hinwegsetzen.

Um den zwanzigsten Tag herum war Jordan gegen jegliche emotionale Distanz zwischen uns so empfindsam geworden, dass er es buchstäblich beim Sex nicht brachte, bis wir uns wieder vertragen hatten oder genügend Zeit investiert hatten, um uns wieder verbunden zu fühlen – nicht nur emotional, sondern auch geistlich. Nachdem ich dem Heiligen Geist die Erlaubnis erteilt hatte, mich sexuell zu verändern, merkte ich, dass ich total darin nachgelassen hatte, meinen Mann zu umwerben und ihm das Gefühl zu geben, dass er gewollt und begehrt war. Während dieser Zeit legte der Heilige Geist einige Verletzungen bloß, die noch aus der Zeit vor unserer Ehe stammten, sich aber in unserer sexuellen Beziehung äußerten. Dies führte zu noch tieferer Versöhnung. Indem wir weiterbeteten und den Heiligen Geist einluden, jedesmal bei uns zu sein, schenkte er uns im Bett neue Kreativität und Leidenschaft und versorgte uns sogar mit frischer Energie, wenn wir vom Tag erschöpft waren.

Ein weiterer interessanter Nebeneffekt bestand darin, dass wir manchmal beim gemeinsamen Gebet oder Lobpreis erregt werden und Sex haben wollen. Wenn unsere geistliche und emotionale

Verbindung stimmt, stimmt auch unsere körperliche Verbindung. Wir sind auch ganz schön kühn darin geworden, Freunden, Kollegen und sogar Fremden diese Wahrheit über gesunde, gottgemäße Sexualität zeugnishaft weiterzugeben. Wir haben herausgefunden, dass die Leute solchen Hunger danach haben zu hören, was Gott wirklich über das Thema Sex denkt! Der Herr hat unser Fundament wiederhergestellt, und wir fühlen uns stärker denn je. Etliche Leute haben uns gesagt, wie sehr wir uns verändert haben, und bemerken auch die positiven Auswirkungen auf unsere Kinder. Wir sind echt begeistert und erwarten dank dieses Fastens noch mehr Frucht und einen anhaltenden Durchbruch.

Anhang 3

Der LAM-Werkzeugkasten

Damit Sie leichteren Zugang finden, haben wir sämtliche Methoden, die in diesem Buch gelehrt werden, noch einmal an einer Stelle zusammengefasst. Mit einem *iPhone* können Sie sämtliche LAM-„Werkzeuge" als App herunterladen. Suchen Sie einfach nach: *Love After Marriage Tools*.

Regeln für die Paarkommunikation

1. Wenn Ihr Ehepartner spricht, hören Sie ihm bitte wirklich zu.
2. Wenn Ihr Ehepartner etwas erzählt, sollten Sie keine anderen Fragen stellen als
   - Verständnisfragen: „Das habe ich nicht verstanden. Könntest du das bitte nochmals wiederholen?" oder
   - Vertiefungsfragen: „Könntest du erklären, warum?" „Wie hast du dich gefühlt, als das geschah?"
3. Wenn Sie um Feedback gebeten werden:
   - Beginnen Sie immer mit dem, was Sie bejahen und bestätigen können; erst danach sollten Sie andere Fragen stellen oder entgegengesetzte Gedanken mitteilen.

– Versuchen Sie mit allem, was Sie erwidern, Ihren Partner aufzubauen und in Richtung auf das zu ermutigen, was Gott für ihn bereit hat.

4. Indem Ihr Ehepartner offen und ehrlich erzählt, macht er sich Ihnen gegenüber verletzlich und bringt Ihnen großes Vertrauen entgegen. Achten Sie das. Geben Sie deshalb die Dinge, die er Ihnen anvertraut, nicht an Dritte weiter, die sie nichts angehen, und nutzen Sie das Gesagte niemals aus, um Ihrem Partner wehzutun.

Hörübung

Der Zweck der Übung besteht schlicht darin, eine Verbindung zu Ihrem Ehepartner herzustellen, indem Sie verstehen, was er sagt und fühlt. Wenn Sie auf Ihren Partner reagieren, versuchen Sie bitte, soviel wie möglich individuelle Gefühlsausdrücke zu benutzen und nicht lange, wortreiche Erläuterungen. Es ist nicht erlaubt, Probleme zu benennen oder Ratschläge zu erteilen. Es gibt eine Zeit zum Lösen von Problemen, aber es ist nicht diese! Der Mann ist als Erster dran und soll die Übung dann mit seiner Frau wiederholen, indem er einen bestimmten Punkt anspricht.

1. *Ehemann: Beschreiben Sie kurz einen Teil irgendeines Problems, das Sie beschäftigt.*

Das sollte nicht länger als zwanzig Sekunden dauern und aus maximal drei, vier Sätzen bestehen. Reden Sie über irgendwas, das in Ihrem Inneren vorgeht, sei es in Bezug auf Ihre Ehebeziehung oder irgendeine sonstige Situation oder Thematik, die Ihnen wichtig ist. (Falls nötig, bedienen Sie sich der Liste von *Gefühlsausdrücken* am Ende des Kapitels, um zu beschreiben, was Sie fühlen.)

2. *Ehefrau: Hören Sie auf das, was Ihr Mann sagt und fühlt.*

a) Nachdem Ihr Mann gesprochen hat, sollten Sie ihm mit Worten antworten, die ihn wissen lassen, dass Sie ihn verstanden haben: was er fühlt und weshalb ihm dies wichtig ist.

b) Sobald Sie geantwortet haben, bitten Sie wiederum ihn um eine Reaktion, damit Sie merken, wie genau Sie ihn verstanden haben.

c) Wenn Sie's gut gemacht haben, sollte Ihr Mann Sie wissen lassen, dass er sich von Ihnen verstanden fühlt.

d) Haben Sie ihn nicht gut verstanden, so bitten Sie um nähere Erläuterung (die wiederum nicht mehr als zehn bis zwanzig Sekunden in Anspruch nehmen sollte) und versuchen dann erneut zu antworten.

e) Fahren Sie mit diesem Prozess fort, bis Ihr Mann sagen kann: „Ja, du verstehst mich und weißt, wie ich mich fühle."

3. Bitten Sie Ihren Mann, Sie wissen zu lassen, wie es für ihn war, dass ihm zugehört wurde und dass er verstanden wurde.

Wenn Sie dies beide korrekt und mit wechselnden Rollen durchgeführt haben, wird diese Übung einen soliden Grund dafür legen, dass Sie einander auf selbstlose Weise verstehen und dass derjenige von Ihnen, der etwas von sich mitteilt, tief angerührt wird.

Gefühlsausdrücke

Wenn es Ihnen Mühe bereitet, das auszudrücken, was Sie fühlen, können Sie Wörter aus dieser Liste benutzen.

Zuneigung

nahe	liebevoll	leidenschaftlich	sexy
zärtlich			

Zorn

verärgert	bitter	aufgebracht	frustriert
wütend	voller Hass	empört	erzürnt
genervt	irritiert	fuchsteufelswild	verletzt
ausgerastet			

Zweifel

unterlegen	misstrauisch	argwöhnisch	hilflos
zögernd	hoffnungslos	machtlos	skeptisch
beunruhigt			

Eifer

begierig	enthusiastisch	begeistert	

Angst

angespannt	ängstlich	verängstigt	entsetzt
nervös	bange	erschrocken	bedroht

Furchtlosigkeit

kühn	tapfer	mutig	wagemutig
entschlossen			

Verletztheit

schmerzvoll	bedrückt	betrogen	zerstört
Not leidend			

Glück

vergnügt	sorglos	heiter	entzückt
hingerissen	beschwingt	begeistert	erheitert
froh	ausgelassen		

Interesse

neugierig	begeistert	fasziniert	gebannt

Traurigkeit

völlig fertig	enttäuscht	entmutigt	niedergeschlagen
deprimiert	sorgenvoll	unglücklich	

Ideen zur Vertiefung der Kommunikation

Im Folgenden führen wir einige Ideen an, die Ihnen in Ihrem Bemühen, Ihre Ehe zu stärken, helfen können, persönlicher und intimer zu kommunizieren.

1. Sprechen Sie über Ihre Träume und Hoffnungen.
2. Reden Sie darüber, was Ihre Beauftragung und Bestimmung als ein in der Endzeit lebendes Ehepaar sein könnte.
3. Sprechen Sie über Offenbarungen, die der Herr Ihnen gibt: *Was sagt er über Sie? Was sagt er Ihnen über Ihren Partner oder Ihre Familie?*
4. Sprechen Sie über das, was Sie lernen.

5. Sprechen Sie über nächtliche Träume und deren Auslegung.
6. Betrachten und diskutieren Sie prophetische Worte, die Sie gehört haben.
7. Sprechen Sie auf gute Weise über Ihre Kinder, Angehörigen und Freunde. *Wer sind sie? Was brauchen sie? Welchen Einfluss haben sie auf Sie und umgekehrt? Was tut Gott gerade in ihrem Leben? Machen Sie sich klar, auf welche Weise sich der Feind gegen sie erheben könnte und wie Sie ihnen beim Überwinden helfen können.*
8. Reden Sie über das, was Sie fühlen – sei es gut oder schlecht.
9. Sprechen Sie darüber, wie es Ihnen geistlich geht.
10. Sprechen Sie über das, was Sie aneinander schätzen.
11. Beten Sie zusammen.

1-2-3-UND-WEG-DAMIT

Segnen Sie als Erstes Ihren Geist, dass er sich über Ihre Seele und Ihren Körper erhebt, während Sie die nachstehenden Fragen beantworten und den Anweisungen folgen.

1. Was greift Sie geistlich an?
2. In welcher Weise beeinträchtigt es Sie, und was versucht es Ihnen zu rauben? Erinnern Sie sich an unser Beispiel, als „Zorn" versuchte, Barry gegen Lori aufzubringen, weil sie den *Recycler* weggeworfen hatte.
3. Arbeiten Sie jetzt für jeden Gedanken, den Sie auf Ihrer persönlichen Liste geistlicher Angriffe aufgeführt haben, das *1-2-3-UND-WEG-DAMIT*-Werkzeug durch.

Das *1-2-3-UND-WEG-DAMIT*-Werkzeug

a) Im Namen Jesu nagle ich .... ans Kreuz.
   Die Gedanken können als ein Gefühl erscheinen (Zorn, Niedergeschlagenheit, Hoffnungslosigkeit, Ablehnung, Selbstschutz usw.). Es können auch Worte oder Gedanken sein, die Sie innerlich hören, wie: „Es wird sich ja doch nichts ändern" oder: „Das ist unmöglich" oder: „In Wirklichkeit ist gar nichts passiert."

Setzen Sie oben das Gefühl / den Gedanken ein, das/der sich gegen Sie stellt. Es kann sein, dass Sie mehr als einen Punkt einzutragen haben.

b) Ich breche jede Übereinkunft, die ich mit .... getroffen habe, sei es bewusst oder unbewusst, und tue Buße darüber, mich mit .... verbunden zu haben.

c) Ich bitte dich, Vater, ... von mir wegzuschicken.

d) Vater, was möchtest du mir anstelle von .... geben? (Hier ist entscheidend, dass Sie sich aufschreiben, was der Vater zu Ihnen sagt, damit Sie seine Worte nutzen können, um Ihren geistlichen Kampf zu gewinnen.)

Schritte zur Versöhnung

Auf die folgenden Fragen sollten Sie mit klaren, präzisen Aussagen antworten, ohne jede Erklärung oder Rechtfertigung Ihres eigenen Verhaltens.

1. Was ich falsch gemacht habe, bzw. was ich getan habe, das dich verletzt hat, ist dies: ....
2. Der Schmerz, den ich dir mit dem, was ich getan habe, zugefügt habe, ist aus meiner Sicht dies: ....
   Infolge meines Handelns hast du dich so gefühlt:
   .... (Bitten Sie den anderen um eine Rückmeldung, um sicherzugehen, dass Sie seinen Schmerz wirklich genau beschrieben haben.)
3. So fühle ich mich dabei, dir diesen Schmerz zugefügt zu haben:
   ....
4. Drücken Sie Ihren ernsthaften Wunsch und Ihre Absicht aus, dieses Verhalten zu ändern und die Beziehung künftig nicht mehr mit diesem Schmerz zu belasten.
5. Sehen Sie den anderen an und sagen Sie: „Kannst du mir vergeben, dass ich dir diesen Schmerz zugefügt habe?" bzw. „Kannst du mir vergeben, dass ich dir dieses Unrecht angetan habe?"

Anmerkung: Wenn Sie diese Übung nur als Lippenbekenntnis durchführen und Sie Ihren Worten nicht das ernsthafte und sorgfältige Bemühen folgen lassen, sich zu verändern, werden Sie nichts anderes erreichen, als Ihren Partner aufs Neue zu enttäuschen und sein Vertrauen zu Ihnen zu missbrauchen.

Regeln der Konfliktbearbeitung

Ein Paar kann sich dann dieser Methodik bedienen, wenn beide Seiten aktiv und willentlich auf gegenseitiges Verständnis im Rahmen einer respektvollen und ehrlichen Beziehung hinarbeiten.

Beginnen Sie mit Gebet

Beten Sie zusammen und bitten Sie den Heiligen Geist, er möge Sie befähigen, über Ihren Konflikt sprechen und dabei die nachfolgenden Haltungen einzunehmen:

- Gehen Sie an dieses Gespräch mit der Haltung heran: „Ich muss diese Diskussion nicht gewinnen und ich muss auch nicht derjenige sein, der Recht hat."
- Oberstes Ziel sollte sein, das Beste für alle Betroffenen zu erreichen.
- Zeichnen Sie ein ehrliches, zutreffendes Bild des Konflikts.
- Übernehmen Sie ohne Wenn und Aber Ihren Teil der Verantwortung für den Konflikt.
- Stellen Sie diese Prinzipien über alles, was Sie fürchten oder sich wünschen.
- Hören Sie in Demut Ihrem Partner zu und lernen Sie von ihm.
- Schätzen Sie jede gute Idee, die Ihr Partner äußert.

Wir segnen gegenseitig unseren Geist, dass er uns leitet und die Oberhand behält, während wir Folgendes tun:

1. Die erste Person spricht:

- Wenn die eine Person spricht, hört die andere zu. (Derjenige, der jetzt zuhört, wird später selbst zu Wort kommen.)

- Versuchen Sie sich auf das Wesentliche zu konzentrieren und präzise zu sein.
  - Versuchen Sie nicht jeden denkbaren Aspekt in einem Gespräch durchzugehen.
  - Versuchen Sie nicht, der anderen Person „etwas zu verkaufen".
  - Begründen Sie, warum Sie glauben, dass Ihre Gedanken oder Ansichten in dieser Situation die beste Lösung für alle Beteiligten darstellen.
- Je länger eine Person redet, desto komplizierter wird das Gespräch. Kommen viele Probleme gleichzeitig zur Sprache, kann es den anderen verwirren und überfordern, weil er nicht mehr genau weiß, wozu er nun eigentlich Stellung nehmen soll.
- Je länger eine Person redet, ohne auf die andere Konfliktpartei zu hören, umso mehr läuft sie Gefahr, sensible Punkte zu treffen und Verletzungen, Groll und dergleichen hervorzurufen.

2. Die zweite Person hört zu:

- Versuchen Sie mehr darauf zu achten, was der andere sagt, als dass Sie sich damit beschäftigen, was Sie ihm erwidern werden.
- Versuchen Sie, nicht nur die Worte der gerade sprechenden Person zu hören, sondern auch ihre Herzenshaltung wahrzunehmen.

3. Die zweite Person antwortet:

- Stellen Sie als Erstes *Verständnis*fragen oder sagen Sie mit eigenen Worten, was Sie gehört haben, damit Sie sicher sind, alles richtig verstanden zu haben, ehe Sie antworten.
- Als Nächstes *heben Sie die Dinge hervor, in denen Sie mit dem übereinstimmen,* was der andere gesagt hat. Begründen Sie Ihre Zustimmung.
- *Erst nachdem Sie diese beiden Schritte gegangen sind, ist es statthaft, Ihre abweichende oder gegensätzliche Meinung vorzubringen und zu begründen.* Bitte beachten Sie dabei alle Leitlinien unter Ziffer 1.

Lösung

1. Wiederholen Sie diese drei Schritte, bis Sie zu einem beiderseitigen Einverständnis gelangt sind.
2. Haben Sie Geduld. Lassen Sie sich Zeit mit dem Prozess, auch wenn es sich angespannt anfühlt und mühsam erscheint.
3. *Stimmen Sie* nicht Entscheidungen oder Schlussfolgerungen zu, von denen Sie nicht wirklich überzeugt sind, nur damit Sie aus der Sache rauskommen, dem anderen ein besseres Gefühl geben oder Ärger vermeiden.
4. Führen Sie das respektvolle Reden und Zuhören weiter, bis Sie dahin kommen, dass Sie beide ehrlich sagen können: „Damit kann ich leben" oder: „Ich glaube, so ist es für uns beide am besten."
5. Respektieren Sie Ihre Abmachungen, indem Sie sie einhalten, bis Sie neue treffen.
6. Wenn Sie diesen Prozess sauber durchführen und dennoch zu keinem Konsens kommen, kann Ihnen vielleicht ein neutraler Mediator weiterhelfen. Vielleicht gibt es einzelne Punkte, um die man sich gesondert kümmern muss, ehe der Konflikt wirklich gelöst werden kann.

Was tun, wenn's knallt?

(eine göttliche Option, in der Hitze des Gefechts mit Ihren Meinungsverschiedenheiten fertig zu werden)

1. *Entscheiden Sie sich, nicht zu flüchten.* Wenn Sie sich beruhigen oder Ihre Zunge wieder unter Kontrolle bringen müssen, sagen Sie Ihrem Partner, dass Sie eine kurze Auszeit brauchen und gleich wieder da sein werden. Wenn Sie länger brauchen als fünf Minuten, sagen Sie Ihrem Partner, wann Sie zurückkommen und das Gespräch wieder aufnehmen werden. Bleiben Sie dran, selbst wenn es Sie danach verlangt, sich physisch oder emotional zurückzuziehen bzw. zu verschließen – tun Sie das nicht!

2. *Stellen Sie sich Rücken an Rücken.* Bitten Sie Jesus, als der „wunderbare Ratgeber" zu kommen, und beten Sie ein paar Minuten auf Deutsch oder in Zungen, bis Sie in Ihrem Geist oder Ihren Gefühlen eine leichte Veränderung verspüren.
3. *Bleiben Sie stehen.* Nageln Sie abwechselnd ans Kreuz, wovon auch immer Sie spüren, dass es nicht von Gott ist. Brechen Sie jede Übereinkunft mit allem, was sich gegen Sie erhebt, und bitten Sie den Vater, es fortzuschicken. *Sprechen Sie es laut aus.* Beispiel:
   - *Im Namen Jesu nagle ich .... (Zorn, Frust, Distanz, Anklage, Furcht, Ablehnung) ans Kreuz Jesu.*
   - *Ich breche jede Übereinkunft, die ich, bewusst oder unbewusst, mit .... eingegangen bin.*
   - *Ich bitte dich, Vater, ... von mir fortzuschicken.*
   - *Vater, was möchtest du mir anstelle von .... geben?*
4. *Wenden Sie sich nun einander zu und nehmen sich bei den Händen.* Sprechen Sie nun respektvoll die Probleme durch, ohne sich auf Anklagen, Zorn oder dergleichen einzulassen.
5. *Wenn das Gespräch gut läuft, führen Sie es zu Ende.* Wenn nicht, halten Sie inne und sprechen Sie die Wahrheit über der Sache aus, um die es geht. Beginnen Sie mit allgemeinen Wahrheiten über sich selbst und Ihre Ehe und werden Sie dann konkreter, was das Problem angeht. Lassen Sie sich dabei Zeit.
6. *Bitten Sie einander um Vergebung, wo das angebracht ist.*

Der 4-2-Plan

Ehemann

Viermal die Woche sollte der Ehemann sich jeweils zwanzig Minuten Zeit nehmen, um von sich aus auf seine Frau zuzugehen und mit ihr zu reden. Mit folgenden Fragen können Sie beginnen.

Achten Sie darauf, gut zuzuhören und mit Interesse und Verständnis auf die Antworten Ihrer Ehefrau einzugehen.

- Wie war dein Tag?
- Wie geht es dir gefühlsmäßig?
- Wie geht es dir geistlich?
- Sag mir eine gute Sache, die heute passiert ist!
- Gab es heute irgendwas Schwieriges?
- Hattest du heute mit jemand eine echte Begegnung?
- Was hast du heute über Gott gedacht, welche Gefühle hattest du ihm gegenüber, und wie bist du ihm heute begegnet?
- Wenn du das perfekte Date (Ausgehzeit) für uns planen könntest – unter Berücksichtigung unserer Zeit und Möglichkeiten –, wie würde das aussehen?

Ihre Frau möchte wirklich wissen, was Sie denken und fühlen. Deshalb sollten Sie mit ihr auch darüber reden, zum Beispiel über folgende Themen:

- Gibt es in Ihrem Leben gerade irgendwelche Dinge, die Sie echt begeistern, von denen Sie ihr aber noch gar nichts erzählt haben?
- Gibt es Probleme, mit denen Sie sich gerade herumschlagen?
- Erzählen Sie, wie es Ihnen selbst emotional gerade geht.
- Erzählen Sie, wie es Ihnen derzeit mit Ihrem geistlichen Leben geht.
- Gibt es Dinge, von denen Sie möchten, dass Gott sie an ihr, an Ihnen, an Ihren Kindern, an Ihrer Ehe tut?
- Sagen Sie ihr etwas, das Sie wirklich gern mit ihr machen würden, wenn Sie miteinander ausgehen.
- Erzählen Sie ihr Dinge aus Ihrem Tag, von denen Sie meinen, sie würde sie gern hören.

Ehefrau

Die Frau sollte ihren Mann zweimal die Woche sexuell umwerben. Hier einige Vorschläge dazu:

- Ergreifen Sie die Initiative zum Sex.
- Gebe Sie ihm das Gefühl, gewollt und ersehnt zu sein.
- Schaffen Sie eine romantische Atmosphäre mit Kerzen o. Ä.
- Denken Sie darüber nach, ob Sie nicht etwas anziehen sollten, das ihm gefällt und ihn erregt.
- Planen Sie rechtzeitig; lassen Sie ihn beizeiten am Tag wissen, dass Sie etwas „Spezielles“ für ihn in petto haben, wovon Sie glauben, es werde ihm sehr gefallen.
- Berühren Sie ihn im Lauf des Tages, wenn er es am wenigsten erwartet, auf erotische Weise, sodass er weiß, dass Sie ihm später mehr geben werden.
- Seien Sie kreativ; denken Sie darüber nach, wie Sie ihm mit Ihrem Körper, Ihrem Geschenk an ihn, Freude bereiten könnten.
- Laden Sie den Heiligen Geist ein, dabei zu sein, wenn Sie sich lieben.

Das Segnen des Geistes für Paare:

1. Wechseln Sie sich jeden Abend vor dem Schlafengehen darin ab, einander Folgendes zu sagen: „......................., ich rufe deinen Geist hervor, dass er sich über deine Seele und deinen Körper stellt, damit du alle Ruhe und Offenbarung erhalten kannst, die der Heilige Geist dir in diese Nacht bringen wird. ‚Den Seinen gibt er es im Schlaf‘ (Ps 127,2).“
2. Wechseln Sie sich jeden Morgen beim Aufwachen darin ab, einander Folgendes zu sagen: „.......................,ich rufe deinen Geist zur Wachsamkeit und Aufmerksamkeit, damit er die Leitung über Seele und Körper übernimmt und sich eins macht mit Jesu Absicht für dein Leben am heutigen Tag.“

Sie werden im Segnen des Geistes mit der Zeit Fortschritte machen, wenn Sie mehr Zuversicht und Autorität entwickeln, Ihren Partner zu segnen. Machen Sie sich eins mit dem Heiligen Geist, um herauszufinden, was er auf dem Herzen hat und über Ihnen beiden freisetzen möchte. Ferner empfehlen wir das erwähnte

Buch „Blessing Your Spirit" von Arthur Burk und Sylvia Gunter. Darin finden sich tiefergehende Beispiele für das Segnen des Geistes.

Von Angesicht zu Angesicht

1. Blicken Sie einander in die Augen, sprechen Sie den Geist Ihres Partners an und befehlen Sie seiner Seele und seinem Körper, dem Geist zu folgen.
2. Fangen Sie an, positive Wahrheiten über das auszusprechen, was Sie in Ihrem Partner sehen.
3. Wechseln Sie sich fünf- bis zehnmal darin ab, gegenseitig positive Wahrheiten übereinander auszusprechen.

Machen Sie diese beiden Übungen zum Ausgangspunkt einer Vertiefung Ihrer emotionalen und geistlichen Verbundenheit. Finden Sie kreative Wege, einander zu segnen.

Weitere Informationen zum Dienst der Autoren

Englisch: www.loveaftermarriage.com
Deutsch: www.LiebeinderEhe.ch

Weitere Produkte von GloryWorld-Medien

„Kirche nach dem Herzen Gottes"

Danny Silk, Erziehung mit Liebe und Vision

Herzensbeziehungen eingehen statt Machtkämpfe austragen

170 S., Pb.; Vorwort von Bill Johnson

Danny Silk fordert uns in unserem bisherigen Denken über Liebe, Disziplin und Respekt, ja in unserer generellen Vorstellung von Kindererziehung heraus. Er stellt eine Denk- und Lebensweise vor, die eine Leichtigkeit und Frieden in unsere familiären und sonstigen Beziehungen bringt.

Unser Herz spielt dabei die zentrale Rolle. Das Herz der Eltern und das Herz der Kinder. Wenn beide Seiten verstehen, wie sich ihr jeweiliges Verhalten auf das Herz des anderen auswirkt, werden die Herzen geschützt und Beziehungen können gedeihen. **Auch als Hörbuch erhältlich.**

Mirjam Fischer, Das Leben beginnt

Empfängnis, Schwangerschaft und Geburt aus Gottes Sicht

104 S., Pb.

Familienplanung – ein Thema mit vielen Fragen. Mirjam Fischer ist es ein großes Anliegen, dass jedes Kind einen möglichst guten Start ins Leben hat und dass werdende Mütter und Väter sich uneingeschränkt auf die Geburt ihrer Kinder freuen können.

Sie hat sich vertieft auf die Suche gemacht, was Gottes Gedanken hinsichtlich Befruchtung, Schwangerschaft, Geburt und Wochenbett sind. Auch andere wichtige Themen wie Namensfindung, Berufung, Paten oder der Verlust eines Kindes werden beleuchtet.

Michael Stahl / Klaus Hettmer

Geheimsache Männerherz

Stahlhart – zerbrechlich – butterweich

208 S., Paperback

Wie tickt ein Männerherz? Wer hat es erschaffen? Welche Sehnsüchte sind darin verborgen? Welche Verletzungen und Geheimnisse lagern dort seit langer Zeit?

Die Hauptautoren Michael Stahl und Klaus Hettmer wurden fast gleichzeitig von gesundheitlichen Niederschlägen getroffen. Michael Stahl erlitt wenige Monate vor der Arbeit an diesem Buch einen Herzinfarkt; Klaus Hettmer musste sich einige Wochen danach einer sehr schweren Herzoperation unterziehen. Zusammen mit weiteren bekannten Autoren berichten sie über ihre Erfahrungen, um andere Männerherzen zu berühren.

Wayne Jacobsen, Geliebt!

Tag für Tag in der Zuneigung des himmlischen Vaters leben

240 S., Paperback

Jeden Tag ein Leben zu führen, in dem wir völlig sicher sind, dass wir bedingungslos von Gott geliebt sind – ist das wirklich möglich, und wie sieht das konkret aus?

Wayne Jacobsen bringt uns Schritt für Schritt nahe, wie tief die Liebe Gottes zu uns tatsächlich ist. Wir entdecken dabei, dass wir nicht zu Sklaven, sondern zu Söhnen und Töchtern berufen sind. Die liebevolle Zuneigung unseres Vaters im Himmel gilt uns in allen Umständen. Wir erfahren eine lebendige Beziehung zu ihm, die uns von der Qual der Scham befreit und uns so verändert, dass wir als seine Kinder leben können.

Marco Gmür, Väter und Mütter, die die Welt prägen

Reihe: Ein apostolisches Volk steht auf; 208 S., Pb.

Wie kann Gemeinde zu einem Ort werden, an dem Menschen die Liebe des Vaters wirklich erleben und ganzheitlich heil und in ihre Berufung freigesetzt werden? Vaterlosigkeit ist heute nicht nur ein Thema in der Gesellschaft, sondern oft auch in den Gemeinden. Es gibt viele „geistliche Waisen" – Menschen, die sich irgendwann bekehrt haben und jahrelang dabei sind, ohne wirklich geistlich zu wachsen und in ihre Berufung hineinzufinden.

Gott, der Vater aller Vaterschaft, sucht geistliche Väter und Mütter, die bereit sind, sich an Einzelne hinzugeben, bis diese selbst fähig sind, geistliche Familien zu gründen. Das Buch ist direkt aus der Praxis entstanden und ein Meilenstein hin zum Verständnis, was Gemeinde wirklich ist.

Frank Krause, Unterordnung – Segen oder Fluch

Das Geheimnis der Macht in Gemeinde und Ehe

180 Seiten, Paperback

In jedem Miteinander von Menschen ist die Frage nach der Verteilung der Macht von entscheidender Bedeutung. Dennoch wird dieses Thema in den Gemeinden selten reflektiert und häufig wie ein Tabu behandelt, was dazu führen kann, dass Missbrauch oft entweder gar nicht als solcher wahrgenommen oder aber bagatellisiert, uminterpretiert und vergeistlicht wird.

Der Autor packt ein „heißes Eisen" an und kommt zu erstaunlichen Erkenntnissen darüber, wie der von Gott gedachte Segen in den Händen von Menschen zu einem Fluch werden kann.

Larry Crabb, Orte der Geborgenheit und Heilung

Auf dem Weg zu authentischen geistlichen Gemeinschaften

280 S.; Paperback

In diesem bahnbrechenden Buch stellt uns Larry Crabb ein inspirierendes Bild vor Augen, was Kirche bzw. Gemeinde, ja auch jede Ehe, Familie und Kleingruppe eigentlich sein könnte: eine echte geistliche Gemeinschaft – ein Ort, an dem nicht erwartet wird, dass man schon eine gewisse Perfektion erreicht hat, sondern an dem Menschen sich miteinander auf den Weg zu Gott machen, ein Ort, an dem Gott Menschen heilen kann und an dem sie wieder miteinander in Verbindung kommen und letztlich auch mit ihm.

Dr. Charity Virkler-Kayembe / Dr. Mark Virkler

Höre Gott durch deine Träume

Gottes Reden in der Nacht verstehen; 288 S., Pb.

In der Bibel finden wir sehr viele Beispiele für Gottes Reden durch Träume. Auch heute möchte er uns durch Träume wichtige Botschaften zukommen lassen. Doch beachten wir sie oft wenig oder wissen nicht, wie sie zu deuten sind.

Diesem Missstand möchte dieses Buches abhelfen. Die Autoren haben sehr viele Erfahrungen im Umgang mit Gottes Reden gesammelt. Das Buch ist ein praktischer, leicht verständlicher und biblischer Leitfaden, um die Sprache zu verstehen, die Gott in unseren Träumen benutzt.

Chris Gore, In Gottes Heilungskraft leben

Wenn Zeichen und Wunder ganz natürlich von uns ausgehen

160 S.; Paperback

In Gottes Heilungskraft zu leben und zu wirken, ist einfacher als wir denken. Chris Gore, der Leiter der Heilungsdienste der Bethel Church, zeigt auf, wie jeder Christ effektiv für einen Lebensstil der Heilungen und Wunder zugerüstet und aktiviert werden kann. Wirklich den Charakter Gottes zu kennen, Hindernisse für einen solchen Lebensstil zu überwinden und lernen, darauf zu vertrauen, dass Gott das Übernatürliche tut, sind nur einige der Themen, die angesprochen werden.

Bestellen Sie im Buchhandel oder direkt beim Verlag:

GloryWorld-Medien | Beit-Sahour-Str. 4 | D-46509 Xanten
Fon: 02801-9854003 | Fax: 02801-9854004 | info@gloryworld.de

Aktuelles, Leseproben, Downloads & Shop: **www.gloryworld.de**